扬中年鉴

2024

YANGZHONG YEARBOOK

（总第十六卷）

扬中市史志办公室　编

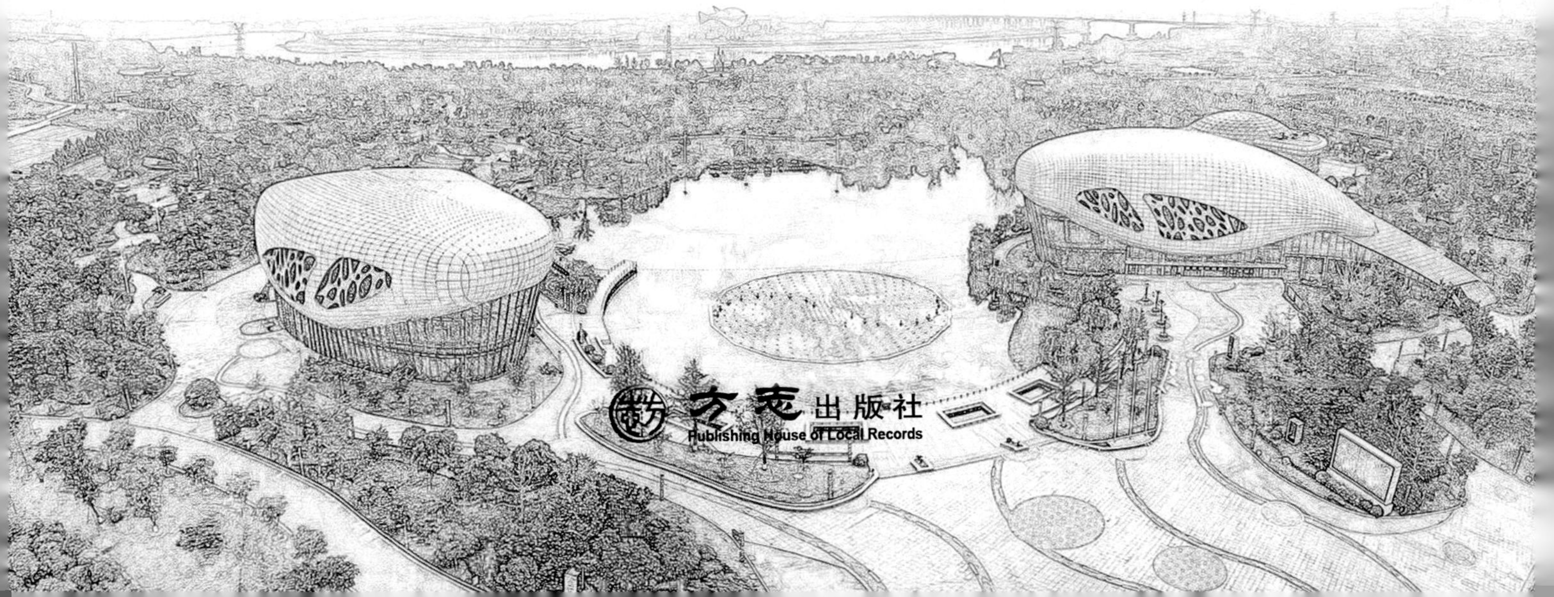

方志出版社
Publishing House of Local Records

图书在版编目(CIP)数据

扬中年鉴. 2024 / 扬中市史志办公室编. -- 北京 :
方志出版社, 2024. 9. -- ISBN 978-7-5144-6424-5
Ⅰ. Z525.34
中国国家版本馆 CIP 数据核字第 202442KH55 号

责任编辑:朴莹
责任校对:张玉霞
责任印制:梅中英
出 版 者:方志出版社
地　　址: 北京市朝阳区潘家园东里 9 号(国家方志馆 4 层)
邮　　编: 100021
网　　址: http://www.zgfzcb.cn
发　　行:方志出版社图书营销中心(010-67110500)
印　　刷:扬中市人民印刷有限公司
开　　本:889 毫米×1194 毫米　1/16
印　　张:16.75
字　　数:568 千字
版　　次:2024 年 9 月第 1 版
印　　次:2024 年 9 月第 1 次印刷
定　　价:260.00 元

《扬中年鉴（2024）》编辑部

主　　编　张　俊

副 主 编　顾大志　陈　健　张初明

编辑部主任　张　虹

编　　辑　丁云娟　李　霞　姚　艳　唐华龙　石馥苓

统　　筹　张　虹

摄　　影　扬中市融媒体中心

"十一五"国家重大网络出版工程子项目

首届中国出版政府奖网络出版物提名奖

中国年鉴全文数据库(CYBD)

收录证书

经《中国知识资源总库》编辑委员会审核同意，《扬中年鉴》被"中国年鉴全文数据库"全文收录，特发此证。

编　号：2863

发证时间：2015年10月

《中国知识资源总库》编辑委员会

《中国学术期刊（光盘版）》电子杂志社有限公司

璀璨的江中明珠

城市坐标 Chengshi Zuobiao

城市位置：位于长江三角洲腹地，处于上海都市圈和南京都市圈的交汇区域，东、北与泰州、扬州隔江相望，西、南与镇江、常州依夹江为邻。地理位置为北纬32°~32°19′、东经119°42′~119°58′。市下辖镇(街道、区)：新坝镇、油坊镇、八桥镇、西来桥镇、三茅街道、江苏扬中经济开发区（与兴隆街道合署办公）

城市历史 Chengshi Lishi

扬中成洲始于东晋

清光绪三十年（1904）建置，设太平厅

清宣统三年（1911）改太平县

民国三年（1914）改名为扬中县

1994年撤县设市

自然条件 Ziran Tiaojian

全市由太平洲、雷公岛、西沙、中心沙四个沙洲组成，属亚热带季风气候，四季分明，气候适宜，年平均气温17.3℃，年降水量1334.5毫米，年日照时数2377.7小时

城市数字（2023）Chengshi Shuzi

户籍人口：27.64万人

区域面积：327平方千米

地区生产总值（GDP）：630.45亿元

人均地区生产总值：19.93万元

一般公共预算收入：40.03亿元

社会消费品零售总额：173.95亿元

城镇居民人均可支配收入：7.13万元

农村居民人均可支配收入：4.07万元

扬中精神 Yangzhong Jingshen

上善若水 自强不息

城市标志 Chengshi Biaozhi

市树：柳树

市花：桂花

城市特产 Chengshi Techan

河豚

刀鱼

鲥鱼

秧草

城市新荣誉 Chengshi Xinrongyu

全国综合实力百强县市中位列第27位

全国绿色发展百强县市第7位

全国科技创新百强县市第36位

全国新型城镇化质量百强县市第27位

全国县域高质量发展百强第46位

全国义务教育优质均衡发展市

全国健康促进县

“四好农村路”全国示范县

全国县域商业“领跑县”

江苏省高质量平安校园建设市

“15分钟医保服务圈”江苏省级示范市

江苏省级示范性居家社区养老服务网络地区

江苏省民营经济高质量发展示范市培育名单

江苏省自然资源节约集约利用模范市

❶ 8月22日，“宁镇扬”高校走进扬中产学研合作大会

❷ 1月17日，扬中市召开突出贡献企业表彰大会

❸ 9月27日，三茅街道举行兴跃洋新能源产业精密制造项目开工仪式

图片提供：融媒体中心

2023年，扬中市持续实施产业强市战略。坚定不移抓项目、强投入，健全完善以智能电气、新能源、临港装备制造、汽车零部件为主导的“4+X”现代产业体系。绘制“产业+创新+人才+供应+服务”五链图谱，四大主导产业实现规上工业总产值856亿元，中低压智能电气产业集群入选国家级中小企业特色产业集群。推进“项目攻坚突破年”行动，开展节庆招商、乡贤招商、以商引商，设立4个驻外投资促进联络处，签约重点产业项目66个、总投资125.6亿元。放大“才聚江洲”人才品牌效应，引育高技能人才548人、产业工人5523人，入选国家重点人才工程8个。完善重点项目审批服务绿色通道，打造“百日开工”品牌，入选全省首批民营经济高质量发展示范市培育名单。

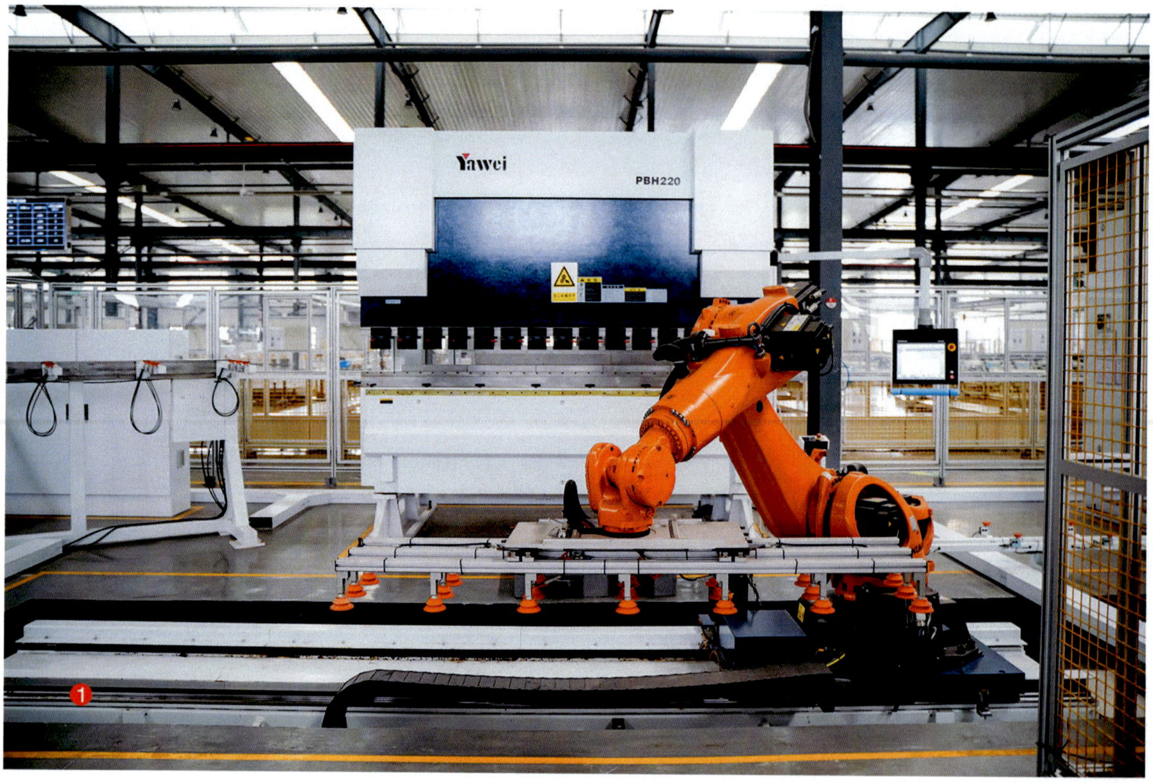

❶ 鼎圣集团机器人臂

❷ 福达特种钢生产车间

❸ 美科太阳能生产车间

❹ 上迈新能源轻质光伏项目

图片提供：融媒体中心

产业强市

Chanye Qiangshi

❶ 3月18日，“便民暖企服务团”授旗

❷ 6月25日，“个转企”专窗工作人员为吉红电气设备经营部办理“个转企”变更登记

❸ 9月，扬中税务开展政策答疑直播

❹ 10月，扬中税务“江洲小蓝”志愿服务团队护航 “龙头企业”

图片提供：融媒体中心

红色专窗
2

4

❶ 9月28日，2023（第十七届）中国镇江金山文化艺术·国际旅游节暨扬中市兴阳村第十六届文化艺术节在扬中市兴阳村生态园广场开幕

❷ 2月21日，新坝镇新宁村举办二月二龙抬头民俗文化节

❸ 9月24日，镇江·扬中中国农民丰收节启动仪式举行，图为扬中一日游首发团授旗仪式

图片提供：融媒体中心

2023年，扬中市乡村振兴提标扩面。守好粮食安全底线，组建粮食集团，新建高标准农田246.67公顷，实现面积、单产、总产“三增”。启动现代农产品（水产品）批发市场建设，完成水产养殖池塘标准化改造43.33万平方米，工厂化养殖面积18.8万平方米。推进富民强村帮促和农民收入十年倍增行动，培训高素质农民1110人，全面消除经济相对薄弱村。布局农村物流末端节点40个，“交邮融合+共同配送”服务入选交通运输部农村物流服务品牌。开展村庄垃圾清理专项行动，着重解决一批“两部”“四沿”“五旁”“六地块”难点问题，农村人居环境整治连续4年获评全省第一等次，创成省级生态宜居美丽示范村7个、特色田园乡村1个。优化城乡路网，提档升级农村公路18千米，实施江堤提标改造10.7千米，打造南江段沿江风景线4.2千米。陈履生博物馆群获全国最美乡村公共文化空间设计奖和人气奖。

乡村振兴谱新篇
村人居环境乡风文明“双积分”管理启动仪式
1

永兴村智慧党建+社会治理
智慧扬中
INTELLIGENT YANGZHONG
永兴村
今日永兴
党建村务
办事指南
社区文化
广电慧眼
09:13
2018-5-7
综合服务大厅
实时播报
3

❶ 三茅街道永勤村举行人居环境乡风文明“双积分”管理启动仪式

❷ 新坝镇联盟村初心议事会

❸ 八桥镇永兴村智慧乡村信息管理平台

❹ 三茅街道三桥村景泰苑居民议事亭

图片提供：融媒体中心

❶ 9月25日，西来桥镇农特产直播

❷ 新坝镇立新村高效农业园水果玉米

❸ 三茅街道永和村万红水产养殖基地中华绒螯蟹

❹ 油坊镇油坊村仙人掌基地

图片提供：融媒体中心

2

4

1
四时春
食坊
淡取生活春秋色，
烟火清风一盏茶

3
AUTUMN POETRY · 扬中胜境盆景园
秋日小島的詩
POETRY FOR THE ISLAND

2

❶ 八桥镇利民村村景

❷ 新坝镇联合村郭克生事迹陈列馆

❸ 新坝镇联合村胜境盆景园

❹ 三茅街道普济村南湖农场

图片提供：融媒体中心

4

❶ 2月6日，扬中市召开全国文明城市创建推进大会

❷ 1月18日，扬中市开展新时代文明实践“三下乡”志愿服务集中行动

❸ 6月22日，三茅街道建设社区开展“粽香端午　情暖恒龙”暨“红领巾”楼道长助力文明城市创建启动仪式

图片提供：融媒体中心

2023年，扬中市文明创建成效显著。合理调整创建节奏、创建重点，有力有序推进各项创建工作，实现民生福祉、治理效能、文明风尚的同步提升。打造“文明有礼　德润江洲”品牌，坚持党建引领总思路，深化“共建城市美好　乐享生活幸福”和“行四礼、修四德”做新时代文明扬中人两项行动。实施文明城市“十大提升行动”“新五项普惠行动”，完善“全警管交通”“组团式创建”等机制。攻坚四大片区整治，改造农贸市场1个，提升公共广场2个，治理背街小巷14条，新增停车泊位522个。高效实施住宅小区提档工程，改造出新老旧小区26个、惠及居民5886户，整治43个点位（小区）弱电线缆。推进物业服务“五有五整治”行动，实现规模小区基本服务全覆盖，创成省级示范物业管理服务项目1个。五大“一二三”行动有序开展，社会文明程度持续提升。

❶ ❹ 10月6日，扬中市第五届公益文化节暨第十二届“一双球鞋的暴走”活动启动

❷ ❸ 5月20日，扬中市第八届“520荧光夜跑”活动

图片提供：融媒体中心

大
上
海
520

2

威腾电气
WETOWN ELECTRIC
扬中市第五届公益文化节
2023
第十二届
一双球鞋的暴走
不负热爱
奔赴山海

4

❶ 5月，外国语小学举行体育嘉年华活动

❷ 7月25日，《太平洲上》在江苏大剧院展演

❸ 5月，三茅街道开展“点赞文明 助力创文”红领巾大众评审团参观评审

❹ 11月，新时代文明实践文化文艺志愿服务队举办“走！‘趣’阅冬”草坪读书会

图片提供：融媒体中心

省基层文艺院团优秀剧目展演
共江苏省委宣传部　江苏省文化和旅游厅
中市锡剧团
大型锡剧
太平洲上
2

4

文明家庭示范户颁奖词
“家和万事兴”。家庭文明，社会才能
文明；家庭和谐，社会才能和谐。在安宁
祥和的岁月里，他们坚守孝老爱亲、相濡

学雷
志愿服务

❶ 经开区三跃社区表彰文明家庭示范户

❷ 7月18日，三茅街道永勤村人居环境乡风文明“双积分”管理兑换活动现场

❸ 3月3日，三茅街道三桥村新时代文明实践站开展“学雷锋”志愿服务活动

❹ 三茅街道英雄社区“文明扬中12条”主题楼道文化宣传展板

图片提供：融媒体中心

编辑说明

一、《扬中年鉴》以马克思列宁主义、毛泽东思想、邓小平理论、“三个代表”重要思想、科学发展观、习近平新时代中国特色社会主义思想为指导，坚持辩证唯物主义、历史唯物主义的立场、观点和方法，编年载录扬中市政治、经济、文化、社会、生态等方面的基本情况，为各级领导决策提供参考，为社会各界认识、研究、发展扬中提供基本资料，也为编纂各类志书积累史料。

二、《扬中年鉴》首卷出版于2009年，逐年出版，本卷为第十六卷。《扬中年鉴（2024）》记述时间原则上为2023年1月1日至2023年12月31日，部分内容适当上溯或下延，记载2023年度扬中市政治、经济、文化、社会、生态等方面的基本面貌、发展状况和各行各业取得的新进展、新成就、新经验。

三、《扬中年鉴（2024）》采用分类编辑法，全书分类目、分目、条目三个层次，部分分目下设副分目，副分目标题前后加“·”符号，条目为记述实体，标题用黑体字加【 】表示。《扬中年鉴（2024）》继续贯彻江苏省地方志办公室年鉴创新与规范的有关要求，对框架结构进行适当调整，全书设特载、大事记、扬中概览、中国河豚岛、中共扬中市委员会、扬中市人民代表大会、扬中市人民政府、政协扬中市委员会、纪检监察、民主党派·工商联、群众团体、军事、法治、经济管理、农业、水利、工业、商贸服务业、金融、交通运输、城乡建设与管理、环境保护、科学技术、教育、文化、卫生、体育、社会生活、镇·街道·开发区29个类目，共设164个分目、853个条目，随文表格47张，计56.8万字。

四、《扬中年鉴（2024）》卷首设3个图片专题，图片46幅。随文图片100幅。

五、全书配有多种检索方法，卷首设目录，卷末设索引。全书所有资料可通过目录、索引、条目参见系统以及书眉等查询。数字用法、标点符号用法分别采用国家标准《出版物上数字用法》(GB/T15835—2011)、《标点符号用法》(GB/T15834—2011)，计量单位采用国家技术监督局1993年12月发布的《量和单位》系列国家标准。“亩”与“公顷”根据具体条目，予以共用，原始资料中的精确数字尽量予以保留，换算公式：15亩=1公顷。

六、《扬中年鉴（2024）》所用稿件由全市各部门、单位、镇（街道、区）专人撰写，并经过各单位领导审阅，事实与数据均经过核实校对。“组织机构及负责人”由扬中市委组织部审核。正文统计数据由于统计来源、口径和时间不同而不尽一致，使用时请以扬中市统计局提供的统计资料为准。

目 录

特 载

大事记

扬中概览

中国河豚岛

中共扬中市委员会

扬中市人民代表大会

扬中市人民政府

政协扬中市委员会

纪检监察

民主党派·工商联

群众团体

军 事

法 治

经济管理

农　业

水 利

工 业

商贸服务

金 融

交通运输

城乡建设与管理

环境保护

科学技术

教　育

文　化

卫 生

体 育

社会生活

镇·街道·开发区

附 录

索 引

特　载

文明创建

【概况】 2023年，扬中市秉持“为了人民的幸福美好生活”工作宗旨，改进创新精神文明创建，推动实施“十大提升行动”、“新五项普惠行动”等，谋划推出“三重点三结合”创建举措，持续完善“全警管交通”、“组团式”创建、机关党员干部“文明作表率”等工作，分阶段开展五大“一二三”行动（小区、街巷、点位、文明风尚、群众参与），推动文明创建精细化、科学化、体系化水平持续提升。 （谭茜文）

【十大提升行动】 2023年，扬中市实施全国文明城市创建“十大提升行动”。包括清单化、项目化推进市场管理、市政设施、背街小巷、交通秩序等整治提升行动，改造提升农贸市场、便民疏导点6个，整治背街小巷14条，完成博联农贸市场、吾悦广场、恒大B区、雨润BC区4个重点点位综合整治，推动广场“白改黑”改造2个，新增维护交通护栏4277米，每周四投入298名警力，在市区50个路口、33条路段，开展交通秩序集中整治行动，提升城市精细化管理水平。 （谭茜文）

【“新五项普惠行动”】 2023年，扬中市将普惠行动从居民小区向街面路面延伸，聚焦城市管理和群众生活需求，推动实施“新五项普惠行动”，新建改建便民疏导点4个，更新添置城区树池盖板2600余套，维修摊铺非机动车道沥青路面2.5万平方米，施划交通标线2.6万平方米，新增停车泊位634个，安装更换一批分类果壳箱、餐厨垃圾桶等，在老旧小区增设微型消防站260个，市容市貌全域提升、民生实事纵深推进。（谭茜文）

【全国文明城市创建推进大会】 2023年2月6日，扬中市召开全国文明城市创建推进大会。会议要求，持续掀起齐心协力抓创建的新热潮，全力以赴打赢文明城市创建整体战、攻坚战、大决战，让全国文明城市的荣光闪耀江洲。扬中市全国文明城市创建工作围绕市容管理、户外广告整治、背街小巷整治、市场管理、交通秩序整治、市政设施改造、居民小区整治、物业服务管理、线缆箱体整治、文明素养等十项提升行动展开。会上，城管局、公安局、新坝镇、利民村立足本职，围绕各自工作重点作表态发言，全市6个镇（街、区）和10个重点部门递交创建责任状。会议制发《2023年度全国文明城市创建“十大提升行动”工作方案》《关于深入开展“单位包路段、文明我示范”志愿服务活动的通知》等系列文件。 （谭茜文）

8月，交通秩序集中整治行动 （融媒体中心供图）

【机关党员干部“文明作表率”行动】 2023年3月29日，扬中市启动实施机关党员干部“文明作表率”行动，106个单位挂钩联系23个重点村（社区），组织机关党员干部每周六走进社区，围绕改善卫生环境、规范停车秩序、提供便民服务等工作，开展志愿服务、文明实践活动，以机关党员干部的“火热干劲”，激发和带动全体市民的创建热情，实现文明城市与文明市民共荣共享。 （谭茜文）

【小区"一二三"行动】 2023年5月5日,扬中市启动实施小区"一二三"行动。小区"一二三"行动,"一"是看物业,"二"是走业委会、物管会"两委","三"是访网格长、党小组长、楼道长"三长"。集中组织小区管理重点单位和各镇(街、区)、村(社区),先后走访物业企业22家、整治物管小区53个、解决问题177个、督促整治小区弱电线缆32千米,持续推进127个重点小区创建工作,走访"两委""三长"1432人次,发现解决各类问题990个。 (谭茜文)

【街巷"一二三"行动】 2023年5月30日,扬中市启动实施街巷"一二三"行动,组织城市治理重点职能部门和相关镇(街道)分片包干、协调联动,重点解决好街巷沿线空中杆线整治这一难题,规范好立面店招和广告两项设置,深化地面市政设施、停车秩序、"门前三包"三项综合整治,不断优化城市功能品质,提升市民群众幸福感、获得感。 (谭茜文)

【文明风尚"一二三"行动】 2023年8—9月扬中市启动文明风尚"一二三"集中行动月行动("一"即培树文明新风;"二"即规范文明养宠、文明出行;"三"即治理乱贴乱画、乱堆乱放、乱扔烟头)。妇联、卫健委、公安局、城投集团、住建局等多家单位相继开展"文明风警线 共创文明城""医心向党 踔厉奋发""为民办实事 文明物业在行动"等各类文明实践活动50余场次,用接地气的方式将移风易俗融入理论宣讲、志愿服务、文艺巡演等活动中,新时代文明健康新生活蔚然成风。 (谭茜文)

3月4日,三茅街道"大众评审团文明助力"志愿服务项目发布会举办 (三茅街道供图)

【点位"一二三"行动】 2023年8月,扬中市启动全国文明城市创建点位"一二三"(文明氛围一宣传,优质服务、文明行为两项引导,公共秩序、环境卫生、基础设施三项管理)行动。文化场馆、大型商超、营业网点、农贸市场、窗口单位等13类点位滚动开展"篦问题、晒进展、比作风、赛成效"活动,专项行动小组对照点位标准逐条打分,详细记载检查中发现的问题以及亮点举措,篦出问题214处,均得到及时整改。该项行动帮助点位在完善设施、改善环境、优化秩序、提升服务等方面实现多维度提升。 (谭茜文)

【群众参与"一二三"行动】 2023年,扬中市在城区深入开展"户户访"活动,城区4万余户家庭走访"全覆盖",推动"为民惠民利民靠民"创建理念落地落实。在镇村广泛开展文明商户评选表彰和积分兑换、"三亮三争"文明提升行动等特色创建活动,乡风文明指数显著提升。 (谭茜文)

7月18日,永勤村人居环境乡风文明"双积分"管理兑换活动现场 (三茅街道供图)

【扬中市第二届文明家庭创建】 2023年5月,扬中市文明办、妇联联合开展第二届扬中市文明家庭评选工作,展示家庭文明建设丰硕成果,展现全市家庭良好风貌。经过发布公告、择优推荐、征求意见、广泛走访、集中审核、媒体公示等环节,授予郭保清等99户家庭"第二届扬中市文明家庭"荣誉称号。 (谭茜文)

新时代文明实践工作

【概况】 2023年,扬中市推动新时代文明实践工作向纵深推进。坚持高位推动,全年召开市委常委(扩大)会议等4次,研究部署年度工作计划、基层理论宣讲、道德典型选树等重点工作。中心办公室每季度召开联席会议推进具体工作,组织市志愿服务总队"8+N"志愿服务队与镇村结对挂钩,实现优质资源市镇村流动互补。巩固实践阵地,在新时代文明实践中心(所、站)全覆盖基础上,改造提升实践所2个、实践站12个,增设王步高文苑、三江湾文博夜市等文明实践基地32个。指导策划“点亮夏夜”“温暖秋冬”等文明实践活动，市镇村三级实践中心(所、站)全年累计开展各类文明实践活动9000余场次。8月，《新华日报》头版刊登扬中“夜江洲·悦实践”工作；12月，《新华日报》头版聚焦《扬中以高水平精神文明建设擦亮高质量发展底色》，推介扬中相关做法。 (周颖)

【新时代文明实践“三下乡”活动】 2023年1月18日，扬中市新时代文明实践中心、扬中市新时代文明实践志愿服务总队开展新时代文明实践“三下乡”暨“全民阅读春风行动”新春送福活动。活动中，新时代文明实践常备志愿服务队、文联、图书馆、新华书店等18家单位“摆摊设点”，开展政策咨询、科普宣传、义诊等50余项集中服务，现场发放普法知识、农业技术、垃圾分类等宣传手册2000余份。春节期间，新时代文明实践“8+N”常备志愿服务队、新时代文明实践所(站)陆续开展271场新时代文明实践活动，增强群众获得感、幸福感。 (周颖)

1月18日，开展新时代文明实践“三下乡”集中志愿服务活动 (宣传部供图)

【“食刻保胃 文明同行”文明就餐在行动】 2023年3月13日，扬中市举办“食刻保胃 文明同行”文明就餐提升行动启动仪式暨制止餐饮浪费专项行动部署会，邀请全市大型餐饮单位相关负责人、厨师长参加，通过全面宣传和集中培训，引领餐饮行业文明提升和保障食品安全“两手抓、两促进”。文明就餐提升行动为期10个月，经过前期宣传倡导后，开展专题活动月。3月1日至7月31日，每月集中开展一次推广活动。3月，推广大型餐饮店等开展“公勺公筷包厢标配行动”；4月，开展“文明用餐 光盘行动”主题活动；6—7月，结合全国食品安全宣传周，开展“亲民健康饮食活动”。8月1日至12月31日，对于示范作用突出的给予“文明就餐示范店”创建活动评比奖励，建立健全文明就餐推广方案，在全市机关、企事业单位食堂及其他餐饮企业等领域全面推广。 (融媒体中心)

【市民文明素养提升行动启动仪式】 2023年3月4日，扬中市新时代文明实践中心、市委宣传部、文明办共同举办“学习雷锋精神 共筑文明之城”——纪念毛主席“向雷锋同志学习”题词发表60周年暨2023年市民文明素养提升行动启动仪式。活动现场，市文明委以“单位领办+文明接力”形式，全面启动市民文明素养提升行动。各地各单位、社会各界和广大市民群众深入开展形式多样、全民参与、成效显著的市民文明素养提升系列主题活动342场，全市域、全方位推动市民文明素养和社会文明程度双提升。 (周颖)

3月4日，扬中市举行纪念毛主席“向雷锋同志学习”题词发表60周年暨2023年市民文明素养提升行动启动仪式 (宣传部供图)

【全国公民道德宣传日暨“道德典型进校园”主题宣讲活动】 2023年9月20日是第21个全国公民道德宣传日。扬中市在崇德小学举行“榜样的力量”第21个全国公民道德宣传日暨“道德典型进校园”主题宣讲活动，成立“道德典型进校园”宣讲团并开展首场宣讲。活动现场，陆茂生、潘炳成、孙斌等10名道德典型作为首批宣讲团成员接受聘书。“中国好人”潘炳成、“江苏好人”孙斌、省“公益助残先进个人”徐敏、“新时代好少年”奚胤宸4位道德典型现场分享经历，发挥道德模范、身边好人在学校精神文明建设中的示范引领作用，引领广大师生自觉修身立德以新担当、新作为建功新时代。活动前，与会人员集中参观“榜样的力量”道德模范和身边好人、新时代好少年事迹展。 (周颖)

【"烟头不落地 扬中更美丽" 主题活动】 2023年4月8日,扬中市开展第四届"烟头不落地 扬中更美丽"主题活动。活动表彰"烟头不落地 扬中更美丽"优秀集体3个、优秀个人3人、优秀社区6个,城管局、烟草局、教育局、卫健委代表从不同角度发出倡议。活动现场,卫健委工作人员为群众提供测量血压等健康义诊服务,并通过发放宣传册、现场讲解等方式,提高群众对烟草危害的知晓率。12月8日,扬中市举办"温暖秋冬——新时代文明实践集市基层行"暨第四届"烟头不落地 扬中更美丽"志愿服务行动。活动现场,组织70家"路长制"单位开展"捡烟头大赛",开展烟头兑换活动,居民凭烟头兑换礼品,50个烟头兑换香皂、200个烟头兑换牙膏、350个烟头兑换纯牛奶。活动收集到的烟头集中运输到扬中市环境卫生管理处垃圾中转站,压缩后送至镇江光大垃圾焚烧发电厂焚烧。活动现场开展文明集市活动,设置控烟宣传、健康义诊、科学普及、惠民政策咨询、节水知识宣传、文明交通、文明养犬宣传、民俗剪纸、楹联临摹、法律咨询等十余个"摊位",另提供磨菜刀、修雨伞、修鞋等便民志愿服务,新时代文明实践"8+N"常备志愿服务队、公安局、城管局、市场监督管理局等18家单位开展反诈宣传、健康义诊等各类惠民服务。 (周颖)

7月,扬中市持续开展机关党员干部"文明作表率"志愿服务活动 (融媒体中心供图)

【新时代好少年评选】 2023年,扬中市开展"新时代好少年"评选活动。经各镇(街、区)、各有关部门、各中小学校推荐和组委会评选、审核公示、综合评定,分别于7月、12月推选出于浩然等32名先进典型。其中,刘芃等8人获镇江市"新时代好少年"称号。随着评选活动的开展和各地、各学校学习宣传活动的深入,发挥新时代好少年示范引领效应,展示新时代好少年积极向上、文明进取的精神风貌。 (周颖)

【第六届道德模范评选表彰活动】 2023年7月,扬中市启动第六届道德模范评选工作,评选表彰道德模范10名(组),道德模范提名奖10名(组)。经各镇(街、区)、各部门广泛宣传,充分发动,征集到各类典型57名(组),经征求纪委、公安、法院、信访局、信用办、税务局等六个重点部门意见,由市委宣传部、文明办、融媒体中心、总工会、团市委、妇联、文体广电和旅游局等七部门组成评选工作小组,对符合条件的55名(组)候选人投票初评,结合地区、部门、行业分布等因素,确定20名(组)候选人。组委会根据个人事迹及网络投票公示结果综合评审,酝酿产生道德模范建议名单10名(组)、道德模范提名建议名单10人(组)。建议名单常委会审议通过后,12月由文明委发文正式表彰。 (周颖)

年度聚焦

【扬中位列全国县域高质量发展百强第46】 2023年5月12日,壹城经济咨询中心在中国财富峰会上发布《中国县域高质量发展报告2023》。在"2023全国县域高质量发展百强"榜单中,扬中市位列第46。全国县域高质量发展评价体系为客观评价县域高质量发展水平,构建包含综合指标、创新发展、协调发展、绿色发展、开放发展、共享发展和安全发展七个维度、36项具体指标的一套县域高质量发展评价体系,1866个县域参与总体评价。 (融媒体中心)

【扬中市入选4个"百强榜"】 2023年11月19日,《光明日报》刊发《2023年中国中小城市高质量发展指数研究成果》,扬中市入选4个"百强榜"榜单。扬中市在全国综合实力百强县市中位列第27,在全国绿色发展百强县市中排名第7位,在全国科技创新百强县市中位列第36,在全国新型城镇化质量百强县市中位列第27。中国中小城市发展指数研究课题组和国信中小城市指数研究院倾力构建中国中小城市发展指数研究系统体系,持续19年对中小城市发展指数进行深入系统研究,并逐年推出阶段性研究成果。依据新发展理念和经济高质量发展的要求,研究依次构建综合实力、绿色发展、投资潜力、科技创新、新型城镇化质量等方面的指数指标体系,系统、全面评价中小城市发展现状。 (融媒体中心)

大事记

1月

1—3日，中国人民政治协商会议扬中市第十一届委员会第二次会议召开。

2—4日，扬中市第十八届人民代表大会第二次会议召开。

10日，“江洲雏鹰 圆梦行动”启动仪式举行。

是日，扬中市妇联与农商银行举办党建共建暨“携手她力量 共走振兴路”战略合作签约仪式。

13日，扬中市召开领导干部警示教育大会。

16日，扬中市举行2022年度金融系统总结表彰暨政银企合作重点项目签约会。

17日，扬中市举行2022年度突出贡献企业表彰大会。

18日，扬中市举行新时代文明实践“三下乡”志愿服务集中行动，市文明办组织志愿者开展移风易俗主题宣传。

29日，扬中市委、市政府召开项目攻坚暨产业强市大会。

30日，油坊镇召开产业强镇暨优化营商环境大会。

31日，扬中市与陕西省白水县联合举办“春风行动”暨就业援助月现场招聘会。

是月，扬中市红十字会开展“博爱送万家”活动。

是月，扬中市第一幼儿园举行新园揭牌仪式。

2月

1日，扬中市召开背街小巷整治工作推进会，全面督促查验整治工作，推动全国文明城市创建工作。

2日，西来桥镇“新年新征程 ‘西’心服务您”项目集中签约仪式举行。

6日，扬中市召开全国文明城市创建推进大会。

是日，经开区举行“勇立潮头开门红 勇攀高峰启新程”项目集中签约仪式，投资总额38亿元。

7日，中共扬中市第十三届纪律检查委员会第三次全体会议举行。

9日，扬中市召开春季招商暨“长三角投资促进季”招引动员会。

10日，扬中市妇联召开第十五届八次执委(扩大)会议。

是日，新坝镇“春风行动”推动“双向奔赴”兔年首场线上招聘会(宜禾专场)举行。

13日，扬中市深入打好污染防治攻坚战工作会议召开。

16日，扬中市委政法和信访稳定工作会议召开，发布10件政法惠民实事。

25日，“相约星期六”家长公益课堂启动。

26日，扬中发展促进会扬州分会成立。

3月

2日，金山职业技术学院举行思想政治教育特聘教授聘任仪式，聘任赵亚夫为特聘教授，“亚夫学习社”揭牌。

4日，扬中市举办“学习雷锋精神 共筑文明之城”——纪念毛主席“向雷锋同志学习”题词发表60周年暨2023年市民文明素养提升行动启动仪式。

6日，扬中市举行“奋斗争荣光 巾帼强作为”纪念第113个国际妇女节活动。

11日，扬中(苏州)投资促进联络处成立并举行揭牌仪式。

13日，扬中市召开劳动模范推荐评选工作专题动员会。

是日，扬中市举办“食刻保胃 文明同行”文明就餐提升行动启动仪式暨制止餐饮浪费专项行动部署会。

16日，扬中市召开国家级县域节水型社会达标创建工作推进会。

18日，扬中市第十九届河豚文化节开幕。

是日，“王步高文苑”揭牌仪式在王步高老宅举行。

21日，扬中市“发展农村电商助力乡村振兴”暨全市首届电商直播季启动仪式在电商公共服务中心举行。

23日，西来桥镇举行乡土美食文化旅游节暨“扬中农商银行杯”西来桥镇第六届舞龙比赛。

25日，上海市中西医结合学会“助力县域医疗基地”落户扬中市人民医院。

是日,“关上灯 点亮希望 为地球献上一小时”活动在吾悦广场举行。

是日,油坊镇举办首届浪漫长旺樱花荟。

27 日,大中矿业扬中矿物加工及商品贸易基地项目签约落户。

28 日,扬中市麦田慈善基金会“小麦苗合唱团”《知足》《下白雨》曲目获第四届镇江市金山合唱节金奖。

是日,扬中市篆刻协会举行成立十周年庆暨篆刻艺术体验馆揭牌仪式。

29 日,扬中市启动实施机关党员干部“文明作表率”行动。

30 日,扬中市举行“老少心向党 奋斗新征程”主题教育启动仪式。

是日,中国供销合作社电商直播基地在长旺街社区揭牌。

31 日,上海电力大学—扬中高新区校地合作推进座谈交流会召开。

是日,扬中市举行“天禾杯”第五届乡村旅游文化节启动仪式。

是日,扬中市行政审批局开展政务服务“开放日”活动。

4 月

3 日,扬中市退役军人事务局“清扫烈士陵园 缅怀革命先烈”清扫活动在烈士陵园开展。

4 日,扬中市残联七届二次主席团会议暨 2023 年度工作会议召开,选举市残联主席团副主席。

是日,扬中市中小学校开展清明节祭扫英烈活动。

8 日,扬中市新坝镇新治村与香港宝达社区举行“同筑梦 共启程”结对共建签约仪式。

是日,扬中市开展第四届“烟头不落地 扬中更美丽”主题活动。

9 日,八桥镇利民村举办“春遇豚岛·飨跑利民”春日情境跑活动。

12 日,扬中市市属国有企业党建工作会议召开,部署下一阶段国有企业党建工作。

13 日,江苏省第二届智力运动会象棋比赛在扬中开赛。

14 日,扬中市举行重点产业项目集中开工仪式暨威腾集团储能系统及光伏项目开工典礼。

是日,扬中市暨新坝镇老年人体育节开幕式在新坝体育馆举行。

是日,扬中市召开经济运行暨重点产业项目招引建设推进会。

15 日,扬中市举行国家安全教育基地暨平安文化展示馆启动仪式。

18 日,扬中市交通运输学会成立。

是日,扬中市文联九届三次全委会召开。

19 日,永胜村九狮图非遗展示馆开馆。

20 日,扬中市召开产业工人队伍建设改革第四次联席会暨工作推进会,部署全年工作任务。

是日,扬中市召开冬训成果汇报会暨“贯彻二十大、学习新思想、奋进新征程”主题宣讲活动启动仪式。

是日,扬中市召开国家卫生城市复审暨健康扬中建设工作推进会。

22 日,扬中市第七届机关职工四人制篮球比赛开幕。

23 日,扬中市举行第十届“江洲读书节”启动仪式。

25 日,扬中市召开庆“五一”暨劳动模范命名大会。

26 日,扬中市与国网镇江供电公司“落地城市‘双碳’目标 加快新型电力系统建设 助推扬中高质量发展”合作框架协议签约。

27 日,扬中市举行第十九届河豚文化节项目集中签约仪式,新版“扬中招商云”应用上线。

是日,扬中市启动高层次人才创新创业大赛。

29 日,扬中市举办首届江岛音乐节。

是月,扬中(常州)投资促进联络处举行揭牌仪式。

是月,“秀出幸福路 永远跟党走”旗袍秀专场暨江苏省首届苏派旗袍风采大赛扬中赛区启动仪式举行。

是月,三茅街道首届“家香味道”美食品鉴大会在兴阳村举行。

5 月

1 日,陈履生博物馆群聘请列支敦士登国家博物馆馆长雷诺·沃康摩尔为名誉馆长,聘请列支敦士登国家博物馆及邮政驻亚太区总代表齐向荣为海外事务部顾问。

4 日,扬中市青年企业家座谈会召开。

5 日,扬中市召开居民小区“看物业、走‘两委’、访‘三长’”活动部署会。

6 日,第五届“中国河豚岛”消化和消化内镜学术研讨会在扬中召开。

是日,扬中市举行全国第 15 个防灾减灾宣传周启动仪式。

9 日,扬中市召开“‘枫’采飞‘扬’ 守护平安”工作部署会。

10 日,扬中市教育系统大中小学思政课一体化建设联盟成立大会暨第九期“思政新课堂”主题活动在金山职业技术学院举行。

14日,扬中市文明办、妇联举办“好家风代代传 好邻里互助亲”主题庆祝活动。

19日,扬中市召开旅游协会第三届会员大会暨“5·19”中国旅游日惠民消费推广季活动启动仪式。

20日,扬中市举办第八届“520”荧光夜跑活动。

22日,扬中市举行纪念中共中央发布“五一口号”75周年座谈会。

24日,新坝镇举办“三江潮涌枇杷甜 乡约新坝创未来”——第二届枇杷文旅节活动。

27日,扬中市开展全国科技活动周暨第35届科普宣传周专场活动。

28日,扬中市机关事务管理中心举办“绿色有礼 唤醒低碳”绿色兑换活动。

29日,扬中市检察院举行“检爱同行 共护花开”检察开放日活动。

31日,扬中市妇联、教育局在吾悦广场开展“社会妈妈”20周年主题活动。

5—10月,扬中市举办“威腾电气”杯第十四届男子篮球联赛。

6月

3日,扬中市中青年干部培训主体班在市委党校开班。

是日,全国“奔跑吧·少年”儿童青少年主题健身活动(镇江会场)——“保护母亲河 共创生态岛”镇江·扬中公益跑在西来桥镇举行。

13日,江苏省教育厅、省委政法委、省公安厅联合发文公布“2022年省高质量平安校园建设单位”名单,扬中获评2022年江苏省高质量平安校园建设市。

15日,扬中市召开银发经济启动现场会。

20日,中国“独角兽”暨潜在“独角兽”企业报告发布会举行,美科太阳能入选中国“独角兽”企业。

是日,中华慈善总会“医疗科技助力健康项目”扬中站捐赠仪式举行。

21日,第一季度“中国好人榜”发布,扬中市西沙芦柳管理所所长潘炳成当选敬业奉献类中国好人。

27日,中电电气CNAS检测中心揭牌仪式暨中电电气和沈阳变压器研究院战略合作签约举行。

是日,扬中市召开培育省民营经济高质量发展示范市暨优化营商环境工作推进会。

是日,麦田慈善基金会“每周三去哪儿”十周年活动在市特殊教育中心学校举行。

29日,扬中市举行第11例造血干细胞捐献者罗家富赴南京捐献欢送会。

是月,扬中市首届“e起秀扬中”直播大赛海选落幕,20名选手晋级复赛。

7月

3日,中央政法委发布第二季度见义勇为勇士榜,会龙村村民李培武上榜。

4日,扬中市中低压智能电气产业集群入选江苏省级中小企业特色产业集群。

6日,镇江市青少年科技体育车辆模型竞赛活动在扬中市长旺中心小学开赛。

7日,威腾电气举行新能源产业基地二期开工仪式,与战略合作企业集中签约。

8日,首帆动力锂电储能暨大型智能应急发电机组产品及研发中心建设项目主体工程开工仪式举行。

是日,扬中市举行民族团结进步宣传系列活动启动仪式。

11日,扬中市旅游协会与八桥镇开展“惠旅游”乡村振兴文旅融合共建合作签约仪式。

是日,扬中市油坊中心小学少先队大队、实验小学六(6)中队获2023年度江苏省“红领巾奖章”集体四星章。

12日,扬中—白水对口协作工作联席会议召开,白水县委书记王宏运一行到扬中市考察交流。

是日,扬中市举行第12例、公务员系统首例捐献造血干细胞志愿者郭燕彬赴南京捐献欢送会。

13日,在巴黎世界残疾人田径锦标赛女子标枪F34级和铅球F34级决赛中,扬中籍运动员邹莉娟获得2块金牌。

是日,扬中市公安局组织新入职民警开展廉政警示教育活动。

16日,扬中市举行毕业生就业双选暨夏季人才交流大会。

19日,扬中市召开暑期校外培训机构专项整治工作会议,贯彻落实教育部“监管护苗”暑期专项行动要求。

23日,江苏沿江八市联动引才暨“百所高校镇江行”活动在扬中市举行。

24日,扬中市召开长江禁捕工作推进会。

25日,扬中市大型原创锡剧《太平洲上》作为2023年江苏省基层文艺院团优秀剧目在江苏大剧院公演。

是日,扬中市“拥军商户”联盟成立,发布“拥军商户”优待目录。

26日,扬中团市委、油坊镇团委、镇江远东电讯电机有限公司举办“青春向党学思想 感恩奋进建新功”主题宣讲进青年活动。

是日,扬中市第13例、市教育系统首例造血干细胞捐献志愿者葛剑峰赴泰州捐献欢送会举行。

27日,扬中市召开家庭教育工作推进会,筑牢全市家庭教育工作根基,发布"小流苏 童未来"儿童友好服务项目。

28日,大全集团·镇江默勒电器有限公司举办创新驱动行业高质量发展交流会暨镇江默勒三十周年庆典。

是月,扬中市市场监管局会同地方金融监管局开展辖区内"寄卖行"跨部门联合检查。

是月,扬中发展促进会三茅分会丰裕社区乡贤会、丰裕商会成立大会召开。

8月

1日,中国共产党扬中市第十三届委员会第五次全体会议召开。

是日,扬中市人社局、人民医院举办"镇江市工伤康复定点医院"签约揭牌仪式,扬中市首家工伤保险医疗康复定点医院落户人民医院。

是日,扬中大道联合桥—明珠广场段实施路面维修工程启动。

2日,扬中市生态环境保护大会召开,围绕打赢"生态治理提升战"再部署、再推进。

3日,扬中市地方金融监管局、人民银行和新坝镇、高新区联合举办金融镇街区行(新坝专场)活动。

8日,扬中市举行"潮青春杯"全民健身日新优健身项目展示活动。

是日,扬中市举行"奉献一份爱心·共建幸福家园"暨"慈善一日捐"活动动员会。

8—10日,"养殖河豚鱼烹制"江苏省专项职业能力考核培训班召开。

16日,江苏省农业农村厅公布2023年江苏省级示范家庭农场和家庭农场典型案例名单,利源家庭农场和西来桥镇四季如意家庭农场被认定为省级示范农场,郭氏家庭农场入选省级家庭农场典型案例。

22日,2023年镇域经济500强暨西部50强发布,新坝镇位列160名、八桥镇位列500名。

是日,"宁镇扬"高校走进扬中产学研合作大会暨高层次人才创新创业大赛颁奖仪式在扬中落幕。

25日,"菱动金秋 鱼你同乐" 八桥镇第六届红菱文化旅游(采摘)节开幕。

27日,法护"青苗"成长项目暨"讯德奖学金"颁发仪式在麦田慈善基金会举行。

28日,"奋进现代化 砥砺新征程" 美术书法作品展开幕。

31日,扬中市举办首期卫生健康论坛暨"健康共同体 我们在一起"公共卫生品牌发布会。

是月,扬中市民政局、侨联、卫健委"情暖侨家"社工项目在市社工总站启动。

9月

4日,江苏省工业和信息化厅发布《关于2023年江苏省首台(套)重大装备拟认定名单的公示》,中电电气(江苏)变压器制造有限公司的ZTSF-24000/35千伏单机36脉油浸式移相变频变压器入选。

7日,扬中市举行庆祝第39个教师节表彰活动,表彰教育系统"六十佳"和20名"优秀教育工作者"。

11日,扬中市召开"颐养江洲 金融赋能"合作签约仪式暨养老服务地图发布会。

14日,中国汽车工程学会汽车转向技术分会换届年会暨技术研讨会在扬中举办。

是日,扬中市举行网络安全突发事件实战应急演练暨网络安全宣传周活动启动仪式。

17—23日,扬中市开展"提升全民科学素质 助力科技自立自强"全国科普日活动。

24日,中国农民丰收节镇江·扬中开幕式暨旅游高质量发展现场会在普济村举行。

25日,扬中市舞动美丽乡村——全市中老年人优秀文体节目展演专场在三茅街道中华村农民大舞台举行。

26日,《四千四万在扬中》新书首发式暨专题座谈会举行。

是日,扬中市委老干部局、民政局、文体广旅局主办的"奋进新征程 颂歌新时代""江苏银行杯"大型书画展开展。

30日,扬中市在烈士陵园举行向烈士敬献花篮仪式。

是月,扬中市举办第十四届"中国统计开放日"暨第五次全国经济普查单位清查现场登记活动。

是月,扬中市举行第十八届社区(农民)文化艺术节暨扬中市太平文化旅游周开幕式。

10月

6日,扬中市启动第五届公益文化节暨第十二届"一双球鞋的暴走"活动。

7日,扬中市召开重大产业项目"百日开工"推进会。

13日,第三届江苏特色伴手礼评测活动终评,友谊国际集团参选的"友谊手足情深"伴手礼获"江苏优选好礼"奖。

14日,扬中市技工学校举行揭牌仪式。

是日,扬中市举行第二届快递员职业技能竞赛。

17日,扬中市侨联举行"情暖重阳 与爱同行"暨

"扬侨有爱"志愿服务队授旗活动。

20日,全国千强镇发布暨镇域高质量发展论坛公布全国千强镇名单,新坝镇位列第195、油坊镇位列第401、八桥镇位列第520、西来桥镇位列第915。

是日,"交邮融合+共同配送" 服务品牌入选交通运输部第四批农村物流服务品牌。

21日,扬中市级机关第七届"小支部大联盟"暨片区党务干部趣味运动会举行。

是日,经开区福源村长寿文化旅游节开幕。

26日,镇江低碳产业供应链大会在扬中市举行。

是日,中国共产党扬中市新型电力(新能源)装备产业链委员会揭牌成立。

30日,江苏省紫金文化艺术节闭幕式上,扬中市原创大型锡剧《郭克生》获得"剧目奖",主演缪玉华获优秀表演奖。

是日,2023年全国跳绳联赛(安徽淮北站)分站赛中,扬中市八桥中心小学花绳代表队获得22金、9银、12铜。

31日,扬中市举办全市党外青年干部培训班。

是月,扬中市太极拳协会举行成立十周年庆典暨太极健身节展示活动。

11月

1日,金山学院举行新时代大学生思政教育社会实践基地揭牌仪式。

3日,扬中市九狮图入选江苏省第五批非物质文化遗产代表作名录。

是日,扬中市人大常委会开展"各级人大代表统一接待选民日"活动

8日,扬中市庆祝第24个中国记者节会议召开。

10日,"江苏妇运百年" 全省巡展在扬中市博物馆开展为期一周的主题系列图片展。

11日,首届"银佳杯"乒乓球俱乐部邀请赛在奥体中心体育馆举办。

12日,览锐光电(镇江)有限公司智能调光薄膜项目投产暨产品发布。

13日,扬中市举行首届"最美公务员"发布仪式,10名公务员被评为首届"最美公务员"。

16日,扬中市妇女联合会第十六次代表大会召开。

17日,江苏新韩通船舶重工有限公司2艘8.2万吨散货轮开工仪式举行。

19日,《光明日报》刊发《2023年中国中小城市高质量发展指数研究成果》,扬中市入选4个"百强榜"榜单。

21日,扬中市法学会(首席)法律咨询专家库成立大会召开。

25日, 商务部数字经济时代县域商业创新发展大会在杭州举办,扬中市入选首批全国县域商业"领跑县"名单。

是月,第六届镇江市青少年模拟法庭大赛在扬中市人民法院大法庭举办。

是月,《扬中市国土空间总体规划(2021—2035)》获江苏省人民政府批复, 扬中市国土空间总体规划正式启用。

是月,经开区福源村慈善文化园揭牌开园。

12月

2日,扬中市举行"团'新'聚力 青春赋能"关爱网约车司机群体统一行动日活动。

4日,扬中检察院举行员额检察官宪法宣誓仪式。

6日,永胜村道士庙埭入选江苏省特色田园乡村名单。

9日,2023"江苏银行扬中支行杯"扬中市少儿小主持大赛暨"我要上少儿春晚"小主持人大赛海选(小学组)举行。

10日,扬中发展促进会云南分会成立。

13日,扬中市油坊镇会龙村村民李培武获得"江苏省见义勇为英雄"称号,扬中市见义勇为基金会被授予"2020—2023年全省见义勇为工作先进单位"称号。

14日,扬中市第八届"大全杯"中小学生汉字听写大赛初中组决赛举行。

21日,蜂巢智能转向供应商大会在扬中市召开。

25日,"发现芳洲之美 共建美丽乡村" 摄影作品展开幕。

26日,扬中市女企业家协会2023年度年会"百川千流　流苏启航""流苏慧创"女性成长沙龙启动仪式暨扬中市女企业家协会妇联成立大会举办。

29日,扬中市科学技术协会第七次代表大会开幕。

30日,扬中市2024年"模范领航迎新年"长跑活动举行。

是月,"送教上门 筑梦飞翔"残疾人辅助性就业培训活动在油坊镇残疾人之家开展。

是月,扬中市邮政业发展中心联合总工会开展暖"新"行动,向全市200余名快递员赠送健康体检。

是月,扬中市第三次全国土壤普查外业剖面采样工作在新坝镇雷公岛启动。

扬中概览

【地理位置】 扬中市地处北纬 32°~32°19′，东经 119°42′~119°58′，镇江市圌山东侧的扬子江中。市境呈西北—东南走向，南北长 40 千米，东西平均宽 7 千米。东北与泰兴市、扬州市江都区、扬州市邗江区隔大江相望，西南与丹徒区、丹阳市、常州市武进区依夹江为邻。扬中全境总面积 327 平方千米，陆地面积 228 平方千米，其中耕地面积 87.6 平方千米。全市由长江主航道南侧的太平洲、中心沙、雷公岛、西沙 4 个沙洲组成，主岛太平洲是长江中第二大岛，总面积 220 平方千米。

(摘自《扬中市志》)

【地质地貌】 扬中市为江中沙洲，属冲积平原，无山丘，地势低平。海拔 4~4.5 米，相对高度 1 米左右，全境由西北向东南微倾。扬中市各沙洲的基岩是扬子古陆的组成部分，上层为长江冲积层，表层物质较细；中部为沙洲核，核的周围是由较粗物质组成的鬃岗。它们全是长江沉积物，属新生代，第四纪，全新统现代沉积物(次生黄土)岩性，黄色、褐黄色砂黏土。第四纪开始，新构造运动比较活跃，长江水流等外力对塑造扬中的雏形起到主导作用。

(摘自《扬中市志》)

【沿江岸线】 扬中江岸全长 150 千米。其中，太平洲东面和北面临长江主航道，岸线长 57 千米。西面和南面临夹江，岸线长 53 千米。中心沙岸线长 33.5 千米，雷公嘴岸线长 6.5 千米。沿江深水岸线 53 千米。岸线等级较高，多属贴岸深水岸线。-10 米等高线距岸边 40 米左右，具有良好泊稳和作业水域条件，适合建设不同类型的港口码头，泊位 5 万吨级至 10 万吨级。西江流域的长江浅水岸线 50 千米，水流平缓，岸线顺直，江堤外有大面积的滩涂，面积 40 平方千米，是渔猎、休闲、旅游及农业相结合的综合场所。

扬中市通航港口有栏杆桥、万福桥、联丰港、何家大港、沙家港、二墩港、三跃港、兴隆港、东新港、长旺港、六圩港、团结港、思议港、川(穿)心港计 14 条，在通江口均建闸控制。骨干港道有 12 条，其中通航的有新坝大港、联丰港、三茅大港、三跃港、东新港、长旺港、六圩港、团结港、思议港、川(穿)心港；不通航的有永勤港、双龙港。骨干河道有前进河、丰收河、新联河、全红河、杜家港、营房港、铁皮港、向阳河、扬子河(大寨河)、建中河、三跃河、光明河、红星河、战斗河、红旗河、胜利河 16 条，均建有机电排水站。港河闸距一般为 1~2.5 千米，港河密度平均为每平方千米占有港河 0.53 千米。

(摘自《扬中市志》)

【气候特征】 扬中地处北亚热带南部季风气候区，四季分明。春季晴雨相间，冷暖多变；夏季受东南风影响，炎热多雨；秋季天晴少雨，秋高气爽；冬季受西北风控制，低温寒冷。陆地为单一冲积平原，与同纬度周边地区相比，具有春季升温略快、秋季降温略慢、夏季高温略少、梅雨天暴雨略多的特点。

2023 年，扬中市年平均气温 17.3℃，较常年值 16.2℃偏高 1.1℃。降水量 1334.5 毫米，比常年值 1104.1 毫米偏多 230.4 毫米。年降水时间分布不均匀，主要集中在 5—9 月，年降水日数 139 天，比常年值 116.2 天偏多 22.8 天。年日照时数 2377.7 小时，比常年值 1997.9 小时偏多 379.8 小时，日照正常。终霜期出现在 2 月 27

12 月 18 日，雪天交通疏导 (融媒体中心供图)

日，比常年值3月26日早27天；初霜期出现在11月14日，比常年值11月13日晚1天；无霜期259天，比常年值230天多29天。年极端最高气温37.0℃，出现在8月12日；年极端最低气温-8.2℃，出现在1月25日。2023年，扬中市主要灾害性天气有暴雨(大暴雨)、短时强降水、寒潮(强冷空气)、大风、雾霾、暴雪等灾害性天气。

暴雨(大暴雨) 年暴雨日5天，其中大暴雨日2天。暴雨过程均出现在夏季，其中7月7日，日降水量241.2毫米，是扬中站有气象记录以来历史第三(第一为1975年6月24日287.0毫米，第二为1972年7月3日277.3毫米)，新杨路、文化北路电信小区、工会路、江洲新村受灾，部分农田被淹，部分房屋进水。

短时强降水 6月5日出现强降水天气，3—4时降水量20.8毫米。6月19日出现强降水天气，11—12时降水量35.2毫米；12—13时降水量25.5毫米。7月7日出现强降水天气，0—1时降水量37.0毫米；2—3时降水量38.1毫米；3—4时降水量33.6毫米；13—14时降水量21.5毫米。7月17日出现强降水天气，7—8时降水量23.2毫米。7月27日出现强降水天气，16—17时降水量22.9毫米。

梅雨 入梅正常，出梅偏晚，梅期偏长，梅雨量异常偏多。6月17日入梅，比常年平均6月19日早2天，7月23日出梅，比常年平均7月13日偏晚10天，梅雨期37天。梅雨期降水量596.5毫米，较常年值251.9毫米偏多344.6毫米。

寒潮(强冷空气) 全年出现3次寒潮天气。1月13—15日，出现寒潮天气过程，48小时最低气温降温幅度16.7℃，1月15日最低气温-3.6℃。1月23—25日，出现寒潮天气过程，48小时最低气温降温幅度10.9℃，1月25日最低气温-8.2℃。12月14—16日，出现寒潮天气过程，48小时最低气温降温幅度为12.0℃，12月16日最低气温-1.7℃。

大风 7级以上的大风出现9次。1月23日，出现14.3米/秒偏北大风。2月1日，出现14.2米/秒东北大风。4月4日，出现15.1米/秒东南大风。5月22日，出现16.6米/秒的偏北大风。6月10日，出现16.5米/秒的西北偏北大风。7月7日，出现14.5米/秒的西北大风。7月29日，出现15.4米/秒的东南大风。7月29日，出现15.4米/秒的东南大风。10月19日，出现14.3米/秒的西北偏北大风。

雾霾 大雾天气17天，霾天气76天，雾霾天气给水陆交通和人民生活带来一定影响。

暴雪 12月18日，出现暴雪天气，日降雪量13.6毫米，最大积雪深度5厘米，造成道路积雪和结冰，城市交通受到影响。 (吴扬)

【建置沿革】 清光绪三十年(1904)，两江总督端方奏准设太平厅，管辖丹徒、丹阳、武进、泰兴、江都、甘泉(邗江)6县，隶属镇江府。清光绪三十二年(1906)，丹阳县将鸣凤洲、抵额里洲、抵额外洲、团洲外沙老额、团洲外沙升科、大泡子、小泡子等地划归太平厅。是年，丹徒县将乐生洲、宝晋洲、育婴洲、德兴洲、细民洲、永安洲、请佃洲、蒋家沙、新涨轮船沙划归太平厅。清光绪三十三年(1907)，泰兴县将复生洲、复德洲、在我洲、太中洲划归太平厅。是年，江都县将补漕洲、益寿洲划属太平厅。清宣统三年(1911)10月，太平厅改称太平县，太平厅抚民府改称太平县民政长公署。

民国2年(1913)，太平县民政长公署改称太平县知事公署。民国3年(1914)1月，改称扬中县，属金陵道镇江府。民国16年(1927)，江苏省政府撤销金陵道，扬中县知事公署改称扬中县政府，直属江苏省政府。民国22年 (1933)3月，扬中县隶属江苏省第一督察专区。是年12月，改属江苏省溧阳区督察专区。民国27年(1938)2月，日本侵略军侵占扬中，县国民政府解散，汉奸顾仙痴等组成伪政权，称扬中县地方治安维持会。民国28年(1939)3月，江南抗日义勇军挺进纵队进驻扬中；5月，成立扬中县国民政府，县府设在长旺乡龙王庙。民国29年(1940)1月，日伪军再次侵占扬中，县国民政府解散，顾仙痴等组成伪政权，称扬中县地方自治委员会。是年2月，扬中县抗敌委员会成立；4月，扬中县抗日民主政府成立，属镇(江)、丹(阳)、武(进)、扬(中)4县抗敌委员会领导。民国30年(1941)1月，扬中县抗日民主政府改属镇澄区行政督察专员公署；4月，改属江南第四行政督察专员公署。民国33年(1944)12月，扬中县抗日民主政府改属苏中第五行政专员公署。民国34年(1945)7月，中国共产党领导抗日军民消灭日伪政权，扬中县全境光复。是年11月5日，扬中县抗日民主政府奉命北撤；12月，扬中县国民政府进入县境，属江苏省第五行政督察专署管辖。

1949年4月，扬中县人民政府在江都县嘶马区鲍家庄成立，隶属于苏南行政公署镇江专员公署。4月22日，中国人民解放军横渡长江，扬中解放。1955年5月1日，扬中县人民政府改称扬中县人民委员会，隶属苏南行政公署镇江专员公署。1956年2月，改属扬州专员公署。是年11月28日，复归镇江专员公署。1958年

9月,改属常州专员公署。1960年7月,改归镇江专员公署。1967年3月27日,成立中国人民解放军江苏省扬中县军事管制委员会。1968年3月14日,撤销扬中县军事管制委员会,成立江苏省扬中县革命委员会。1981年5月8日,扬中县革命委员会改称扬中县人民政府,属镇江地区行政公署。1983年3月1日,江苏省实行市管县体制,扬中县属镇江市。1994年5月13日,经国务院批准,扬中撤县设市,更名为扬中市,隶属镇江市管辖。(摘自《扬中市志》)

【区域人口】 2023年,扬中市下辖新坝镇、油坊镇、八桥镇、西来桥镇4个镇,三茅街道、兴隆街道2个街道以及扬中经济开发区。全市户籍总人口276414人,比上年减少1799人。年内出生1071人,省内迁入3214人,省外迁入417人,合计增加4702人;死亡2870人,迁出省内3229人,迁出省外402人,合计减少6501人。男性134788人,女性141626人,男女性别比95.7。(朱昌盛)

注:兴隆街道与扬中经济开发区合署办公,管辖区域一致。

【扬中方言】 扬中处于北方方言与吴方言区域的中间地带,先民来自四面八方,尤以周边地区和长江沿岸各省为多,有着五方杂处、六邑分治的历史背景。其方言基调虽属北方方言的江淮方言,但又有着众多江淮方言罕见或未有的语言现象。

移民文化对扬中方言的形成影响较大。方言称呼"老老奶奶"(祖父母)和"公公婆婆"(外祖父母)等,生产生活用语"摘麦""钉耙""箮箕"等与苏北话同。方言"往是往"(反正如此意)则为吴方言"横竖横"发音。方言"一刻丫工夫"等同镇江话,"起暴""上冻""一古纳塌""萝卜缨子"等同南京话,"庚朝"(今天)"瘦头""吃生活"(受罚)等同上海话。带"头"字的方言词"里头""苦头""滑头"等,带"子"字的方言词"茄子""领子""信壳子"等,带"鬼"字的方言词"酒鬼""小气鬼"等均同湖南话。疑问句尾缀用"嘎"与湖北话一致,如"上学嘎""喝粥嘎"等。方言"逢人配""隔食病""细来小去"等则与四川话无异。

本土方言也有差异。"请人家中小坐"上洲说"玩玩",中洲说"戏戏",下洲则说"耍耍"。上洲公信桥一带说丹徒大路话,而与之相距一两个埭的丰裕桥一带却有明显的泰兴腔调。

古汉语及古典小说语言是扬中方言形成的重要源头。标志性方言"杲昃",出自《诗·卫风·伯兮》"杲杲出日"和《荀子·哀公》"君平明而听朝,日昃而退",以太阳东升于树木之上(杲),与太阳西斜(昃)代指"东西"。俗语"丢了笊篱舞扫帚""听了风就是雨"等在《红楼梦》曾出现,"大意失荆州"源自《三国演义》,"前不巴村,后不巴店"等在《水浒传》可见到。至于称有点本事的人为"猴",则与《西游记》神通广大的猴王孙悟空形象关联。生产生活实践直接影响着扬中方言的形成和发展。每逢汛期,扬中堤外江水高过头顶,故有俗语"脚踩一只盆,头顶一江水"形容,意在警示人固堤防险。"何福寿飘鱼花——(大水)冲掉八塘(喻彻底失败)""魏天宝唱麒麟——出口成章"等歇后语均源自扬中真人真事。方言成语"众志成桥"由成语"众志成城"翻新,反映1994年扬中人民集资建造长江大桥之壮举。20世纪80年代末,大全集团董事长徐广福"要么第一,要么唯一"的企业追求,在扬中广为流传,现已成为扬中人民敢为人先的精神写照。

此外,西风东渐,新词语大量涌入,被方言和普通话同时采用;普通话推广、人民文化程度提高和对外交流频繁,说普通话的人越来越多,对扬中方言文化产生较大影响。如爹爹妈妈、老老奶奶的传统称呼被普通话爸爸妈妈、爷爷奶奶代替;相互见面招呼"你吃嘎了吗"等,基本上被"你好""早晨(中午、晚上)好"等文明用语代替;时髦普通女子受到诸如衣着、发型方面的夸赞,一改表示谦虚的"哪里、哪里"等惯用语,代之以普通话"谢谢"或"谢谢您"。(摘自《扬中市志》)

【扬中特产】

河豚 古称"赤鲑""鯸鲐",生活于海中,属淡水洄游类鱼。扬中素有产出,俗称"本江豚","长江三鲜"之一。扬中民谚称"河豚不过镇江水"。每年3—5月清明节前后,境内长江水域有洄游河豚孵化、繁衍。人们捕

河豚 (融媒体中心供图)

而烹食，肉质鲜美，食后百味逊色。虽河豚卵、肝、血液、眼睛有剧毒，中毒或死亡者屡见不鲜，但食者不断。扬中河豚文化丰富。民间有“拼死吃河豚”“河豚不药扬中人”的俗语。1950年前后，扬中年捕捞河豚量3.5万千克。后因江水污染严重，年产量逐年锐减，1980—1990年，年均产量仅500千克。1991—1996年，年均产量不足150千克。2000年后，扬中沿江已很难寻觅河豚踪迹，似有灭绝之势。20世纪90年代中期起，扬中分别在新坝镇、三茅镇、油坊镇开展河豚养殖试验，获得成功。

鲥鱼 扬中“江中三鲜”之一，属淡水洄游鱼类。每年谷雨到夏至间，鲥鱼由太平洋经东海入长江，溯江而上产卵孵化，繁衍后代。鲥鱼入江后膘肥体壮，吞食虫藻后体质更加肥壮，体重一般为2~5千克，最重8千克。沿江民众应时捕食，肉肥鲜美，内含蛋白质、脂肪、铁、钙、磷、核黄素等，营养价值高。明清时期，本江鲥鱼为官府贡品。明代诗人何景明(1483—1521)《鲥鱼》诗云：“五月鲥鱼已至燕，荔枝卢橘未应先……白日风尘驰驿骑，炎天冰雪护江船”。据传，清康熙皇帝南巡至镇江焦山品尝鲥鱼，觉得“齿颊留香”，故有“鲥鱼食后齿留香”之说。据统计年鉴记载，1966—1980年，扬中商业收购鲥鱼23.25万千克，年均收购1.55万千克，其中80%以上出口到美国、日本等国家和中国香港等地区。1986—1996年，扬中鲥鱼产量逐年锐减，2006年已不见有鲥鱼入餐。本江鲥鱼近乎灭绝。

刀鱼 “江中三鲜”之一，又称“鮆鱼”，属淡水洄游鱼类，栖息于近海。古《竹枝词》云：“才交正月浦春鮆，赶上灯时价值高。试看纤鳞谁得早，过江先去进商豪。”刀鱼形似刀，体侧扁，尾部长，全身银白色，口大有胡子，端位、腹部有棱鳞，雌大雄小。进入长江早于其他洄游鱼类，每逢阳春三月溯江而上，孵化繁衍。渔民应时纷纷张网捕捞，江上出现一幅“春汛捕捞图”，水面上帆樯点点，江滩上密布罾罟。刀鱼体重较轻，渔民说：“过斤者为‘头刀’，属上品；半斤以上者为‘二刀’，半斤以下者为‘毛刀’。”刀鱼捕捞期一般是惊蛰至端午前后。1950—1964年，县商业收购69.73万千克，年均收购量4618千克。20世纪80年代，长江水体污染日趋严重，刀鱼产量逐年减少。1986—1995年，平均年产3000千克。1996—2000年，平均年产2650千克。2001—2006年，平均年产2000千克。

秧草 学名“黄花苜蓿”，又名“三叶菜”“黄花草”“草头”。为一年生或越年生草本植物，被子植物门，豆科，苜蓿属。其茎平卧或倾斜，三出复叶，叶表面浓绿色，总状花序，腋生，每花序有黄色小花2~6朵，蝶形花冠。荚果螺旋形，有钩状刺，种子肾形，黄褐色。史料记载，秧草原产印度和地中海沿岸，为上好的牧草。西汉时期，张骞从西域带到中原种植。南宋时期，抗金名将韩世忠从中原带到扬中(时称小沙)，命部下种植饲马。秧草也是优良的绿肥，扬中成洲以来，农户连年种植。大田种植方法一般有两种：辟一方田单种，来年，秧草田就作为水稻育秧的秧田，其秧草经沤制便成秧田基肥；秧草与元麦夹种，元麦收摘后，将枯黄的秧草茎(筋)踩埋在犁沟内，用作水稻田基肥。

在扬中，秧草是绝佳的蔬菜，味道鲜美，营养丰富。与河豚、刀鱼等江鲜一起烹饪，“只食秧草不食鱼”。扬中解放前数百年间以及解放后的计划经济时期，由于粮食匮乏，经常闹春荒，青黄不接之际，民众常以秧草充饥，因此秧草曾一度被扬中人称为“救命草”。改革开放以后，随着农业科技的发展，发现秧草含有多种维生素、氨基酸和微量元素，其中维生素K含量高于其他蔬菜，有较高的医药价值和保健作用。秧草对肿瘤有抑制作用，能降血脂、抗凝血、防出血、清内热。它含有的植物皂素，和人体内的胆固醇结合，可促进排泄，从而降低胆固醇含量，保护动脉壁，对防治冠心病有功效。秧草含糖量低，是糖尿病、心脏病患者食用的佳蔬。21世纪，扬中利用秧草资源，开发特色农产品，并形成种植规模。运用冷藏贮运技术和高科技手段，将鲜秧草和咸秧草推向全国乃至世界。 (摘自《扬中市志》)

新坝镇江花家庭农场秧草种植户 (融媒体中心供图)

中国河豚岛

综 述

【概况】 2005年11月18日,中国烹饪协会发布中烹协授予扬中市"中国江鲜菜之乡"称号。2010年11月15日,中国烹饪协会授予扬中"中国河豚美食之乡""中国河豚烹饪科研基地"牌匾。2012年12月17日,中国民间文艺家协会授予扬中"中国河豚文化之乡"称号。2016年2月16日,扬中河豚食俗入选江苏省第四批非物质文化遗产代表性项目目录。2004—2023年,扬中市连续举办19届文化节,节庆名称从江鲜美食文化节、江鲜美食旅游文化节、江鲜旅游文化节、江鲜美食节逐步演变为河豚文化节,以文化发展助推经济繁荣,招商洽谈、对外推介、项目集中签约等形式的扬中"河豚经济"初步形成。2011年,28国驻华使节寻访"中国河豚岛",各国驻华大使馆联合授予扬中"最值得驻华大使馆向使节推荐的中国河豚岛"称号,"中国河豚岛"城市品牌首次打响。2014年,扬中河豚(活品)获得国家农产品地理标志;2022年,扬中河豚(非活品)成功申报国家农产品地理标志,"中国河豚岛"品牌影响力进一步提升。 (史志办)

【河豚外宣】 扬中在宣传河豚文化上举措多样,举办国际河豚烹饪大赛、全国河豚烹饪精英赛以及长三角、江苏省河豚烹饪赛事等烹饪大赛,交流积累河豚烹饪经验;开发河豚包子、河豚水饺、河豚圆子、河豚真空包装、河豚香米、河豚化妆品、河豚酒、河豚字画等衍生产品。编辑出版《江鲜飘香》《扬中河豚菜谱》《芳菲河豚岛》《美味"杀手"》《清水扬中河豚情》《扬中二十一味》《扬中河豚记忆》等书籍,举办"放歌河豚岛"文艺晚会、河豚节摄影大赛,河豚文化逐步沉淀;央视《味道》《走遍中国》《地理中国》《消费主张》等栏目先后播出《河豚复活记》《河豚上餐桌》《夺命河豚热销的背后》《中华原产地——扬中河豚》《舌尖上的春天:长江江鲜》等节目,以河豚为主题的城市外宣专题片提升扬中河豚影响力。河豚文化使得"中国河豚岛"成为世界认识扬中、扬中走向世界的一个地域标识、城市品牌。9月24日,第五届大运河文化和旅游博览会"运河精品城市展"在苏州国际博览中心举办,芳洲文化旅游发展有限公司的河豚立体炭雕、河豚吉祥宝、河豚钥匙扣、河豚存钱罐、河豚立体水晶、紫砂河豚茶宠、河豚剪纸等文创作品应邀参展。 (史志办)

河豚·风俗

【河豚捕捞】 扬中渔民在长期捕捞实践中,逐步形成两类河豚捕捞法:卡钩法,钩尖处向内折弯且稍有撇斜,装小虾等饵料,河豚吞食饵料,钩身卡住其口腔;滚钩法(又称排钩法),滚钩不放饵料,贴近水底敷设,拦江设置两三道"回"字形钩帘,多钩共同发挥作用,游经的河豚身体触碰到滚钩,出于习性鼓气被多个钩子钩住。卡钩法、滚钩法渔具均由纲线、钩线构成。卡钩法正常在纲线上每隔1米挂1根钩线,滚钩法每隔10厘米挂1根钩线,钩线长度均在15厘米左右。春季河豚贴在水底游动产卵,使用坠子和浮子保证钩子投放至距离江底4~6厘米的位置,纲线两头用石块固定抛入江中。扬中老一代渔民制作纲线、钩线工艺独特,纲线、钩线由黄麻编织,制作时加入栲树皮,栲树皮浸泡捶碎,煮至发红析出胶状物,加入烧熟捏细的猪血,将编好的纲线、钩线放入栲树皮汁中浸泡,浸透后晒至发挺。此项工艺制作的渔具具有牢实,耐磨,防腐,入水变软变柔、离水变挺变硬的特点。

扬中渔民捕捞有固定习俗和禁忌。捕捞河豚等江鲜讲究时令,落潮时起钩、下钩。渔民出江要看日子、敬香、磕头、放爆竹,祈福多打点鱼,保佑太平无事。渔船由丈夫掌舵,意为一家之主;妻子在后面划桨或摇橹,头上扎一块"手捏子"(方巾),意为"打鱼不能光头"。女人不能到船头、不能跨渔网。捕捞到很小的河豚直接放生,反映扬中先民朴素的生态保护意识。 (文联)

【河豚宰杀】 宰杀河豚工具包括水桶、腰子盆、菜刀、剪刀、砧板、畚箕、草木灰等。水桶用来盛活河豚、装水，腰子盆用来漂洗杀好的河豚鱼体，菜刀和剪刀是剖杀河豚必备的刀具，砧板是杀河豚的案板，畚箕里装的草木灰则是拌污废弃物的主要材料。

开背宰杀法 也称古法。沿河豚脊背，由上而下轻轻切开，分为两片，依次取出河豚的肝、胃、肠、鳃、气囊，雌性河豚的卵巢，雄性河豚的精囊、心脏，清除干净紧贴在脊骨两边的肾脏(扬中人称为“达子血”)，用剪刀刀尖挖出河豚眼睛，一对对放好，以备清点。河豚的内脏除精囊(扬中人称“肋”)没有毒，其他部位均有毒性。

扒皮剖肚法 宰杀的主要工具是剪刀，将河豚皮整张取下，刮尽皮刺。宰杀方法为挖眼、环切皮肤、切口、撕皮、剖肚、挖鳃、取内脏、剔脊血、分拣、漂洗。环切河豚皮肤，经里皮插入腹鳍的窝眼，朝河豚尾柄方向拽，河豚皮被全具扒至尾鳍处或被整皮拉下。

宰杀的弃留 宰杀河豚内脏的弃与留事关河豚食用者的生命安危。河豚的毒素是自然界最毒的神经毒素之一，主要分布在血液、眼睛、鳃、肾、肝、卵巢以及其他内脏。扬中人宰杀河豚通常将河豚鱼体、肝、肋与河豚眼、鳃、肠、籽、脊血等分两处存放。清点河豚眼珠，所有河豚废弃物，特别是河豚籽，用草木灰拌污，投入粪缸作无害化处理，抑制苍蝇和蛆虫繁殖，也可深埋或焚烧。

河豚肝含剧毒，去毒可食用。河豚肝的处理方法：摘去河豚胆，划“十”字刀去除河豚肝的结缔膜，剪去河豚肝的四周边角，排尽毛细血管血，剪断肝脏的主动脉血管，高温烹饪解毒、祛腥。 (文联)

【河豚食用】 2004年8月，扬中市河豚协会起草出台《河豚安全食用操作行业规范》，详细规定加工操作间、加工人员、原料、宰杀清洗、烹饪、卫生、质量检验管理和中毒应急措施等涉及河豚食用的各个环节。扬中食用河豚注意事项包括：河豚皮表面带有小毛刺，食用时应将皮反卷，不用嘴嚼，直接吞服；要防止被河豚鱼骨刺破口腔及食道管，河豚的骨刺含有毒素，骨刺坚硬，如不慎被刺，伤口较难愈合；吃剩的河豚鱼如再次食用，避免再次回锅，采取蒸、微波炉加热。按照扬中的风俗习惯，食用河豚讲究程序。河豚端上桌前，厨师得先尝，以示对客人的尊重；上桌后，主人先吃一口，数分钟后请宾客动筷，这是扬中人招待客人的规矩。品尝河豚时，主人将河豚最鲜美营养的部分夹给客人，即河豚肋(精囊)、皮、嘴唇部分。食用完河豚后，河豚汤加竹笋或秧草，可拌米饭或煮面条。 (文联)

河豚·味道

【河豚焐秧草】 河豚焐秧草也称明宫河豚，是江苏省级非遗保护项目“扬中河豚食俗”重要菜品之一，被评为“全国十大江鲜名菜”。据《明宫史》记载，食河豚是明朝宫廷里继上元节之后的一项重要活动，后来民间发现秧草与河豚同煮，风味绝佳，传入宫中，深得明太祖朱元璋喜爱，遂流行于宫廷。“明宫河豚”已有600余年历史。制作方法是洗净河豚肝熬油，放入河豚，烧煮20分钟放入砂锅，文火烧煮30分钟。起锅，煸炒秧草，放入砂锅。将砂锅里的河豚放入秧草砂锅，待秧草焐烂后，放调料起锅。河豚焐秧草，河豚甘美，肥而不腻，秧草鲜香，软糯可口。 (摘自《扬中二十一味》)

【红烧河豚】 红烧河豚是江苏省特色名菜。制作方法是炒锅上火烧热，入油、葱结、姜片煸香，入河豚、五花肉、鲜笋片煸透后烹绍酒，入酱油、绵白糖，加入河蚌、火腿、蟹黄油、母鸡、五花肉吊制的高汤，入虾籽、精盐，大火煮沸，小火焖透后收稠汤汁装盘。红烧河豚色泽微黄，鲜香肥嫩，具有味鲜甜、汁浓醇的特点。

(摘自《扬中二十一味》)

红烧河豚 (融媒体中心供图)

【白汁河豚】 白汁河豚由特级河豚烹饪大师蒋开和研制，属江苏菜。白汁河豚中的白，最能反映这道汤菜的实际观感和内在品质。制作方法是炒锅上火烧热入油、葱结、姜片煸香，入河豚、鲜笋片、火腿片、虾子，加入用河蚌、蟹黄油、母鸡、五花肉吊制的膏汤，大火烧开后放酒，煮透熟后加盐上桌。白汁河豚汤汁色泽白美，鲜腴润口，豚香中能品尝出阵阵奶香味，具有消肿、降血压、去胃疾、恢复体力、调节免疫系统等功效。

(摘自《扬中二十一味》)

【河豚鱼丸】 扬中陈耿父子受福建知名小吃鱼丸启发，开发河豚衍生产品，制作河豚鱼丸。陈氏父子赴韩国考察鱼糕产品，学习其模式，打造河豚系列食品。经福建海洋研究所营养分析表明，河豚不仅味鲜，而且鱼肉中含蛋白质、维生素、锌、硒等多种营养元素，蛋白质含量极高，陈氏父子与研究所推荐的专业河豚养殖机构合作，研制便携食用的河豚鱼丸，就河豚产品提出创新，将扬中秧草融入河豚衍生品，制作三叶草馅河豚鱼丸。 (新闻中心)

【"扬中味道" 乡村美食大赛】 2023年4月8日，"扬中味道"乡村美食大赛开幕式在扬中吾悦广场举行，活动为期3天。345名厨师参加美食大赛，交流烹调技艺技巧，展示扬中特色美食。比赛制作扬中乡土名菜23道，其中正菜15道，点心小吃8道。比赛聘请外市国家级评委4人、扬中专业评委3人、大众评审10人，邀请司法局2位公证员全程参与比赛，现场公证。开幕式现场设扬中土特产展示区，展示展销江苏豚岛食品有限公司系列产品、扬中市三叶咸秧草有限公司系列产品、各镇(街、区)优质农产品等代表性特产。开幕式在融媒体中心抖音号、掌上扬中客户端、微扬中公众号同步直播，在线浏览人数近2万人。 (融媒体中心)

【养殖河豚鱼烹制技能培训班】 2023年8月8—10日，"养殖河豚鱼烹制" 江苏省专项职业能力考核培训班召开。培训为期三天，吸引来自陕西、河南等地的24名学员参加，是国内首次针对养殖河豚鱼烹制技能的专业技能培训。培训由扬中市河豚协会、江苏豚师傅餐饮管理有限公司联合主办。培训考核旨在进一步推广、宣传扬中地方特色河豚鱼美食文化，培养输送更多烹饪养殖河豚鱼的专业人才。培训采用线上线下、理论实操相结合的方式开展，线下课堂培训采取导师 "领学制"，重点培养学员烹饪养殖河豚鱼的实操能力。

(融媒体中心)

【"悦江岛四季 遇人间佰味"系列活动】 2023年，扬中市农业农村局、文体广电和旅游局、烹饪餐饮行业协会主办"悦江岛四季 遇人间佰味"系列活动。经各镇(街、区)前期网络征集、线下摸排，统计出扬中乡土名菜(名点)若干。综合考量菜品地域特色、民间知名度和影响力等方面，通过海选，筛选出名菜30道、名点20道、网红小吃10道，通过网络发布，线上征求网友意见，终审名菜15道、名点8~10道、网红小吃5~8道纳入扬中乡土名菜(名点)名录。面向全市饭店、厨师、美食爱好者发出"召集令"，以"一菜一比"的形式，开展厨艺大比拼。全市近400名厨艺爱好者参赛，比赛近30场。为保证大赛公平、公正、公开，大赛特别邀请4名国家级评委、9名烹饪协会的专家评委和10名大众评委现场评审。由农业农村局、文体广电和旅游局、文联、融媒体中心、烹饪餐饮行业协会组成的组委会聘请2名司法局法律公证员现场公证。烹饪餐饮行业协会赛后组织烹饪大师指导乡土名师，探索更多美食烹饪新技艺，保持游客对乡土美食的新鲜感。协会配合各旅游景点，推动"扬中味道"美食打卡点建设，激发游客对扬中美食的热情。 (融媒体中心)

【小河豚文创雪糕上市】 2023年，扬中市首款文创雪糕——小河豚在市博物馆开售。雪糕造型为一个憨态可掬、呆萌可爱的小河豚，下方印有"扬中"二字。定价每支20元，有草莓和芒果2种口味。河豚元素做成文创雪糕兼具高颜值、文化属性以及社交功能，迎合市民和游客们的时尚需求，实现促进消费和传播传统文化的双赢。 (融媒体中心)

小河豚文创雪糕 (融媒体中心供图)

河豚·文化

【"相约河豚岛 媒体看扬中" 全媒体新闻行动】 2023年3月17日，扬中市开展"相约河豚岛 媒体看扬中"全媒体新闻行动。吸引新华社、《人民日报》、"学习强国"学习平台等30余家重量级媒体参与。活动当天，媒体代表团先后参观新坝镇立新村、江之源生态养殖基地以及江苏美科太阳能科技股份有限公司，通过讲解员细致的讲解，代表团对乡村振兴、产业强市和特色水产养殖的成果表示称赞。各级媒体能够更全面、更立体地感受"中国河豚岛"的独特魅力，用镜头聚焦精彩瞬

间、用文字展现扬中形象，在高层次媒体平台宣传推介扬中，为扬中高质量发展助力点赞。（徐晶）

【“寻访河豚岛”越野自驾游】 2023年3月18日，扬中市开展“寻访河豚岛”越野自驾活动。300余名自驾游爱好者及200余辆车集结，车友选手主要来自浙江、上海、安徽、山东、吉林、湖南、湖北、四川等近20个省市。车友选手从园博园4号门出发，经扬中大道、滨江大道、中电大道、宜禾路、环城北路、春柳北路、238省道，抵达八桥利民村，沿途欣赏城市风光，穿越江堤游览大江风貌。（徐晶）

3月18日，越野自驾游活动现场（融媒体中心供图）

【“行进河豚岛”户外运动嘉年华·亲子迷马】 2023年3月18日，第五届“行进河豚岛”户外运动嘉年华·亲子迷马在园博园举行。活动由文体广电和旅游局指导，旅游协会主办，江苏天禾旅游发展有限公司协办，镇江市江洲户外运动有限公司承办。150余组亲子家庭报名参加，活动路线为园博园喷泉广场、风物展区、儿童乐园、游园北路、苗圃园、百花路、园博园5号门停车场。（徐晶）

【扬中鱼文化博物馆】 2023年，扬中鱼文化博物馆建设进入布展阶段。扬中鱼文化博物馆位于扬中现代渔业产业园区核心企业镇江江之源渔业科技有限公司内，博物馆建设面积近1500平方米。博物馆设计、建设和布展工作由国家博物馆原副馆长陈履生负责并提供藏品。博物馆通过鱼化石、鱼纹汉砖、鱼类标本、鱼纹拓片等实物展示以及图文展板，全面立体地展现长江文明的源头、鱼的起源、鱼的演化、长江鱼类、远古鱼化石、鱼文化史等内容，彰显扬中地方的鱼文化特色，融入长江流域各地的鱼文化元素。（融媒体中心）

河豚·产业

【长江渔文化生态园】 长江渔文化生态园位于扬中三茅街道兴阳村。项目占地133.33万平方米，是一个集长江渔文化名贵鱼类繁育、养殖、销售、科普展示，长江渔文化研究，以及农业观光体验、旅游休闲、生态餐饮酒店等于一体的综合性新型农业项目，依托扬中“中国河豚美食之乡”“万里长江第一岛”的文化优势和资源优势，以河豚为主题的长江渔文化科技园。园区分为河豚文化主题广场、长江渔文化生态餐厅、渔文化垂钓体验区、湖畔烧烤景观区、果蔬观赏采摘园五大区域，内设生态酒店、木别墅、智能大棚、苗圃基地等设施。（倪娜）

【江之源渔业科技有限公司】 镇江江之源渔业科技有限公司成立于2011年9月，主要从事长江刀鱼、河豚、鲥鱼等特种水产养殖，年养殖刀鱼150万尾、河豚鱼200万尾、其他品种鱼400余吨。河豚鱼主要养殖品种为暗纹东方鲀，是大海洄游长江的唯一品种。江之源连续十年承担政府的河豚鱼放流项目，每年放流各种规格河豚鱼苗100万尾左右，另有100万尾以不同规格走向市场，其中80万尾以河豚斑子（100克左右）出售，20万尾大河豚(350克以上)在河豚节销售。市场以扬中、靖江两个全国最大的河豚集散地为主。扬中市江之源生态养殖1.3平方千米，河豚占有0.27平方千米。江之源生态园占地200万平方米，投资3.5亿元，专业从事生态农业，集高新农业研发与实验、名贵水产品养殖与销售、温泉度假休闲服务等于一体。园区依托独特的江滩湿地自然景观和江鲜资源优势，借助“中国河豚岛”品牌，开发2250米深的温泉地热资源，加快发展生态度假游、休闲渔业游，建设温泉度假村，是江苏省四星级乡村旅游点。（朱雨佳）

【江苏豚岛食品有限公司】 江苏豚岛食品有限公司是扬中市首家规模化现代工艺的食品加工企业，是唯一一家经国家有关部门批准并取得品牌注册商标的河豚鱼深加工企业。生产的主要产品包括红烧河豚鱼、白汁河豚鱼、酸辣甜河豚鱼、金汁河豚鱼、剁椒河豚鱼、河豚鱼狮子头、河豚鱼排、红烧河豚酱、麻辣河豚酱、河豚鱼包子、河豚鱼皮丝、白汤河豚鱼、河豚鱼寿喜锅、河豚鱼佛跳墙。（朱雨佳）

中共扬中市委员会

综 述

【概况】 2023年，扬中市实现地区生产总值630亿元，可比增长8%以上；完成一般公共预算收入40亿元，比上年增长10.62%；完成工业应税销售1345亿元，增长20%；完成规模以上工业总产值1064亿元，增长15.8%；规模以上工业增加值增长14%；固定资产投资增长10%。

实体经济稳中快进。项目引建成效显著。实施“项目攻坚突破年”行动，依托发促会平台，设立苏州、常州、上海、大湾区投资促进联络处，系统开展“长三角投资促进季”招商、河豚文化节签约等活动，全年签约亿元以上项目39个、总投资110亿元，其中10亿元以上4个。高效推进威腾储能系统集成、通灵智能调控中枢等重大项目，大全智能输配电核心设备、中畅金刚线制造等优质项目当年签约建设。产业质效同步提升。四大主导产业实现规模以上产值856亿元，约占规模以上工业总产值的80%。工程电气产业增势强劲，大全集团全年销售236亿元，中低压智能电气产业集群入选国家级中小企业特色产业集群；新能源产业稳健发展，美科股份35吉瓦大尺寸超薄单晶硅片项目全面达产；船舶制造业订单充足，新韩通重工与上海外高桥达成战略合作；汽车零部件产业链群发展，蜂巢易创全年销售120.8亿元。民营经济生机勃发。入选全省首批民营经济高质量发展示范市培育名单。全市百亿级企业达到3家。徐翔、王禄宝获评江苏省优秀企业家。净增“四上”单位236家，其中规模以上工业企业98家。香江科技获得行业首批“数据中心电力模块预制化产品认证”。锋芒集团“FM”获评中国驰名商标。美科股份IPO取得阶段性进展，长江能科、天辰新材在新三板挂牌，19家企业在江苏股交中心挂牌。

发展动能更加充沛。科技创新活力迸发。“智改数转”工作获省政府督查激励。大全凯帆入选国家级5G工厂，美科股份入选中国“独角兽”企业，爱士惟新能源获省科学技术奖一等奖。公示认定高新技术企业121家，新增国家级专精特新“小巨人”企业6家、省级专精特新中小企业35家，2家企业获评省级智能工厂。全年新增发明专利授权412件，增长72.7%。招才引智成果丰硕。举办“才聚江洲”系列活动，入选国家重点人才工程8个，培养引进大专及以上学历4580人，产业工人5523人。深化校地战略合作，签订产学研合作协议60余项。园区改革取得突破。有序推进经开区去行政化改革，创新“六个统一”运行模式，经开区“一区三园”、高新区“一区一园”联动发展格局基本构建，高新区入选省级服务贸易基地。要素保障有力有效。推行“容缺办理+并联审批”“拿地即开工”等服务模式，标龙蓝色智谷、苏电电气等项目实现“五证齐发”。处置批而未供及闲置、低效土地2500亩(166.67公顷)，获评省自然资源节约集约利用模范市。

城乡融合品质提升。强化生态治理攻坚。全面完成第二轮中央生态环保督察交办问题整改和长江干流岸线违法违规利用项目清理整治。完成VOCs清洁能源替代等93个重点治理项目，空气优良天数比率改善幅度位居全省前列。省考断面水质达到或优于Ⅲ类比例持续保持100%。党群共创文明城市。构建全国文明城市创建“一二三四五”(一个核心，二个抓手，三个机制，四个体系，五个方面)工作体系，经验成效在国家级创文座谈会上交流。有序推进“十大提升行动”，实施一批背街小巷治理、老旧小区改造、空中线缆整治民生实事工程，群众参与度、认可度持续提升。深入推广“文明扬中12条”2.0版，选树道德典型360余人。持续推进乡村振兴。实施村庄垃圾清理专项行动，制度化开展“月度观摩”活动，示范推广“户户评”“积分制”等创新做法，农村人居环境整治工作连续4年获全省第一。实施“快递进村”工程，建成乡村振兴服务点40个。统筹研学、团建、观光，特色化发展乡村旅游，陈履生博物馆群获全国最美乡村公共文化空间设计奖和人气奖。

民生福祉稳步增进。务实开展增收帮促。创新“联合党委”“强村公司”“村企共建”等村集体联盟式发展路径。加大就业帮扶力度，落实各类稳岗就业补贴政策，运营创业孵化基地40余家，全市新增城镇就业6500人。全力优化公共服务。高质量通过全国义务教育优质均衡发展市评估认定，创成省高质量平安校园建设市，学前教育成果获基础教育国家级教学成果奖二等奖。竣工交付市第一幼儿园、文化新村幼儿园。全国健康促进县、4个国家卫生镇、省级慢性病综合防控示范区建设通过复审。市精神病防治院、八桥区域医疗卫生中心建成使用。繁荣发展文体事业，原创锡剧《太平洲上》入选全省基层文艺院团优秀剧目展演，《郭克生》获省紫金文化艺术节剧目奖。着力强化社会保障。在镇江率先开展长期护理保险全民试点，获评首批省级示范性居家社区养老服务网络地区。残疾人体育和康复融合训练基地投入使用。

社会大局和谐稳定。风险矛盾化解有方。稳妥有序推动债务管控和平台公司压降工作，一体推进"削峰""破冰""降色"三大计划，超额完成年度化债任务，债务风险等级脱红。健全"四位一体"(政府监管、数据市场、行业自律、社会监督)金融风险监测预警体系，全市未发生有较大影响的非法集资案件。公共安全筑牢底板。系统开展重大事故隐患、城镇燃气安全、房屋建筑等行业领域专项整治。严格落实粮食安全党政同责，实现粮食面积、单产、总产"三增"。完成全市147千米河段水下地形监测，强化突发性强降雨预警防御和水利工程科学调度，建成六圩港闸站，防洪排涝能力稳步提升。平安建设不断深化。夯实市域社会治理现代化综合指挥体系基础，"12345"热线工单及时办结率、回访满意率98%以上。推进扫黑除恶斗争常态化，依法严厉打击各类违法犯罪行为，电信网络诈骗案件数明显下降。开展"'枫'采飞'扬'守护平安"系列活动，推进"精网微格"工程，群众安全感保持全省前列。

党的建设全面加强。抓实主题教育。聚焦"学思想"首要任务，读书班、大讨论等学习研讨活动走深走实。高质量开展调查研究，正反典型案例剖析取得实效。全面梳排问题，推动整改销号。强化思想引领。建强用好"新思飞扬"理论宣讲联盟，推动习近平总书记对江苏、镇江工作重要讲话重要指示精神、党的创新理论深入基层，牢牢守住意识形态主阵地。组织"四千四万"精神(跑遍千山万水、走进千家万户、说上千言万语、吃尽千辛万苦)溯源，举办扬中发展论坛，为高质量发展凝心聚力。筑牢党建堡垒。健全"五责联抓"工作体系。实施"链上先锋"2.0工程，成立重点产业链行业党委。推进"根系堡垒"工程，优化基层治理。"干部一线建功""百名年轻干部破百题"等行动氛围热烈。严明纪律规矩。动真碰硬开展巡视巡察反馈问题整改，抓好具体人具体事，健全长效监管机制，整改整治成效不断提升。推进环保、融资、政法等重点领域专项整治，严肃查处粮食购销、营商环境、惠农惠民等方面腐败问题。创新"镇村一体巡""码上巡"等举措，巩固风清气正的政治生态。（钱茗）

【市委办公室工作】 2023年，中共扬中市委办公室紧扣"坚强前哨"和"巩固后院"定位，发挥"协调中枢、运转核心"作用，全面提升"三服务"水平，推动市委决策部署落地见效。强化统筹协调。认真谋划组织市委十三届五次、六次全会，以及全市项目攻坚暨产业强市大会等重大会议活动80余次，会务工作严谨高效；强化档案信息化建设，治理、资源、利用、安全"四大体系"进一步健全。当好参谋助手。聚焦市委中心工作，充分发挥以文辅政作用，高质量完成精品力作500余篇；加强调查研究，完成调研报告、资政课题20余篇，为市委决策提供"智囊保障"；发挥信息主渠道作用，被省委办公厅、镇江市委办采用信息195篇，获评2023年度全省优秀信息工作单位。狠抓贯彻落实。用好督查"利剑"，推动省委巡视整改、项目引建、农村人居环境整治、为基层减负等重点工作落地见效；落实政策性文件发文立项，健全法律顾问队伍，推动全市党内法规工作规范化、制度化；加大保密宣传教育力度，深化国产化替代工作，机关单位保密水平持续提升。以改革思维助力高质量发展，农村宅基地改革、"智改数转网联"等先进做法镇江领先。（钱茗）

重要决策

【《全国文明城市创建"十大提升行动"工作方案》】 2023年2月3日，中共扬中市委办公室、扬中市人民政府办公室印发《2023年度全国文明城市创建"十大提升行动"工作方案》，对交通秩序整治、市政设施改造、市场管理、市容管理、物业服务管理、户外广告整治、背街小巷整治、居民小区整治、线缆箱体整治、文明素养提升等十大整治提升行动作出部署，要求全市上下不断提升创建层次和水平，确保高质量创成全国文明城市。（钱茗）

【《关于进一步推动现代产业高质量发展的政策意见》】 2023年2月10日，中共扬中市委、扬中市人民政府印发《关于进一步推动现代产业高质量发展的政策意见》，对支持产业项目招引、支持企业"智改数转"、支持企业质效提升、支持企业梯队培扶、支持企业品质建设、支持企业创新发展等方面制定意见。（钱茗）

【《关于做好2023年全面推进乡村振兴重点工作的实施意见》】 2023年4月17日，中共扬中市委、扬中市人民政府印发《关于做好2023年全面推进乡村振兴重点工作的实施意见》，提出坚持和加强党对"三农"工作的全面领导，坚持农业农村优先发展，坚持城乡融合发展，奋力谱写扬中农业农村现代化建设新篇章。实施粮食安全保障行动，落实粮食安全党政同责，加强农业综合生产能力建设；实施产业强链赋能行动，推动乡村产业优化升级，深入推进第一、第二、第三产业融合发展，推进农业农村绿色发展，繁荣发展富民产业，提升农业科技和装备水平；实施富民强村帮促行动，持续激发村级经济发展动能，拓展农民增收致富渠道，深化农村综合改革；实施和美乡村建设行动，加强乡村规划建设，深入实施农村人居环境整治提升行动，加快农村基础设施提档升级，促进城乡公共服务均等化；实施乡村治理深化行动，强化农村基层党组织建设，探索乡村善治有效途径，加强农村精神文明建设；实施资源要素保障行动，健全多元化投入机制，强化农业农村用地保障，强化乡村振兴人才支撑，全面压实工作责任。（钱茗）

【《扬中市培育创建民营经济高质量发展示范市实施方案》】 2023年6月25日，中共扬中市委办公室、扬中市人民政府办公室印发《扬中市培育创建民营经济高质量发展示范市实施方案》，提出探索完善有利于民营经济长足发展的政策环境，助企纾困扎牢民营经济“基本盘”，产业升级提高民营经济“天花板”，要素保障激活民营经济“加速器”；探索构建有利于民营企业增强创新发展动力的创新环境，引导培育民营企业“创新自主”，集聚关键要素释放“创新活力”，科技服务助企插上“创新之翼”；探索构建有利于民营经济可持续发展的政商环境，创新服务当好“贴心管家”，政企沟通开启“双向奔赴”，依法行政树牢“制度笼子”。通过党建引领，赋能产业联盟发展，依托载体搭建，园区整合引导产业集聚，分层次实施“智改数转”，带动全产业链升级。（钱茗）

【《关于深入开展学习贯彻习近平新时代中国特色社会主义思想主题教育的工作方案》】 2023年9月18日，中共扬中市委印发《关于深入开展学习贯彻习近平新时代中国特色社会主义思想主题教育的工作方案》，以“学思想、强党性、重实践、建新功”为总要求，深入贯彻落实党中央决策部署、省委和镇江市委工作要求，一体推进理论学习、调查研究、推动发展、检视整改，把“牢记嘱托、感恩奋进、谱写‘很有前途’新篇章”贯穿始终，坚决扛起全面从严治党重大责任，奋力推动中国式现代化扬中新实践走在前做示范。（钱茗）

【《扬中市进一步加强长江禁捕工作实施方案》】2023年10月30日，中共扬中市委办公室、扬中市人民政府办公室印发《扬中市进一步加强长江禁捕工作实施方案》，从执法查处、巡防巡查、技防工作、值班值守、工作机制、禁捕考核六大方面提出具体要求，建立完善责任体系，确保长江禁捕工作取得实效。（钱茗）

重要会议

【全市项目攻坚暨产业强市大会】 2023年1月29日，扬中召开全市项目攻坚暨产业强市大会。会议强调，要在项目招引建设上比学赶超，在深化产业强市上敢想敢干，在优化营商环境上敢为善为。必须练就铁肩膀，排除万难，各地各部门要强作风、强合力、强作为，在服务产业强市大局中争做贡献、勇挑重担，努力创造经得起历史和时代检验的过硬业绩，赢得“江中明珠”应该有的地位和荣光。（钱茗）

1月29日，扬中市委、市政府召开项目攻坚暨产业强市大会 （融媒体中心供图）

【全国文明城市创建推进大会】 2023年2月6日，扬中召开全国文明城市创建推进大会。会议强调，各地各部门务必进一步统一思想认识，传达布置工作任务，压紧压实分工责任，紧锣密鼓组织推进。进一步强化攻坚措施，针对年度重点任务，优化创新工作办法，细化创建实施方案，进一步凝聚党群合力。坚持党建引领不动摇，树牢系统思路、群众思维，“一盘棋”推动各项工作落实，创造浓厚的“全民参与、共建共创”社会氛围，昂扬精神、凝心聚力交出全国文明城市创建“高分答卷”。（钱茗）

【全市党建工作会议】 2023年4月7日，扬中召开全市党建工作会议。会议强调，党建引领必须把准“定向领航”的关键，带领干部群众坚定走在前列。党建工作走在前，发展才能走在先。党建部门必须扛起“凝心聚魂”的使命，党建任务必须树牢“狠抓落实”的导向，激励人心思进、争先创优。全市各层各级都要牢固树立“事在人为、业在人创、人在担当”的干事理念，坚定不移抓落实、心无旁骛抓落实、雷厉风行抓落实，在知责担责尽责中把“最大政绩”抓出最优成效。（钱茗）

【市委农村工作会议暨乡村振兴现场观摩推进会】 2023年4月18日,扬中召开市委农村工作会议暨乡村振兴现场观摩推进会。会议强调,要牢记国之大者,提高政治站位,坚决扛起"三农"发展使命担当。要锚定目标任务,狠抓关键环节,在筑牢粮食安全根基、发展乡村特色产业、推动乡村建设行动、促进富民强村帮促上当标杆、做示范,奋力走好"三农"发展扬中路径。要加强党的领导,统筹谋划推进,压实"五级书记"抓"三农"的政治责任,抓牢"四个优先"兴"三农"的扎实保障,发扬"四敢"精神强"三农"的工作作风,全面汇聚"三农"发展磅礴力量。 (钱茗)

【中共扬中市第十三届委员会第五次全体会议】 2023年8月1日,中共扬中市第十三届委员会第五次全体会议召开。全会总结上半年工作,全市上下坚决落实推动经济运行率先整体好转的重大要求,心齐力聚抓项目、谋创新、解难题、控风险,划出高质量发展提速奋进的上扬线,实现中国式现代化扬中新实践的精彩开局。全会分析当前宏观形势以及拼经济、快发展的态势,对下半年工作作出部署,要求在以下工作上重点发力:持续打好产业项目攻坚战、持续打好科技创新突破战、持续打好生态治理提升战、持续打好文明创建决胜战、持续打好风险防范主动战。以当表率、做示范、走在前的果敢担当决战决胜全年目标,为推进中国式现代化扬中新实践、谱写"强富美高"新扬中现代化建设新篇章而团结奋斗。 (钱茗)

【全市生态环境保护大会】 2023年8月2日,扬中召开全市生态环境保护大会。会议要求,要将生态环境治理融入高质量发展全局,与产业强市、乡村振兴、文明创建等重点工作有机融合,发挥"党建引领"功能和效应,引导企业、群众参与支持生态治理和环境保护。持续加大突出环境问题的曝光力度,大力宣传生态环境治理中的先进典型,完善公众监督举报反馈机制,努力营造全社会关心、支持和参与生态环境治理的氛围。 (钱茗)

【全市富民强村现场观摩推进会】 2023年10月13日,扬中召开全市富民强村现场观摩推进会。会议要求,要深刻把握富民强村对乡村振兴的牵引作用,强定力、找差距、争进位。要准确把握推动富民强村的关键路径,激活党建引领红色引擎,走实村企共建特色路径,坚持因地制宜多元发展,集众智、聚合力、见实效。要及时把握推动富民强村的现实需求,压责任、强保障、浓氛围。全市上下要切实把思想扭紧、举措落细、责任划实,以十年磨一剑的韧劲,走好"共富路"、答好"强村题",为推进扬中农业农村现代化作出更多贡献。 (钱茗)

【全市主题教育工作推进会】 2023年12月1日,扬中召开全市主题教育工作推进会。会议强调,要把准目标要求,坚持系统思维,注重承前启后、融会贯通和知行合一,推进以学促干,以更高站位、更强自觉推动思想认识往深处走、往实处走。要注重方式方法,坚持以上率下与联动推进相统一、分类指导与统筹推进相统一、突出重点与一体推进相统一,以更细举措、更优路径实现主题教育有形覆盖、有效覆盖。要践行为民宗旨,听真话、察实情,做到身入心入;办实事、解难题,做到尽心尽责;强机制、优作风,做到常态长效;以更实作风、更强担当提升人民群众满意指数、幸福指数。要加强领导指导,压实责任传递,注重典型引领,严格把关问效,以更高标准、更严要求推动各项工作善始善终、善作善成。 (钱茗)

【中共扬中市第十三届委员会第六次全体会议】 2023年12月29日,中共扬中市第十三届委员会第六次全体会议召开,总结2023年扬中市经济社会发展情况。全会要求,坚持稳中求进、以进促稳、先立后破,完整准确全面贯彻新发展理念,全面落实"四个走在前""四个新"重大任务,从严抓好"五个统筹",重点做到"八个聚力":聚力深化产业强市战略、聚力开展项目攻坚突破、聚力实施科技创新转型、聚力扩大改革开放、聚力推进美丽扬中建设、聚力提高社会文明程度、聚力提升民生服务温度、聚力筑牢安全发展基石。在激流勇进、激情奋斗中巩固拓展高质量发展走在前列的良好态势,推动中国式现代化扬中新实践走在前做示范。 (钱茗)

组织工作

【概况】 2023年,中共扬中市委组织部深入学习贯彻习近平总书记关于党的建设的重要思想,始终秉持服务中心、务实高效、微光微雕工作理念,为推进中国式现代化扬中新实践提供坚强组织保证。着力提升政治建设首位度,围绕防范形式主义和提升学习实效两个重点,扎实推进主题教育,切实铸牢对党忠诚的政治灵魂。着力提升党建引领融合度,纵深推进"微光炬火""红旗漫卷""链上先锋"三大行动,"五化融合村村善治"模式、"三长融合"、党建工作责任体系,让"党在我身边"氛围愈发浓厚。着力提升干部队伍实干度,持续推进"干部一线建功"、"百名年轻干部破百题"、"尖兵锻造"、公务员"争做好公仆"职业道德教育,引导干部在火热实践中练就真本领。着力提升人才引育精准度,深入开展优青选调工作,举办“才聚江洲”系列活动,推进“三位一体”人才安居工程建设,有效实现人才、区域、事业“三赢”。着力提升组工干部纯洁度,深化“忠诚纯粹”淬炼行动,确立“揭榜领题”创新项目,出台组工干部实绩考核办法,开展组工干部“学经济、抓项目、促发展”行动,以高质量组织工作服务高质量发展。(王楠)

【基层党建项目推进】 2023年,扬中市委组织部认真落实“五责联抓”(党委/党组、书记、分管负责人、班子成员和党务工作者五个责任主体)工作体系和“党旗‘镇’红、一线建功”工程,以项目化推进为抓手,全年实施党建项目130余个,开设“党建项目进行时”微信专栏,在市委直属党(工)委(党总支)、市级机关部门党组织中开展“双十佳”党建项目评选,推动基层党建“书记项目”以及党建重点项目提优升级。(陶菲)

【党建引领乡村治理工作】 2023年,扬中市委组织部深入开展党建引领乡村治理工作,推动党小组长、网格长、村民组长“三长”融合,800多个党小组发动整治河塘1800余个,新建文体设施40余处。推行党群服务中心“办公场所趋零化”,整合设置快递小哥驿站、特色农产品展示区、老年活动中心等便民服务区域,加快构建15分钟党群服务圈。村(社区)“两委”“三长”共谋发展思路,因地制宜发展村集体经济,推动村村共富,村均支出减少3万元。(陶菲)

【“红旗漫卷”行动】 2023年,扬中市委组织部以打基础、固基本为重点,深化实施“红旗漫卷”行动,稳扎稳打抓好十项重点任务,推动市属国有企业组织建设规范化、党员队伍建设规范化、制度运行规范化。城投集团、大航集团等市属国有企业抓党建强组织的意识显著提高,组织开展专题学习48次,升级打造党支部阵地18个,配强党务工作者45人,“三会一课”、主题党日等党内政治生活制度更加规范有力。(陶菲)

【基层干部队伍建设】 2023年,扬中市委组织部深化村(社区)书记专业化管理,通过举办专题培训班、讲坛活动等,持续提升村书记履职能力,新增“百名示范”村书记1人、“千名领先”村(社区)书记5人。稳步推进“8090”计划,不断优化村(社区)整体结构,全市村(社区)干部、村(社区)书记大专以上学历比例提前完成目标要求。坚持用好考核激励机制,开展新一轮优秀村书记遴选工作,10名在职村书记享受激励政策,推行“三长”工作评价机制,对工作成效突出、群众满意的“三长”给予鼓励激励,持续调动村干部和党员群众的积极性。(陶菲)

【“链上先锋”2.0工程】 2023年,扬中市委组织部深化“链上先锋”品牌建设,推进“链上先锋”2.0工程,市级层面成立新型电力(新能源)装备产业链党委,联合镇(街、区)15个产业链党建联盟,打造“1+15”产业链党建网络。组建产业链“先锋服务队”16个、“铁堡垒”项目服务临时党支部28个,成立“经心经力”攻坚、“红色窗口”等党小组62个,开展专项助企活动15次,选派“链”上党建指导员282人,领办企业发展难题284个,问题解决率100%,企业满意率100%。相关工作得到《人民日报》、《新华日报》头版、《省委快报》、“江苏先锋”公众号等权威媒体、内刊报道推介。(耿靖)

【党员教育管理】 2023年,扬中市委组织部坚持把发展党员作为党员教育管理的重要环节,提前摸排计划、细化指标结构、规范发展程序,高质量组织开展重点发展对象培训班,全年发展党员259人,完成上级各项指标要求。全面落实主题教育工作要求,聚焦“学思想”主题主线,组织推进“铭嘱托铸忠诚强动力”主题党日活动,开展“学习身边典型”系列活动,推动党员教育管理工作走深走实。(耿靖)

【选人用人】 2023年,扬中市委组织部聚焦中心大局,紧扣发展需要选干部、配班子、强队伍。高质量完成省委巡视以及选人用人专项巡视整改任务,选人用人工作规范化水平持续提升。聚焦一线需求,开展“干部一线建功”活动,选派35名有干劲、有潜力、素质高的干部深入一线学习锻炼;深化“九项举措”,用活用好职级晋升等政策,全年累计激励性晋升职级24人次,调整1名不适宜担任现职的干部,实干实绩的选人用人导向愈发鲜明。(刘良忠)

【“百名年轻干部破百题”活动】 2023年,扬中市委组织部面向全市“95后”年轻干部和“90后”优秀年轻干部全面开展“百名年轻干部破百题”活动,组建破题小组218个,通过组织引导、单位管理、导师帮带,推动年轻干部在认领课题、回答问题、解决难题的过程中增长才干、提升本领。组织中期成果集中展示活动,形成初步破题成果163个;强化跟踪培养,压实用人单位主体责任,将年轻干部工作纳入考核指标,要求各单位制定个性化年轻干部培养计划,分层分级开展各类年轻干部主题活动百余场；强化选拔任用，通过95后年轻干部培训班、选调生座谈会等活动加强近距离了解干部动态，全年提拔90后正科职干部1名，95后副科职干部2名。

（刘良忠）

【“尖兵锻造”干部教育培训品牌】 2023年，扬中市围绕强化淬炼实干担当本领，聚焦提升干部教育培训质效，锻造“尖兵型”干部队伍，紧扣“对党忠诚”主线，全面实施“铸魂+赋能+实战”三大工程。以学习贯彻中共二十大精神和习近平新时代中国特色社会主义思想为核心，面向全市近600名科级领导干部、市属企业领导人员分期分批举办专题轮训班，锻造政治理论过硬的干部尖兵；呼应时代发展和岗位需要，重点关注中青年干部、95后年轻干部等群体，开展小班化、短时间、精准化、有特色的“小短精特”学习班次，锻造专业素质过硬的干部尖兵；盘活本土干教资源，在形式和内容上积极探索创新，树牢“实绩导向”，推动发展难题破解和干部能力提升的双向奔赴，依托“百名年轻干部破百题”“干部一线建功”等行动，锻造实战本领过硬的干部尖兵。以科学健全的干部教育培训体系，分层级、分领域锻造一支全面发展、创新担当、迎难而上尖兵队伍。

（秦旭）

【干部监督管理】 2023年，扬中市委组织部坚持“严管厚爱”总基调，紧盯重要环节和关键少数，持续提升干部监督质效。规范科级领导干部社会组织兼职，做好因私出国（境）审批和证件保管工作，开展干部监督业务培训300余人次，组织新提拔的52名干部到所在社区报到，加强“八小时外”监督。紧盯“关键岗位”“重要领域”，加强“一把手监督”，对9家单位、11名领导干部开展经济责任审计和自然资源资产审计，对5家单位开展选人用人工作专项检查。用好提醒函询诫勉等措施，持续加强全方位管理和经常性监督，激励干部有畏有为。

（孟海潮）

【区域性人才高地建设】 2023年，扬中市响应镇江市人才发展质效提升年行动，成立中共扬中市委人才工作领导小组，印发成员单位年度重点任务清单，升级全职博士引进支持政策，优化校地才企四方联动体系，与长三角高校合作产教融合联盟项目获高等教育（研究生）国家级教学成果二等奖。统筹举办高层次人才创新创业大赛、“镇江日”（扬中—天津大学）专场、龙头企业投融资对接会等各类招才引智活动，扩充优青选调专项事业编制岗位，“一事一议”畅通博士入编渠道，引进事业单位优秀青年人才25人，含全职博士2人；引进优秀青年教师11人、优秀青年医生2人。全年累计入选国家重点人才工程8人，江苏省“双创计划”10人，江苏省“登峰计划”1个，入选数均位列镇江第一；入选镇江市“金山英才”20人，各级人才项目总计向上争取资金近6000万元，着力以人才优势助推发展胜势。

（蔡亦男）

【综合考核工作】 2023年，扬中市连续五年获得镇江市综合考核第一等次。编制印发《2023年度扬中市综合考核实施办法》等“1+3”文件；持续压降指标数量，平均降幅40%；实行“共性+个性”任务模式，为6个镇（街、区）和104个部门量身定制考核内容；设置5%的上下浮动质效分，根据任务实际完成的进度、质量和标准实行质效计分。建立一体化考核机制，将26项省监测指标、87项镇江市考指标细化分解到31个责任单位和镇（街、区）。召开市级综合考核推进会议2次，市主要领导、分管领导专题调度12次，累计跟进落实领导批示36项。推行“通报预警”工作法，印发专报8期，通报提示14件，意见函询46件。推行产业项目“容缺预审”工作机制，印发通报12期，推进66个项目办结施工许可证。开展专题培训3场、重点指标业务讲堂6期，对60余家部门逾200人次完成覆盖式培训。实施综合考核奖“二次分配”制度，设立6项单项奖，开展“实干担当先锋”评选。开展省督查激励项目培扶，确定22个培育项目进行“一对一”定向培养。

（范靖）

【公务员职业教育】 2023年，扬中市聚焦“建设高素质专业化公务员队伍”课题，着力破解“躺平式公务员”现象，以提升基层公务员职业修养和履职能力为切口，开展公务员“争做好公仆”职业道德教育，进一步推动公务员管理科学化、精准化和规范化。举办扬中市首届“最美公务员”评选。挖掘一批勇担当、善作为、敢斗争的优秀

7月5日，扬中市举办高层次人才创新创业大赛暨中国·镇江国际菁英创业大赛（扬中选拔赛）澳门专场

（组织部供图）

公务员代表,激励动员广大公务员“争先争雄争荣光,敢为善为强作为”,擦亮“新时代扬中公务员”鲜明底色,让勇立潮头、敢为人先在全社会蔚然成风。推进新录用公务员“源头工程”。聚焦“思想淬炼、政治历练、实践锻炼、专业训练”四个维度,以三年为周期,配备导师、建立档案、跟踪管理,教育引导新录用公务员珍爱身份、珍惜岗位、争创佳绩,立足岗位服务人民。分层分类推进公务员职业教育。分层级开展教育培训,初任公务员重点培训机关工作基本规范、基本技能,年轻公务员重点提升专业知识、专业能力;分类别开展教育指导,针对综合管理类、专业技术类和行政执法类公务员岗位履职需求,精准开展定向式、系统性职业技能培训,完善公务员职业成长全链条教育培养体系。 (朱敏敏)

宣传工作

【党委(党组)理论学习中心组学习】 2023年,扬中市各级党组织认真落实《全市党委(党组)理论学习中心组专题学习计划》《关于开展2023年全市党委(党组)理论学习中心组巡学旁听工作的通知》等文件精神,深入学习贯彻习近平新时代中国特色社会主义思想和中共二十大精神,深入学习贯彻习近平文化思想、习近平总书记考察江苏重要讲话重要指示精神等,扎实开展主题教育,学好用好《习近平著作选读》《习近平新时代中国特色社会主义思想学习纲要》等8本权威教材。市委理论学习中心组发挥“头雁”示范引领效应,开展集中学习研讨、专题读书等活动13次,大兴调查研究,形成调研报告36篇。组建巡学旁听工作组,列席旁听13个党委(党组)理论学习中心组学习情况,推动理论学习中心组学习制度化规范化。 (马键俊)

【基层党员冬训】 2023年,扬中市认真落实2022—2023年度基层党员冬训工作部署,深化拓展基层党员冬训“六联共建”,持续丰富内涵与形式,举办冬训成果汇报会,有力推动党员冬训高质量发展,为推进中国式现代化扬中新实践提供强大精神动力。扬中市获评2022年度全省基层党员冬训工作示范县(市、区);经开区获评2022年度全省基层党员冬训工作示范乡(镇、街道)。 (马键俊)

【理论宣讲】 2023年,扬中市委宣传部深化“新思飞扬”理论宣讲品牌,组建理论宣讲联盟,构建“1+12+N”三级宣讲体系,举办“新思飞扬”第五届理论宣讲大赛暨“百姓名嘴”风采展示、“新时代新征程——学习贯彻党的二十大精神”知识竞赛等活动,线上线下广泛开展“贯彻二十大、奋进新征程”主题宣讲2000余场次,扎实推动党的创新理论“飞入寻常百姓家”。扬中市获评镇江市“贯彻二十大、奋进新征程”百姓名嘴风采展示活动优秀组织奖、镇江市“学习新思想、奋进新征程”学习达人挑战赛优秀组织奖,“新思飞扬”理论宣讲大赛优胜选手代表镇江参加省级宣讲决赛获三等奖。 (马键俊)

【主题宣传】 2023年,扬中市围绕市委、市政府奋力谱写“强富美高”新扬中现代化建设新篇章的决策部署,聚焦党的建设、产业强市、创建全国文明城市、乡村振兴四大中心工作,深入宣传扬中全面贯彻落实中共二十大精神,主动担负争当表率、争做示范、走在前列重大使命的亮点举措。组织开展“牢记嘱托、感恩奋进、走在前列”等重大主题宣传,实施“强信心·加油干·勇争先”“美丽乡村我打卡”等全媒体新闻行动,高质量开辟“群众一习话”“企动企盼”“项目攻坚进行时”等专题专栏,不断强化密度和频次,着力构建网上网下一体、内外宣联动的主流宣传格局,全年推出重点稿件1600余篇,为开启中国式现代化扬中新实践营造浓厚舆论氛围。 (孙薇)

【城市外宣】 2023年,扬中市聚焦高层次平台发出“好声音”,“大外宣”成为新亮点。开展“奋进扬中”主题外宣,举办“相约河豚岛、媒体看扬中”新闻行动,实施“以豚为媒”节庆外宣提升行动,并将“学习强国”学习平台供稿策划纳入全市重大主题宣传策划工作机制,全年在央视推出报道24条。其中,新闻联播报道2条、晚间新闻1条,“学习强国”学习平台用稿682篇,《人民日报》、新华社等主流媒体用稿近200篇,新华网推出的《江苏扬中:文旅融合打造高品质宜游“河豚岛”》《唱响“港产城融合发展”的春天故事》等多篇稿件阅读量超200万人次,扬中城市美誉度持续放大。 (孙薇)

【新闻管理】 2023年,扬中大力推进媒体深度融合发展,全力打造新闻生产“大厨房”。各地各部门抢抓短视频风口,推出播放量1万以上的“人气”短视频300余条,10万以上的“爆款”短视频30余条。市融媒体中心《李董的早晨》《小城故事多》《生活热线》等节目入驻抖音直播平台,平均每场观看人数超千人,最高达万人;创新实施“扬子江上‘云’上乡土”成长项目,推出“美食令——跟着节气做美食”“非遗里的扬中”等众多有态度、有温度、有深度的本土栏目和直播助农服务,新媒体矩阵获得广泛关注和好评。 (孙薇)

【网络宣传】 2023年，扬中市委网信办突出做好习近平新时代中国特色社会主义思想的网上传播，依托“E起学理”网上宣讲品牌，整合“新思飞扬”“梧桐e课”等各地各部门宣讲子品牌，建立理论宣讲协同机制，推出“群众一‘习’话”“我是冬训主讲人”“理响江洲”等网上宣讲栏目，推动党的创新理论“飞入寻常百姓家”。围绕全市中心工作，举办“相约河豚岛 媒体看扬中”全媒体行动，邀请人民网、新华网、腾讯大苏网等20余家主流网媒宣传推介“中国河豚岛”，刊发网宣稿件120余篇；“学习强国”学习平台全国、省、市三级平台全年用稿647篇，另有17篇新闻和评论稿件获省委网信办全省推送，用稿量和推送量均位居镇江前列。定期发布政务新媒体传播力榜单，推动新媒体建设不断加强，“扬中发布”“微扬中”公众号用户总数超14万人，“掌上扬中”App注册人数近11万人，各地各部门政务新媒体平台传播影响力持续攀升，涌现阅读量10万以上爆款作品，官方新媒体指数均在镇江辖市区名列前茅。 （艾愉翔）

【网络安全】 2023年，扬中市委网信办精心策划网络安全宣传周活动，组织各地各部门开展“‘两用一心’志愿服务”“为企e赋能”“法治新时代 清朗e空间”“基层八进”等活动，从各个领域持续掀起网信普法宣传热潮，全社会网络安全意识不断增强。组建网络安全应急支撑和民兵排队伍，举办网络安全突发事件应急演练，扎实开展“网安2023扬中行动”“飞行检查”“弱口令整治”等工作，对全市35家党政机关和12家工业企业的信息系统进行安全体检，检测IP地址及域名1947个，发现修复漏洞2205个，全市网络和数据安全防线持续巩固。深入开展“清朗”“净网”专项行动，全面推进“从严整治‘自媒体’乱象”工作，全年约谈各类平台，清理各类有害信息。网信执法工作取得新突破，联合查处“威凡软文”网站案例获中央网信办推广，并入选2023年度江苏省网络举报受理处置十大典型案例。 （艾愉翔）

【网络文明建设】 2023年，扬中市互联网行业党委发挥党建引领作用，定期开展“同心向党 e企前行”等党建沙龙活动凝心聚魂、共促发展。扬中市委网信办策划推出“文明E探”观摩座谈活动，组织自媒体、网红走进文明创建、城管执法、阳光食堂一线，活动视频累计吸引近8万人次观看；组建“网民观察团”，开设“你被曝光了”等线上专栏，激发市民群众共建美丽岛城积极性，全年收到意见建议300余条，解决各类问题260余件。发动网络社会组织参与“公益文化节”等活动，打造特色网络公益品牌，“520荧光夜跑” 入选2023年度江苏省网络社会组织品牌项目。 （艾愉翔）

6月，“文明E探”观摩座谈活动召开（组织部供图）

统战工作

【概况】 2023年，扬中市全面梳理汇总市委统一战线工作领导小组及各类统战协调机制效能，健全完善部门会商、问题会办机制，推动领导小组和各类协调机制由“统得住”向“统得好”提升。创新推进实施统战“书记项目”，持续强化镇(街、区)党委书记抓统战工作的自觉性与主动性。制定出台点对点联系制度、统战部领导列名联系网络代表性人士制度，调整扩充政府部门对口联系民主党派、工商联名单，与统战成员常态化互动交流，打通联系关爱的“最后一米”。以入选省民营经济高质量发展示范市培育名单为契机，推进“四季暖扬”助企惠企活动，唱响涉企服务四季歌。举办“石榴花开耀江洲 同心筑梦向未来” 全市民族团结进步宣传系列活动启动仪式，推进“红石榴家园”精品单位创建工作，持续打造“江洲同心·石榴情”民族工作品牌。实施基层宗教事务规范化治理提升行动，确保各类隐患防范在前、发现在早、处理在小。完成香港江苏社团总会回乡访问团、澳门考察团到扬中参访接待工作，新坝新治村与香港宝达社区结对共建，促进扬港两地交流互通。推进党外干部培养“蓄水·引渠”五年计划，全面采集党外干部信息，落实市委组织、统战部门联席会议制度，举办全市青年党外干部培训班，初步构建起数量充足、结构合理的党外干部梯队。学习贯彻习近平新时代中国特色社会主义思想主题教育，召开纪念中共中央发布“五一口号”75周年座谈会，开设“同心学堂”，开展“凝心铸魂强根基 团结奋进新征程”主题教育，组织新联会深度寻美中国，强化民主党派、无党派人士、新的社会阶层人士的政治认同与情

感认同。 (孔祥亚)

【"同筑梦 共启程"结对共建签约仪式】 2023年4月8日,扬中市新坝镇新治村与香港宝达社区举行"同筑梦 共启程"结对共建签约仪式。签约仪式中,新坝镇新治村与香港宝达社区结对签约并互赠纪念品;香港江苏社团总会向宝达社区赞助香港故宫博物院门票;扬中和香港青少年代表互赠礼品。签约仪式是香港江苏社团总会回乡访问活动的一部分,香港江苏社团总会回乡访问团近300人到扬中做客参访。 (孔祥亚)

4月8日,新治村与香港宝达社区结对仪式举办

(融媒体中心供图)

【培育省民营经济高质量发展示范市暨优化营商环境工作推进会】 2023年8月27日,扬中市召开培育省民营经济高质量发展示范市暨优化营商环境工作推进会,深入学习习近平总书记关于民营经济发展的重要论述,贯彻落实国家、省市部署要求,进一步发展民营经济、服务民营企业,加快优化发展环境、提振发展信心、激发发展活力,全面增强民营经济综合实力和竞争力。会议传达省民营经济高质量发展相关文件和江苏民营经济高质量发展培育工作推进会会议精神,通报2022年省、镇江市营商环境评价结果和2023年一季度镇江营商环境"体检"结果,布置2023年全市优化营商环境工作,部署民营经济高质量发展示范市培育工作。 (孔祥亚)

【"寻美中国·美在扬中"主题分享沙龙】 2023年10月23日,扬中市新的社会阶层人士联谊会举办"寻美中国·美在扬中"主题分享沙龙,动员新的社会阶层人士,在社会实践中发现美之形,探索美之源,弘扬美之心。"寻美中国·美在扬中"系列活动分为"乡村振兴篇""慈善公益篇""群英荟萃篇"3个篇章,分享沙龙是"群英荟萃篇"活动之一。会上,8名来自扬中市不同行业的代表性人士分享各自的寻美成果,用亲身经历和感受讲述乡土文学之美、海归创业之美、热心慈善之美、网络世界之美、文化传承之美、绿岛环境之美,指尖音符之美以及统战历程之美。 (孔祥亚)

【党外青年干部培训班】 2023年10月31日至11月1日,扬中市委组织部、统战部、党校联合举办全市党外青年干部培训班。培训班为期3天,各镇(街、区)、机关部门、国有企业的59名党外青年干部参加培训。培训班采取专家授课、结构化研讨、集中展示等形式,围绕习近平新时代中国特色社会主义思想、新时代党的统一战线理论政策、能力建设等方面对青年党外干部系统培训,旨在以学铸魂、以学增智、以学提能,培养一批高素质的党外干部,为扬中高质量发展凝聚更大力量。

(孔祥亚)

【澳门考察团考察扬中】 2023年11月17日,全国政协常委、澳门中华总商会会长、澳门特别行政区立法会副主席崔世昌带队到扬中参访。澳门考察团21人,先后赴扬中市江之源渔业科技有限公司、联合村特色田园乡村、扬中市博物馆、蜂巢易创产业园区、园博园参观考察。参访活动让考察团感受到扬中人民对澳门同胞的热情,有力促进澳门与扬中交往、交流、交融,为进一步加强两地的合作打下坚实基础。 (孔祥亚)

台湾事务

【概况】 2023年,扬中台湾工作办公室全面落实中央、省委对台工作决策部署,紧扣服务中央对台工作大局、服务全市中心工作,在政策落实上用情、在团结引领上用心、在壮大力量上用功,扎实推进各项工作。凝聚政治同心,压实对台工作责任。坚持以习近平总书记关于对台工作的重要论述为根本遵循,完整准确全面贯彻新时代党解决台湾问题的总体方略,找准定位、主动融入、积极作为,为促进祖国和平统一、推动中华民族伟大复兴贡献扬中力量、展现扬中作为。聚焦工作重心,助推台资企业发展,强化经贸交流,持续扩大扬中台商朋友圈。服务台胞台属,加强民间交往合作,浓厚扬台两地情谊。

(印震震)

【服务台胞工作】 2023年,扬中台湾工作办公室夯实对台工作基础,加强组织领导,常态化开展服务工作。持续推进"四季暖扬"行动,定期走访企业、动态掌握企业生产经营情况,针对企业特点和个性化需求,制定落实"一企一策、一事一议"的帮扶举措,提振企业发展信心,助推企业高质量发展。成立工作专班,服务台资企业大

澄光电投资落户西来桥镇。秉持“两岸一家亲”理念，为大陆和台湾地区的和平发展提供重要支持，加强民间交往合作，吸引台湾地区居民到扬中投资兴业、共谋发展。推动台湾地区的社会组织和非机构之间的交流互访。7月，接洽天津、厦门等地台商11人到扬中参观考察，调研蜂巢易创、美科太阳能。8月，接待台湾宜兰县村里长团2批次、60余人，参观新治村、陈履生博物馆群、立新村等，围绕乡村振兴、新农村建设交流座谈。筹备暑期台籍青少年交流活动相关工作，组织台籍青年实习工作，增进台籍青年对“两岸一家亲 共筑中国梦”的感情认同。依托重要节日、重大活动组织台胞台属常态化开展慰问联谊活动，在沟通交流中加强联系、浓厚情谊。

（印震震）

机构编制工作

【概况】 2023年，扬中市委编办落实习近平总书记关于机构编制工作的重要论述，深入贯彻中央、省委、镇江市委、扬中市委各项决策部署，严格执行《中国共产党机构编制工作条例》《机构编制监督检查工作办法》《机构编制违规违纪违法行为处理和问责规则（试行）》《江苏省贯彻〈中国共产党机构编制工作条例〉实施办法》等法规规章以及《扬中市委编委工作规则》《机构编制审批事项办事指南》等工作制度，把握党的机关、政治机关属性，扎实推进开发园区管理体制改革、公益类事业单位改革等工作，发挥机构编制基础性保障作用，规范编外用工管理，推进机关事业单位机构编制评估工作，做好机构编制统计工作、事业单位登记管理工作、市级机关服务高质量发展工作，优化机构编制资源配置，加大统筹使用各类编制资源力度，持续强化体制机制保障。

（朱天骋）

【开发园区管理体制改革】 2023年，扬中市委编办推进开发园区管理体制改革。制定印发《关于推进江苏扬中经济开发区管理体制改革的实施方案》、区街“三定”规定等文件，重点对经开区、兴隆街道职能配置、机构设置作相应调整，理顺区街及区园职责分工，突出经开区经济发展主责主业和统筹党的建设职责。同步指导经开区及时做好职能机构挂牌、人员调整等工作。推动构建经开区“一区三园”联席会议制度，成立“一办一专班”（办公室、联动招商工作专班）。聚焦“打造全市经济发展、项目招引建设双核引擎”目标，围绕高新区与科创产业园区“一区一园”联动融合发展探索创新体制机制。

（朱天骋）

【经济发达镇改革】 2023年，扬中市委编办推进经济发达镇改革，持续提升经济发达镇区域竞争力。结合机构编制评估，依据新“三定”规定划分新坝镇职责，促进高效履职，推动机构、队伍、业务全方位“化学融合”。对照《江苏省经济发达镇改革与发展评估指标（2023年版）》，厘清优势指标、弱势指标、劣势指标。对接市级相关职能部门，围绕重点指标定期开展专题调度和专项帮扶，对照配套支持政策制定细化“落实清单”，为新坝镇持续提供“订单式”政策支持和业务指导，强化资金扶持、公共服务、发展规划等方面的支撑保障。（朱天骋）

【事业机构布局优化】 2023年，扬中市委编办学习深化公益类事业单位改革最新政策口径，摸清底账，具体掌握涉改事业单位职能范围、机构、编制、经费渠道、人员、机构规格、分类结果等基础信息，逐步推进公益类事业单位改革工作，全年对5个部门、26家事业单位开展改革，整合、撤销事业单位16家，撤销挂牌机构1家，更名事业单位5家，调整事业编制93名。（朱天骋）

【机构编制保障】 2023年，扬中市委编办按照“严控总量、动态平衡、保障重点、留有余地”的思路，统筹调配全市编制资源，树立向基层一线和项目招引、乡村振兴等关键领域倾斜的用人导向，以市级部门、镇（街、区）急需专业岗位需求为主，统筹兼顾政策性安置用编，科学核定行政（参公）用编计划、事业单位用编和备案制人员使用计划。根据省市关于优化调整国防动员体制机制相关要求，以人民防空办公室为基础整合组建扬中市国防动员办公室，在经济发展局挂牌，明确具体职能机构与相关职责，同步划转人员编制，强化国防动员工作力量。科学核定乡镇消防员员额，并对接相关镇、公安局、消防救援大队，协调做好乡镇消防员划转相关工作，明晰乡镇消防工作职责分工，形成市镇两级齐抓共管的消防工作合力。（朱天骋）

【机构编制评估】 2023年，扬中市委编办做好机构编制评估工作。根据十三届扬中市委第四轮、第五轮巡察工作统一部署，对新坝镇、油坊镇、八桥镇、西来桥镇、三茅街道落实基层“三整合”改革以及职能履行、机构设置、人员配备等情况开展评估，将评估结果作为单位履职情况和机构编制调整依据。有序开展被评估单位整改情况“回头看”工作。研判被评估单位机构编制相关问题整改落实情况。（朱天骋）

【机关赋码与事业单位登记管理】 2023年，扬中市委编办组织全市232家事业单位按要求在网上提交年度报告,年度报告提交率、审查通过率100%,在江苏机关赋码和事业单位登记管理网公示各事业单位2022年度报告。开展事业单位法人证书登记管理工作,根据《事业单位登记管理服务标准化规范(试行)》《事业单位登记管理实施细则》《关于试行事业单位法人简易注销登记有关事项的通知》,对全市事业单位法人证书开展日常登记管理,事业单位设立登记4家、变更登记56家、注销登记15家。开展2022年度事业单位信用等级评价工作,联合法院、信用办、公安局、财政局、人社局、审计局、税务局、市场监管局、人民银行扬中支行等9个信用监管部门,开展全市232家事业单位2022年度信用情况按标准流程评价,评价结果在"信用中国(江苏·扬中)"网站公示。 (朱天骋)

【市级机关服务高质量发展考核】 2023年,扬中市委编办根据市委考核办统一部署,认真履行职责,做好市级机关服务高质量发展考核工作。拟定2023年度市级机关服务高质量发展考核实施细则,健全和完善考核体系,优化部门类别设置,创新和改进考核工作方式方法,按计划完成季度监测、半年评估、年度考核工作。发挥考核"指挥棒"作用,持续激励市级机关各部门争先进位、真抓实干、创先争优、履职尽责。开展市级机关服务产业项目考核,做好月度任务摸排统计和季度考核工作,着力破解招引与建设割裂、项目办理环节脱钩、企业与部门信息不畅等瓶颈难题,凝聚项目招引建设合力。

(朱天骋)

机关党建

【概况】 2023年,扬中市委市级机关工委紧扣"围绕中心、建设队伍、服务群众"工作主线,强化思想引领,深学细悟创新理论,筑牢筑强思想阵地,抓实抓细意识形态工作;强化组织建设,坚持大抓基层的鲜明导向,切实增强党组织政治功能和组织功能,努力把机关各级党组织建设成坚强有力的战斗堡垒;强化效能提升,推动党建和业务深度融合,把党的组织优势转化为发展优势。扬中市委市级机关工委有基层党组织65个。其中,机关党委2个,机关总支部10个,机关党支部47个,离退休党支部6个;党员1992人,其中年内新发展党员35人,预备党员45人。 (董军林)

【党员干部理论武装】 2023年,扬中市委市级机关工委推动第二批主题教育走深走实,不折不扣完成上级规定工作,利用党员讲学平台、书记讲堂等阵地,深入学习宣传贯彻中共二十大精神,指导机关党组织扎实开展好主题教育。启动市级机关党组织理论学习巡学旁听工作,工委班子成员分组参与18家机关党组织理论学习,通过现场点评、知识测试、查阅台账等形式,切实提高机关党组织理论学习质量。分批次组织68家市级机关部门4000余名党员观看锡剧《郭克生》,激发学习先进、争当表率的强劲动能。举办入党积极分子、发展对象、党务干部等各类培训班,提高业务能力和理论水平。与宣传部联合举办"新时代新征程——学习贯彻党的二十大精神"知识竞赛,以赛促学、以学促干,切实做到"学思用"贯通,"知信行"合一,切实提高党员干部教育培训工作质量。 (董军林)

【机关党员干部"文明作表率"活动】 2023年,扬中市与文明办联合启动机关党员干部"文明作表率"主题活动,开展清洁家园周末大扫除、清洁城市助公益、清洁机关促发展"三清洁"活动,组织机关党员赴挂钩联系村(社区)开展志愿服务,制作并发布"文明出行e起承诺"小程序,50余家机关党组织近万名机关干部参与线上签名。与文联联合举办"新时代、新征程、新印象"文艺作品评选活动,集中展示一批书画、征文、摄影各类优秀作品,引导机关党员干部建功新时代,争创新业绩,激励党员发挥先锋模范作用走在前、做表率。 (董军林)

【支部建设】 2023年,扬中市组织市级机关党务干部"看项目、议融合、优服务、促发展"观摩交流,党务干部零距离参观全市一批重点企业重大项目发展情况,结合部门服务中心职能进行互动交流,在推动党建和业务工作深度融合中彰显机关党建作为。推进"模范机关"创建,重点围绕"建设让党中央放心、让群众满意的模范机关"总要求,推行窗口单位和一线党员佩徽挂牌,创成医保局、城管局两家镇江市模范机关。开展市级机关"十佳"党建项目评比和"服务高质量发展品牌"创建,开展现场述评,全面提升党建项目和服务品牌的示范性及影响力。与组织部联合举办第七届"小支部大联盟"暨片区党务干部趣味运动会,展示机关党组织朝气蓬勃、团结进取的精神风貌和融合党建取得的重要成果。(董军林)

【作风效能提升】 2023年,扬中市开展"我为效能把一脉"之"人民满意窗口"监督报告评比活动,协同镇江市监督员深入走访企业,了解重大项目"百日开工"服务情况及企业诉求。开展窗口服务满意度测评,现场邀请服务对象完成调查问卷44份,下发问题反馈函7份。持续调查政风行风热线、扬中热线等群众反映问题,实地查看、跟踪督办相关单位处理情况。搭建一员联一村(社区)监督网格,专项部署联村(社区)走访调研,收集基层减负工作问题线索 52 条,其中因涉及用地、建房、政策等需要等待解决 20 条,现场整改 7 条,以反馈函形式督促整改 23 条。全年开展集中明察暗访 4 次,印发督查通报 4 期,下发《作风效能问题反馈函》69 份,通报问题 70 余个。 (董军林)

【"小支部大联盟" 暨片区党务干部趣味运动会】 2023 年 10 月 21 日,"工商银行杯"市级机关第七届"小支部大联盟" 暨片区党务干部趣味运动会在奥体中心举行。活动由市委组织部、市委市级机关工委共同主办,中国工商银行股份有限公司扬中分公司冠名。全市各机关事业单位以及中国人民银行扬中市支行和工商银行扬中支行组成的代表队 12 支队伍参赛。运动会设置穿越火线、套圈达人、彩虹飞舞、接力营救、鼓动人心和赶猪之道 6 个集体趣味项目。小支部大联盟和片区互学互评制度是机关党建的创新品牌,自 2018 年举办首届趣味运动会至今,小支部大联盟包括机关党建片区、人行、工商银行在内的 70 余家党组织,600 余名党员和党务工作者。 (融媒体中心)

10 月 21 日,第七届"小支部大联盟"暨片区党务干部趣味运动会举办 (机关工委供图)

老干部工作

【概况】 2023 年,扬中老干部工作坚持以习近平新时代中国特色社会主义思想和习近平总书记关于老干部工作的重要指示为指导,聚力聚焦党建引领、作用发挥和服务管理,用心用情,全力服务大局,完成全年各项任务目标。连续三届获评 "全省老干部工作先进集体"称号。持续深化政治机关建设,召开全市老干部工作会议,召开庆祝全国第十一个老年节暨全市老干部情况通报会。举办全市副科(局)级及以上退休干部、离退休干部党支部书记培训班,部署开展"学思践悟二十大 银发先锋在行动"主题党日活动 80 多场。围绕"两个确立"(确立习近平同志党中央的核心、全党的核心地位,确立习近平新时代中国特色社会主义思想的指导地位)组织多场培训讲座,受众 1600 多人。举办 2023 年度市管干部集中荣誉退休仪式,增强老干部的组织归属感和政治荣誉感。 (韦庆燕)

【离退休干部党支部建设】 2023 年,扬中市老干部局指导 39 家基层党支部完成换届,提升支部班子活力。创建镇江市级"六好"离退休干部党支部 5 家,培植第二批省级"六好"离退休干部党支部 1 家、镇江市级"六好"离退休干部党支部 6 家。社团党建工作一体化机制进一步巩固,老干部工作与老龄工作深度融合,"党建+"的工作优势全方位释放。落实管党工作机制,离退休干部党建纳入全市党建大格局,"双述职" 和考核工作得到强化。有 3 个支部主题党日活动获政教课题调研,形成《深刻理解和准确把握"两个确立"的决定性意义》的理论文章,新时代老干部报告团下乡专题辅导获评镇江市离退休干部党支部"统一主题党日"优秀案例。公安局离退休干部党支部"三强"工作法被江苏"银潮"微信公众号推广。 (韦庆燕)

【银发志愿服务】 2023 年,扬中市老干部局在"银发经济"领域率先破题,出台《关于促进扬中银发经济发展的意见》。6 月 15 日,召开全市银发经济启动现场会,组建全市银发经济促进团,围绕"银发人才促进扬中经济发展"和"引导激活银发消费市场"两个主要板块,实施促进银发经济"六大行动",成立首批 10 家银发经济促进行动工作站(室),吸纳 200 名老科技工作者参与 15 个银发人才服务项目建设,表彰 10 名 "银发经济实干先锋",在市内形成一定影响力。"霞满江洲"志愿服务工作常态化,全市注册志愿者团队 54 家、769 人。联合各涉老社团开展文艺汇演、书画摄影展、技能培训等活动 40 余场,选送优秀书画摄影作品参加镇江市"学习二十大·奋进新征程"镇江市离退休干部书画摄影展。(韦庆燕)

【老干部服务保障工作】 2023 年,扬中市做好老干部保障工作,组织老领导参加重大会议和市内外参观学习 12 场。局领导和工作人员电话联系老干部 200 多人次,接待老干部 200 多人次。完成与 15 名离休干部家庭医生服务签约,与 11 名失能、半失能的离休干部和 1 名正处级退休干部签订家庭病床服务协议,家庭医生上门服务 300 余人次,预约转诊 3 次。协调民政部门继续落实离休干部家庭适老化改造 15 例。慰问老干部 400 多人次,协调解决老干部诉求 68 起。养老顾问志愿服务工作特色鲜明、成效突出。11 月 9 日,扬中市养老顾问志愿服务工作在全省离退休干部“养老顾问”试点工作座谈会上得到肯定。 (韦庆燕)

党校工作

【概况】 2023 年,扬中市委党校高举习近平新时代中国特色社会主义思想伟大旗帜,学习贯彻中共二十大精神、《中国共产党党校(行政学院)工作条例》和习近平总书记在中央党校建校 90 周年庆祝大会暨 2023 年春季学期开学典礼上的重要讲话精神,开展学习贯彻习近平新时代中国特色社会主义思想主题教育,始终坚守“为党育才、为党献策”党校初心。开展“青蓝结对”“岗位练兵 技能比武”,组织“教研活动开放日”,举办“青蓝工程”年度专题汇报会;打造“品读经典书香党校”品牌,举办 6 期读书分享活动;推进“培训者培训工程”,组织参加中央党校、省委党校、镇江市委党校和相关高等院校的网络培训进修,累计 73 人次。在“学习强国”学习平台、《江苏党校工作通讯》等省市级刊物发表宣传稿件 34 篇,及时发出扬中党校“好声音”。 (蔡亚奇)

12 月 26 日,党校举办“品读伟人诗词 汲取前行力量”读书会 (党校供图)

【培训工作】 2023 年,扬中市委党校根据市委干部培训工作要求和全市干部培训计划,举办主体班次 17 期,培训学员近 3600 人次,学员满意率 98%以上。累计承接 27 个班次外出教学和合作办班任务,其中主体班外出教学 10 期、部门外出异地办班 5 期,考察班 9 期、异地到扬中举行培训班 1 期,部门来校办班 2 期,培训学员近 1600 人次。培训主题突出。坚持把习近平新时代中国特色社会主义思想作为干部培训的第一课、必修课,确保理论教育和党性教育不低于 70%。“课堂+基地”深度融合。在 5 大现场教学板块、21 个现场教学点基础上,优化镇区板块现场教学路线布局,重点开发打磨《党建引领社区治理 绘就百姓幸福底色》等主题微党课,并赴社区开展微党课“教研开放日”活动。《党的自我革命永远在路上》等三个微党课在镇江市党校系统首届微党课竞赛中获三等奖。教学改革持续创新。推行研讨式、案例式、访谈式等互动式教学方法,在中青年干部培训主体班、初任公务员班上,采用结构化研讨互动教学,11 月,在镇江党校系统首创“党建引领人居环境整治”访谈式教学课程,取得较好的效果。 (蔡亚奇)

【科研调研工作】 2023 年,扬中市委党校 20 余篇科研调研成果在省级、市级优秀科研成果评比中获奖。其中,《抗美援朝战场上的“笔墨劲旅”》获全省党校(行政学院)系统优秀科研成果三等奖、《以农民家庭致富档案助推共同富裕的实践与思考》获全省档案工作者年会征文三等奖;《民营企业“创二代”培养的对策与思考》《镇江东翼“金三角”区域一体化建设研究》等 7 项调研成果分获镇江市“社科应用研究精品工程”一等奖和镇江市“建言献策”研究课题、镇江党校联盟调研课题一、二、三等奖;《扬中“四千四万”精神内涵及其新时代传承》《扬中城区水环境综合治理的实践探索》等 6 项调研成果获市领导肯定性批示,其中 2 项获市委书记、市长肯定性批示;编辑 12 期《学习参考》和 5 期《市情研究》,计 2700 份,党校咨政的针对性、实效性、美誉度显著提升。(蔡亚奇)

【理论宣讲】 2023 年,扬中市委党校开展“为党育才·主题教育大宣讲——‘红色讲堂’百名理论宣讲志愿者行动”,开展理论宣讲 112 场,受众万余人。组织全市理论宣讲员共同打磨宣讲《坚持不懈用习近平新时代中国特色社会主义思想凝心铸魂》专题;在党校微信公众号平台推出宣讲菜单,列出专题 20 余个;推出党课云直播等宣讲新模式,录制《实现伟大梦想必须进行伟大斗争》等 5 期党课微视频,在“扬中党校”网站、微信公众号等开设专栏,推送相关学习资料 30 余期,理论宣讲“线下”“云上”相结合,1 名教员被表彰为“青年讲师团”理论宣讲先进个人,1 名教员被评为 2022—2023 年度扬中市基层党员冬训“优秀冬训主讲人”。 (蔡亚奇)

扬中市人民代表大会

综　述

【概况】 2023年，扬中市第十八届人民代表大会常务委员会召开主任会议7次，常委会会议7次，听取和审议“一府一委两院”工作报告15项，作出决定决议17项，开展执法检查1项、视察调研活动35次，依法任免国家机关工作人员36人次。扬中市第十八届人民代表大会第二次会议有代表195人，根据代表变动情况统计，至12月下旬，扬中市第十八届人民代表大会代表194人。市人大常委会以习近平新时代中国特色社会主义思想为指引，全面贯彻中共二十大精神，坚持党的集中统一领导，秉持“以人民为中心”，把助跑项目招引建设、助推生态环境治理、助力营商环境优化、增进社会民生福祉、发挥人大代表作用、提升依法履职能力作为工作重点，紧扣市委工作中心，围绕产业强市战略、乡村振兴发展、文明城市创建、议案建议督办等方面，履行宪法和法律赋予的职权，完成市十八届人大二次会议明确的各项工作任务。 （徐子方）

【法律监督】 2023年，扬中市人大常委会围绕法治政府和法治社会建设强化监督，促进依法执政、依法行政、公正司法和法律的贯彻实施。监督推动基层综合行政执法改革，督促优化赋权事项，健全审批执法监督衔接机制。关注法院优化营商环境工作，推动以优质司法服务护航企业发展。调研检察院涉案企业合规改革工作，支持检察机关对6家涉案企业开展合规建设。调研“八五”普法规划实施情况，组织代表参加检察开放日、旁听庭审、新闻发布会等活动。调研打击治理电信网络诈骗违法犯罪工作，推动完善“全民反诈”工作格局。巩固规范性文件备案审查工作，拓宽审查范围，维护法治统一。开展人大信访工作，维护人民群众合法权益。检查环境保护法贯彻执行情况，督促做好污染防治，促进生态环境改善。 （徐子方）

【财政经济监督】 2023年，扬中市人大常委会高度关注财政经济运转运行情况，作出《关于加强经济工作监督的决定》《关于加强市本级预算审查监督的决定》，出台《关于加强对政府债务审查监督的实施办法》《关于进一步落实镇国有和集体资产报告制度的实施意见》，依法审查审议国民经济和社会发展“十四五”规划中期评估、财政决算和预算执行、预算调整、政府债务管理、企业国有资产管理、财政收支审计工作等情况，专题调研“两区四园”建设及运行情况和部分政府性投资重点项目绩效情况，推动建立完善镇级国有和集体资产报告制度，提升财政资金使用效益，督促加强经济运行监测，提升规范管理水平，做好风险防范化解，助力财政平稳运转和经济运行率先整体好转。 （徐子方）

【社会民生监督】 2023年，扬中市人大常委坚持为民宗旨，通过依法监督促进社会民生事业发展。紧盯群众身边的生态环境问题，审议市政府年度环境状况和环境保护目标完成情况，再次审议城区污水治理情况，视察城区餐饮油烟治理工作，推进美丽扬中建设。关注“一老一小”，调研老年人体育工作，努力丰富老年群众精神文化生活；跟踪监督教育“双减”，持续关注学生课业负担；调研普惠托育服务发展情况，督促完善政策保障、加强协调联动，增强多元供给，助力“幼有善育”。围绕城乡建设发展，审查国土空间总体规划编制情况，推进加强规划衔接、优化发展布局、落实刚性约束，统筹推进保护和发展；专题调研乡风文明建设、农资配供和农产品流通情况，持续推动农村产业发展和人居环境双提升。落实民生实事挂钩监督机制，定期听取汇报、视察调研，督促政府优化公共服务和生活环境，不断满足人民群众高品质生活需求。 （徐子方）

【代表作用发挥】 2023年，扬中市人大常委会坚持代表主体地位，不断拓展联系渠道，优化服务保障，提升代表履职成效。围绕提升建议内容和办理高质量，优化延伸“全链条”建议督办制度，构建“察民情写建议、分类别选重点、访代表听意见、作反馈促督办、抓跟踪推落实、严审议问绩效”的工作全流程，常态化落实重点建议督办制度，首次对政府建议办理工作进行专题询问。巩固和深化代表履职平台建设，在经开区设立“光伏行业代表工作室”。举办第二期代表履职能力提升培训班，邀请代表列席常委会会议，参加执法检查、政情通报、视察调研、专题询问等 291 人次，组织部分镇江市人大代表向市人大常委会报告履职情况，48 名市镇人大代表向选民述职、接受选民监督。集中开展四级人大代表统一接待选民活动，394 名代表深入 54 个接待点，接待选民 1251 人，收集民情民意 547 条，现场解答问题 516 条，均分类规范交办。 (徐子方)

重要会议

【十八届人民代表大会第二次会议】 2023 年 1 月 1—4 日，扬中市第十八届人民代表大会第二次会议召开。会议听取和审议市人民政府工作报告、市人大常委会工作报告、市人民法院工作报告、市人民检察院工作报告，审查和批准市 2022 年国民经济和社会发展计划执行情况与 2023 年国民经济和社会发展计划草案的报告(书面)、市 2022 年财政预算执行情况和 2023 年财政预算(草案)的报告(书面)，审议市政府关于市十八届人大一次会议代表议案和建议办理情况的报告，票决 2023 年市政府民生实事项目。会议补选骆俊为扬中市监察委员会主任；补选方正和、朱伟、薛兵为扬中市第十八届人民代表大会常务委员会委员。 (徐子方)

【十八届人大常委会第七次会议】 2023 年 2 月 27 日，扬中市第十八届人大常委会召开第七次会议。会议作出关于大力推动产业项目招引建设，助力产业强市战略实施的决定和关于加强市本级预算审查监督的决定，听取大力推动产业项目招引建设，助力产业强市战略实施的决定(草案)的说明和加强市本级预算审查监督的决定(草案)的说明，听取和审议《扬中市国土空间总体规划(2021—2035 年)》的报告，作出关于批准《扬中市国土空间总体规划(2021—2035 年)》的决议，通过市人大常委会 2023 年工作要点。 (徐子方)

【十八届人大常委会第八次会议】 2023 年 3 月 28 日，扬中市第十八届人大常委会召开第八次会议。会议通过相关人事任免事项，作出关于任命朱燕勇为市人民政府副市长的决定，接受周勇辞去市人民政府副市长职务请求的决定。 (徐子方)

【十八届人大常委会第九次会议】 2023 年 4 月 27 日，扬中市第十八届人大常委会召开第九次会议。会议作出关于接受殷晗等辞去扬中市第十八届人民代表大会代表职务请求的决定。会议审议通过《关于加强对政府债务审查监督的实施办法》，听取和审议市政府关于企业国有资产管理情况的专项报告、关于“进一步推进‘双减’工作，确保相关政策措施落实落地”重要建议审议意见办理落实情况的汇报、关于《中华人民共和国环境保护法》贯彻实施情况的报告，审议关于全市国有资产管理情况的综合报告，听取市人大常委会关于《中华人民共和国环境保护法》贯彻实施情况的执法检查报告，并开展专题询问。会议对镇江市人大代表开展述职评议，通过相关人事任免事项。 (徐子方)

【十八届人大常委会第十次会议】 2023 年 6 月 29 日，扬中市第十八届人大常委会召开第十次会议。会议通过相关人事任免事项，作出关于任命潘杰为市人民政府副市长的决定，接受朱建丰辞去扬中市第十八届人民代表大会代表职务请求的决定。会议审议通过《关于加强经济工作监督的决定》，听取和审议市政府关于“完善长效管理体制，全面提升污水治理效能”重要建议再次办理情况的报告、市检察院涉案企业合规改革工作情况的报告。会议对人大任命干部开展述职评议。 (徐子方)

【十八届人大常委会第十一次会议】 2023 年 8 月 31 日，扬中市第十八届人大常委会召开第十一次会议。会议通过相关人事任免事项，作出关于接受陈健辞去扬中市第十八届人民代表大会代表职务请求的决定。会议审查扬中市 2022 年财政决算(草案)，听取和审议关于扬中市 2022 年财政决算(草案)的报告、关于扬中市 2022 年本级预算执行和决算草案以及其他财政收支情况的审计工作报告，作出关于批准扬中市 2022 年财政决算的决定，审议市政府关于 2022 年度政府债务管理情况的书面报告。会议分别听取和审议市政府关于“加强小区物业管理，促进基层社会治理”“发展合作经济，推动乡村全面振兴”两项重要建议办理情况的报告。 (徐子方)

【十八届人大常委会第十二次会议】 2023 年 10 月 30 日，扬中市第十八届人大常委会召开第十二次会议。会议通过相关人事任免事项，作出关于接受汪少华辞去扬中市人民政府副市长职务请求的决定。会议分别听取和审议市政府关于《扬中市国民经济和社会发展第十四个五年规划和二〇三五年远景目标纲要》实施情况中期评估的报告、关于“加大建设力度，推进供水管网漏损治理”重要建议办理情况的报告、关于“重视中小学生在校就餐质量，全面提升学生营养水平”重要建议办理情况的报告。会议听取和审议市政府关于代表建议办理情况的报告，并开展专题询问。（徐子方）

【十八届人大常委会第十三次会议】 2023年12月28日，扬中市第十八届人大常委会召开第十三次会议。会议通过相关人事任免事项，作出关于召开扬中市第十八届人民代表大会第三次会议的决定；关于批准扬中市2023年市财政预算调整的决定；表彰2023年优秀代表议案建议、代表建议办理工作先进单位和先进个人、代表活动先进小组和优秀市人大代表的决定；作出邱勇为扬中市人民法院代理院长的决定、接受朱晓军辞去扬中市人民法院院长职务请求的决定、接受张伟等辞去扬中市第十八届人民代表大会代表职务请求的决定；补选辛宏岭为镇江市第九届人民代表大会代表。会议听取和审议关于“聚焦项目招引建设，推进扬中产业强市新发展”议案办理情况；关于“推进医养结合，提升扬中市养老服务水平”重要建议办理情况的报告，讨论通过市人大常委会工作报告，决定市十八届人大三次会议有关事项。（徐子方）

重要工作

【环境保护法执法检查】 2023年3—4月，扬中市人大常委会对市政府贯彻实施《中华人民共和国环境保护法》情况开展执法检查。执法检查组以听取汇报，视察调研，集中座谈等形式广泛收集意见建议。4月27日，市十八届人大常委会第九次会议听取和审议市政府关于环境保护法贯彻实施情况的报告，听取执法检查组执法检查报告，围绕电镀喷涂、餐饮油烟等方面的9个问题，对生态环境、城管等7个部门负责人专题询问。（徐子方）

【述职评议】 2023年5—6月，扬中市人大常委会组织部分市人大任命人员述职评议。在市十八届人大常委会第十次会议上市财政局局长吴跃峰、交通运输局局长郭连志、法院副院长王彤、水利局局长黄声亮、地方金融监管局局长马意俊、统计局局长吴培枫作述职报告并就履职情况接受评议。（徐子方）

【专题政情通报会】 2023年8月25日，扬中市人大常委会组织召开市政府工作情况通报会。会议聚焦项目招引建设，市政府常务副市长巫晓辉作上半年产业项目招引建设情况报告，市人大常委会副主任蒋相根作关于督办“一号议案”助力项目招引建设情况的报告，市长贾晟出席会议并发表讲话。部分市人大代表围绕全市产业高质量发展，有针对性地提出意见建议。（徐子方）

【统一接待选民日活动】 2023年11月3日，扬中市人大常委会开展“各级人大代表统一接待选民日”活动，全市394名各级人大代表聚焦“牢记嘱托 感恩奋进——稳企惠民促发展”主题，深入各镇街区54个选民接待点，集中接待选民，面对面听取意见和建议，详细了解群众关注的热点问题和合理诉求。活动接待选民1251人，收集民情民意547条，现场解答问题516条。（徐子方）

11月3日，扬中市开展人大代表统一接待选民活动（人大办供图）

议案建议办理

【概况】 2023年，扬中市十八届人大二次会议期间，收到代表提出的议案和建议198件。其中代表10人以上联名提出的议案44件，被确定为大会议案1件、重要建议5件，即“聚焦项目招引建设，推进扬中产业强市新发展”议案，“发展农村合作经济，推动乡村全面振兴”“加强小区物业管理，促进基层社会治理”“加大建设力度，推进供水管网漏损治理”“推进医养结合，提升扬中市养老服务水平”“重视中小学生在校就餐质量，全面提升学生营养水平”；其余均转为建议办理。从答复情况看，在规定期限内均书面答复代表。从反馈意见看，代表对建议书面答复情况表示满意的189件，表示基本满意的8件，不满意的1件，经有关单位再次与代表沟通或重新办理，代表满意率100%。从办理结果看，代表建议中所提问题已经解决、基本解决的56件；所提建议已列入计划，实施或近期实施的134件；所提建

议受客观条件制约暂时难以办到，有待创造条件解决的 8 件。（徐子方）

【议案办理情况】 对于“聚焦项目招引建设，推进扬中产业强市新发展”议案的办理，市政府高度重视，采取多项措施做好议案办理工作。主要领导带头外出开展系列招商，落地外来项目 32 个，设立大湾区、上海、苏州、常州投资促进联络处，鼓励上下游企业参与分段制造，招引四大主导产业链项目 50 个。购买占补平衡指标 41.33 公顷，盘活闲置土地 88.4 公顷，优先保障优质项目；建立经开区“一区三园”联席会议制度，探索联动招商机制；强化涉企服务保障，引进大专以上人才 4500 余人、高技能人才 540 余人，制造业贷款余额 241.76 亿元。省和镇江市级重大项目完成投资 63.2 亿元，重点产业项目 66 个，开工 17 个，2024 年一季度开工 22 个；制定“五会”工作体系方案，谋划联动推进、并联审批、容缺审批，“拿地即开工” 项目 4 个，“联合验收”项目 3 个；完善帮代办员制度，培训帮代办员人员 700 余人次，提供帮办代办服务超 350 件。贯彻减税降费、助企纾困各项措施，办理“减、退”税 28 亿元，兑付产业扶持资金 785 万元；加强涉企政策宣传，开展暖企走访，帮助企业解决具体困难问题。（徐子方）

【重要建议办理情况】 对于“发展农村合作经济，推动乡村全面振兴”重要建议的办理，市政府因地制宜，多措并举，大力发展新型农村合作经济。市农业农村局制定印发《扬中市关于实行村民委员会与村集体经济组织财务分设的指导意见》，全面推进“政经分离”。全市由村集体领办组建的农地股份合作社 28 家，流转土地规模 500 亩(33.33 公顷)以上的 8 家，涵盖粮油、蔬果、中药材、饮品的种植加工以及农旅融合发展等新的业态。全市有各类农民专业合作社 299 家，经营范围涉及种植业、养殖业、农机、服务业等领域，其中国家级示范社 5 家，省市级示范社 9 家，三叶咸秧草、扬朝牌粉丝等品牌农产品获得市场认可。各类专业合作社努力提高农产品质量，不断增加产品附加值，在促进农民增收，推进现代化农业发展上发挥作用。

对于“加强小区物业管理，促进基层社会治理”重要建议的办理，市政府坚持统筹谋划、多措并举，持续推进物业管理工作。改善小区基础设施，开展燃气安全整治，推进应急维修工程。提升物业管理水平，推进综合执法进小区，整治乱堆放、乱停车、乱充电、乱晾晒现象。加强物业行业监管考核，创建 1 个省级示范物业、2 个省级宜居居住区和 8 个镇江市级示范物业。增强小区治理合力，全面开展“看物业、走‘两委’、访‘三长’”活动，广泛收集问题建议，及时做好问题整改。发挥党建引领，成立物业服务行业党委，在 8 个住宅小区、6 个物业服务企业建立党组织，打造 3 个省级和 6 个镇江市级党建引领示范点。

对于“加大建设力度，推进供水管网漏损治理”重要建议的办理，市政府有序开展自来水运营机制优化、处理设备更新、老旧管网改造等工作，城乡自来水保供能力稳步提升。与金州水务签订合作框架协议，对金州水务进行资产重组。陆续实施管网更新，完成 27.3 千米管网改造。按照国家和省自来水水质标准，采用臭氧—活性炭工艺深度处理，实现日供水 11.5 万吨，保障优质供水。加强水质监管，水务公司每日监测出厂水，市疾控中心每月对出厂水、二次供水、末梢水进行抽检。推进智慧水务系统建设，编制《2023—2025 年分区计量项目实施方案》，完成二级分区建设和城北三级分区第一批总表安装；选取 34 个管网压力监测点，安装在线传输设备，初步实现动态连续监测和调控。

对于“推进医养结合，提升扬中市养老服务水平”重要建议的办理，市政府高度重视，多次听取工作汇报，通过实地走访、专题会议等形式推进办理。印发《关于进一步推进医疗机构与养老机构签约服务合作的通知》，促进医疗机构与养老机构深度融合。10 月 1 日起在职工医保参保人群中实施长护险，较好保障重度失能人员基本生活照料和相关医护需求。全市 4 家养老机构内设医务站，2 家医疗机构内设医养结合病区(护理型床位)，3 家村卫生室与养老机构毗邻建设。全市公立医疗机构与 28 家养老机构进行对口集中签约，累计开展医疗服务 2277 人次。开设“互联网+医养结合病床”950 张，“慈善家庭养老床位”累计服务 50 人。

对于“重视中小学生在校就餐质量，全面提升学生营养水平”重要建议的办理，市政府及相关部门从强化食品安全及食堂管理等方面入手，着力提升学生餐饮安全和品质。出台《学校食堂食品安全管理办法》等文件，实施“四方陪餐制”和“互联网+明厨亮灶”工程，推动学校“日管控、周排查、月调度”工作机制及食品安全主体责任落实，全市 30 家学校食堂获省级“餐饮质量安全示范食堂”称号。建设和改善食堂基础硬件，完善“三防设施”，为学生用餐提供良好条件。实行大宗食材集中统一招采，其余食材学校自主招采，制定菜谱，提标餐费标准，改善菜品种类和质量。卫健部门开展营养科普宣教和减盐健康干预，指导学校合理膳食。教育部门组织技能培训，提高食堂管理水平和烹饪团队专业素养。（徐子方）

扬中市人民政府

综述

【概况】 2023年，扬中市地区生产总值630亿元，可比增长8%，完成一般公共预算收入40亿元，比上年增长10.6%，固定资产投资135亿元、增长10%，居民人均可支配收入7.1万元、增长5%。

经济发展。新签约亿元以上项目39个、总投资110亿元，省、市重大项目全部开复工，完成制造业投资102亿元、增幅22.7%，中低压智能电气产业集群入选国家级中小企业特色产业集群。科技创新成果“丰硕”，深入实施高新技术企业、创新型企业培育计划，大全凯帆入选国家级5G工厂，美科股份入选中国“独角兽”企业，爱士惟新能源获省科学技术奖一等奖，公示认定高新技术企业121家，新增国家级专精特新“小巨人”企业6家。

城乡建设。以全国文明城市创建为中心，精心规划、精美设计、精细管理，绘制和美城乡“风景图”。在城区，实施18个重点城建项目、年度投资17.5亿元，建成祁家路、夏家港东侧道路，完成翠竹南路、江洲西路、三栏路改造，治理背街小巷14条，改造出新老旧小区26个，城市宜居宜业的品质不断提升。在乡村，深入推进乡村振兴，加强粮食稳产保供，实现面积、单产、总产“三增”；开展村庄垃圾清理专项行动，农村人居环境整治工作连续4年获评全省第一等次，建成省级生态宜居美丽示范村7个、特色田园乡村1个。

美丽扬中。践行“绿水青山就是金山银山”的理念，全面完成第二轮中央生态环保督察交办19个问题点位、28件信访件整改，143个长江干流岸线利用项目清理整治任务全部销号。同时，聚力产业转型、源头控污、生态修复，承办镇江市低碳产业供应链大会，单位GDP能耗水平镇江最优；蓝天碧水净土“三大保卫战”战果显著，空气质量优良天数比率提升至78.4%、改善幅度位居全省12位，省考断面优Ⅲ比例保持100%。

民生实事。城乡居民人均可支配收入5.96万元、增长5.9%、增幅位居镇江第一；社保扩面2580人，医保户籍参保率100%，城乡居民基础养老金实现“十七连增”。办好人民满意教育，改造提升6所学校特色场馆，竣工交付市第一幼儿园、文化新村幼儿园，创成省高质量平安校园建设市，学前教育成果获评基础教育国家级教学成果奖二等奖，高质量通过全国义务教育优质均衡发展市评估认定。持续提升医疗健康服务水平，完成人民医院华康院区、急诊区改造，创成“国家心血管病中心、生活方式医学联盟”示范中心；三茅街道社区卫生服务中心、油坊镇卫生院有序推进，中医院综合楼基本竣工，精神病防治院暨兴隆街道社区卫生服务中心、八桥区域医疗卫生中心投入使用，全国健康促进县、4个国家卫生镇通过复审。繁荣文化体育事业，新改建全民健身路径60条、体育公园3个，原创锡剧《太平洲上》入选全省基层文艺院团优秀剧目展演，《郭克生》获省紫金文化艺术节剧目奖，《扬中九狮图》入选省非物质文化遗产代表作名录。建成残疾人体育和康复融合训练基地，完成105户老年人家庭适老化改造，获评省首批示范性居家社区养老服务网络地区；新增省示范性未成年人保护工作站2家，创成省级示范托育机构1家。深入推进安全生产“两个年”专项行动，获评省安全发展城市创建工作先进地区。重拳打击各类违法犯罪，电诈发案数、损失金额分别下降23%、15%，群众安全感在全省名列前茅。（方超）

市政府大楼　　（吉战顺摄）

表1　2023年扬中市十件实事进展情况一览表

序号	项　目	主要内容	1—12月进展情况	主办单位	协办单位
1	乡镇卫生院提档升级工程	三茅街道社区卫生服务中心新址建设项目。按一级甲等卫生院标准设计建设,规划床位数50张。新建门诊及综合楼五层楼。项目占地1.34万平方米,总建筑面积1.19万平方米	完成主体封顶	卫健委 三茅街道	住建局 自然资源和规划局
		油坊镇卫生院新址建设项目。按一级甲等卫生院标准设计建设,规划床位数50张。新建门诊及综合楼五层楼,抗震按八级设防。项目占地面积1.45万平方米,总建筑面积1万平方米。容积率、建筑密度17.89%,绿地率35%,机动车位100个,非机动车位160个	完成三层主体框架	卫健委 油坊镇	住建局 自然资源和规划局
2	人民医院提档升级一期工程	对收购的原华康医药公司仓库楼及周边建筑进行改扩建,新建5层病房综合楼,建筑面积为1.25万平方米,设置床位260张、ICU床位12张	完成部分主体土建施工	卫健委	住建局
3	南江段江堤提升工程	提高滨江公园至园博园段江堤的防洪标准,打造沿江生态景观线;提升江堤全长4150米,进行土方迎水侧培土拓宽,土方量4.96万立方米;铺设1.5米宽橡胶地垫步道6150平方米,堤顶绿化1.76万平方米、堤坡绿化3.12万平方米	已完成	水利局	农业农村局 交通运输局 三茅街道 城投集团 绿洲新城集团 供电公司
4	弱势群体关爱项目	推进实施长期护理保险制度。根据镇江市医保局统一部署,拟于2023年7月1日起,在全市职工医保参保人群中试点整体实施长期护理保险制度,着力解决扬中市失能、半失能老年人长期护理保障问题。试点阶段,年人均筹资原则上控制与当地上年度城乡居民人均可支配收入的0.5%左右(具体标准由镇江市局统一制定)。长护险资金筹集由医保个人账户和统筹账户同比例负担	已完成	医保局	卫健委
		困难老年人家庭适老化改造项目。对困难老年人居家环境进行适老化改造,包括设施改造和辅具设备赠送等,拟改造100户	完成适老化改造105户	民政局	
		建设残疾人体育和康复融合训练基地。依托残奥冠军邹莉娟训练团队力量,打造具有较高水平的残疾人体育和康复融合训练基地。占地面积约10亩(0.67公顷),内设田径直道、铅球、标枪坐姿及站姿场地等;服务全市100余名肢体(脑瘫)、孤独症儿童通过系统性运动训练促进康复;组建残疾人运动队伍,储备残疾人体育后备人才资源库;拟成立"邹莉娟劳模工作室",力争成为省级以上铅球、标枪专项训练基地	已完成	残联	文体广电和旅游局 教育局 卫健委 三茅街道
		严重精神障碍患者关爱。加强全市严重精神障碍患者服务,按季度动态排查、评估严重精神障碍患者风险等级,并按相关规定为患者监护人发放护理补贴和监护补贴,办理意外人身伤害保险等,有效引导监护人承担患者的监护责任	在管患者1491人,患者规范管理率99.8%,规律服药率83.5%,面访率97.18%,体检率75.72%;以奖代补覆盖率99.6%;监护人投保监护人员责任险覆盖率100%	政法委 公安局 卫健委 民政局 残联	各镇(街、区)

续表1

序号	项　目	主要内容	1—12月进展情况	主办单位	协办单位
5	环岛公路(渡江文化园至新宁村段)维修改造工程	按四级公路标准，维修改造该段4.4千米环岛公路,挖除原路面结构层,新做路基、路面和交通安全设施	完成环岛公路（渡江文化园至新宁村段)4.4千米维修改造	交通运输局	水利局 新坝镇
6	教育设施提升改造项目	复旦上雅园配套幼儿园启用；改造提升6所学校特色场馆,彰显办学特色;信息化设备、智能设备添置更新,添置更新教学电脑200套、学生用机房5间,教学一体机30套;教室照明改造,改造10所学校,达到义务教育学校教室照明改造全覆盖;校园环境改造和文化提升工程（5个项目涉及8所学校)	达序时	教育局	住建局
7	文明创建惠民工程	实施市场管理、市政设施改造、背街小巷整治、交通秩序整治、居民小区整治、线缆箱体整治等提升行动，改造7个农贸市场及相关专业市场,整治14条背街小巷,维护、新增16条重点路段交通护栏,实施零散楼、独栋楼“文明安居”工程,持续开展“四创建、三表彰”活动,整治独栋楼和重点点位线缆箱体,完成各类重点项目、重要路段和关键节点的市政设施改造提升等	市场管理提升行动:改造提升翠竹园菜市场、利民农贸市场等7个市场；基本完成博联农贸市场片区综合整治,进入长效管理阶段；市政设施改造提升行动:完成环城北路、江洲西路、扬子中路、健康路等道路破损维修和设施完善；完成江洲西路与明珠大道叉口拓宽改造工程；背街小巷整治提升行动:完成金苇路、利民路、中兴路等14条背街小巷台阶道板、树池维护更新及线缆整治;交通秩序整治提升行动:新增维护交通护栏4277米,查处各类道路交通违法行为8.63万起；居民小区整治提升行动：安装设置快递柜67组，打造集中晾晒区59个，老旧零散小区更换门窗655樘，出新楼道460处，完成金谷商城主干道路灯安装、部分外墙出新等修复工程；线缆箱体整治提升行动：完成7个重点点位、34个小区线缆整治工作，完成988只个燃气表箱更换	文明办 城管局 市场监管局 住建局 公安局 市政园林工程处 三茅街道	供销总社 城投集团 电信公司 移动公司 广电网络公司 联通公司

续表 1

序号	项　目	主要内容	1—12 月进展情况	主办单位	协办单位
7	文明创建惠民工程	实施“新五项普惠行动”,在全市面上推广实施便民疏导棚更新行动、垃圾桶清洗更新行动、标志标线优化更新行动、树池盖板增补更新行动、微型消防站增补更新行动	便民疏导棚更新行动：完成竹木器便民疏导点棚亭、中扬康居苑便民疏导点棚亭等更换出新,新增祁家路、金苇桥便民疏导点；垃圾桶清洗更新行动:完成垃圾桶、分类果壳箱、餐厨垃圾桶的安装更换，对城区范围内的垃圾桶每周进行清洗；树池盖板增补更新行动:完成城区树池盖板更新 2636 套；完成环城北路、宜禾路、同心路、江洲西路等机非车道沥青维修摊铺;标志标线更新行动:出新交通标线 2.61 万平方米,增设交通标志 166 套,在市区重点路段出新停车泊位 634 个；微型消防站增补更新行动：增设 260 个微型消防站	文明办 城管局 公安局 市政园林工程处 交警大队	各镇(街、区)
8	扬中现代农产品(水产品)批发市场建设项目	建设农产品批发市场并投入使用。项目位于三茅街道永勤村,238 省道东侧、永勤河南侧,占地面积 1.8 万平方米,建筑面积 6341.4 平方米,建设包括办公区、批发区、停车区、检测区、冷库等	农产品批发市场已建成,开始推进招商运营	市场监管局	城投集团 农业农村局
9	翠竹南路改造提升工程(迎宾大道—滨江大道)	改造路段长 930 米,建设内容主要包括:市政工程,含道路基础、水泥稳定碎石、沥青面层、排水管网等;绿化搬迁(移植费、占用费暂不计);路灯工程,含电缆、灯杆及土建工程;交通设施,含护栏、标志标线、警示灯等;绿化带坟头迁移	已完成	市政园林工程处	住建局 公安局 三茅街道
10	扬中市兴隆污水处理厂尾水提升生态安全缓冲区项目	建设生态净化型兴隆污水处理厂尾水提升生态安全缓冲区,设计处理能力为 2 万吨，项目占地约 79 亩(5.27 公顷)，通过生态湿地的自然净化功能,提升处理兴隆污水处理厂的尾水水质净化后可达到四类水标准,作为中水回用	已完成	经开区	—

(方超)

重要会议

【市政府常务会议】 2023年，扬中市人民政府召开常务会议13次。

1月12日，市政府召开第一次常务会议。会议内容包括，学习习近平主席2023年新年贺词，审议2022年第二批扬中市市长质量奖拟获奖企业名单、《扬中市知识产权强市建设与国家知识产权强县建设试点县创建工作方案(2022—2025年)》、《扬中市国土空间总体规划（2021—2035)》、《扬中市农村闲置宅基地及住宅使用权流转交易办法（试行)》、《关于进一步推动现代产业高质量发展的政策意见(修订稿)》，听取2022年信访工作情况汇报、关于推进扬中市冬春季节扬尘污染防控工作的汇报，研究提高城乡居民基本养老保险基础养老金最低标准。

3月9日，市政府召开第二次常务会议。会议内容包括，学习十四届全国人大一次会议上李克强作的政府工作报告(摘登)，审议镇江市委、市政府以及镇江市委农村工作领导小组表彰乡村振兴先进集体和先进个人建议名单、《扬中市“十四五”卫生健康发展规划》、《扬中市医疗机构设置规划（2021—2025年)》、《扬中市城市防洪规划（2021—2035)》、《扬中市河道管理实施办法》，听取近期安全生产工作情况汇报。

3月22日，市政府召开第三次常务会议。会议内容包括，学习习近平总书记参加江苏代表团审议时的重要讲话精神以及《中华人民共和国反电信网络诈骗法》，审议《2023年扬中市项目招引考核办法》《2023年扬中市项目建设考核奖惩实施细则》《扬中市全民科学素质行动规划纲要实施方案(2021—2025年)》《2016—2021年度扬中市全民科学素质工作先进集体和先进个人建议名单》。

4月12日，市政府召开第四次常务会议。会议内容包括，学习习近平总书记《在学习贯彻习近平新时代中国特色社会主义思想主题教育工作会议上的重要讲话》，传达全省对口支援协作合作工作电视电话会议精神，听取2023年苏陕协作相关工作情况汇报，审议市委、市政府一号文件及配套文件、2022年度一号文件考核兑现方案、《扬中市生态环境保护工作责任规定》、《2023年市政府规范性文件制定工作计划》、《2023年扬中市人民政府重大行政决策事项目录》，研究市人民医院购买电站辅机厂地块及资产事项。

5月5日，市政府召开第五次常务会议。会议内容包括，学习《求是》杂志发表的习近平总书记重要讲话《加快构建新发展格局 把握未来发展主动权》，传达学习全省进京访突出矛盾“百日会战”动员部署会议精神，审议《扬中市2023年大气污染防治攻坚行动方案》《扬中市“十四五”生态环境保护规划》，研究《关于规范政府法律顾问工作的实施意见》，听取统计造假屡禁难绝专项治理行动主要精神的汇报。

6月2日，市政府召开第六次常务会议。会议内容包括，传达学习4月28日中央政治局会议精神，审议《关于加快推进新能源汽车、新型储能发展和开展车网互动示范的实施意见》、2023年第一批扬中市市长质量奖获奖单位，研究省民营经济高质量示范市培育工作、金融科技广场闲置用房调配工作等事项。

7月21日，市政府召开第七次常务会议。会议内容包括，学习习近平总书记考察江苏重要讲话精神，传达学习《关于违法违规占用耕地典型案例的通报》精神，审议终止公共自行车一期续建项目、《扬中市政府领导班子成员2023年安全生产重点工作清单（送审稿)》，研究市政府规范性文件清理结果、福海大酒店及地块收储相关事项、港湾新城二期PPP项目建设相关事宜、城投集团上海松江区资产处置工作，听取全市重大事故隐患专项排查整治行动情况汇报。

8月26日，市政府召开第八次常务会议。会议内容包括，学习习近平总书记在全国生态环境保护大会上的重要讲话，审议《关于进一步加强长江禁捕工作的意见》、《关于扬中市2022年财政决算(草案)的报告》、《扬中市中心城区声环境功能区划分调整方案》、《扬中市公办幼儿园保育教育费调整方案》、《扬中市城区智慧停车投资、建设、运营管理项目承接主体采购项目补充合同》、购买耕地占补平衡指标事项、购买补充耕地指标和落实失地农民保障资金来源相关事项，研究粮食集团组建相关事项，听取夏季治安打击整治行动工作情况汇报、关于扬中市2023年1—7月消防工作情况的汇报、上半年全市项目招引情况汇报。

9月20日，市政府召开第九次常务会议。会议内容包括，学习习近平主席向2023年中国国际服务贸易交易会全球服务贸易峰会发表的视频致辞，传达学习全省重点领域信访突出问题专项攻坚会议精神，审议《关于贯彻落实〈江苏省被征地农民社会保障办法〉的实施意见》。

10月9日，市政府召开第十次常务会议。会议内容包括，学习《求是》杂志发表的习近平总书记重要讲话、《扎实推动教育强国建设》、《江苏省行政程序条例》，审议《扬中市公共机构节能管理办法》，研究工业废水处理厂建设项目、苏环扬中股权转让相关事项。

11月23日，市政府召开第十一次常务会议。会议内容包括，学习《求是》杂志发表的习近平总书记重要讲话《推进生态文明建设需要处理好几个重大关系》《重点管控新污染物清单(2023年版)》，学习传达全省党委和政府秘书长办公室(厅)主任会议精神，审议“全民健身强基工程”试点工作事项、《扬中市节约用水管理办法》，听取打击治理电信网络诈骗犯罪“百日行动”工作情况汇报、全市安全生产工作情况汇报。

12月18日，市政府召开第十二次常务会议。会议内容包括，传达学习习近平总书记考察盐城重要指示精神，学习《公平竞争审查制度实施细则》，审议2023年第二批扬中市市长质量奖拟获奖企业名单、2024年度扬中市民生实事备选项目、2024年扬中市城建项目计划、扬中市2024年生态环境基础设施建设重点工程项目、2024年度重点水利工程建设任务。

12月28日，市政府召开第十三次常务会议。会议内容包括，学习习近平总书记在第十个国家宪法日之际作出的重要指示，研究2024年镇江市重大产业项目编排情况、2023年国民经济和社会发展计划执行情况与2024年国民经济和社会发展计划安排，审议调整住房保障相关标准。（方超）

【长江禁捕工作推进会】 2023年7月24日，扬中市召开长江禁捕工作推进会，强调要深入学习贯彻习近平生态文明思想，坚定不移、完整准确全面贯彻新发展理念，强化责任担当，狠抓推动落实，坚决打赢长江禁捕持久战。会议听取长江禁捕工作相关情况的汇报；相关部门、各镇(街、区)交流长江禁捕工作进展情况及建议。参会市领导分别就长江禁捕工作提出具体要求。会议强调，思想要更重视，充分认识到长江十年禁渔是功在当代、利在千秋的“国之大者”，坚持巡防、执法、宣传三位一体，动真碰硬、真抓严打，全力推进长江禁捕工作；技防要更全面，充分整合各部门资源织密技防“一张网”，为监督管理提供有效技术支撑，确保“十年禁渔”禁得彻底；力量要更充足，补足机构队伍短板，开启多方联动模式，强化执法人员和巡护队伍管理，全力管控禁捕水面；巡查要更有力，做到“常态+突击”相结合，全面落实巡查制度，排除禁捕一切隐患；执法要更严厉，执法部门加强协作，严厉打击各种违法行为，推动禁渔监管工作落到实处；保障要更有劲，强化投入保障，对标修订完善相关考核实施细则，兑现激励奖惩；宣传要更到位，拓宽宣传渠道，通过正反案例结合，充分发挥媒体监督作用，引导全社会形成“长江禁捕”共识；机制要更健全，严明工作责任，明确工作要求，以长效机制切实推进长江禁捕各项工作，高质量书写出长江大保护的“扬中答卷”。（方超）

【老年友好型社区建设推进会】 2023年6月7日，扬中市老年友好型社区建设推进会召开，全面部署老年友好型社区创建工作。会上，宣读《关于命名2022年全国示范性老年友好型社区的通知》；为全国示范性老年友好型社区三茅街道广宁社区授牌；解读《关于推进扬中市老年友好型社区建设的通知》；三茅街道广宁社区介绍创建全国示范性老年友好型社区的工作经验；老年友好型社区建设单位新坝镇联合村作表态发言。会议要求各镇(街、区)、各单位要认清形势、提高认识，坚定“创则必成”的信心决心；精准施策、靶向发力，明晰“创则必优”的方法路径；压实责任、凝聚合力，完善“创则必胜”的工作机制，以实际行动确保创建工作取得成效。（方超）

6月7日，三茅街道广宁社区被授予全国示范性老年友好型社区奖牌（融媒体中心供图）

政务服务工作

【概况】 2023年，扬中市政务服务中心各窗口受理各类政务服务(公共服务)事项21.25万件，其中即办件18.16万件，承诺件3.09万件；政务服务分中心受理各类政务服务(公共服务)事项65.1万件，其中即办件65.06万件，承诺件468件；各镇(街道、开发区)便民服务中心受理各类政务服务(公共服务)事项7.01万件，其中即办件3.54万件，承诺件3.47万件。公共资源交易中心完成各类招投标项目329个，交易金额27.12亿元。其中，建设工程项目29个，控制价5.06亿元，中标价3.71亿元，节约资金1.35亿元，节支率26.68%。政府采购项目174个(集中采购项目6个，分散采购项目168个)，控制价3.57亿元，中标价3.08亿元，节约资金0.49亿元，节支率13.73%。国有房屋出租项目53

个,起始价1573.87万元,成交价1583.88万元,溢价10.01万元,溢价率0.64%。国有建设用地使用权交易项目71个,成交价20.07亿元,无溢价。农村产权项目2个,成交价1024.84万元,无溢价。 (吉文瑶)

【"拿地即开工"改革】 2023年,扬中市行政审批局坚持"服务走在审批前",联动自规、住建等部门,实施"拿地即开工"审批服务改革,推行项目"前延服务+并联审批"服务模式,变项目拿地"等待期"为"预审期",实现标龙蓝色智谷扬中产业园、牙宝宝二期厂房、苏电电气新能源汽车托盘等重大项目一天内"五证齐发"。深化"项目管家"帮办代办服务,"量身定制"最优审批流程,成立重大项目调度室,依托镇江市重大项目审批服务平台,强化重大项目统筹调度,实现项目审批全生命周期全域统筹、系统谋划、一体推进。 (吉文瑶)

5月10日,行政审批局"项目管家"走访调研牙宝宝二期项目 (行政审批局供图)

【企业登记环境优化】 2023年,扬中市行政审批局推行企业开办"一人一窗一次办结"服务模式,针对企业开办全流程,实行"一表申请、一窗通办、一袋领取",通过银行免费帮办代办、政银无缝衔接,实现企业开办6个环节累计2小时办结常态化。落实"一照多址"改革,推进企业登记"全市通办",延伸"企业开办一站式服务专窗"至基层网点,提升企业登记便利化水平。全年累计新办各类内资企业2370户,比上年增长15.67%。推行企业"1+N套餐式"注销登记("1"张营业执照和"N"张准入类许可证件联办注销),推动营业执照与准入类许可证件注销联办,切实降低企业办事成本,助力营商环境优化。 (吉文瑶)

【便民暖企服务团组建】 2023年,扬中市行政审批局联动市、镇两级政务服务部门和金融服务机构组建便民暖企服务团,聚焦群众所需、企业所盼,整合各方资源,实施组团服务、协同服务、精准服务、高效服务。依托全市85个便民服务站、318个网格近400名网格员、27个农商行"农商·苏服办"政银合作网点,搭建起镇村级的便民服务团队和网络,通过"直接办+转接办+帮代办+预约办"组团式、延伸式、下沉式服务,实现群众"家门口"好办事。上门"问需送计",精准摸排项目建设、审批进度和堵点问题,为项目提供精准化、定制化、立体化服务,确保项目堵点在哪里,审批服务就跟进到哪里,切实做到第一时间发现问题、第一时间处置问题、第一时间解决问题;选优配强帮代办员队伍,实施重大项目特色服务,提前介入、专人对接、预约办理、全程代办,全方位优化企业办事体验。践行"一线工作法",坚持问题发现在一线、解决在一线,为跑出便民暖企"加速度",落实"就近办""上门办""帮代办""一次办"积聚力量,助力打造"家门口"的一站式服务。(吉文瑶)

【首张"个转企"营业执照】 2023年6月25日,扬中市政务服务中心市场准入窗口受理扬中第一例"个转企"变更登记业务,半小时为申请人换发企业营业执照。"个转企"是指个体工商户直接转型升级为企业,和原"先注销后登记"的老路径相比,登记时间从10天以上压缩至当日办结,并保留原个体工商户的字号、统一社会信用代码和成立日期,解决个体工商户品牌延续问题,为市场主体转型升级提供便利。 (吉文瑶)

【"15分钟政务服务圈"提档升级】 2023年,扬中市行政审批局打造"阳光审批快优通"服务品牌,围绕群众办事需求,推进"15分钟政务服务圈"提档升级。行政审批局在规范运行市级政务服务中心的基础上,推进镇、村两级便民服务中心(站)标准化规范化便利化建设,助力镇(街区)"审批服务一窗口"改革,梳理发布村(社区)公共服务事项清单106项、帮办代办事项清单44项,服务内容涵盖劳动就业、社会保险、医疗卫生、养老服务、残疾人服务等多个领域,实现部分高频"一件事一次办"事项在镇级便民服务中心"一站式"办理。利用行政审批部门、镇(街、区)、村(社区)、公共服务部门及金融服务机构的优质资源,通过上下联动、协同发力、融合发展,为群众提供更加便捷高效的政务服务。与农商行签署政银合作协议,建成"农商·苏服办"旗舰网点1个、镇级营业网点19个、村(社区)级便民服务点48个,通过"直接办+转接办+帮代办+预约办"组团式、延伸式、下沉式服务,助力政务服务"就近办""家门口办";依托江苏政务服务网、镇江市一体化在线政务服务平台,实现线上线下融合办理,打破时空限制,提升办事效率。打造"一窗通办 收审分离"改革亮点,实现

高频“收审分离”事项全域通办，获评2023年第一批镇江市优化营商环境创新示范案例。（吉文瑶）

【政务服务条块统合试点】 2023年，扬中市行政审批局承担江苏省政务办深化政务服务条块统合试点，整体重塑办事流程，依托数字政府政务中台，上线水利条线事项21个、医保条线事项2个，完成大丰区气象条线成果复用事项4个，推进实质性减环节、减材料，推动业务办理系统条块统合、互联互通，实现政务服务线上线下标准统一、业务融合、服务同质。（吉文瑶）

【数字人民币使用推广】 2023年，扬中市公共资源交易中心响应省、市号召，强化数字人民币推广应用，落地评委费支付、综合服务费收取、土地出让金缴纳、投标保证金支付等数币应用场景，累计使用数字人民币结算频次473次，结算金额8.49亿元，助推政务服务数字化改革提质增效。（吉文瑶）

【交易市场秩序规范】 2023年，扬中市公共资源交易中心强化开评标现场管理，开展代理机构及从业人员场内行为评价、评标专家考核评价，全年开展评标专家考核评价120次，代理机构场内行为评价203次。强化政府采购节点管理，聚焦意向公开、合同管理、履约验收、资金支付等关键节点，强化督促提醒，规范采购行为。（吉文瑶）

【政务服务开放日】 2023年3月31日，扬中市行政审批局开展政务服务开放日活动，社会各界代表围绕优化政务服务建言献策。政务服务开放日是市行政审批局的传统和惯例，自2011年开始每年举办一次，是深入推进政务公开、拓宽视听渠道的重要措施。活动邀请人大、纪委、机关部门、乡镇、企业等各界代表参观政务服务中心的自助服务区、银行帮办代办区、业务办理区及公共资源交易中心功能室，通过观摩“不见面”开标流程、现场讲解、座谈会等方式，面对面、多角度了解政务服务工作。座谈会上，各界代表肯定政务平台“从无到有”“从有到优”的跨越式发展。开放日吸纳办事企业和群众的建议，促进政务服务环境优化、提升、突破。（吉文瑶）

机关事务工作

【概况】 2023年，扬中市机关事务管理中心聚焦推动机关事务工作高质量发展和“勤俭办一切事业”工作目标，实现机关事务工作新发展。会议中心组织会务礼仪、会务保障培训，接待各类会议216场，实现零差错，满意度97%。（蔡森）

【公共机构节能】 2023年，机关事务管理中心开展“节能宣传周”“餐饮盲盒”“节能大闯关”等环保活动，倡导低碳生活方式。制度引领规范，10月9日，市政府第十次常务会审议通过《扬中市公共机构节能管理办法》，办法为各部门提供刚性指导，从而逐渐完善目标责任制考核，建立奖惩机制，有效约束公共机构节能工作。中心以五大绿色活动(绿色兑换、绿色出行、绿色消费、绿色云端、绿色分享)为契机，扎实开展节能降耗活动，倡导绿色低碳生活理念。5月28日，由市政府与机关事务管理中心主办，文明办、机关工委等单位联合协办的“绿色有礼 唤醒低碳”活动在吾悦广场举办，500余人次参加，市民通过以实物兑换、行为兑换方式，践行低碳环保生活方式。活动设置节能知识有奖问答环节，普及绿色低碳、节能环保等知识，现场展出中小学生节能书画作品。中心将常规检查和重点检查相结合，与纪委、效能办联合开展多轮用能情况督查。全年检查42家单位，发放整改通知单26张。重点开展夏季迎峰度夏和冬季供暖期检查，检查各单位部分办公室、会议室等公共区域，减少浪费行为。（蔡森）

5月28日，机关事务管理中心举办“绿色有礼 唤醒低碳”绿色兑换活动（融媒体中心供图）

【公务用车管理】 2023年，机关事务管理中心完善公务用车管理制度，加强公车监督检查。开展公车检查。4月，印发《关于开展公务用车专项检查的通知》，完善公务用车管理制度和公务用车相关台账。党政机关定向化保障车辆维修费用报销不得现金垫付，需提供公务卡账号或企业账户。联合市纪委、市财政局对全市公务用车开展多次专项检查。重点检查公车台账、管理制度等，累计检查单位25家，检查166车次。开展机关事务高质量发展项目建设申报工作，申报党政机关定向化保障车辆更新实行以租代购模式项目，更新党政机关定向化保障车辆时，采取租用新能源汽车替代燃油车，不再新购车辆。江洲车队以安全行车和文明服务为重点，确保行驶零事故，全年出车1865辆次，营业收入比上年增长17%。 （蔡森）

【办公用房管理】 2023年，机关事务管理中心开展办公用房专项巡检，重点检查各单位办公用房管理规范使用以及闲置用房处置利用等情况。统筹安排金融科技广场闲置用房，财政局、审计局、融媒体中心、总工会等单位搬入金融科技广场，盘活闲置国有房产2.3万平方米，合理配置、集约利用办公用房资源，节省财政支出。启动全市党政机关办公用房权属统一，结合镇江市工作方案，启动全市办公用房本级权属统一工作。作为牵头部门，分批推进。开展党政机关办公用房专项巡检，严格按照《党政机关办公用房专项巡检暂行办法》加强党政机关办公用房抽查巡检工作，抽查17家单位，未发现超标准使用。组织各单位上报本级办公用房建筑信息并录入省巡检系统，针对反馈的个别单位零租金情形加强面上整改，做到办公用房管理总体可控。 （蔡森）

【安全保卫】 2023年，机关事务管理中心与驻园区29家单位及中心下属单位签订安全责任状，签约率100%，健全消防安全联络员制度，告知率、承诺率100%。完成工程项目2个、维修项目9个、组织创文活动264人次、开展各类室内外维修工作37场次，定期开展行政中心安全检查。获赠锦旗2面，在全省技能比赛中获二等奖，综合测评得分97.2分。以提升消防安全建设为抓手，提高安全生产的管理水平，全年未发生安全事故。 （蔡森）

【餐饮服务】 2023年，机关事务管理中心按照公开、公平和“非营利性经营”的原则，规范食材采购流程，健全规章制度，纪检组推进廉洁采购。严把食材检查验收，安排专人对食材的品相、数量查验和现场清点，邀请市场监管局检测中心不定期开展食材抽样快检，切实抓好源头管控。中心领导协同厨师到各大餐饮店铺走访品尝，通过后期口味的搭配与改良创新出新口味菜。机关食堂在传统的基础上保证创新菜的个性和特点不丢，确保每周一创新，就餐人数比上年增长31%，总体满意度测评92%。 （蔡森）

信 访

【概况】 2023年，扬中市信访系统以“信访突出问题攻坚化解巩固提升年”行动为主线，统筹推进重复信访治理、“百日会战”、信访问题源头治理、“双月攻坚”等工作。规范信访秩序、维护群众合法权益。第三批16件重复信访事项，办结率100%。信访事项及时受理率、按期办结率均为100%，初次信访比上年下降40%，群众满意率99%，一次性化解率98%。加大法治宣传力度。组织开展国家《信访工作条例》落实年活动，征文被国家信访局微信公众号刊登，《信访工作条例》纳入“八五”普法和党员干部教育培训计划。“枫桥经验”发展新实践被国家级刊物《人民信访》刊登，获评江苏省信访工作法治化建设先行示范县(市、区)。 （于洁）

【信访工作机制完善】 2023年，扬中市完善信访工作机制，拧紧责任链条。完善包案接访机制，市委、市政府先后召开市委常委会4次、市政府常务会议9次、专题会议研究推动信访工作，制定《加强市党政领导挂钩联系和包案接访工作的通知》。完善工作专班机制，面对信访严峻形势，市委常委会压实主要领导责任。完善研判应急机制，用好防变量、控增量、减存量“三张清单”，公安、信访、镇(街、区)和相关职能部门保持信息畅通，协同配合。 （于洁）

【信访问题源头治理三年攻坚行动】 2023年，扬中市夯实信访源头治理基础，开展信访问题源头治理三年攻坚行动。用好“三张清单”，滚动排查矛盾风险隐患300余件，报送《信访专报》6期。开展信访业务标准化建设，推动所有信访事项1天内完成受理，一般信访事项1周内实体解决，复杂信访事项1个月内处理到位，一时难以解决的疑难事项2个月内出具书面答复，避免矛盾上行。合力攻坚信访积案，开展“百日会战”、双月攻坚、重点领域信访突出问题专项攻坚等，滚动交办重要信访事项，实行分类管理。 （于洁）

政协扬中市委员会

综 述

【概况】 2023年,扬中市政协围绕"聚焦项目建设,助力产业发展""推动职业教育高质量发展,赋能产业强市"召开专题议政性常委会会议。就"智慧警务"建设和应用、农村寄递物流体系建设、加快普惠托育机构发展、"数字赋能产业升级,助力经济高质量发展"召开专题协商会4次。就加快省创新型县(市)建设步伐、城区共享(电)单车管理、推动专精特新企业高质量发展、退役军人就业创业工作组织协商座谈会4次。就《扬中市农村宅基地建房管理办法》贯彻实施情况、破产案件审判工作开展专项民主监督2次。听取市政府关于全市上半年经济社会发展情况、市政协十一届二次会议以来委员提案办理情况以及全市纪检监察工作情况的通报。做好提案和反映社情民意信息工作。2023年,扬中市政协委员194人。其中,中共界29人,民主党派界12人,无党派代表人士界12人,经济界35人,工商联界22人,工会界5人,共青团界8人,妇联界4人,科协界2人,文体艺界7人,科学技术界10人,教育界9人,新闻出版界4人,医药卫生界8人,农业农村界8人,社会福利和社会保障界10人,侨台界5人,少数民族宗教界4人。 (卢伟)

表2 2023年各地政协考察扬中情况一览表

时间	考察单位	交流内容
2月23日	江苏省宿迁市宿城区政协	学习考察"有事好商量"协商议事工作
3月7日	江苏省镇江市政协	开展"同心助企"行动
3月22日	江苏省镇江市政协	开展"同心助企"行动
4月10日	河南省南阳市社旗县政协	学习考察"农村人居环境整治,推进宜居宜业和美乡村建设"
4月12日	江苏省政协	调研民营经济发展情况
4月13日	江苏省镇江市政协	调研"提升基层行政执法能力"工作
4月18日	江苏省镇江市政协	调研扎实推进特色田园乡村新实践
4月25日	山东省菏泽市郓城县政协	学习考察"培育民营企业、优化营商环境、推动民营经济高质量发展"
5月11日	河南省漯河市郾城区政协	学习考察义务教育均衡发展及中小学校集中供餐
5月18日	贵州省遵义市汇川区政协	学习考察"四好农村路"全国示范县先进经验
5月19日	江苏省盐城市建湖县政协	学习考察协商议事、数字政协等工作
5月29日	江苏省镇江市政协	陪同"中国楹联文化市"创建省级验收调研组来扬调研创建工作

续表 2

时间	考察单位	交流内容
5月31日	内蒙古自治区锡林郭勒盟苏尼特左旗政协	学习考察民营经济发展
7月11日	江苏省政协	调研建设高标准农田
8月14日	江苏省政协	开展主题党日活动
8月28日	浙江省湖州市南浔区政协	学习考察"渔业养殖、深加工、渔文化品牌打造及渔文旅融合"工作
9月12日	江苏省镇江市政协	调研民主监督相关工作
9月15日	江苏省镇江市政协	参加"村企联建促企业发展、助村级增收"协商议事会
11月7日	江苏省南通市如皋市政协	学习考察推进制造业智能化改造和数字化转型
11月9日	江苏省政协	调研政协理论研究工作
11月10日	江苏省政协	专项督查调研中办《关于加强和改进新时代市县政协工作的意见》及省委办《关于加强和改进新时代市县政协工作的实施意见》贯彻落实情况
11月20日	江苏省镇江市政协	陪同中国楹联学会到扬中考察验收"中国楹联文化市"创建
11月22日	江苏省泰州市高港区政协	学习考察民主监督和协商文化工作

（卢伟）

重要会议

【市政协十一届二次会议】 2023年1月1—3日，扬中市政协十一届二次会议召开。会议听取和讨论市委书记张德军所作的《凝心聚力开启中国式现代化扬中新实践》的讲话；赞同市长贾晟所作的政府工作报告；赞同市人民法院工作报告、市人民检察院工作报告以及其他报告；赞同市政协主席于德祥所作的常务委员会工作报告和副主席倪军所作的提案工作报告；审议通过提案审查委员会关于十一届二次会议提案初步审查情况的报告；补选2名市政协十一届委员会常务委员；通过大会决议。（卢伟）

【市政协常委会会议】 2023年，扬中市政协十一届常务委员会举行4次常委会会议。

4月6日，举行十一届六次常委会会议，传达学习全国两会精神；通报市政协全年重点工作；动员部署2023年"乡村振兴——政协委员在行动"主题履职活动；协商决定委员和人事事项。

7月25日，举行十一届七次常委会会议，听取市政府关于上半年全市经济社会发展情况的通报；围绕"聚焦项目建设，助力产业发展"协商议政，审议通过《关于聚焦项目建设、助力产业发展的建议案》。

11月14日，举行十一届八次常委会会议，听取市政协十一届二次会议以来委员提案办理情况的通报；围绕"推动职业教育高质量发展，赋能产业强市"协商议政，审议通过《关于推动职业教育高质量发展、更好赋能产业强市的建议案》。

12月28日，举行十一届九次常委会会议，听取2023年度全市纪检监察工作的情况通报；协商决定委员请辞增补和人事事项；协商决定2022—2023年度优秀履职委员，市政协十一届二次会议以来的优秀提案，提案承办先进单位和个人，优秀社情民意信息员，先进委员小组；讨论修改市十一届政协常委会工作报告和提案工作报告；协商决定市政协十一届三次会议召开的时间、地点、参加对象和议程等。（卢伟）

【市政协主席会议】 2023年，扬中市政协召开8次主席会议。

2月20日，召开十一届十三次主席会议，商讨

2023 年工作要点、重点协商计划安排、委员主题履职活动方案、"全员入委"分组名单、重点提案遴选;协商决定十一届六次常委会会议相关事项。

4 月 21 日,召开十一届十四次主席会议,专题协商"智慧警务"建设和应用。现场察看市大数据中心、香悦里小区、渔政执法基地,听取市公安局、大数据管理局工作情况通报,并开展协商议政。

5 月 25 日,召开十一届十五次主席会议,专题协商农村寄递物流体系建设。现场察看市寄递物流共配中心、经开区兴城村物流服务点,听取市交通运输局工作情况通报,并开展协商议政。

6 月 21 日,召开十一届十六次主席会议,专题协商加快普惠托育机构发展。现场察看市文化新村幼儿园、优贝乐国际儿童教育中心,听取市卫健委工作情况通报,并开展协商议政。

7 月 12 日,召开十一届十七次主席会议,协商决定十一届七次常委会会议相关事项;讨论《关于聚焦项目建设、助力产业发展的建议》。

9 月 26 日,召开十一届十八次主席会议暨"数字赋能产业升级"重点提案督办会。现场察看大航有能电气有限公司、江苏云企智造有限公司,听取市经发局提案办理和全市产业数字化转型情况通报,并开展协商议政。

10 月 10 日,召开十一届十九次主席会议,协商决定十一届八次常委会会议相关事项;讨论《关于推动职业教育高质量发展、更好赋能产业强市的建议》。

12 月 20 日,召开十一届二十次主席会议,协商讨论召开十一届三次会议相关事项、委员请辞增补和人事事项以及 2022—2023 年度优秀履职委员,市政协十一届二次会议以来的优秀提案,提案承办先进单位和个人,优秀社情民意信息员,先进委员小组建议名单;协商决定十一届九次常委会会议相关事项;讨论市十一届政协常委会工作报告和提案工作报告。 (卢伟)

【重点协商计划会商会】 2023 年 3 月 1 日,扬中市委、市政府、市政协召开重点协商计划会商会。市政协主席于德祥通报 2023 年市政协主要工作安排,其中包括围绕"聚焦项目建设,助力产业发展""推动职业教育高质量发展,赋能产业强市"召开 2 次专题议政性常委会会议;围绕"智慧警务"建设和应用、农村寄递物流体系建设、加快普惠托育机构发展、"数字赋能产业升级,助力经济高质量发展"召开 4 次专题协商会;就加快省创新型县(市)建设步伐、城区共享(电)单车管理、推动专精特新企业高质量发展、退役军人就业创业工作等组织 4 次协商座谈会;就《扬中市农村宅基地建房管理办法》贯彻实施情况、破产案件审判工作召开 2 次民主监督会议;听取市政府关于全市上半年经济社会发展情况的通报、关于市政协十一届二次会议以来委员提案办理情况的通报,全市纪检监察工作情况通报;做好提案和反映社情民意信息工作;在全体委员中开展"乡村振兴——政协委员在行动"主题履职活动等。市长贾晟通报市政府年度重点工作。 (卢伟)

建言献策

【概况】 2023 年,扬中市政协提案和委员联络委员会征集到委员提案 215 件。其中,集体提案 28 件,委员个人提案和联名提案 187 件。经审查,立案 165 件,所立提案中,属于经济建设方面 22 件,城乡建设管理方面 44 件,教卫文旅方面 49 件,农村工作和政法民政方面 42 件,人才方面 8 件。交由 48 家承办单位研究办理,所立提案在规定时间内全部办复,从委员反馈情况看,提案答复的满意率为 100%、提案办理落实的满意率为 95.8%。提案工作注重质量优先,突出协商理念,凝聚督办合力,完善考核评价,逐步形成提、立、办、督、评闭环运行机制。切实发挥社情民意信息"直通车"作用。全年,6 条信息被省政协采用,位居镇江前列;向市政府编报社情民意简报 10 期,高效联动做好老旧小区改造、增加 622 路公交班次等信息得到有关部门积极回应。王海英、叶贵、杨阳、吴荣凤、张莉莉、戴罡被市政协评为优秀社情民意信息员。 (卢伟)

【关于聚焦项目建设、助力产业发展的建议案】 2023 年 4—7 月,扬中市政协就聚焦项目建设、助力产业发展进行专题调研。在总结扬中项目建设取得成效的基础上,指出项目招引有待进一步提质、要素瓶颈有待进一步破解、服务质效有待进一步优化、推进机制有待进一步完善等问题,并提出建议:科学研判,系统谋划,继续提高项目招引质效。坚持对外招引,重视对内培扶,强化全员参与。统筹力量,加强保障,有效破解资源要素瓶颈。强化用地保障,主动对上争取,拓宽融资渠道。优化服务,建强队伍,提升项目建设服务效能。提高审批质效,做优帮办代办,加强中介监管。压实责任,加大督查,确保项目建设扎实推进。加强统筹协调,坚持高效联动,突出主体责任,加强督查督办。 (卢伟)

【关于推动职业教育高质量发展、更好赋能产业强市的建议案】 2023 年 7—10 月,扬中市政协就推动职业教育高质量发展、赋能产业强市开展专题调研。在全面分析扬中市职业教育现状的基础上，针对思想认识存在局限、配套体系尚不健全、企业参与顾虑重重、产教融合耦合不高等问题，提出建议：坚持政府主导，持续构建产教融合保障体系。加大政策支持力度，建立多方协调机制，完善配套设施功能。聚焦学校主责，努力充实职教专业教学资源。提升职校关键办学能力，推进"双师型"教师队伍建设，建设产教融合实训基地。强化企业主动，真正发挥产教融合示范效应。深化"产教融合"理念，探索"工学结合"模式，搭建"校企沟通"平台。突出社会主体，广泛营造重视职教良好氛围。树立"多样化"的人才观念，实行"多方位"的舆论宣传，形成"多维度"的激励机制。（卢伟）

委员工作

【市政协考察全市省创新型示范县（市）创建工作】2023年3月23日，扬中市政协考察省创新型示范县(市)创建工作。实地察看爱士惟新能源技术(扬中)有限公司、江苏威腾能源科技有限公司，听取市科技局工作情况通报。提出坚定创则必成的信心，持续优化科创布局，建立完善财政科技投入稳定增长机制，推动企业自主创新和政府服务创新同向发力等建议。（卢伟）

【市政协专题协商"智慧警务"建设和应用工作】2023年4月21日，扬中市政协专题协商"智慧警务"建设和应用工作。实地察看市大数据中心、香悦里小区、渔政执法基地，听取市公安局、大数据管理局工作情况通报。提出定期开展有关智慧警务建设构想、进展及成果宣传，提升市民参与度；整合公共场所视频网络资源，全天候、随时随地为群众提供全流程、点对点服务；加强与经济管理部门及各镇(街区)对接协调，将智慧警务建设成果融入招商引资宣传中等建议。（卢伟）

【市政协专题协商农村寄递物流体系建设工作】2023年5月25日，扬中市政协专题协商农村寄递物流体系建设工作。实地察看市寄递物流共配中心、经开区兴城村物流服务点，听取市交通运输局工作情况通报。提出夯实物流服务硬件基础，优化重组"市级中心+村级服务点"的组网模式；持续不懈巩固共同配送运营机制，明确快递收投、处理运送、投诉反馈的业务流程和服务标准；加强行业管理，强化行业自律，提升物流服务的规范化、制度化水平；支持快递服务站点技术升级和设备改造，鼓励专业合作社、龙头企业与站点合作，拓展快递中转及收投服务功能等建议。（卢伟）

【市政协专题协商加快普惠托育机构发展工作】2023年6月21日，扬中市政协专题协商加快普惠托育机构发展工作。实地察看市文化新村幼儿园、优贝乐国际儿童教育中心，听取市卫健委工作情况通报。提出积极鼓励社会力量举办托育机构，多渠道增加供给；开展普惠示范托育机构创建活动，培育一批普惠性、示范性托育服务机构；出台行业细则，在设施、运行、收费上进一步明确标准；加大托育人才储备培养，鼓励本土职业院校开设托育专业，委托社会培训机构开展托育从业人员培训等建议。（卢伟）

【市政协考察城区共享(电)单车管理工作】2023年6月29日，扬中市政协考察城区共享(电)单车管理工作。实地考察中央商场南广场共享(电)单车停车管理、美团电单车公司车辆调度、维保等情况，听取市城管局工作情况通报。提出建立健全维保管理体系，保障大家安全出行；合理划分停车区域，减少乱停乱放现象；提高车辆调度频次，让群众有更好的用车体验；增加更明显的停车标识，引导大家规范停车等建议。（卢伟）

【市政协民主监督《扬中市农村宅基地建房管理办法》实施情况】2023年8月29日，扬中市政协民主监督《扬中市农村宅基地建房管理办法》实施情况。现场察看三茅街道中华村居民点建房现场，观摩市农村宅基地管理信息系统演示，听取市农业农村局工作情况通报。提出坚持问题导向，尽快制定出台危房修缮审批制度和相关标准，妥善解决困难危房户住房安全问题；加大土地整治、复垦力度，提高农村统筹使用土地指标的灵活性；持续加大违建查处攻坚力度，合法合规、合情合理处置到位；规范建房管理，做好农村工匠培训，增强个体工匠的法律意识、规划意识和创新意识等建议。（卢伟）

【市政协民主监督破产案件审判工作】2023年9月25日，扬中市政协民主监督破产案件审判工作。实地考察士林电气、海纳机电两家企业，分别听取市人民法院、税务局工作情况通报。提出加大对企业破产法律制度的宣传力度，进一步提高全社会对企业破产法律制度价值和功能的认识；强化破产管理人培育监管，努力提高清算效率；设立破产企业欠薪保障机制，优先解决破产企业职工的相关问题；推进破产审判队伍政治素质、业务素质、职业道德建设；进一步注重破产重整的

时效性，提前研判、及时立案、创新方案，实现法律效果和社会效果的统一等建议。（卢伟）

【市政协专题协商“数字赋能产业升级，助力经济高质量发展”】 2023年9月26日，扬中市政协专题协商“数字赋能产业升级，助力经济高质量发展”。实地考察大航有能、云企智造两家企业，听取市经发局关于全市产业数字化转型情况通报。提出加大向上对接争取力度，加大人才、金融、软硬件等方面的支持力度；培育制造业数字化转型试点示范，以典型示范效应激发企业积极性和内生动力；建立由相关服务商为主体的企业数字化转型诊断队伍，为企业提供数字化转型诊断，提高制造业数字化服务供给能力等建议。（卢伟）

【市政协考察退役军人就业创业工作】 2023年11月24日，扬中市政协考察全市退役军人就业创业工作。实地考察大全集团“戎耀之家”、诺贝电气有限公司，听取市退役军人事务局工作情况通报。提出靠前服务，提升退役军人就业帮扶水平；加强统筹，通过择业引导、教育培训、创业指导等，不断拓宽退役军人就业创业渠道；做好示范引领，把政府提供公共服务、社会力量补充服务、退役军人自我服务结合起来，着力营造就业创业良好氛围等建议。（卢伟）

【“乡村振兴——政协委员在行动”主题履职活动】 2023年4月6日，扬中市政协十一届六次常委会会议动员部署2023年“乡村振兴——政协委员在行动”主题履职活动，聚焦“助力乡村产业发展”主题，着眼兴业态、延链条、补短板、强支撑，围绕乡村旅游融合发展、特色产业加快发展、农村电商提质发展、科技人才赋能发展等方面，组织委员调研视察、协商座谈，为助力提升全市乡村产业市场竞争力，带动农民就业，促进农民增收贡献智慧和力量。（卢伟）

【“有事好商量”协商议事活动】 2023年，扬中市政协发挥“有事好商量”协商议事平台服务群众“零距离”、为民解忧“有温度”的优势，紧扣群众关切精准选题，精心组织协商议事月活动，召开各类协商议事会议26场，省、镇江市和扬中市三级政协委员参与159人次，推动一批民生问题有效解决。新坝镇联络委针对农村道路提档升级组织基层协商，为建好群众出行的“放心路”集聚众智；西来桥镇联络委围绕“村企联建促企业发展、助村级增收”开展协商议事，以村企联动共谋富民强村新路径；三茅街道联络委聚焦楼道文明开展“微协商”，更好点“靓”居民回家路。（卢伟）

【“书香政协·同心筑梦”读书活动】 2023年，扬中市政协紧扣党政中心工作、当前社会热点，结合政协年度协商计划与界别特色，推荐《法治是一种生活方式》《有种生活风格，叫小镇》《平凡的世界》等各类书目20余本。在“同心书院”基础上，打造“同心书房”“林下书屋”等阵地，进一步丰富“线上”+“线下”、“室内”+“户外”的读书形式。注重放大“书香政协”外溢效应，经科委组织的《置身事内》读书分享会，邀请市政府主要领导、经济部门负责人参加，使读书学习更好服务于工作实践。文化教育卫生新闻组创新读书分享方式，探索沉浸式阅读新体验。开展“书香政协·同心筑梦”委员系列读书活动9场，参与300余人次，促进委员在共读共享中筑同心、聚共识、增本领。（卢伟）

7月20日，市政协举行“书香政协·同心筑梦”读书分享会（政协供图）

【政协委员履职能力提升培训】 2023年9月4—7日，扬中市十一届政协第二期委员履职能力提升培训班在句容举办。市政协主席于德祥作开班动员，市政协副主席兰云林、倪军、仲泉，以及近百名市政协委员参加培训。培训采用课堂教学与现场教学相结合，安排中共二十大精神解读、全过程人民民主、国际国内形势分析、调查研究与提高政协履职能力等理论讲座，组织参训委员实地考察新四军医疗所、修械所遗址，茅山“铁军营”党性教育基地，新四军江南指挥部纪念馆，追寻红色足迹、感悟革命精神、坚定理想信念。（卢伟）

纪检监察

综 述

【概况】 2023年,扬中市纪委监委在镇江市纪委监委和扬中市委的坚强领导下,全市纪检监察组织忠实履行党章和宪法赋予的职责,以全面贯彻中共二十大精神为主线,以开展学习贯彻习近平新时代中国特色社会主义思想主题教育和纪检监察干部队伍教育整顿为重点,紧紧围绕中心、服务大局,有力有序推进专项监督,持之以恒正风肃纪反腐,全面从严治党群众满意度继续保持镇江各市、区前列,为中国式现代化扬中新实践开好局起好步提供坚强保障。(陈俊)

【审查调查】 2023年,扬中市纪委监委立案246件,留置16人,移送检察机关10人,立案审查调查行贿人员14人,直接通过案件查办挽回经济损失3845万元。运用"四种形态"处置占比分别为56%、35%、1.6%、7.4%。在融资领域,查处大航集团唐小兵、大行公司丁刚权钱交易、违规收取融资中介费等腐败问题,相关做法获评省纪委监委信息化实战应用精品案例。在生态环保领域,查处任某某、李某在生态环保执法中吃拿卡要、以权谋私等腐败问题。在政法领域,完善"打伞破网"长效机制,立案查处政法系统5人,重点查处祝某某收受贿赂、干预和插手司法活动等问题。针对各类案件暴露的短板漏洞,制发纪检监察建议9份,推动出台制度机制14项。协助市委制定《关于加强"勤廉扬中"建设的实施意见》,明确4个方面建设内容和实施要求。拍摄微电影《小杨说纪法:守小节 拒腐蚀》、警示教育片《激浊扬清 护航发展》,深入推进同级同类警示教育。锡剧《郭克生》在全市巡回公演并广受好评,勤廉典型示范作用进一步凸显。特色亮点工作、以案促改经验等在省级以上平台媒体刊载推介36次,市纪委监委被中央纪委国家监委新闻传播中心表彰为2023年先进工作单位。组织新任领导干部集体廉政谈话,开展"同读一套家风读物、履行一份家风承诺、寻找一批家风故事、拍摄一部家风作品"等"四个一"活动,推动勤廉好家风建设走深走实。(陈俊)

重要会议

【中共扬中市第十三届纪律检查委员会第三次全体会议】 2023年2月7日,中共扬中市第十三届纪律检查委员会第三次全体会议在市行政中心会议中心江洲厅举行。全会深入贯彻落实中共二十大精神,认真学习贯彻习近平总书记在二十届中央纪委二次全会上的重要讲话和中央纪委、省市纪委全会精神,审议通过骆俊代表市纪委常委会所作的《深入贯彻党的二十大精神 纵深推进全面从严治党 为中国式现代化扬中新实践提供坚强保障》工作报告。会议表决通过市纪委十三届三次全会工作报告和决议。(陈俊)

【全市领导干部警示教育大会】 2023年1月13日,扬中市召开领导干部警示教育大会。与会人员观看警示教育片《吹响忠诚的号角》。会议要求,各级党员干部要将自我革命进行到底,把旗帜鲜明讲政治贯穿干事创业始终,坚定理想信念,把准政治方向,站稳人民至上的政治立场;要牢记"廉洁缺位 一切归零"的道理,正确处理各种人情关系,克服侥幸心理,算好"政治账""名誉账""家庭账""自由账",做到警钟长鸣、心存戒惧,秉公用权、防微杜渐;要压紧管党治党责任,加大正风肃纪力度,扎牢制度笼子,为奋力开启中国式现代化扬中新实践提供坚强纪律保障。(陈俊)

【全市纪检监察干部队伍教育整顿动员部署会议】 2023年3月20日，扬中市纪委监委召开全市纪检监察干部队伍教育整顿动员部署会议，深入学习贯彻习近平总书记重要指示批示精神，落实中央和省、市部署要求，动员部署开展全市纪检监察干部队伍教育整顿工作。市委常委、市纪委书记、市监委主任骆俊参加会议并讲话。会议指出，开展教育整顿是纪检监察机关的一项重要政治任务。全市各级纪检监察组织要允分认识开展教育整顿的重大意义，深刻体悟严管是最大的厚爱，自觉接受刻骨铭心的革命性锻造和深入灵魂的精神洗礼，始终保持忠诚干净担当、敢于善于斗争的铁军本色。会议强调，要准确把握教育整顿的目标任务，抓好学习教育、检视整治、巩固提升三个环节，坚持以铸就政治忠诚为教育整顿的第一任务，以清除害群之马为刀刃向己、自剜腐肉的重要体现，以健全严管体系为推进纪检监察工作规范化法治化正规化的关键举措，以增强斗争本领为强基固本的重要手段，让纪检监察干部队伍底色更亮、纯度更高、成色更足、战斗力更强。全市各级纪检监察组织要增强责任感使命感，按照上级部署和要求，认真组织实施，从政治上保证教育整顿有力有序推进。 （陈俊）

党风廉政建设和反腐败斗争

【政治监督】 2023年，扬中市纪委监委坚持把学习贯彻习近平新时代中国特色社会主义思想作为首要政治任务，扎实开展主题教育，严格执行“第一议题”制度，及时跟进学习习近平总书记重要讲话和重要指示批示精神25次，切实用以武装头脑、指导实践、推动工作。依托“三会一课”、主题党日等丰富学习形式，组织“牢记嘱托 感恩奋进 走在前列”大讨论，围绕主题开展党性分析，深入一线调研重点课题，查找存在问题并推动整改治理，严格落实书记上党课要求，教育引导干部坚守初心、勇担使命。围绕中央和省市重大决策部署落地落实，找准政治监督的切入点、着力点，发现各类问题128个。监督推进中央环保督察反馈问题精准问责和有效整改，相关做法被《中国纪检监察报》头版专题报道。配合开展医药领域腐败问题集中整治，摸排有关问题线索53个，立案查处5人。持续深化粮食购销领域腐败问题专项整治，立案查处4人。监督推动营商环境持续优化，查处损害营商环境案件12件，通报典型案例1起，制发监督提醒函5份。督促“关键少数”履行主体责任，用好廉情通报、交办和反馈制度，全年向8名市领导和22个党组织抄送廉情85条。问责管党治党主体责任缺失、监督责任缺位等履责不力的领导干部7人和党组织1个，其中推动党的工作机关问责1件。深化落实“三个区分开来”要求，实施容错纠错2起，为7名干部澄清正名，激励干部担当作为。 （陈俊）

8月29日，组织全市纪检监察干部旁听职务犯罪案件庭审 （纪委供图）

【执纪为民】 2023年，扬中市纪检监察组织接收检举控告件138件，信访办结率比上年提高21%。“监督一点通”平台访问14万余次，收到投诉101件，办结率100%，群众反馈满意率99.1%。扎实开展重复举报治理及重复举报化解不力专项整治工作，治理化解率100%，相关做法在中央纪委对江苏调研会议上汇报交流。紧盯惠农补贴资金发放领域开展专项监督，围绕补贴面积、流转合同、补贴公示、逻辑关系和发放信息，创新“五查五看”(查自身的政治意识、大局意识强不强，看是否与党组织保持一致；查工作思路是否清晰、执行力强不强，看工作效率高不高；查服务意识强不强，看服务水平高不高；查创新意识强不强，看是否创造性地开展工作以及创新效果如何；查个人素质高不高，看履行职责的能力强不强、作风形象好不好)方式核查比对，发现一批工作失职、虚报冒领、优亲厚友、截留挪用等问题，立案22件，相关经验做法被上级纪委推广。聚焦村级小微工程建设招投标、过程监管、款项支付等关键环节，加大分析研判，严肃查处拆分工程、虚构工程或虚列工程量套取资金等违纪违法问题11起、14人，党纪政务处分7人。围绕违法用地开展监督检查23次，处置各类问题线索49件，党纪政务处分15人，第一种形态处置34人，其中问责履行建房管理职责不力的镇村干部17人，针对违建执法过程中的难点问题，推动出台《对在建临时违法建设采取强制措施办案操作规程》等刚性制度3项，堵塞监管漏洞。

（陈俊）

【作风建设】 2023年，扬中市开展市级机关、国有企业下属单位落实中央八项规定精神情况专项督查，发现并推动整改问题23个，立案11件。落实会商会审工作机制，对监督检查以及群众反映的"四风"问题线索，迅速研判、优先处置、精准问责。查处违反中央八项规定精神问题21件、31人，持续形成震慑。针对由风及腐、风腐一体的演变规律和新表现、新动向，建立风腐同查机制，开展"违规吃喝"专项整治，实施"一案一剖析"，深挖违规违纪背后的腐败问题。全年查处超范围超标准接待、违规接受管理服务对象宴请等问题11个，党纪政务处分14人，通报曝光"风腐一体"典型案例2起。深入剖析违规违纪行为，梳理共性问题和廉政风险点，深化廉政风险防控"筑堤行动"，推动健全完善公务接待管理、财务审核管理办法等小特精制度4项。选取典型案例印发案件通报8期、14人，持续以案释纪、以案说法。定期对相关整改落实情况开展"回头看"，坚决防止类似问题"死灰复燃"。 （陈俊）

【政治巡察】 2023年，扬中市纪委监委聚焦日常监督重点，加强"纪巡联动"，注重与乡村振兴、优化营商环境等专项监督有机结合，对全市4个镇（街道）、85个村（社区）实施"镇村一体巡"，发现各类问题1127个，移交问题线索23件。创新运用"码上巡"微信小程序，实现群众诉求"一键直达"，收集社情民意152条，推动解决道路交通安全、农村水环境治理、危房隐患排除等问题23个。积极构建领导约谈、专项治理、联动督查的整改闭环链条，形成专题报告5份，约谈提醒"一把手"8人，发放整改督办函7份，向相关部门通报行业领域问题15条，推动市、镇两级开展专项治理，督促相关单位有针对性地完善内部管理、企业经营等内控机制120项。坚决主动扛起监督推动省委巡视反馈问题整改的政治责任，按照"统筹力量、专班负责，突出重点、全程跟进"的思路，通过会议推进、专题调度、约谈提醒、现场督办等方式，确保各项整改措施有力有序落实到位。截至2023年底，省委巡视反馈问题整改完成率92.31%。

（陈俊）

【纪检监察队伍建设】 2023年，扬中市纪委监委落实纪检监察干部队伍教育整顿各项规定动作，上好主题党课，深化党性分析。完成机关党委和7个党支部换届工作，选优配强党务干部队伍。打造党建活动新阵地，推动党建引领新实效。积极开展各类争创工作，1人获评"省委巡视优秀干部"，3人获评"镇江市委巡察工作优秀个人"，1人获评"扬中青年五四奖章"，信访室获评"扬中市三八红旗集体"。扎实推动纪检监察干部队伍教育整顿走深走实，建立"1+6+2"（"1"指常委会第一议题领学研学；"6"指6个党支部分片集中学；"2"指将乡镇、企事业并为2个学习小组全覆盖学）模式，开展学习研讨80余次，举办专题培训班、读书分享会等各类学习教育活动20余次。发动自查自纠3轮，互检互议、征求意见65条，开展"三谈一促"（"一把手"与班子成员必谈、班子成员与中层干部必谈、中层干部与普通干部必谈，促进层层压实管党治党责任）谈心谈话142人次。坚持刀刃向己，加强对涉及纪检监察干部问题线索的摸排查办，立案2件。按照上级纪委监委统一部署，依规依法、科学合理完成全市120名监察官等级首次确定工作。组建"微智库"，搭建全领域专业人才平台，培养"后备军"。打造"微课堂"，开展"小切口"业务专题培训4期。拍摄"微视频"，围绕惠农补贴专项监督等摄制教育教学视频，强化以案说纪、以案学法。开设"微论坛"，举办"青年新语"座谈会，促进青年干部互学互比、总结提升。 （陈俊）

10月11日，全市纪检监察系统"小切口"业务专题培训会 （纪委供图）

民主党派·工商联

民主党派

【概况】 2023年，扬中市有民主党派基层组织4个，分别是民盟扬中总支、民建扬中支部、农工党扬中基层委员会、九三学社扬中支社。扬中市委统战部全面贯彻新型政党制度要求，推动多党合作事业不断发展。召开纪念中共中央发布“五一口号”75周年座谈会，开设“同心学堂”，开展“凝心铸魂强根基 团结奋进新征程”主题教育，民盟、民建赴浙江、重庆探访红色阵地，九三学社、农工党举办科技团专家校园行、“书香农工·同心筑梦”读书分享活动，强化民主党派、无党派人士的政治认同与情感认同。制定出台点对点联系制度、统战部领导列名联系网络代表性人士制度，调整扩充政府部门对口联系民主党派、工商联名单，与统战成员常态化互动交流，打通联系关爱的“最后一米”。 (孔祥亚)

【民盟扬中总支】 2023年，民盟扬中总支有盟员60人，新发展盟员4名。镇江市人大代表2人、政协委员2人，扬中市政协委员11人。优化推进扬中盟员之家建设，以红色宣传和制度上墙的形式，布置打造崭新的活动阵地。参加扬中市委统战部纪念中共中央“五一口号”发布75周年座谈会，组织盟员赴浙西南革命根据地参观学习，生动直观地推动主题教育入脑入心，夯实思想政治之基。积极参政议政，提交人大建议3件、政协集体提案2件、个人提案16件、社情民意信息24篇。杨阳被扬中市政协评为优秀社情民意信息员，王强撰写的“关于提升小微企业质量管理水平的提案”获评优秀提案。季成军被镇江市委统战部评为全市统战信息工作先进个人，并获民盟江苏省委社情民意信息先进个人。倾力服务发展，组织盟员教师参加镇江民盟第十三届教育论坛活动，朱娟、陈敏、范公林、高俪萍获得三等奖。先后调研市城管局、教育局等单位，盟员企业家童忠林的低温干燥新技术亮相中国种子大会，组织民盟界别、电气企业代表进高校开展共建活动，放大民盟“科技服务团”品牌效应，构建“产研合作、创新发展”的校企合作新格局。组织开展“笔墨凝书香 新年送万福”“爱我江中绿岛 建设生态文明”等主题活动，赴扬中市特教中心、环卫所开展慰问，陆瀚获民盟江苏省委社会服务先进个人。 (孔祥亚)

【民建扬中支部】 2023年，民建扬中支部有会员13人，其中新发展成员2人。企业人员5人，部委办局3人，教育系统2人，卫生系统、电信业和法律界人士各1人。开展“凝心铸魂强根基 团结奋进新征程”主题教育，2名会员在活动中被民建镇江市委会评为优秀会员，支部被评为先进基层组织。组织参观重庆中国民主建国旧址陈列馆、红岩革命纪念馆等，接受红色教育的洗礼，坚定理想信念。开展“中国共产党二十大报告学习研讨活动”，增进政治认同与情感认同，“一起来想、一起来干”的政治根基更加扎实。重阳节前慰问退休会员，提升会员凝聚力。与扬中市民俗文化研究会结对共建，开展“走进家谱馆 厚植家国情怀”活动。与民建上海电力大学支部共同开展“奋进新征程 读书伴我行”活动，在交流中加深了解、增进共识。 (孔祥亚)

【农工党扬中基层委员会】 2023年，中国农工民主党扬中基层委员会有党员22名，其中具有中高级职称的党员12名，占比约60%；医卫界党员11名，占比50%；女党员7名，占比约30%。全年新发展成员1名，现有政协委员3人。紧扣建设“健康中国”和“美丽中国”两条主线，坚持建言资政和凝聚共识双向发力，深耕优势领域，开展调查研究，反映社情民意，扎实做好民主监督，提案5篇，社情民意2篇。发挥自身优势，聚焦“普及法律法规”“推动全民健康”“发展爱心公益”等统战工作主题，开展丰富多彩的特色活动。累计开展义诊4次，普及法律法规活动3次。全面加强自身建设，3名党员被农工党镇江市委评为先进工作者。2名基层委员会党员被评为先进个人。 (孔祥亚)

【九三学社扬中支社】 2023年,九三学社扬中支社有17名社员，其中新发展社员2名。江苏省政协委员1名,镇江市政协委员2名,扬中市人大代表1名,扬中市政协委员5名。以组织建设推动社员梯队成长。选派优秀社员参加镇江市第六期民主党派新成员培训班、社市委“凝心铸魂强根基 团结奋进新征程”主题教育等各类培训班。徐彩凤当选社中央第十五届中央委员会妇女工作委员会委员。以参政议政督促建言水平提高。在省、市、县三级“两会”期间,支社代表、委员个人共提交代表议案1件,委员提案9件,经信息转化有3篇被社省委采用。徐彩凤“关于补齐社区矫正短板防范基层治理风险的建议”被列为2023年度镇江市政协重点提案，并被确定为镇江市政协中共界别专题协商议事会主题。集体提案“关于助推金山学院产教融合发展的建议”被列为2023年度扬中市政协主席督办重点提案。戴罡、孙凯合作撰写的“爱眼日信息:通过正规渠道引导青少年近视科普工作的建议”被省政协采用。以搭建平台汇聚社会服务合力。前往油坊镇油坊社区开展春风行动公益服务，为当地群众免费提供诊疗服务以及法律、园林、文化、科技等咨询服务,组织镇江九三学社科技服务团校园行活动走进金山职业技术学院,与青年教师开展科研创新面对面交流。协同南京工程学院“九三专家团”成员一行4人赴扬中市部分产学研合作单位和企业开展调研。支社被社省委评为2023年度社会服务先进组织。 (孔祥亚)

工商联

【概况】 2023年,扬中市工商业联合会新增扬中经开区恒跃商会和福源商会2家商会,有基层商(协)会31家,会员总数2970个。扬中市工商联获得全国“五好”工商联,扬中市青年民营企业家商会获江苏省“四好”商会，扬中市工商联和扬中市青年民营企业家商会获镇江市“甘露行动”先进单位。实施“四季暖扬”助企惠企专项行动,赓续“四千四万”精神,切实发挥统一战线民营经济协调机制作用。召开十三届二次执委会,围绕中心大局,锚定“两个健康”(非公有制经济健康发展和非公有制经济人士健康成长)主题,持续推进“两个全覆盖”(党的组织和党的工作全覆盖)工程,提升商会党建质效。持续实施“创二代”培育工程,推动“新时代企业家精神师承计划”,新结成新型“师徒关系”3对。联合举办企业数字化转型能力提升公益讲座，提升全市企业财税管理业务水平,强化惠企政策信息宣传力度。联合威腾电气集团股份有限公司、镇江市华银仪表电器有限公司、扬中青企会等,牵头组织开展“百年品牌与工匠精神企业家座谈会”主题活动,促进民营企业家健康成长。 (施奇)

【民营经济统战工作协调机制暨“四季暖扬”助企惠企行动工作会议】 2023年4月17日,扬中市召开市民营经济统战工作协调机制暨“四季暖扬”助企惠企行动工作会议。会上,就协调机制职能解读和成员单位调整情况说明,部署2023年“四季暖扬”助企惠企行动、省民营经济调查点和省营商环境满意度调查工作，宣读新时代新型企业家精神师承计划3对结对名单。会议强调,要全面把握大势,树立加快民营经济发展的坚定信心。要以省级民营经济高质量发展示范县(市、区)培育工作为契机,打造一流发展环境。要赓续“四千四万”精神,激起民营企业敢闯敢干的浩荡春潮,吹响扬中民营经济高质量发展的冲锋号角。 (施奇)

【扬中市工商联十三届二次执委会】 2023年6月28日,扬中市工商联召开十三届二次执委会,总结2022年工作成绩,部署2023年重点任务。会议表示,市工商联将继续围绕中心大局,锚定“两个健康”主题,持续推进“两个全覆盖”工程,提升商会党建质效;着实推动“五好”工商联(政治引领好、队伍建设好、商会发展好、作用发挥好、工作保障好)、“四好”商会(政治引领好、队伍建设好、服务发展好、自律规范好)建设,切实增强服务合力;发挥统战服务民营企业长效机制作用,持续开展“四季暖扬”助企惠企工作,推进省民营经济高质量发展示范市培育工作，引导企业家落实“万企兴万村”部署,通过产业项目建设、基础设施建设、消费采购农产品等方式参与乡村振兴。会上,检察院应邀为与会人员开展法治讲座。 (施奇)

【“百年品牌与工匠精神企业家座谈会”主题活动】 2023年11月,扬中市工商联牵头组织开展“百年品牌与工匠精神企业家座谈会”主题活动,邀请威腾电气集团股份有限公司、镇江市华银仪表电器有限公司、扬中青企会等企业家代表分别分享企业和品牌成长的历史,邀请江苏大学管理学院副院长、教授朱永跃作关于“光大工匠精神,锻造百年品牌”的主题演讲。活动营造精益求精的专业精神、守正创新的职业态度、知行一体的人文素养,促进民营企业家健康成长。 (施奇)

群众团体

扬中市总工会

【概况】 2023年底，扬中市有基层工会组织811家，其中，独立建会企业686家，村(社区)联合工会82家，行业工会7家。6个镇(街、区)全部建立总工会，局(公司)工会工作委员会23家，直属基层工会27家。新建基层工会56家，发展会员2096人。加大以“四群八链”为重点的基层工会组建力度，推进4家社会组织的建会工作。推动非公企业党建带工建“三创争两提升”活动，培树一批党建带工建“三创争两提升”示范单位和职工之家“结对共建”典型单位。强化职工思想政治引领力，把在职工群众中深入宣传贯彻中共二十大精神作为首要政治任务，发挥已建立的18家“职工思政教育创新实践工作室”和6家“职工思政教育基地”的阵地作用，开展“劳模工匠、思政教师进企业”活动13次。组织开展“永远跟党走 匠心铸辉煌”中共二十大精神宣传系列活动。领会市领导对产改工作作出的批示精神，扎实开展新时代产业工人队伍建设改革各项工作，推进非公企业产改工作的相关做法在全省产改工作会议上做交流发言。培树2家服务产改、服务职工优秀社会组织；开展市级以上技能竞赛2场，重点工程劳动竞赛2场，职工经济技术创新活动20多次。做好各类先进典型的推荐评选工作，大全集团孙柏新获全国五一劳动奖章；1个先进集体获江苏省五一劳动奖状，2个先进班组获评江苏省工人先锋号；3个先进单位获镇江市五一劳动奖状，3名先进个人获镇江市五一劳动奖章，4个先进班组获评镇江市工人先锋号，2个先进班组获镇江市五一文明班组（科室），3名先进个人获镇江市文明职工称号；命名一批扬中市劳动模范。职工互助保障计划为140名患病职工送去赔付金55万余元。集中慰问困难职工、特岗职工代表、新业态劳动者等群体，发放慰问物资1100余份、慰问金近20万元。扎实开展消费帮促活动，为12个村社区和个人提供消费帮促50万元。开办爱心暑托班5班次，服务职工子女130余人。实施女职工康乃馨服务计划，新建康乃馨服务站6个，提供康乃馨服务活动16场次；举办“以馨暖‘新’ 呵护职场玫瑰”扬中市总工会关爱新业态女职工慰问活动，以及用“馨”共守护，携手向未来“向光而行与法同程”女职工主题阅读分享暨维权服务活动。开展“尊法守法·携手筑梦”公益法律服务行动，开展职工国家安全教育宣传、民法典进企业、新业态群体普法宣传等活动，向邮政快递、外卖配送等新业态劳动者赠送《中华人民共和国民法典》《中华人民共和国工会法》等宣传资料128份。服务产业强市战略，落实小微企业工会经费返还政策，返还工会经费389万元，为减轻小微企业负担、优化营商环境发挥积极作用。 （朱艳）

1月9日，总工会开展“党建引领 工会护航”送温暖活动 （总工会供图）

【产业工人队伍建设改革第四次联席会】 2023年4月20日，扬中市召开产业工人队伍建设改革第四次联席会暨工作推进会。会议传达学习市委对全市产改工作专门作出的批示，肯定过去一年，全市上下坚决贯彻落实中央、省市决策部署，推动产改试点进一步走深走实，各项工作取得积极成效。要求把产改试点工作作为高质量发展争先进位的紧迫工程抓紧抓实，让“试点”成为“示范”，让“先行”成为“先成”，引导广大产业工人为推动扬中现代化建设贡献更多智慧和力量。会议印发《2023年扬中产业工人队伍建设改革工作要点及责

任分工方案》。 （朱艳）

【庆祝"五一"国际劳动节大会】 2023年4月25日，扬中市召开庆"五一"暨劳动模范命名大会。会议指出，2023年是全面推进中国式现代化扬中新实践的开局之年，市委明确提出要"争先争雄争荣光，敢为善为强作为"，号召全市上下以"探路者"的担当和"挑大梁"的自觉，扛起"争当表率、争做示范、走在前列"的光荣使命，谱写扬中现代化建设的新篇章。会议要求全市上下要争做劳模精神的传承者，主动向先进看齐，敢于与强者对标，形成人人争先创优、行行争先进位的生动局面；要争做推动发展的领头雁，积极投身全市产业强市、乡村振兴、文明创建主战场，通过劳动播种希望、锤炼意志、收获果实；要争做职工信赖的娘家人，维护好职工合法权益，推动劳模精神进机关、进社区、进企业、进校园，在全社会形成尊重劳动、尊重知识、尊重人才、尊重创造的良好氛围。会议宣读《关于命名2023年扬中市劳动模范的决定》，并向30名扬中市劳动模范授荣。 （朱艳）

共青团扬中市委员会

【概况】 2023年，扬中市有基层团组织1080个，其中基层团(工)委43个，团(总)支部957个。下有团员9千余人，其中新发展团员675人。扬中团市委聚焦为党育人主业，履行团的基本职责。坚持党建带团建，召开2023年党建和党风廉政建设工作会议，完成团市委机关党支部换届选举，选举产生新一届党支部书记。加强思想政治引领。面向全市团员和青年开展学习贯彻习近平新时代中国特色社会主义思想主题教育，完成"思想旗帜、坚强核心、强国复兴、挺膺担当"主题教育学习，实现团支部全覆盖。举办中共二十大精神专题学习会、"青春向党学思想 感恩奋进建新功"、"牢记嘱托 感恩奋进 走在前列" 主题宣讲、"青春与党同行 助力乡村振兴"扬中青年思享汇、扬中青年建功高质量发展青春分享会、"红领巾飘扬心向党 二十大精神宣讲"等主题活动20余场，"青年大学习" 网上参学量10余万人次。组织 "扬中青年五四奖章""我们身边的好青年""每周一星""两红两优""新时代好少年" 等推选活动，挖掘各行各业青年典型，发挥榜样正向引导。深化校地团组织共建。主推校地共建模式，与驻扬高校金山职业技术学院开展市、镇、村三级团组织共建，协调推动高校学生就业创业、社会实践、志愿服务等工作。严格落实基层团组织书记述职评议考核制度，举办全市基层团干部培训班、校地团干部青训营、中学中职学校共青团工作调研交流会，组织团务知识专题培训，开展团干部廉政教育，提升团干部队伍整体素质。开展仪式教育，严格落实"分批入队"要求，抓好"六知六会一做"队前教育。组织各中小学开展集中入团入队仪式，开展好"争做新时代好队员""10·13"建队日等系列主题队日活动，开展"五四"主题团日活动，切实增强组织归属感。聚焦成长发展，提升实践育人能力。与扬中市消防救援大队联合开展"红领巾·火焰蓝"暑期夏令营活动二期，与扬中邮政联合开展"红领巾寻访伟大成就"全市少年儿童书信文化系列活动，开展"溯红色足迹，启青春征程" 暑期社会实践活动。建好青少年安全保护网，承办第六届镇江市青少年模拟法庭大赛市级决赛，鼓励青少年主动学法、自觉守法、正确用法，增强维护权益的能力。举办"网络安全为人民 网络安全靠人民"网络安全宣传周"青少年日"主题活动，提高青少年网络安全意识。联合交通运输局团委、供电公司团委、卫健委团委举办"团'新'聚力 青春赋能"关爱网约车司机群体统一行动日活动，现场爱心义诊、科普用电安全知识、发放暖冬物资，向新就业、新从业青年群体传递团组织关怀。发挥桥梁作用，贯彻产业强市 "一号战略"，举办"传承发扬'四千四万'精神 续写'江中明珠'荣光"扬中市青年企业家座谈会。深化"青雁归巢"品牌，开展就业政策宣传推介、青年学子家乡行等系列活动。开展"粽情端午 为爱同行""'七'待有你 巧塑生活"青年人才联谊交友活动，拓展青年交友渠道，树立青年正确的婚恋观。实施希望工程"梦想改造+"关爱计划，完成"梦想小屋"13间。开设"爱心暑托班"10个，镇(街、区)全覆盖。深化希望工程"圆梦行动"，助力7名困境学子圆梦大学。实施"四进四促"(推动青年人才、青商企业、"青字号"金融资本、青年风尚进乡村；促进乡村青年人才发展、乡村困难学子成长、乡村文化生活丰富、乡村社会治理提升)乡村振兴青春行动，开展"青耘中国·冬藏未来"直播助农活动，全面推动青年人才、青商企业、青融资本、青年风尚进乡村；聚焦青年安居安心，建立扬中市青年人才驿站，入住14人，缓解外来青年人才求职难、住宿难问题。推进大学生"荟扬"计划，举办"青雁归巢 青春腾飞"大学生暑期社会实践活动。三茅街道友好村少先队中队、扬中市实验小学六(6)中队被命名为"2023年度全国红领巾中队"，城市管理综合执法大队获评首批 "二星级全国青年文明号"，实验小学王曦悦获评2022年度全国优秀少先队员，团市委获"江苏省五四红旗团委"称号。 （戴颖）

【扬中青年思享汇】 2023 年 3 月 30 日，"青春与党同行 助力乡村振兴"扬中青年思享汇活动在八桥镇永胜村举办。扬中市各镇(街、区)团(工)委、直属团组织、村(社区)团组织负责人及乡村振兴青年代表 80 余人参加活动。现场特邀省级青年讲师团成员、新坝镇团委副书记季晓迪宣讲中共二十大精神，大学生乡村振兴志愿服务实践基地、扬中市少先队校外实践基地揭牌，青年讲师团——乡村振兴小队 8 位青年讲师获颁聘书。活动前，与会人员参观永胜村崇学园、状元坊。

(戴颖)

【扬中青年建功高质量发展青春分享会】 2023 年 5 月 19 日，扬中市青年建功高质量发展青春分享会在新坝镇会议中心举办。共青团扬中市委员会、扬中市青年联合会以"青春向党学思想 感恩奋进建新功"为主题举办分享会，邀请 8 位青年代表现场分享青春故事。现场举办第二届扬中青年五四奖章暨 2022 年度"两红两优"(五四红旗团委、团支部，优秀团员、团干部)颁奖仪式。

(戴颖)

5 月 19 日，扬中青年建功高质量发展青春分享会现场颁发青年五四奖章 (团市委供图)

【"青雁归巢 青春腾飞" 大学生暑期社会实践活动】 2023 年 8 月，扬中市委人才办、团市委、市人社局联合举办"青雁归巢 青春腾飞"大学生暑期社会实践活动，推进大学生"荟扬"计划。启动仪式宣讲扬中市人才政策，组织大学生观看《扬中不一 Young》宣传片，用人单位代表与实习生代表签订大学生暑期社会实践协议。活动期间成立"青雁归巢 青春腾飞"临时团委 3 个。暑期社会实践活动面向全日制大专及以上学历在校生，提供实习岗位 200 余个，实习期间主办单位将对大学生在岗工作情况开展跟踪管理，引导大学生走进扬中、了解扬中、融入扬中，促进青年人才在扬中集聚发展。

(戴颖)

【公益性暑托服务】 2023 年 7 月，扬中团市委整合社会资源，在全市范围内开设爱心暑托班，为青少年提供教育与托管相结合的公益性暑托服务。爱心暑托班突出重点对象精准帮扶，面向暑期看护有困难的家庭，优先照顾 6~14 周岁城乡困境青少年、农村留守儿童、城市外来务工人员子女、新业态新就业群体子女等。招募教师、大学生、"五老"、社会组织及其他各类爱心人士(单位)参与暑托班志愿服务，实现镇(街、区)办班全面覆盖，开设 10 个点位，提供 200 余个名额。课程开设"德智体美劳"五大类型课程，联合部分政府部门和社会组织开设安全自护、消防知识、应急救护、心理辅导等公益课程，满足学员成长发展的多元化、多层次需求。7 月 7 日，爱心暑托班举行开班仪式，提供为期 4 周的暑托服务。开班仪式现场向 10 家爱心暑托班授班旗，特邀消防救援队开展"安全第一课"主题讲座。公安局、消防救援大队、红十字会、检察院"知心姐姐"团队、国网扬中市供电公司捐赠公益课程，扬中农村商业银行捐赠经费 1 万元，中国人民财产保险扬中支公司捐赠保险 300 份。

(戴颖)

【青年学子家乡行】 2023 年 8 月 10 日，共青团扬中市委员会开展"青雁归巢 青春腾飞"青年学子家乡行活动。活动包含三条线路，学子根据自身需求可选择一条或多条路线，全国各高校的 70 余名扬中籍青年学子参加活动。产业强市新成就路线，参观中国工程电气博物馆、大全集团、长城蜂巢易创、中国光伏博览馆；乡村振兴新风貌路线，参观新坝镇立新村、三茅街道友好村宽新圩、经开区福源村、八桥镇利民村；传统文化新风尚路线，参观"江洲星火"扬中党史学习教育馆、陈履生博物馆群、扬中博物馆、河豚文化展示馆。动员和引导优秀青年学子深入感受家乡产业转型活力和创新发展前景，树立在家乡就业、创业的信心。

(戴颖)

【"红领巾·火焰蓝"暑期夏令营】 2023 年 8 月，扬中市消防救援大队、共青团扬中市委、扬中市少工委主办，扬中市三茅街道广宁社区协办联合开展"红领巾·火焰蓝"暑期夏令营活动。夏令营分为两期，招募 7~14 岁热爱消防、关爱消防的少先队员 60 人，开展暑期消防安全宣传教育。夏令营组织少先队员参观展览馆，参加消防安全知识讲座、消防知识小问答，观看《惊天救援》消防专题片，学习消防知识。通过近距离接触消防器材，了解消防装备及使用场景，提高少先队员消防安全意识和自防自救能力。

(戴颖)

【扬中市少工委五届四次全会】 2023年9月21日，扬中市少工委五届四次全会召开。各镇(街、区)少工委副主任，青少年校外活动中心少工委副主任，各中小学少工委副主任、大队辅导员参加会议。会议传达习近平总书记在同团中央新一届领导班子成员集体谈话时的重要讲话精神、共青团江苏省第十六届委员会第三次全体(扩大)会议精神，布置少先队重点工作。外国语小学少先队大队、滨江小学“颜红英中队”、三茅街道友好村中队、实验小学六(6)中队分别从省“红领巾奖章”四星章集体、省“英雄中队”、全国红领巾中队等荣誉创建和少先队建设工作交流分享经验。会议审议通过市少工委五届四次全会关于委员、主任、副主任卸职递补的确认案，聘任市少先队总辅导员。 (戴颖)

【“青耘中国 冬藏未来”直播助农活动】 2023年11月29日，扬中团市委、三茅街道团工委“青耘中国 冬藏未来”青春助农直播活动在抖音号“水美永和丁村长”开播，推动乡村振兴青春建功行动落地落实。直播助农活动发挥直播电商打造消费新场景优势，宣传推广扬中优质农产品，拓宽农产品上行渠道，深化青春赋能乡村振兴。直播上架红薯粉皮、刀子鱼、黄豆酱、冰糖蜜薯、红薯粉丝等特色农产品。 (戴颖)

永和村农特产直播 (团市委供图)

【少先队骨干辅导员暨青马工程培训班】 2023年9月21日，团市委、市教育局、市少工委共同举办少先队骨干辅导员暨青马工程培训班。市少先队总辅、副总辅，各镇(街、区)少工委副主任、校外志愿辅导员，各中小学少工委副主任、大队辅导员、骨干中队辅导员、新任辅导员参加培训。参训学员通过实地参观少先队活动阵地、观摩红领巾社团活动等方式，拓展工作思路，学习在少先队工作中有效整合优化教育资源，拓展少先队员成长学习实践空间。围绕《少年儿童政治启蒙的理念与路径》《立足〈新纲要〉上好活动课》《聚焦少先队主责主业——辅导员基本功大赛》开展专题讲座3场，中队辅导员少先队基础理论知识测试，搭建全市少先队辅导员、少先队工作者学习和交流的平台，提升少先队辅导员的政治素养和专业能力。 (戴颖)

【关爱网约车司机群体统一行动日活动】 2023年12月2日，扬中市“团‘新’聚力 青春赋能”关爱网约车司机群体统一行动日活动在扬中市汽车客运站举办。活动由扬中团市委主办，交通运输局团委、国网扬中市供电公司团委、卫生健康委员会团委承办。国网扬中市供电公司为网约车司机宣传用电政策，科普用电安全知识，鼓励车主报名参与网上国网“e起节电”活动，实时了解家庭用电情况，共同参与低碳生活。中医院医护人员现场爱心义诊，提供量血压和针对颈椎、腰椎不适等问题的现场诊疗。团市委、交通运输局向参加活动的网约车司机发放暖冬物资，发挥共青团联系青年优势。活动精准响应新兴青年群体实际需求，凝聚服务新兴青年群体。 (戴颖)

扬中市妇女联合会

【概况】 2023年，扬中市有直属妇联组织31个，其中镇(街道)妇联5个，经开区妇工委1个；市级机关妇工委1个；其他机关部门妇联组织24个，18个已改建妇联，6个仍为妇委会；村(社区)妇联组织共85个。全市有全国“最美家庭”3户、省“最美家庭”23户、市级“最美家庭”219户、扬中“最美家庭”262户。妇联与农商行共建妇女创业融资、创业赋能平台，推动双方“形式合作”走向“实质融合”；召开第十五届八次执委(扩大)会议，表彰优秀妇女组织、优秀妇女工作者、妇建工作品牌“微经验”；举办“奋斗争荣光 巾帼强作为”纪念第113个国际妇女节活动，启动扬中市妇联“巾帼向党 全域绽放”妇建项目，为西来桥镇妇联“幸福花儿红”妇建项目、城建交通妇建联盟、经开区数字产业链妇联、三茅街道楼道妇建助力“三长共治”等4家项目试点单位授牌；表彰优秀巾帼宣讲人12人，成立“二十大巾帼说”宣讲联盟并颁发“二十大巾帼说”宣讲联盟特邀讲师聘书；表彰巾帼新农人10人、产业强市巾帼建功标兵10人以及“党建带妇建”十佳创新项目；开展“美好一家养成计划”公益研学活动，见证“家庭教育创新实践基地”揭牌；举办“好家风代代传 好邻里互助亲”主题庆祝活动，多形式弘扬中华传统美德，加强家庭家教家风建设；召开维护妇女儿童合法权益联席会议，与市公安局签订构建妇女儿童维权协调联动机制合作协议；举办第四期中青年女干部培训班，加大中青年女干

部的培养力度，全面提升女干部的理论素养、业务素质和领导能力。（周云）

【妇联与市农商银行党建共建暨战略合作签约仪式】2023 年 1 月 10 日，扬中市妇联与扬中市农商银行举办党建共建暨“携手她力量 共走振兴路”战略合作签约仪式。扬中农商银行和市妇联以共建为契机，通过共建“有温度”的妇女创业融资平台、“有情怀”的妇女创业赋能平台，深层次开展党建结对共建活动，推动双方从“形式合作”走向“实质融合”。扬中农商银行在“乡村振兴巾帼贷”产品发布的基础上，配套专项信贷规模 5 亿元，共同助力“乡村振兴巾帼行动”。（周云）

【妇联第十五届八次执委（扩大）会议】 2023 年 2 月 10 日，扬中市妇联召开第十五届八次执委（扩大）会议。会上按照《中华全国妇女联合会章程》《妇女联合会执行委员会委员替补、增补及常务委员会委员增补的规定》相关要求，增、替补市妇联十五届执行委员会委员 5 名，选举胡婕、耿慧为市妇联十五届常务委员会委员，选举胡婕为市妇联十五届副主席。会议表彰优秀妇女组织、优秀妇女工作者、妇建工作品牌“微经验”。会议指出，妇联要以“新思想”为指引，在凝聚共识中积聚力量，作为党领导下的妇女群众组织，必须把政治引领贯穿于妇联工作全过程，切实统一思想、凝聚人心；要以“新阶段”为机遇，在服务大局中彰显担当，妇女作为推动社会发展和进步的重要力量，要遵循好“争先争雄争荣光，敢为善为强作为，在现代化新实践上勇闯新路、走在前列”的工作方向，用扎实举措引领妇女在担当新使命、奋进新征程中建功立业；要以“新形象”为追求，在深化改革中激发活力，妇联组织要与时俱进、精准突破，以改革激发妇联工作新动能。（周云）

【亲子公益研学】 2023 年，扬中妇联开设亲子公益研学项目。妇联结合特色领域，打造涵盖家风家教示范点、家庭教育实践基地、美丽乡村等的“亲子研学线路”8 条，让家长和孩子在旅途中学习、成长，密切亲子关系。3 月 12 日，妇联组织 20 对亲子走进镇江培文实验学校，开展“美好一家养成计划”公益研学活动，见证“家庭教育创新实践基地”揭牌。活动组织亲子参观了解培文特色课程，在该校特色课程导师的讲解和指导下学习陶艺实践课程。（周云）

【庆祝第 113 个国际妇女节活动】 2023 年 3 月 6 日，扬中市“奋斗争荣光 巾帼强作为”庆祝第 113 个国际妇女节活动在市政大礼堂举行，全市各层各级的妇女代表参加活动。活动分为“致敬‘争先’之志”“逐梦‘争雄’之路”“绽放‘争荣光’之美”3 个篇章。活动启动“巾帼向党·全域绽放”妇建项目，为西来桥镇妇联“幸福花儿红”妇建项目、城建交通妇建联盟、经开区数字产业链妇联、三茅街道楼道妇建助力“三长共治”4 个项目试点单位授牌；表彰优秀巾帼宣讲人 12 人，成立“二十大巾帼说”宣讲联盟并颁发“二十大巾帼说”宣讲联盟特邀讲师聘书；表彰巾帼新农人 10 人、产业强市巾帼建功标兵 10 人以及“党建带妇建”十佳创新项目。农商行与女企业家协会授信签约。（周云）

3 月 6 日，庆祝第 113 个国际妇女节活动颁发巾帼新农人奖（妇联供图）

【妇联第十五届九次执委会议】 2023 年 4 月 25 日，扬中市妇联召开第十五届九次执委会。会议审议通过替补市妇联十五届常委、执委人选，选举市妇联主席。发布“清香流苏”重点妇建项目，项目围绕女性思想引领、创新创业、家庭文明、权益保护、组织改革等主题，设置 8 个子项目，拟邀请女性先进典型、各级妇联执委和社会组织参加，形成打造“清香流苏”妇建品牌、推动妇女工作高质量发展的强大合力。（周云）

【国际家庭日活动】 2023 年 5 月 14 日，扬中市妇联举办“好家风代代传 好邻里互助亲”主题庆祝活动。活动通过家风故事分享会、家风家教优秀创新项目展示、家庭教育法律知识抢答，以及节目表演，弘扬中华传统美德，加强家庭家教家风建设。活动上，“扬中市最美家庭曹国华家庭”“江苏省最美家庭陈日长家庭”和“全国抗疫最美家庭奚柏剑家庭” 现场讲述家庭故事，“小辰星”家庭教育、“迷彩光年”红色家风家教传承等项目展演；向 2023 年第一季度“爱党爱国”最美家庭、“孝老敬亲”最美家庭颁发荣誉证书。（周云）

【“社会妈妈”20 周年主题活动】 2023 年 5 月 31 日，扬中市妇联开展“社会妈妈”20 周年主题活动。2003—2023 年，“社会妈妈” 公益品牌开展关爱帮扶工作，帮助 1700 名困境儿童,统筹用好“未成年人工作站”等资源,创新开展各类关爱活动。活动发布 2023“社会妈妈” 关爱项目——“护蕊守 ‘未’” 女童保护计划、“爱‘新’护童”成长帮扶计划、“阳光护苗”悦读关爱计划、“益‘企’助童”相伴同行计划;颁发“十佳社会妈妈”提名奖、“十佳社会妈妈”集体和个人荣誉奖项和“十佳励志少年”奖项。 (周云)

5 月 31 日,妇联举办“社会妈妈”20 周年主题活动

(妇联供图)

【中青年女干部培训班】 2023 年 6 月 5 日,扬中市第四期中青年女干部培训班在无锡江南大学开班。各镇(街、区)和机关部门的 47 名中青年女干部参加培训,培训为期 5 天。从实训实用实效出发,聚焦政治理论学习、综合能力提升、学用成果转化设置相关课程,加大中青年女干部的培养力度,全面提升女干部的理论素养、业务素质和领导能力。 (周云)

【禁毒宣传日主题活动】 2023 年 6 月 26 日,扬中市妇联联合市公安局、市禁毒办举办“携手禁绝毒品 共擎纯净蓝天”禁毒宣传日主题活动。“流苏树下 无毒家园”主题宣传周活动同步启动。宣传周期间,通过云直播、开展禁毒主题绘画、剪纸作品创作展示、“千家万户齐承诺 不让毒品进我家”主题承诺、公益宣讲进社区、禁毒宣传员进万家、禁毒宣传进企业等禁毒主题活动,营造“健康人生 绿色无毒”氛围,筑牢禁毒防线。活动现场,新组建的禁毒宣讲员队伍上岗,接受业务知识培训,禁毒宣传志愿者通过宣誓,对禁毒工作作出庄严承诺;公安民警和妇联工作人员通过云直播,采取“线上”授课和“即时”交流的方式,向网民朋友普及传统毒品、合成型毒品以及新精神活性物质的种类和防范技巧,提升受众的识毒、防毒、拒毒能力,增强全民禁毒意识。活动结束后,与会人员实地参观位于港联社区的扬中市禁戒毒教育体验馆。 (周云)

【女童保护公益服务项目】 2023 年 6 月下旬,扬中市妇联启动“护蕊守‘未’跃成长”女童保护公益服务项目。经开区双跃村辖区内 30 名留守、流动等困境儿童参加活动,活动打造“‘妇’予力量 流苏花漾”系列公益课程,通过情绪管理课堂、户外拓展活动、星空露营分享会等“知识课堂+实践课堂”的形式助力“女童保护”,提升女童的自我情绪认知和情绪管理能力。公安局志愿者为 30 名女童送上“爱心书包”。市镇村三级妇联、教育局和公检法相关单位将切实做好“校家社”协同育苗联动,以健全女童心智为主线,以关爱女童成长为核心,以提升女童情绪力、自信力、执行力、抗挫力和社会力五方面为主要内容,以巾帼志愿者专业陪伴为项目底色,开展关爱女童公益服务系列活动,织严织密女童健康成长安全网。 (周云)

【家庭教育推进会】 2023 年 7 月 27 日,扬中市召开家庭教育工作推进会,筑牢全市家庭教育工作根基。会议发布“小流苏 童未来”儿童友好服务项目,通过引入“一米高度看城市”的儿童视角,倡导“政策友好、服务友好、权利友好、空间友好、环境友好”五大儿童友好理念,示范打造“3+3”儿童友好样板,营造适宜儿童生存和发展的“校家社”协同育人氛围。会议指出要提高思想认识,高站位认识家庭教育工作的全局性、紧迫性,坚持法治思维,加强家庭教育指导;突出工作重点,高质量构建“校家社”协同育人新格局,锻造一支为高质量家庭教育保驾护航的队伍,用好一批承载家庭教育职能的阵地,开展一系列丰富家庭教育内容的活动;压实各方责任,凝聚家庭教育强大合力,组织领导要再加强,合作联动要再协同,宣传引导要再加力,推动“校家社”协同育人。 (周云)

【首个商圈妇联成立】 2023 年 8 月 31 日,扬中市妇联在吾悦广场成立扬中市首家商圈妇联,启动 “夜江洲·悦实践·她助力”文明实践项目。大会选举施梦婕为吾悦商圈妇联主席、曾晨为副主席。会上宣读为商圈女性从业人员制定的服务计划,为试点推出的 3 家儿童友好商户授牌并颁发荣誉证书。 (周云)

【乡村振兴巾帼助农主题实践活动】 2023 年 9 月 19 日,扬中市妇联举办“百川千流 流苏启航”乡村振兴巾帼助农主题实践活动。妇联根据供需情况先后成立“小区团购手妇联”和“扬中市巾帼新农人联盟”,开通“流苏益购”平台,成立一批巾帼助农驿站,推动各类巾帼农业基地发展,助力农产品销售。扬中有“巾帼新农人联盟”成员单位 29 家,覆盖优质农(副)产品 50 余

类,与16个小区实现团购“牵手”。妇联“百川千流 流苏启航”乡村振兴巾帼助农项目面向全市女性经营的农业基地,以“扬中市巾帼新农人联盟”为载体,持续开展农产品专场主播培训、推介、家庭农场经营管理等活动,提升女农人综合能力,挖掘发挥各类巾帼农业基地资源优势,在乡村振兴巾帼行动中走出扬中特色路径。(周云)

【江苏妇运百年全省巡展扬中展】 2023年11月10日,“江苏妇运百年全省巡展”在扬中博物馆开展。展出由江苏省妇女事业发展研究中心、扬中市妇联联合主办,市文联、融媒体中心、文体广旅局协办,为期一周。展览围绕“永恒之女性 引领我们向上”主题,梳理中国妇女运动的发展脉络,挑选历史图文,展示妇运成就,宣传妇运精神,其中包括发生在扬中“大辫子姑娘”的故事。(周云)

【妇联第十六次代表大会】 2023年11月16日,扬中市妇女联合会第十六次代表大会开幕,全市各行各业、各条战线的妇女代表参会。会议回顾2017年以来妇女工作取得的成绩,共商未来五年妇女事业发展大计。会议审议通过朱阳代表市妇女联合会第十五届执行委员会作的题为《带着真心真情 付出更大努力 为全面推进中国式现代化扬中新实践贡献巾帼力量》的工作报告,明确未来五年扬中市妇联工作的总体思路和奋斗目标,选举产生市妇联第十六届执委会常委、主席、副主席。会议命名扬中市三八红旗手标兵、扬中市三八红旗手、扬中市三八红旗集体。会后,召开扬中市妇联第十六届执行委员会第一次全体会议,选举产生市妇联第十六届委员会常务委员11名,选举朱阳为市妇联主席,胡婕、奚彩、王萍、于婧、许云英为副主席。(周云)

扬中市科学技术协会

【概况】 2023年,扬中市科学技术协会(简称科协)履行“四服务一加强”(服务科技工作者、服务创新驱动发展战略、服务公民科学素质提高、服务党委政府科学决策,加强自身建设)工作职责,完成科协换届,修订科协章程,整合资源,创新载体,各项工作取得较好业绩。被中国科协办公厅表彰为全国科普日活动优秀组织单位,被省科协表彰为县级科协创新发展能力提升计划优秀单位、全国科技活动周暨江苏省第35届科普宣传周优秀单位。(郭明霞)

【全民科学素质提升】 2023年,扬中市科协聚焦乡村振兴、生态文明建设、碳达峰碳中和、安全生产等重点领域,在科普宣传周期间举办活动94场次,全国科普日期间开展活动197场次。活动深入农村、社区、企业、学校,形式多样、内容丰富。7月,在全市开展科普作品征集活动,评出一、二、三等奖作品34篇,并择优在媒体刊登。指导陈履生博物馆群申报江苏省基层科普行动计划,获奖补5万元;扬中市油坊中心小学科技教育基地、扬中市现代渔业产业园被评为镇江市科普教育基地;新坝中心小学被列入镇江市科学教育综合示范校创建单位;扬中市科协被省教育厅等5部门评为青少年科技教育先进单位。陈履生博物馆、西来村、长旺街社区、永胜村、友好村、联合村被列入镇江市科普研学基地创建单位。新建“江洲科普书屋”3家、“科普教育基地”2家。4月,开展优秀科普员、优秀科技辅导员评选活动,评审出10名优秀科普员、10名优秀科技辅导员。科学普及志愿队每月赴乡镇开展志愿服务活动,长旺中心小学、兴隆街道三跃社区科技志愿服务团队分别获镇江市优秀科技志愿服务团队,三茅街道“江洲科普”惠民项目、八桥镇利民村“行走的课堂”分别获镇江市优秀科技志愿服务项目,西来桥镇新程村四季如意家庭农场、三茅街道丰裕社区分别获镇江市优秀科技志愿服务站点,3人获评镇江市优秀科技志愿者。代表镇江市科协参加2022—2023年度江苏省全民科学素质大赛团体赛,获二等奖。12月,辅导员赴南京汉开书院学校、南京集成电路创新馆观摩交流,促进青少年科技教育高质量发展。新建1家科普联合体(油坊中心小学、鸣凤村、镇江远东电讯电机有限公司)。联合麦田慈善基金会在三茅、八桥、西来桥三地开设“麦田科学工坊”周末公益科普助学课程,举办520荧光夜跑公益科普活动、“青苗追光”夏令营活动、“一双球鞋的暴走”科普答题、科技展览和科普大篷车进广场活动;联合三茅街道金山青茅科普服务社在金山学院举办科普讲解

9月25日,经开区开展科普志愿服务活动 (科协供图)

大赛；联合教育局举办江苏省教育基金会机器人套装捐赠仪式；联合气象局开展科普共建；联合机关工委举办2场“江洲科普大讲堂”。组织全市中小学参加青少年科技创新大赛、校园之间智力竞技、编程大赛、“金钥匙”科技竞赛、科技模型大赛等品牌活动，外国语小学获江苏省校园之间智力竞技活动一等奖，江洲小学代表队获江苏省金钥匙团体赛一等奖。长旺中心小学、三跃中心小学受邀参加省科技教育成果展布展，长旺中心小学的学生科技成果“不会滑落的肥皂”获得外观设计专利。在明珠小学、江洲小学举办“弘扬科学家精神 争做科创小明星”科学家精神宣讲，邀请南航教授唐正飞在同德中学举办“飞向蓝天 逐梦太空”科普讲座。

（郭明霞）

【科技经济融合】 2023年，扬中市成立交通运输学会，科协督促部分学会及时变更法定代表人，指导财政学会完成换届工作。举办学会秘书长培训班，邀请市民政局业务科长讲解各项办理事项流程。定期召开学会例会，及时总结上阶段学会工作，谋划部署下阶段工作。与市水利学会、基层科协“四长”开展共建活动，设立学会能力提升计划专项经费。新建5家企业科协，1家企业科协获评省示范企业科协。新增专利信息资源库账号1家。3月，组织镇江市高等专科学校汽车制造与装配技术、电气制造等汽车相关专业学生，赴蜂巢动力系统（江苏）有限公司，参观蜂巢汽车科普馆，外籍专家刘必贵为师生开展“IATF16949质量管理体系基础”专题讲座，推动企业与高校之间的交流。先后组织企业科协参加镇江市数字农业对接活动、企业科协特色交流活动（江苏站）、2023专精特新企业人才创新成长论坛、“科创镇江”创新研讨培训会等各类活动。4月，组织部分企业科协负责人和中高级工程师赴昆山参观考察智能化机械装备制造企业和科技园区，提升成果转化思维。

（郭明霞）

【科技人才服务优化】 2023年，扬中市组织科技工作者代表赴溧阳、溧水开展“‘溧’志笃行”党员冬训学习实践活动，赴扬中市渡江文化园参观学习，组织观看《郭克生》锡剧，教育引导广大科技工作者立足本职工作，开拓进取。“全国科技工作者日”期间，市领导带队深入乡镇、企业、学校等一线看望慰问10位优秀科技工作者代表，通过《扬中日报》和“微扬中”公众号宣传报道优秀科技工作者风采，向各行各业的科技工作者发送节日祝福短信4.4万条。举荐优秀科技工作者参加省、市各项评选表彰活动，1人获评镇江市创新争先成绩突出科技人物，1人入选镇江市科技智库青年人才计划，1人获得镇江市科协青年科技人才托举工程项目资助，5人获评镇江市企业创新达人，1人获评企业科技标兵，1人获评杰出创新工程师，1人被省科协推荐为中国科协科技人才举荐和表彰奖励评价专家。

（郭明霞）

【市级科技智库建设】 2023年，扬中市科协依托市级学会、院士专家工作站、海智基地、海外工作站以及企业科协（工作站），发挥智力集聚优势，建立健全市级科技智库，出台科技智库管理办法，8家学会被纳入扬中市智库。注重收集科技工作者建议和意见，围绕全市重点、难点、热点问题开展调研，全年上报镇江市科协建言献策课题5篇，有4篇获奖，其中1篇获得一等奖。撰写的《以“大科普”赋能新时代科普高质量发展的探索与思考》上报市委智库，老科协撰写的《我市村级经济发展的现状及对策建议》等15篇调研文章，汇编成册，其中4篇获得市领导批示。组织2人申报2023年度江苏省及镇江市科技智库青年人才计划，其中1人入选镇江市级计划。

（郭明霞）

【全国科普日活动】 2023年9月19日，扬中市召开2023年全国科普日活动联办会议，专题动员和部署全国科普日。9月17—23日举行以“提升全民科学素质 助力科技自立自强”为主题的“全国科普日”活动，全市举办“科普宣传咨询”广场活动、“院士专家科普基层行”活动、“科技志愿服务”活动、青少年科技科普实践活动、系列科普联合行动等八类活动、160个活动项目，营造“学科学、爱科学、用科学”的浓厚氛围。

（融媒体中心）

9月19日，全国科普日活动现场 （科协供图）

扬中市归国华侨联合会

【概况】 2023年,扬中市归国华侨联合会(简称侨联)发挥群团组织的政治优势,联络侨胞,凝聚侨心,表达侨声,维护侨益,发挥侨力,侨务工作开展得有声有色。开展特色活动、共建活动,加大引才引资,发挥侨界优势。凝聚侨心侨力侨智,营造知侨情、暖侨心、解侨困的工作氛围,增强侨联组织的凝聚力。组织开展"关爱老侨眷""侨爱四下乡""侨看扬中"等一系列特色活动,春节、重阳等节点开展侨眷慰问活动,走访慰问生活困难的归侨侨眷、有突出贡献及重大影响力的归侨侨眷优秀代表人士。提升为侨服务实效,实施"情暖侨家"社工项目,举办"情暖重阳 与爱同行"暨"扬侨有爱"志愿服务队授旗活动,成立首支侨界志愿服务队伍。建立"微侨家""扬中侨友、侨眷、侨企"微信群、"侨联讲堂"等活动阵地和平台,构建常态化、长效化相互传递亲情、乡情、国情的工作体系。 (施雯)

【妇女节健康讲座——侨联大讲堂活动】 2023年3月3日,扬中市侨联联合扬中市级机关工委举办第七期"侨联大讲堂",纪念三八妇女节113周年。邀请江苏省人民医院韩素萍开展更年期女性健康保健讲座。市级机关女同志代表、侨界女性代表约80人参加活动。韩素萍结合长期的工作实践,讲解更年期的相关知识,并就如何加强自我保健、保持健康生活、定期检查、早诊早治等方面给出指导和建议。解答女性朋友提出的普遍关心和关注的问题,厘清一些常见的认识误区,从科学和专业的角度普及健康知识。 (施雯)

【"感恩母爱 快乐自己" 母亲节暖侨活动】 2023年5月12日,扬中市侨联联合江苏美科微侨家,开展"感恩母爱 快乐自己"欢庆母亲节活动,致爱母亲节,凝聚"她"力量,近20位女性侨胞侨眷出席活动。活动学习中共二十大精神,向侨眷母亲赠送鲜花;组织参观美科现代化的生产车间、先进的生产设备、单晶硅生产线和物理、化学实验室以及美科下属的环太渔乐园,相互交流创业、工作、学习和生活体会。市侨联向各位侨眷母亲表达祝福并介绍2023年度侨联工作。 (施雯)

【海外华裔青少年"中国寻根之旅"夏令营(江苏镇江营)】 2023年7月22日,海外华裔青少年"中国寻根之旅"夏令营(江苏镇江营)在扬中举行。活动由中国侨联主办,省侨联指导、镇江市侨联承办、扬中市侨联协办。活动组织华裔青少年赴陈履生博物馆群开展历史文化研学活动。参观汉文化博物馆,了解汉代画像石、画像砖、陶俑、青铜器、漆器以及各类陶器,感受汉文化;参观陈履生美术馆,观赏书画作品,提升审美情趣;参观竹器博物馆,近距离欣赏竹编工艺品,寻找亲情之根、文化之根、精神之根。 (施雯)

7月22日,海外华裔青少年"中国寻根之旅"夏令营在扬中举行 (侨联供图)

【侨联七届二次常委会和七届三次全委会议】 2023年8月25日,扬中市侨联召开七届二次常委会和七届三次全委会议,回顾总结2023年上半年全市侨联工作,研究部署2023年下半年重点工作任务。市侨联七届委员会全体委员、市纪委监委派驻第二纪检监察组相关同志参加会议。会议传达学习习近平总书记考察江苏重要讲话重要指示精神、镇江侨联七届二次常委会会议精神和扬中市委十三届五次全会精神。会上,市侨联主席朱秋敏作工作报告。报告从"五个突出"总结上半年工作。报告强调,侨联将进一步服务海外联谊拓展,服务侨界人才招引,服务侨商侨企发展。积极配合有关部门推动"扬中市'情暖侨家'社工项目"的实施,创建"'扬侨有爱'志愿服务队",配合新坝镇新治村,做好"省华侨文化交流基地"创建申报相关工作,确保圆满完成年度各项任务。会议选举增补市侨联第七届委员会委员和秘书长。 (施雯)

【"情暖侨家"项目】 2023年8月,扬中市民政局、侨联、卫健委共同实施的"情暖侨家"社工项目在社工总站启动。项目服务对象是侨眷中的高龄、空巢老人等重点群体,旨在通过"每月'医'看"、季度慰问、制作"岁月影像"小视频等服务措施,常态化开展有针对性的关爱服务,增强侨眷的安全感和幸福感。会上,侨联相关负责人分享海外侨胞及其眷属为家乡经济、社会建设作出贡献的事例;社工总站的工作人员针对具体项目的实施和志愿服务要求等内容专题培训。 (施雯)

【"扬侨有爱"志愿服务队成立】 2023年10月17日，扬中市侨联举行"情暖重阳 与爱同行"暨"扬侨有爱"志愿服务队授旗活动。"扬侨有爱"志愿服务队成扬中市第一支侨界志愿服务队伍。"扬侨有爱"志愿服务队致力于为14户75周岁以上且子女均不在扬中的老侨眷，每人配备1名家庭医生和2名志愿者，通过"每月'医'看"、季度慰问、制作"岁月影像"小视频等服务措施，常态化开展有针对性的关爱服务，增强侨眷的安全感和幸福感。活动现场，近30名侨界志愿者和侨眷在工作人员的带领下参观营房村新农村建设。 （施雯）

10月17日，"扬侨有爱"志愿服务队成立 （侨联供图）

扬中市文学艺术界联合会

【概况】 2023年，扬中市文联有作家协会、书画家协会、音乐舞蹈家协会、戏剧曲艺家协会、摄影家协会、民间文艺家协会、电影电视家协会7个专业协会，会员总数400余人，其中国家级会员34人，省级会员118人，镇江市级会员170余人；有公安文联和西来桥镇文联2家团体会员。全年新增国家级会员5人，省级会员10人；5人加入中国民间文艺家协会，2人加入江苏省民间文艺家协会，2人加入江苏省作家协会，1人加入江苏省美术家协会，5人加入江苏省摄影家协会。文联持续推进扬中文艺事业繁荣发展。先后举办"奋进现代化 砥砺新征程" 美术书法作品展、"发现芳洲之美 共建美丽乡村"摄影作品展和"新时代、新征程、新印象"文艺作品展，弘扬时代主旋律，凝聚奋进力量。组织"扬中民俗"摄影联展参加第六届中国凤凰民俗摄影双年展，展出本土13名摄影师的152幅作品，内容涉及河豚文化、扬中竹编、剪纸、舞龙、九狮图等民俗文化和非遗项目。全年有50件以上文艺作品在省级及以上发表、参展、获奖。开展助力乡村文化振兴、义务写春联、文艺进军营、传统文化进校园等文艺志愿服务活动60余场。获评"江苏省文艺志愿服务工作先进单位"称号。 （王雨童）

【文艺志愿服务活动】 2023年，扬中市文联在文艺志愿服务品牌打造、队伍建设、资源整合等方面重点发力，推动文艺志愿服务进基层、润乡村、入民心，获评"江苏省文艺志愿服务工作先进单位"称号。深化文明实践，先后在市新时代文明实践中心、新坝镇联合村、经开区港湾新城开展3场"翰墨书香迎新春"志愿服务活动，赠送春联福字1000余套，剪纸200余幅，书籍100余本。组织书画家赴乡村振兴挂钩联系点三茅街道永勤村开展"书画进乡村 笔墨话振兴"活动。送文艺进军营，为武警中队官兵作摄影知识讲座。助力文明城市创建，赴三茅街道英雄社区、江洲路社区开展2场"移风易俗进社区 文明新风润城乡"主题宣教活动。组织文艺骨干、中小学生创作篆刻、剪纸形式的"文明扬中12条"，赴英雄社区开展楼道文化更新行动。推进"艺起传薪"项目，组织10余场书法、戏曲、糨塑、剪纸、竹编进校园活动，带领中小学生了解和体验传统文化。 （王雨童）

【主席团会议暨扬中文艺事业繁荣发展座谈会】 2023年1月12日，扬中市文联召开2023年度文联主席团会议暨扬中文艺事业繁荣发展座谈会。扬中市各文艺家协会、公安文联、西来桥镇文联主席及文联机关全体干部职工参加会议。会上，全体人员集中学习《中国共产党宣传工作简史》相关内容，领会文艺工作者"举旗帜、聚民心、育新人、兴文化、展形象"使命任务的具体要求。7个文艺家协会、公安文联及西来桥镇文联的主席依次汇报2022年工作开展情况，重点谋划2023年主要工作；就如何推进扬中文艺事业繁荣发展深入讨论与交流。 （王雨童）

【"文艺名家讲坛"活动】 2023年4月7日，扬中市文联举办"文艺名家讲坛"活动。活动由扬中市文联、镇江市作家协会联合主办，扬中市作家协会协办，特邀江苏省作家协会副主席、书记处书记、《钟山》主编贾梦玮到扬中讲座。贾梦玮与百余名文学爱好者畅谈《非虚构写作的艺术》，帮助扬中广大文学爱好者提升文艺鉴赏水平和创作能力。 （王雨童）

【文联九届三次全委会】 2024年4月18日，扬中市文联召开九届三次全委会。会议首先对文联第九届委员会委员调整情况作出说明，增补委员2名。全体委员集中学习领会镇江市文联五届十二次全委（扩大）会议精神,进一步明确工作思路。会上,扬中市文联主席方泽华向全会作题为《奋进新征程 勇担新使命 为推进中国式现代化扬中新实践汇聚文艺力量》的工作报告,回顾总结2022年的工作,深入分析当前扬中文艺发展的新形势,安排部署2023年文联工作的各项任务。

(王雨童)

【民间传统文化专题调研】 2023年6月6日,扬中市文联组织各文艺家协会负责人开展扬中民间传统文化专题调研活动。调研组先后赴西来桥小学糯塑教室、耿月新竹编展览馆、奚彩军玉雕工作室、长鸣乐器厂、孙永青剪纸工作室参观考察,现场观摩糯塑创作、竹编技法展示、笛箫制作及玉石雕刻等一系列民间传统手工艺的制作流程,向非遗传承人详细了解各艺术门类的行业发展现状、文化传承情况以及存在的现实困难。实地调研结束后,各文艺家协会及非遗传承人围绕"如何更好地发扬本土民间传统文化"座谈,总结梳理扬中民间传统艺术传承与发展的特色亮点,就存在的困难、问题以及下一步的对策措施探讨交流,为弘扬本土传统文化征集意见和建议。文联根据调研实际,撰写《担负新的文化使命 传承民间文艺薪火》的调研报告。

(王雨童)

【"奋进现代化 砥砺新征程" 美术书法作品展】 2023年8月28日,"奋进现代化 砥砺新征程" 美术书法作品展在扬中市行政中心大厅开幕。展出由扬中市委宣传部、文联、融媒体中心联合主办。展览展出80件作品,涵盖书法、中国画、油画、篆刻、剪纸等多个艺术门类,作品内容围绕扬中经济社会发展取得的重要成就,展现扬中全市上下在奋进现代化的道路上踔厉奋发、笃行不怠的良好风貌。首展后,在三茅街道新时代文明实践中心、西来桥镇文体中心、市崇德小学、新坝镇联合村基层巡展。

(王雨童)

8月28日,"奋进现代化 砥砺新征程"美术书法作品展开幕

(文联供图)

【"弘扬传统文化 点亮非遗之美" 主题活动】 2023年9月25日,扬中市文联牵头"小支部大联盟"开展"我们的节日·中秋——弘扬传统文化 点亮非遗之美"主题活动,引导党员干部认知传统、弘扬传统,增强文化自信。活动当天,文联、妇联、残联、档案馆及市委编办5个党支部的20余名党员先后赴新坝镇新治村孙永青剪纸工作室和立新村扎染工坊,参观体验传统民间文艺项目。以传统民间艺术剪纸、扎染为媒介,让党员感受非遗魅力。通过"党建带群建",丰富党员干部的精神文化生活。

(王雨童)

【"新时代 新征程 新印象"机关文艺作品展】 2023年10月19日,"新时代 新征程 新印象"扬中市级机关文艺作品展开幕式暨颁奖仪式在市文广体旅局举行。展览由扬中市委市级机关工委、文联联合主办,面向市级机关各部门征稿,征集到文学、美术、书法、摄影等各类作品200余件,现场精选约60件作品展出。入展作品题材丰富、主题突出、风格各异,以生动直观的艺术形式描绘扬中社会发展、城乡建设的新面貌,展现机关党员干部建功新时代,争创新业绩的精神风貌。开幕式举行颁奖仪式,为获得征文、书画、摄影类一、二、三等奖和优秀奖的33件作品及作者颁发获奖证书。(王雨童)

【"发现芳洲之美 共建美丽乡村" 摄影作品展】 2023年12月25日,"发现芳洲之美 共建美丽乡村"摄影作品展在扬中市行政中心开幕。活动由扬中市委宣传部、文联、融媒体中心、农业农村局、扬中农商银行、摄影家协会联合主办。展览收到参赛作品200余幅,经专家组评选,评出一等奖2件,二等奖4件,三等奖6件,入围奖16件,现场精选40余幅优秀作品入展。作品主题鲜明、表现生动,全面回顾近年来扬中农业农村工作的新举措、新成绩,展现乡村特色产业、乡村基础设施、乡村生态环境、乡村文明风尚的新形象、新风貌。(王雨童)

扬中市残疾人联合会

【概况】 2023年,扬中市残疾人联合会坚持党的领导、突出为残服务,聚焦残疾人就业、康复、托养等工作,开展就业援助活动,15家企业提供87个残疾人岗位,实现新增实名制就业34人,71家集中安置残疾人就业企业安置残疾人1732人,71家按比例安排残疾人就业单位安置残疾人138人,5家盲人按摩机构入选省残联、省文化和旅游厅盲人按摩水韵旅游数字服务平台,4名盲人按摩师获得盲人医疗按摩资质。先后为33名残疾人补贴资金,组织电商直播、网络购物、种植养殖技术等培训班7次,完成培训199人次。协调落实辅助性就业项目9个,134名辅助性就业人员实现49.85万元的总收入,助力残疾人实现自身价值。13家“残疾人之家”和8家残疾人托养机构,为161名残疾人提供日间照料,29名残疾人提供寄宿制托养,260名残疾人实现居家托养服务。高效运行精神病用药补贴系统,为485名持证精神残疾人提供服药补助,完成80名省“实现孤独症儿童康复服务全覆盖”民生实事项目任务,在册130名残疾儿童分别在人民医院康复院区、特殊教育中心学校、佳佳乐教育培训有限公司等定点机构康复训练,“免费复明工程”惠及98名困难家庭白内障患者。41名残疾学生或残疾人家庭学生享受到教育补贴,67个困难残疾人家庭享受到家电救助,158名困难残疾人得到辅助器具适配服务,20户低收入残疾人家庭接受无障碍改造,提升残疾人生活保障。

(韩传会)

【残疾人体育和康复融合训练基地建设】 2023年,扬中市实施残疾人体育和康复融合训练基地建设。项目入选2023年为民服务实事项目,服务全市100余名肢体(脑瘫)、孤独症儿童康复训练,探索体育与康复融合发展的新路径,储备残疾人体育后备人才资源。基地投入资金40余万元,占地200多平方米,整合利用特教中心、残联和康复医院现有场地、设施和房屋资源,建设以奥运冠军邹莉娟的优势项目标枪、铅球为主,以乒乓球、举重、特奥项目为补充的体育融合训练基地。基地分为室内室外两个部分,室内为力量功能训练室,室外为标枪、铅球训练场地。申报打造“邹莉娟工作室”,依托邹莉娟训练团队的力量,借助市残疾人综合服务中心资源,提供高水平的体育和康复融合训练。(韩传会)

【残疾人辅助性就业调配中心创建】 2023年,扬中市残联推进残疾人辅助性就业调配中心建设。市残联围绕推动“残疾人之家”常态化运营、开拓扬中残疾人辅助性就业增长点的总目标,统筹资金,征集产品资源,规划运行模式,采用政府购买服务的方式,向社会公开招聘承接运行主体。年内调配中心完成建设招标采购程序,基本完成内部装修和品牌化建设。辅助性就业调配中心根据残疾群众特点和需求,多元化、多层次、多渠道开展辅助性就业工作,寻找、引进适合残疾人劳动的产品,让残疾人通过劳动创造价值,增加劳动收入,切实解决残疾人就业难题,全年中心吸纳134名不具备完全劳动能力的残疾人开展辅助性就业。(韩传会)

【非集中安置企业达超比例申报平台建设】 2023年,扬中市残联联合税务部门,开发非集中安置残疾人就业企业达超比例申报系统,将所有按比例安置残疾人就业企业纳入系统管理,实现安置残疾人数据实时动态管理,搭建双向选择平台,精准核实补贴资金,严格落实达超比例奖励措施,有效激发各类企业安置残疾人就业的积极性。系统审核通过达比例安置残疾人61人,超比例安置残疾人12人,发放补贴38.7万元。

(韩传会)

【第33次全国助残日活动】 2023年5月,第33次全国助残日期间,扬中市、各镇(街、区)残联围绕“完善残疾人社会保障制度和关爱服务体系 促进残疾人事业全面发展”主题举办助残日主题活动。市四套班子主要领导分别带队慰问优秀残疾人代表和困难残疾人家庭39人,走访残疾人服务机构5个;组织开展“你的心意,我来点亮”微心愿征集活动,用微力量来帮助特教孩子点亮微心愿;组织“关爱残疾人群,奉献微薄之力”为主题的扬中市困难残疾人家庭无障碍改造启动仪式;助残日期间,残联借助短信、横幅、展板、出租车顶灯箱等形式,向社会各界宣传残疾人知识,汇聚社会各界关爱。新坝镇残联联合镇机关五支部开展“携关爱之手 向暖阳而行”主题活动,组织部分残疾人参观陈履生博物馆群、渡江文化园、新治道德文化园等。油坊镇残联开展残疾人电商直播培训活动,开展辅具配送、普法讲座、爱心义诊、健康知识科普讲座等活动。八桥镇残联联合镇司法所开展以“情系残友,法润残友,保障残疾人合法权益”为主题的残疾人普法知识讲座及残疾人维权知识培训等助残活动。西来镇残联联合各部门开展助残日广场咨询活动,提供政策宣传、劳动就业、法律咨询、康复照料等宣传服务。西来桥镇和兴隆街道残疾人之家联合开展“礼赞二十大 助残新征程”残疾人趣味运动会。三茅街道残联、司法、综治等部门联合开展“美好生活·民法典相伴”为主题的普法宣传活动。

(韩传会)

【扬中市首届残疾人歌手大赛】 2023年5月19日,扬中市残联联合市委宣传部、文体广电和旅游局、融媒体中心、慈善总会主办首届残疾人歌手大赛。30名残疾人歌唱爱好者报名,大赛通过前期海选、专家组评定,10名选手入围决赛。赵文磊演唱的《你的答案》获一等奖;戴桂生演唱的《一壶老酒》、高强演唱的《等待》获二等奖;潘金亭演唱的《青蛇传》(锡剧)、孙国伟演唱的《迟来的爱》、冷桂珍演唱的《牛郎织女》(黄梅戏)获三等奖。决赛中,市特教中心学生表演《三字经》《听我

说谢谢你》。 （韩传会）

扬中市红十字会

【概况】 2023 年,扬中市红十字会有基层组织 52 个,团体会员单位 9 家，会员 1.85 万人，注册志愿者 303 人,志愿服务组织 10 个,总服务时长 4000 余小时,应急救护培训基地 1 个,冠名红十字医院 1 家,应急救护培训师资 34 人。“博爱送万家”“爱心一元捐”“爱相髓——白血病关爱项目”为红十字传统品牌救助项目,常年开展募捐筹资、人道救助、应急救护培训、造血干细胞捐献、遗体器官捐献、红十字青少年等工作。

（刘彩霞）

【人道救助工作】 2023 年,扬中市红十字会接收捐赠款物 70.66 万元，发放人道救助款 52.68 万元。开展“5·8 人道公益日”和“99 公益日”网络筹资活动,募集资金 6.84 万元,用于项目实施。实施“博爱送万家”救助项目,救助大病困难群众 383 人次;实施“爱心一元捐”救助项目,救助患病师生 18 人;实施“大爱相‘髓’——白血病关爱”救助项目,救助白血病患者 4 人,2 人获得“小天使基金”项目资助。新增“红十字会 医保向日葵 情暖重特大疾病患者”项目,走访慰问重特大疾病患者家庭 3 户,发放救助金 1.8 万元。完成支援陕西白水县红十字会结对帮扶,拨付帮扶项目款 10 万元。 （刘彩霞）

【救护培训工作】 2023 年,扬中市红十字会继续实施公益性应急救护百万培训项目，开展初级救护员和 CPR+AED 持证培训工作。全年开展应急救护培训 100 余场,持证培训 946 人,普及培训 8871 人。持续深入开展“救在身边 校园守护”行动,累计培训学校教职员工 300 名、中小学生 6986 名。举办应急救护师资能力建设交流会,新增救护培训师资 3 名,新增投放自动体外除颤器(AED) 3 台。 （刘彩霞）

【造血干细胞捐献工作】 2023 年,扬中市红十字会宣传捐髓“无损健康、救人生命”的理念。利用横幅、展板、微信公众号、公益短视频等形式,举办宣传培训 16 场次,发放宣传资料 3600 余份,制作宣传展板 16 块,媒体宣传稿件 9 篇,接受宣传 2 万余人次。开展纪念第九个“世界骨髓捐献者日”活动,与教育局联合举办成功捐献者事迹报告会。全年造血干细胞血样采集入库 43 例,再动员 10 例,高分辨体检 5 例,成功捐献 3 例,3 名捐髓志愿者被评为 2023 年第三季度“扬中好人”。造血干细胞捐献工作在镇江市红十字会考核中获一等奖。

（刘彩霞）

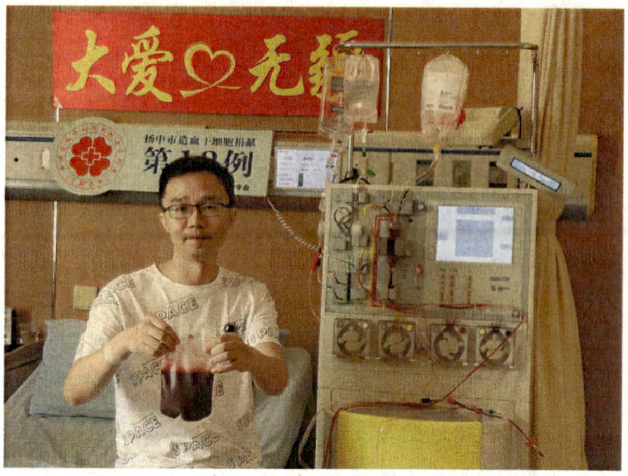

7 月 18 日，郭燕彬在南京明基医院捐献造血干细胞 （红十字会供图）

【无偿献血、遗体器官捐献工作】 2023 年,扬中市红十字会推动无偿献血工作,全市参与无偿献血 3346 人次,采血 109 万毫升。周发华夫妇累计献血 7100 毫升,获得 2020—2021 年度全国无偿献血志愿服务奖一星级。做好遗体器官捐献的宣传咨询、接待和登记工作,组织遗体捐献亲属参与“博爱传承 生命永恒”缅怀公祭活动,开展遗体器官捐献宣传活动 10 次,接待遗体捐献咨询 20 余例,成功捐献 1 例,累计 10 位志愿者捐献遗体。 （刘彩霞）

【博爱家园建设】 2023 年,扬中市红十字会新建八桥镇万福村、西来桥镇 2 个博爱家园,实现乡镇(街道)博爱家园建设全覆盖。开展红十字博爱家园项目共建,全市 8 个博爱家园与 8 个市级机关部门开展结对共建活动,在开展救护培训和“博爱送健康”的基础上,共同开展困难救助、养老助老等服务,打造群众身边的红十字会。三茅街道新联社区博爱家园被省红十字会评为“优秀博爱家园”。 （刘彩霞）

【红十字会组织建设】 2023 年,扬中市红十字会加强红十字青少年工作。新增中小学校基层组织 24 个,全市中小学建会率 100%,市外国语小学、省扬中专通过镇江市级红十字示范学校创建评审。加强卫健系统红十字会基层组织建设，联合冠名红十字医院市人民医院打造“博爱送健康”品牌项目,融入健康扬中战略,中医院副院长朱兰勇被评为中国红十字会 “会员之星”。加强与麦田、海川、鑫雨亲子等社会组织的联系合作,提升红十字工作影响力。 （刘彩霞）

军 事

人民武装部

【概况】 2023年,扬中市人民武装部(简称人武部)党委坚决贯彻落实党中央、中央军委和习近平主席决策指示,在军分区党委和扬中市委的坚强领导下,站上高位强引领、聚焦主业抓准备、紧盯转型谋发展、突出从严正风气,全面建设迈出坚实步伐。 (朱伟华)

【思想政治工作】 2023年,扬中市人武部深入学习贯彻习近平新时代中国特色社会主义思想和习近平强军思想,每季度组织参加党委中心组带机关理论学习,严格落实"第一议题"制度,跟进学习习近平主席最新讲话精神,新闻报道在《中国国防报》《中国民兵》等省级以上媒体刊用17篇,提升理论学习质效。扎实推进第二批党内主题教育和"学习强军思想、建功强军事业"教育实践活动,广泛开展"读主席著作 学强军思想 争做王继才式国动先锋"主题实践活动,严密组织专题党课、参观见学、调查研究、专题民主生活会等活动,有效推动主题教育走深走实。结合整组点验、集中轮训、节日战备等时机开展民兵政治教育,组织民兵党员到渡江文化园重温入党誓词,组织民兵骨干到烈士陵园缅怀革命先烈,人武部军政主官和基层政治教导员走上讲台授课辅导,切实打牢民兵政治合格的思想基础。 (朱伟华)

【练兵备战工作】 2023年,扬中市人武部始终把备战打仗作为第一要务,坚持以战领建、抓建为战,严格落实议战议训,围绕建设打仗型党委班子,人武部党委委员领题调研,形成研究报告4篇。组织民兵分队参加基地化轮训,出动民兵应急排参加市县两级防汛抗洪综合演练,参加军分区"四会"教练员比武,成绩排名靠前,民兵实战化训练经验做法被东部战区微信公众号刊载。参加上级组织的国防动员演练,民兵网络防护分队训练和行动视频在演练中展示,受到省军区首长机关肯定。 (朱伟华)

【国防动员工作】 2023年,扬中市人武部适应国防动员体制改革新模式,军地协作沟通顺畅,国防动员机构常态运行。紧盯规模、布局、编兵单位、保障等关键要素,基干民兵队伍编建质量持续提升。深入开展征兵宣传进校园、进企业、进社区,精准发动大学生特别是大学毕业生入伍,严把体检关、政考关、定兵关、廉洁关。遴选民兵参加教官资格认证,完成辖区4所学校新生军训工作。 (朱伟华)

武警扬中中队

【概况】 2023年,武警扬中中队官兵深入学习贯彻习近平新时代中国特色社会主义思想和习近平强军思想,开展党内"学习贯彻习近平新时代中国特色社会主义思想主题教育",持续抓好学习宣传贯彻中共二十大精神,对照基层建设"三个过硬"(听党话、跟党走的过硬基层,能打仗、打胜仗的过硬基层,法纪严、风气正的过硬基层)标准,坚持固强补弱,稳中求进,着力夯实中队全面建设根基,完成以执勤为中心的各项任务。 (曹智璇)

【执勤战备工作】 2023年,武警扬中中队严格贯彻新时代执勤安保规范化网上集训会议精神,落实文件要求,大力推动执勤隐患治理,中队监门哨执勤隐患得到彻底治理,持续抓好大练执勤基本功活动深化,组织全体官兵全面学习"三个执勤法规",强化依法抓勤意识和能力。结合春节、两会、五一、国庆等重要时期节点,进行形势任务战备教育,扎实抓好应急战备演练。多次与目标单位组织联席会议,解决执勤隐患。完成10起押解勤务及6个时段武装巡逻勤务。 (曹智璇)

【军事训练工作】 2023年,武警扬中中队认真按照规定要求,依规依法抓训练,从严从难打基础,始终把军事训练摆在中心位置不放松。认真学习新大纲,抓好基础性训练、抓好尖子人才的培养,加强勤务、体能等科目训练,中队整体训练水平大幅提升。以各级各类比武考核活动为契机,大抓军事体育训练,通过“三比三看”,利用会议讲话等时机表扬先进个人,激发官兵训练热情,全力提升训练质效。 (曹智璇)

【思想政治工作】 2023年,武警扬中中队深入贯彻“学习强军思想 建功强军事业”教育实践活动和党内“学习贯彻习近平新时代中国特色社会主义思想主题教育”创新教育模式,将灌输式、抄记式教育向心得式、讨论式、实践式教育模式转变,有效增强教育的时代性、感召力。发挥网络育人新功能,持续做好优良传统教育,组织官兵看望慰问烈士遗属,相关内容被《解放军报》、《武警报》、共青团中央、央视军事频道、新华社等近百家军地媒体机构转发,累计阅读量2000余万次。 (曹智璇)

人民防空

【概况】 2023年,扬中市人防办围绕“战时防空、平时服务、应急支援”的使命任务,积极开展人防建设。严格防护工程建管,推进全市住宅小区人防工程平时使用证发放工作。加强人防工程安全生产,依法开展人防行政审批,收缴人防易地建设费。强化应急应战能力,加强人防专业队建设,科学按纲、按战、按岗开展中型指挥所的训练。结合“5·12”防灾减灾日,组织部分社区及中小学开展防空防灾应急疏散演练。在港湾新城小区人防工程内开展平战转换演练,模拟战时状态下人防工程的早期、临战、紧急三个阶段的转换工作。浓厚国防动员宣传氛围,开展人防宣传教育进企业、进社区、进机关、进学校、进网络、进乡镇“六进”工作,在全市镇(街、区)、8所学校、18个社区开展宣传教育工作,增强国防观念和防空意识。发挥人防教育体验馆宣教作用,通过观看操作、信息查询、实景体验等方式,普及防空防灾知识,提升群众自救互救能力。 (刘芳)

【人防知识进社区】 2023年3月1日,扬中市人防办在长旺街社区开展“人防进社区宣传活动”,把人民防空知识送到居民家门口。活动现场,志愿者为居民讲解如何区分防空警报的三种信号等人防知识,组织参观人防知识宣传展板。工作人员现场为居民展示防化面具的使用方式和功能。现场开展有奖问答等互动活动。9月18日前夕,联盟、长旺街等社区开展警报试鸣宣传活动,各社区更换宣传栏,在主干道悬挂人防宣传横幅标语,利用社区宣传大屏滚动播放人防知识,组织在人员集中场所发放人防知识读本及人防宣传资料。社区联动,浓厚“9·18”警报试鸣工作氛围,提高群众防灾减灾意识,社会反响良好。 (朱江)

【人防宣传进校园】 2023年3月1日,扬中市人防办在丰裕中心小学组织开展国际民防日主题班会活动。活动为学生讲解防空防灾警报信号识别及面对空袭、自然灾害的应对方法等知识,鼓励学生积极学习人防知识,提高自救互救能力。5月12日,人防办在实验幼儿园组织开展人防宣传教育活动。活动通过组织幼儿园学生观看人防科普动画片,学习人防工程标识,了解空袭灾害的危害性,以及如何有序进入防空地下室避难等知识。9月18日前夕,扬中市人防办在实验小学开展人防知识进校园活动。围绕“9·18”警报试鸣,召开班会课,学习《小学生人防知识》读本,播放预先警报、空袭警报、解除警报,教授识别防空警报信号、避险知识。人防办工作人员为学生发放人防知识读本及便携救援哨子等宣传品。 (朱江)

5月12日,人防办开展人防知识进校园主题班会活动
(人防办供图)

【防空防灾疏散演练】 2023年5月7日,扬中市人防办在扬子新村社区九里香畔小区开展防空防灾应急疏散演练。10时,九里香畔小区预先警报响起、烟雾弹点燃,防空疏散演练拉开序幕,在指挥员的指引下,居民按照指定路线,用毛巾捂住口鼻,及时疏散隐蔽。10时32分,解除警报响起,演练活动结束。人防办现场开展防灾减灾及应急救护技能培训,人防医疗救护专业队人员讲解止血、包扎、固定、心肺复苏等救护知识,消防专业队人员向居民宣讲消防知识和应急逃生技能,组织居民参观人防机动指挥车、无人机、消防、医疗等救援装备。 (朱江)

【“9·18”警报试鸣】 2023年9月18日10时，扬中市所有防空警报点同时响起防空警报：10时00分“预先警报”：鸣36秒，停24秒，反复3遍。10时10分“空袭警报”：鸣6秒，停6秒，反复15遍。10时20分“解除警报”：长鸣3分钟。根据《中华人民共和国人民防空法》有关规定，以铭记“9·18”历史，告诫广大市民勿忘国耻、居安思危为目的开展的活动。扬中市人防办提前5天公告警报试鸣，警报试鸣期间，未影响各机关、学校、企事业单位和市民的正常工作、生活秩序。 （朱江）

【人防工程平战转换演练】 2023年9月18日，扬中市人防工程平战转换演练活动在经开区港湾新城二期小区举行。演练参演人数40人，根据工作内容分为四个小组，第一组负责施工材料的运送，第二组负责墙体砌筑和临战封堵，第三组负责设备设施安装，第四组负责综合设施调试和口部伪装。演习设置8个科目，分别是淋浴洗消安装及模拟战时洗消演练，抗爆隔墙砌筑，干厕设置，滤尘和滤毒设备安装，综合调试，迷彩伪装，战时水箱安装，出入口封堵、钢结构防护密闭门封堵。演练过程井然有序、衔接紧密，达到以练备战的预期效果。 （朱锦君）

【“新闻媒体看国动”——扬中行】 2023年12月12日，江苏省国防动员办公室到扬中开展“新闻媒体看国动”环省行活动。省国动办秘书处相关人员、媒体记者一行10人赴扬中市调研采访，集中报道扬中国防动员体制改革后的重点工作和经验做法，以全媒体的形式，多样化的载体，展现扬中国防动员工作建设成就。新华报业旗下媒体记者组成采访团，走进扬中国防动员建设项目，聚焦扬中国防动员建设成果，梳理特色亮点工作，向社会各界全景展现新时代扬中国防动员高质量发展的新做法、新亮点。 （朱江）

双拥共建

【概况】 2023年，扬中市创新打造退役军人服务模式，推动全市退役军人工作高质量发展。打造“戎耀江洲”退役军人志愿服务品牌，1支服务队入选全国优秀“退役军人关爱青少年志愿服务队”，1支服务队获江苏省“优秀退役军人志愿服务队”称号，1人获江苏省“优秀退役军人志愿者” 称号，1人获江苏省退役军人服务中心(站)“百名优秀主任(站长)”称号。长江拥军服务社、“兵妈妈”、“21味进军营” 等拥军品牌影响力日益增长，1人获得全省最美拥军人物提名奖。开展“镇爱优抚 结对认亲”关爱行动，全年结对9户烈属、3户牺牲军人遗属、13户低保困难退役军人家庭。退役军人工作水平不断提高。完成年度安置任务，安置台账资料评审镇江市最佳；加强退役军人思想政治工作，获得 “全省退役军人宣传工作先进单位”，2家单位建成江苏省优秀“戎耀之家”，5家单位建成镇江市级“戎耀之家”，1人获得 “全省退役军人就业创业工作先进个人”称号。日常业务循序开展，退役军人事务工作全面落实。推进全市村级退役军人服务站星级服务站建设，按时发放各类优抚对象优待抚恤定期定量补助金、义务兵家庭优待金、退役军人一次性经济补助金等，做好优抚工作。规范开展建档立卡和优待证制发工作，做好烈士纪念设施维护和烈士褒扬工作。完善军休管理系统，做好服务保障工作。加大宣传力度，营造浓厚的双拥氛围。对照职能职责，全力维护退役军人正当权益。开展常态化帮扶援助活动，发挥上级退役军人关爱基金作用，为扬中市困难退役军人解难题，办实事。完成转业军官和转业军士安置工作，为下岗、失业转业志愿兵(士官)发放生活困难补助。 （储楠）

【优待抚恤工作】 2023年，扬中市及时准确发放各项抚恤补助金，按时下拨市财政负担各类抚恤和生活补助经费，督查各镇(街、区)按时足额打卡发放到位。春节、“八一”开展走访慰问活动，普惠慰问优抚对象。入户走访慰问困难退役军人，向各类优抚对象发放荣誉性慰问品。坚持敲锣打鼓送喜报制度，向三等功现役军人家庭敲锣打鼓送喜报，发放立功奖励金。开展重点优抚对象短期疗养，组织开展优抚对象免费体检，使优抚对象切实感受到党和政府的关怀。动员100余家企业(商户)为全国退役军人、“三属”提供优惠优待项目，项目清单涉及文化旅游、餐饮住宿、医疗服务、消费购物、就业服务等诸多民生领域。 （储楠）

【双拥共建工作】 2023年，扬中市出台双拥工作实施意见，明确各级各单位的任务目标，春节、“八一”期间各镇(街、区)、相关部门履行双拥职责开展双拥活动。春节期间，配合市委、市政府慰问驻扬各部队，组织志愿者到军营共建联欢，丰富官兵节日生活；“兵妈妈”等社会拥军组织在端午节，中秋节走进军营，融洽军政军民感情。文联、文广体旅游局、图书馆、科协等机关部门走进军营开展送书画、送图书、送法律、送科普知识等特色拥军活动。双拥典型友谊集团，继续慰问驻苏、驻镇、驻扬各部队。长江拥军服务社开展“关爱老兵行”“21味进军营”等系列主题拥军活动。利用“微双拥”微信公众平台,及时发布双拥活动动态、政法宣传以及社会优待等。完成部队办实事项目,协调市经发局、海晟集团、扬中青企会完成武警中队户外军民鱼水情雕塑树立项目。(储楠)

【退役军人服务“五长”新模式】 2023年,扬中市创新实施退役军人服务“五长”新模式,全面提升退役军人服务保障体系。扬中市在建设标准化、服务专业化、管理网格化、考核动态化的“四化”基础上,联动“五长”[志愿服务队队长、党(村民)小组长、楼长、厂长、会长],在就业创业、帮扶解困、网格管理等方面帮助退役军人,建成纵向到底、横向到边的退役军人服务保障体系,稳步提升退役军人的获得感、幸福感、安全感。退役军人服务“五长”新模式被评为2023年度江苏省退役军人工作创新创优活动优胜项目。(储楠)

【“镇爱优抚·结对认亲”活动】 2023年3月,扬中市退役军人事务局与交通局启动开展“镇爱优抚·结对认亲”活动。结对帮扶烈属以及低保困难退役军人家庭,在市退役军人事务局的组织下,全市24家企事业单位响应并参与,全年结对25户,结对烈属9户、因公牺牲军人遗属3户、低保困难退役军人家庭13户。各结对认亲单位明确1名联络员,每月联系烈士遗属不少于一次,了解结对对象日常生活中的急难愁盼、生活情况,主动对接解决燃眉之急。在重大节日和重要日期,开展对应的上门送关爱慰问行动,帮助烈士遗属解决实际问题,做结对对象的知心人、贴心人。(储楠)

【拥军商户联盟成立】 2023年7月25日,扬中市“拥军商户”联盟成立,72家“拥军商户”优待目录同步发布,现役军人凭军官证(士兵证)、退役军人凭退伍证或优待证、军属凭“拥军优惠卡”即可享受相关服务。扬中市创新现(退)役军人军属优待、优惠服务,促进社会化拥军参与度,退役军人事务局立足“扩面、提质、增能、长效”,深度动员多行业、多领域社会各界力量参与“拥军联盟”,在全市上下大力营造浓厚拥军氛围,提升拥军服务水平。仪式上,市退役军人事务局为“拥军商户”代表授牌,与新“拥军商户”——扬中农商行签订党建共建战略合作协议,为其退役军人“戎耀之家”授牌。截至年末,有90家企业和个体工商户加入优待联盟,优待服务涉及全市129家门店,优待项目266项,涵盖交通旅游、餐饮住宿、生活购物、休闲娱乐、健康医药、汽车加油维修检测、养老服务、培训教育、金融服务9个方面。(融媒体中心)

【退役军人返乡欢迎大会】 2023年9月12日,扬中市举行2023年退役军人返乡欢迎大会暨退役军人适应性培训动员会。扬中市连续9年召开退役军人返乡欢迎大会。返乡欢迎大会现场,市委常委、政法委书记王汉英代表市委、市政府向全体光荣返乡的退役军人表示热烈欢迎,为退役军人代表们佩戴红花、绶带。会上,举行退役军人适应性培训暨创业培训开班仪式。培训为期10天,设置民法典讲座、职业道德讲座、职场礼仪讲座、创业培训以及各类实地参观学习活动,详细解读退役军人就业创业的各项政策,助力退役军人加快角色转换、适应新环境,了解当前就业形势,选准自身发展方向,增强自信心,实现由部队建设的主力军向地方发展生力军的转变。(储楠)

【转业军官和安排工作退役军士选岗会】 2023年9月14日,扬中市召开转业军官和安排工作退役军士选岗会,转业军官和安排工作退役军士现场选岗,并签字确认。会上宣读《2023年市军转干部、安排工作退役士兵安置计划》,详细解读选岗的相关程序,强调选岗纪律和规则。邀请市委组织部、编办、人社局、纪委派驻纪检组相关领导对选岗过程全程监督,邀请相关部门、部分央企单位、省属企业负责人事的相关领导见证此次选岗会,确保“公开、公平、公正”的原则执行不走偏,群众更信服,“阳光安置”政策落到实处。退役军人事务局根据转业人数,及时与组织部、编办、人社部门对接,召开安置岗位协调会,筹集多家行政事业单位、市属国有企业单位岗位用于转业安置。退役军人事务局在选岗会后完善移交安置手续,送岗报到,建立回访制度和后续跟进服务,对转业军人的岗位安置、福利待遇落实、合同签订、社保缴纳等情况集中开展一次检查,及时发现和解决存在的问题,做好转业军官和转业军士安置保障。(储楠)

【烈士公祭活动】 2023年9月30日是第十个全国烈士纪念日。扬中市在烈士陵园举行向烈士敬献花篮仪式,缅怀先烈的不朽功绩,表达沉痛悼念和无限敬仰,动员全市上下追忆革命历史、铭记英雄伟业、继续奋勇向前。四套班子领导,其他副处级领导,各镇(街、区)、市级机关各部门党政主要负责人,以及离退休老干部、烈士家属、青年团员、党员义工、社会团体和学生代表参加活动。全场奏唱中华人民共和国国歌,向为祖国和人民英勇献身的革命烈士默哀;少先队员献唱《我们是共产主义接班人》;礼兵敬献花篮,全体人员肃穆静立,行注目礼。仪式结束前,全体人员瞻仰烈士纪念碑,在散葬烈士墓区向烈士献花。(储楠)

法 治

综 述

【概况】 2023年，扬中市政法系统聚力打造“平安幸福洲”，推进平安建设、法治建设、队伍建设，全力以赴防风险、保安全、护稳定、促发展，完成全国两会、杭州亚运会等系列安保维稳任务，为扬中高质量发展营造安全稳定的社会环境。全市群众安全感99.5%，位列全省第7。 (朱国培)

【基层社会治理】 2023年，扬中市扎实推进系列平安创建。开展“‘枫’采飞‘扬’守护平安”主题活动，高效推进平安校园、平安市场、平安法治先进村(社区)等系列创建，八桥镇、西来桥镇创成镇江市社会治理现代化先进镇(街道)，创成平安法治先进村(社区)12个。重点行业整治持续发力。纵深推进常态化扫黑除恶斗争，侦破“涉黑涉恶”十类案件53起，抓获犯罪嫌疑人95人。审结故意伤害、“盗抢骗”、“黄赌毒”等案件95件，全市八类案件破案率、性侵案件破案率均保持100%，刑事发案比上年下降24.2%，盗窃和抢劫、抢夺等传统侵财发案下降10.1%。开展电信网络诈骗专项整治，电诈案件立案数、损失金额分别下降27.3%、24.3%。市域社会治理稳步有序。在镇江率先实现市域社会治理现代化指挥中心规范化运行，首家建成市镇两级社会矛盾纠纷调处服务中心。“12345”热线平台全年受理企业、群众诉求6.66万件，及时办结率98.19%，回访满意率99.97%，网格知晓率、满意率分列镇江市第一、第二位。各级人民调解组织排查调处矛盾纠纷2781件，调解成功率99.5%。深化基层民主自治，村级民主协商议事会覆盖率100%，八桥镇利民村完成全国村级议事协商创新实验试点工作。群众权益保障有力有效。高效完成政法惠民十件重点实事，群众政法获得感进一步增强。深入开展未成年人违法犯罪综合治理，镇(街、区)未成年人保护工作站实现全覆盖，检察院未成年人司法保护中心获评江苏省“苏童成长”社会践习基地示范点，“知心姐姐”获评全省十佳检察文化品牌。从严加强特殊人群管控，接收社区矫正对象205人，在册对象277人，全年无一人重新犯罪。创新研发“服务管理小程序”，严重精神障碍患者服务管理率位居镇江第一。精准适用司法救助政策，累计救助67人、101.6万元。 (朱国培)

5—6月，开展“‘枫’采飞‘扬’守护平安”政法单位“向人民报告”活动 (政法委供图)

【法治建设】 2023年，扬中市推进执法司法规范化建设，全力推进道路交通安全和运输执法领域突出问题专项整治，开展基层综合执法规范化专项检查，法治满意度位列镇江第一。压实“谁执法谁普法”责任制，推动政法网格指导员进网入格开展集中服务，“三官一律”(法官、检察官、警官和律师)累计开展普法宣传380场次，受众1.3万余人次。在镇江率先探索实施法学会首席法律咨询专家制度，选聘首席法律咨询专家15人，为市委、市政府的中心工作和平安法治扬中建设提供智力支持。 (朱国培)

【政法队伍建设】 2023年，扬中市坚持将学习贯彻中共二十大精神作为首要政治任务和“第一议题”，深入开展学习贯彻习近平新时代中国特色社会主义思想主题教育，举办政法系统专题培训班，分层分类、分批分期开展政治轮训112场次，参训干警820人，实现全覆盖。深化政治督察和纪律作风督查巡查，加强警示教育、作风建设专题培训,连续三年邀请市委书记上专题党课、纪委书记作廉政报告,开展政治忠诚剖析5场次、42人次,筑牢拒腐防变的思想防线。推进政法领导干部交流,累计交流轮岗18人。全市政法系统评比表彰、选树宣传先进典型17批、28人,其中2人入选镇江市首届“最美公务员”和提名人选。 (朱国培)

【市委政法和信访工作会议】 2023年2月16日,扬中市委政法和信访工作会议召开,深入学习贯彻中央、省市委相关会议精神,总结工作、表彰先进、部署任务、压实责任。会议强调全市上下进一步坚定信心、振奋精神、争先作为,以信访工作高质量争得稳定新局面,以政法工作现代化护航发展新征程,为中国式现代化扬中新实践强势开局提供坚强保障。会上,表扬通报“平安法治先进村(社区)”“十佳政法干警”“最美网格员”“优秀网格指导员”;市检察院、市公安局、市信访局以及三茅街道分别作表态发言。 (朱国培)

【10件政法惠民实事】 2023年2月16日,扬中市委政法和信访工作会议上,扬中发布10件政法惠民实事,着力解决人民群众在民主、法治、公平、正义等方面的新需求、新期盼,建立健全惠民实事常态化机制,打造扬中政法惠民实事品牌。10件政法惠民实事包括:推进市域社会治理现代化指挥中心规范化运行,有效构建市镇村三级指挥体系;建成“一站式”诉讼服务中心,打造现代化诉讼服务体系;建立“全覆盖式”巡回审判点,实现巡回审判镇(街、区)全覆盖;全面建设企业合规“三化”工程,以“真合规”助力民营经济真发展;开展压降道路交通事故和死亡人数专项行动,推行守护群众出行安全检察专项监督行动;建设公安政务服务网办中心,推动一批高频民生服务事项“网上办”;设立专班化运作的反诈中心预警劝阻室,提升反诈精准预警劝阻工作效能;试点建设远程公证服务平台,进一步用科技赋能公证法律服务;开展“普法讲师团镇村行”活动,实现全年百场宣讲目标;组织开展社区综合服务设施提升行动,持续推进基层村(社区)综合服务中心、农村标准化区域性养老服务中心和未保工作站建设。扬中通过工作项目化、项目清单化、清单责任化,统筹政法单位全力以赴防风险、保安全、护稳定、促发展,以政法工作现代化保障高质量发展。

(朱国培)

【国家安全教育基地暨平安文化展示馆启动】 2023年4月15日,扬中市举行国家安全教育基地暨平安文化展示馆启动仪式。国家安全教育基地暨平安文化展示馆位于三茅街道友好村国家安全主题公园内,是全省首家以平安文化为主题的展示馆。展馆以列车造型承载和表现扬中的平安印迹和平安历程,以书法作品、照片还原、实物寓意等表现手法全景展现“平安幸福洲”的历史画卷。活动现场,与会人员参观国家安全主题宣传展览、“初心号”时代列车、“四千四万”精神陈列馆、国防军事训练点和平安文化展示馆。 (朱国培)

4月15日,扬中市举行国家安全教育基地暨平安文化展示馆启动仪式 (政法委供图)

【“‘枫’采飞‘扬’守护平安”系列活动】 2023年5月9日,扬中市委政法委召开“‘枫’采飞‘扬’守护平安”工作部署会。会议部署“‘枫’采飞‘扬’守护平安”系列宣传工作及上半年群众安全感满意度测评工作,专项布置政法系统“向人民报告”活动的相关内容及具体要求,深化平安扬中建设。5—6月,市委平安办牵头平安扬中建设领导小组各成员单位开展2023年上半年省群众安全感满意度电话测评迎检工作。市委政法委各单位深入基层村(社区),通过举办专题报告会,融入基层村(社区)的党员活动日、村民代表大会以及其他各类乡村振兴活动等形式,组织开展“向人民报告”活动,全景展示政法工作绩效,宣讲83场次,受众万余人。

(朱国培)

【政法系统学习贯彻习近平新时代中国特色社会主义思想专题培训班】 2023年8月18—21日,扬中市举办全市政法系统学习贯彻习近平新时代中国特色社会主义思想专题培训班。培训围绕深入学习贯彻习近平新时代中国特色社会主义思想、常态化扫黑除恶斗争、党建和党风廉政建设等主题,邀请权威领导和专家专题辅导,市纪委书记作廉政报告,政法委书记部署党的建设和党风廉政建设工作。市委政法委、市域指挥中心全体人员,法院、检察院、公安局、司法局、信访局领导班子成员及中层以上干部,各镇(街、区)政法委员、综

治和信访工作具体负责人员以及2021年以来政法各单位新进公务员参加培训。 （朱国培）

【法学会(首席)法律咨询专家库成立大会】 2023年11月21日，扬中市法学会(首席)法律咨询专家库成立大会召开。市委常委、政法委书记、市法学会会长王汉英出席会议。会议宣读《关于建立扬中市法学会(首席)法律咨询专家库的通知》，明确法学会法律咨询专家和首届首席法律咨询专家库成员，并为受聘的15名“首届首席法律咨询专家”颁发聘书，“首届首席法律咨询专家库”成员代表作表态发言。 （朱国培）

法治政府建设

【概况】 2023年，扬中市司法局坚持以习近平新时代中国特色社会主义思想为指导，全面深入学习贯彻中共二十大精神，学思践悟习近平法治思想，落实2023年法治政府建设工作计划，结合实际，突出问题导向和目标导向，全面提升法治政府建设水平，为全市经济社会高质量发展提供坚实法治保障。在镇江率先出台《扬中市党政机关主要负责人专题述法实施方案》，开展专题述法活动，活用多媒体媒介，推动习近平法治思想落实到全面依法治市全过程、各方面。召开扬中市委全面依法治市委员会、市委依法治市办相关会议，明确2023年度全面依法治市重点工作任务。实施全面依法治市“双提双评”(提高地方立法公众参与度、提升现代公共法律服务水平，重点领域行政执法案卷评查、司法案件法律文书和卷宗评查)专项行动。全力推进道路交通安全和运输执法领域突出问题专项整治，发放调查问卷50份，核查“12345”热线涉交工单15件，集中评查行政处罚案卷273件。起草并提请市政府出台《关于规范政府法律顾问工作的实施意见》规范政府部门法律顾问聘请和使用。清理规范性文件56件，编制《扬中市规范性文件汇编》确保规范性文件用有可查。（高欢）

【依法治市委员会办公室会议】 2023年4月20日，扬中市委全面依法治市委员会办公室会议在会议中心长江厅召开，总结2022年全市法治建设工作，安排部署2023年工作任务，推动全面依法治市工作取得新成效。市委常委、政法委书记、市委全面依法治市委员会办公室主任王汉英主持会议并讲话，指出要强化政治引领，坚定不移学习贯彻习近平法治思想，破解基层法治建设“堵点”“痛点”“难点”，增强群众法治获得感、满意度；要聚焦提质增效，优化法治化营商环境，提升社会治理法治化水平，顺应群众法治化诉求，打造更高水平的法治扬中；要坚持强基固本，一以贯之深化组织保障、示范带头、跟踪落实、督察推进法治建设机制建设，以高质量法治护航高质量发展。会议讨论通过市委全面依法治市委员会组成人员、协调小组成员和办公室组成人员调整方案，听取《扬中市2022年全面依法治市工作总结及2023年工作要点（讨论稿)》《扬中市党政机关主要负责人专题述法实施方案(讨论稿)》《中共扬中市委全面依法治市委员会办公室2023年工作计划（讨论稿)》《2023年法治建设督察工作方案（讨论稿)》《扬中市法治镇(街道)三年行动方案(2023—2025年)(讨论稿)》情况汇报，组织讨论市委全面依法治市委员会全体(扩大)会议议程，就全市全面依法治市“双提双评”专项行动工作作详细部署。 （张译丹）

【道路交通安全和运输执法领域突出问题专项整治工作】 2023年4月20日，扬中市道路交通安全和运输执法领域突出问题专项整治工作部署会在会议中心长江厅召开。专项整治内容主要聚焦道路交通安全和运输执法领域中的“逐利执法”、执法不规范、执法方式简单僵化、执法粗暴问题、执法“寻租”问题以及其他有关问题，专项整治4月开始，至10月底结束，分为动员部署、查纠整改、长效提升三个阶段，主要工作包括线索收集、整改整治、督导督察、台账资料等。市委依法治市办印发《扬中市道路交通安全和运输执法领域突出问题专项整治工作实施方案》，发布整治通告，召开专题座谈会，发放调查问卷250份，核查“12345”热线涉交工单15件。9月13日，道路交通安全和运输执法领域突出问题专项整治工作案卷评审会在交通运输局召开，抽取并集中评查公安局、交通运输局1—8月办结普通程序行政处罚案卷273件，核查全市电子监控系统、限行限速情况等设置依据，累计发现问题25个并完成整改。通过专项整治，优化执法模式，增设交通隔离设施4531米、漆画交通标线1.75万米，调整交通标志286处，提升交通运输执法规范化水平。 （张译丹）

【执法视频评选】 2023年，扬中市司法局开展首届“尽责显担当，执法有温度”执法视频评选活动。全市各行政执法部门、街道办事处和镇人民政府参与活动，报送执法视频。遵循“真实、客观、规范”的原则，选出单位视频13个参与现场评选。评委现场逐一观看视频，从主动亮证、着装统一、权利义务告知、交流顺畅、法律专业性、指导服务等方面打分。扬中市城市管理局获一等奖，扬中市公安局、扬中市卫生健康委员会获二等奖，扬中市三茅街道办事处、扬中市交通运输局、扬中市市场监督管理局获三等奖。 （丁囿匀）

【行政执法规范化建设】 2023 年，扬中市开展行政复议能力提升年活动，审结行政复议案件 25 件，比上年增长 47.1%，市政府新发生行政应诉案件审结 10 件，无败诉案件；实质性化解率 80%，高于全省平均水平。确定市政府重大行政决策事项 1 件、制定政府行政规范性文件 2 件、评估规范性文件 1 件。完成政府文件法制审核 21 件、招商引资协议审核 22 件。落实行政执法“三项制度”（行政执法公示制度、行政执法全过程记录制度和重大执法决定法制审核制度）。开展基层综合执法规范化专项检查、执法视频评选活动，制发行政执法监督建议书。组织开展行政执法证件申领工作，新申领行政执法证件 220 人；组织执法部门、镇（街道）执法人员参加线上公共法律知识培训，参训 1007 人次，累计 2.01 万课时。组织开展全市行政执法案卷评查工作，从各执法单位报送的案卷中按照比例随机抽取评查，严格按照法律法规规章规定及《行政执法案卷制作及评查规范》逐卷打分，作出评查意见并通报结果，明确案卷中出现的问题并提出改进要求，通过以评促改、以改促升的方式，提高行政执法案卷质量，提升行政执法水平。 （蔡慧）

公　安

【概况】 2023 年，扬中市立刑事案件 1454 起，破刑事案件 962 起，破案率 66.2%；查获刑事作案成员 916 人，移送起诉犯罪嫌疑人 701 人，抓获网上在逃人员 107 人；查处治安行政案件 3004 起，治安行政处罚 693 人。严厉打击各类经济犯罪，全年立经济犯罪案件 28 起，抓获犯罪嫌疑人 50 人。开展矛盾纠纷滚动排查调处工作，配合相关部门有效化解劳资、安全事故、环境污染等引发的各类矛盾纠纷 1800 余起。 （朱昌盛）

表 3　2023 年扬中市暂住人口情况统计表

单位：人

	合计	性别		暂住时间				来自地区				居住处所						
		男	女	半年以下	半年至一年	一年至五年	五年以上	省内		省外		租赁房屋	单位内部	工地现场	旅店	居民家中	自购房屋	其他
								乡村	城镇	乡村	城镇							
合　计	52454	33975	18479	10247	4017	38172	18	15602	1160	31810	3882	32266	2581	1229	2	15244	285	847
务　工	44196	29440	14756	9467	3194	31524	11	12859	1017	27135	3185	28709	2262	1229	1	11388	91	516
录(聘)用	6	3	3	0	3	3	0	4	0	2	0	5	1	0	0	0	0	0
投资经商	1408	830	578	73	67	1266	2	425	18	849	116	603	5	0	1	667	110	22
务　农	1631	946	685	46	20	1561	4	553	37	879	162	831	0	0	0	682	23	95
服　务	1221	537	684	75	79	1066	1	334	16	767	104	620	25	0	0	555	21	0
就　读	2186	1248	938	447	277	1462	0	757	37	1242	150	819	72	0	0	1201	0	94
随迁学龄前子女	114	63	51	12	9	93	0	27	2	80	5	35	18	0	0	41	0	20
治病疗养	15	10	5	5	0	10	0	8	1	4	2	8	0	0	0	7	0	0
投靠亲属	446	219	227	57	107	282	0	192	8	224	22	0	58	0	0	341	0	47
探亲访友	178	52	126	4	4	170	0	60	7	101	10	114	2	0	0	57	0	5
其　他	1053	627	426	61	257	735	0	383	17	527	126	522	138	0	0	305	40	48

说明：统计时点为 2023 年 6 月 30 日 24 时。 （朱昌盛）

【道路交通事故分析】 2023年,扬中市接报道路交通事故类警情1.7万起,其中受理8846起,死亡33人,伤1562人,直接经济损失98.20万元,与上年相比,事故起数增长19.37%,死亡人数持平,受伤人数增长22.99%,直接经济损失增长21.25%。事故特点:从人的角度分析,肇事者以青中年为主,受害人以中老年为主。交通肇事者中,31~40岁、41~50岁、51~60岁年龄段为交通肇事人员年龄集中段,共致24人死亡,占到总死亡人数的72.73%。交通事故受害者中,30岁以下年龄段交通事故死亡人员3人,占到总死亡人数的9.09%,41~50岁年龄段交通事故死亡人员3人,占到总死亡人数的9.09%;51~60岁年龄段交通事故死亡人员6人,占到总死亡人数的18.18%;61岁以上年龄段交通事故死亡人员21人,占到总死亡人数的63.64%。从交通方式来看,汽车、非机动车肇事情况较为突出。驾驶汽车肇事发生交通事故29起,致29人死亡。驾驶非机动车肇事发生交通事故4起,致4人死亡。从道路角度分析,238省道、县道是引发交通死亡事故的重点路段。238省道发生道路交通死亡事故17起,死亡17人,分别占总数的51.52%、51.52%。县道(含扬中大道)共发生道路交通死亡事故8起,死亡8人,分别占总数的24.24%、24.24%。从交通违法行为角度分析,机动车肇事违法行为中,不按规定让行、观察疏忽、醉(饮)酒驾驶等重点违法行为是致人死亡的主要原因。非机动车肇事违法行为中,闯红灯、路口不按规定让行、横过机动车道未下车推行等重点违法行为是致人死亡的主要原因。 (朱昌盛)

政务服务中心公安窗口自助填表机 (公安局供图)

【车管业务】 2023年,扬中市公安局车管所办理注册登记汽车2707辆、“三小车”(电动车、燃油助力车、摩托车)340辆,检验汽车3.26万辆、“三小车”631辆,新办“三小车”驾驶证451本,汽车驾驶人补、换证1.24万本,审验驾驶人1220名。全年机动车保有量8.46万辆,登记机动车驾驶人13.6万人。 (朱昌盛)

【公共安全专项整治】 2023年,扬中市公安局组织开展道路交通、群租房、危险物品、寄递物流、重点目标等安全隐患专项整治行动,全市未发生重大安全事故。排查整改各类道路交通安全隐患264处,现场查处各类道路交通违法行为9.44万起。排查群租房92户,发现整改安全隐患73处。检查涉危单位800家次,发现整改安全隐患45处。检查寄递业网点150余次,发现整改治安隐患33处。检查重点目标单位500余次,发现整改安全隐患52处。严格校园安全监管,发现整改安全隐患18处,在51所中小学校和幼儿园设立护学岗。 (朱昌盛)

检 察

【概况】 2023年,扬中市检察院服务全市发展大局,维护社会安全稳定,切实保障民生健康福祉,提升法律监督水平,各项工作实现新发展。全年办理各类案件968件,其中4起案件入选最高检、省检察院典型案例,1件检察建议获评全省优秀检察建议。获镇江市级以上集体、个人荣誉29项。持续深化“六色聚能”党建品牌,组织集中学习、专题调研等研学活动30余场次。全力打造“小豚说案”法治宣传融党建品牌。(张晋毓)

【平安扬中建设】 2023年,扬中市检察院依法批捕各类刑事犯罪嫌疑人97人,起诉449人。常态化开展扫黑除恶斗争,受理九类恶性犯罪案件46件,依法批准逮捕34人,起诉52人。根据指定管辖办理发生在镇江新区的黄某某等人“涉黑”案,实质化提前介入引导侦查,依法批准逮捕组织成员11人。严厉打击涉众型经济犯罪,办理涉案金额5000万元以上的非法经营案、非法吸收公众存款案5件,为群众挽回经济损失256万元。推动反腐倡廉,依法起诉融资平台、环保、国有公司等领域职务犯罪8件、9人。 (张晋毓)

【法治营商环境优化】 2023年,扬中市检察院深入推进企业合规工作,办理相关案件4件,结合办案经验制定出台《扬中市中小微企业涉税专项合规指引》,相关工作报告获扬中市人大常委会审议全票通过。某涉案企业通过合规整改，完善管理机制，实现销售额翻番，获评省级高新技术企业称号。针对现行法律法规在涉企矫正对象申请外出等事项上存在的标准不清晰、措施不具体等问题，会同市司法局出台有针对性的监督管理办法，为涉企矫正对象赴异地从事生产经营活动“打开绿灯”，依法批准外出申请200余人次。(张晋毓)

【绿色生态岛建设助力】 2023年，扬中市检察院依法打击破坏生态环境资源犯罪，持续开展守护耕地、长江大保护等专项监督活动7次，办理相关领域案件23件。始终坚守耕地红线，通过制发诉前检察建议，推动基本农田复垦2.4公顷。全面推进长江大保护，办理“9·5”长江专案等长江岸线生态环境保护公益诉讼案件12件，督促支付生态资源修复费用近600万元。联合江阴市法院、扬中经济开发区管委会等部门共同成立“碧水江洲·长江(扬中段)水生态资源司法修复基地”，探索构建生态环境损害赔偿金统筹使用机制。

(张晋毓)

10月，长江(扬中段)水生态资源司法修复基地成立

(检察院供图)

【社会矛盾化解】 2023年，扬中市检察院督促仲裁机构启动快速仲裁机制，帮助44名农民工讨薪160余万元。办理国家司法救助案件36件，发放救助金38.1万元，司法救助率24.8%，全省排名靠前。受理群众信访177件，3个月内办理情况答复率达到100%，其中院领导包案办理首次申诉信访案件12件。1件国家司法救助案和1件简易公开听证案分别被省院评为优秀案例。

(张晋毓)

【未成年人司法保护】 2023年，扬中市检察院以零容忍态度严惩侵害未成年人犯罪，起诉3人。对犯罪情节较轻的未成年人附条件不起诉6人。办理的一起未成年人帮助信息网络犯罪活动案入选省检察院典型案例。在全市率先建立未成年人监护监督暨家庭教育指导工作合作机制，针对监护人怠于履行监护职责、拒不支付抚养费等情形，支持起诉案件8件，制发“督促监护令”2份，相关工作经验被最高检、省检察院转发推介，入选镇江市第五届“十大法治事件”。设立的扬中市未成年人司法保护中心获评江苏省“苏童成长”社会践习基地示范点。“知心姐姐”品牌被评为江苏十佳检察文化品牌。

(张晋毓)

【民事行政检察】 2023年，扬中市检察院成立速裁办案组，推动公检法司会签相关工作意见，速裁程序适用率、简易程序适用率均在镇江全市领先。通过纠正违法、主持调解等形式，实质性化解28件行政争议案件，实现案结事了政和。依托“六长出题”专项行动，围绕市领导在农产品质量监管、餐饮油烟治理、养老机构治理等领域明确的六大选题，办理重点领域案件17件，开展专项整治行动8次，解决重点难点问题10余项，相关工作报告分获领导批示肯定。办理的1件行政公益诉讼案作为江苏唯一案例入选最高检红色资源保护典型案例。

(张晋毓)

【检察开放日活动】 2023年5月29日，扬中市检察院举行“检爱同行 共护花开”检察开放日活动，人大代表、政协委员、相关职能部门工作人员等受邀参加活动。与会人员参观未成年人检察办案区、“知心姐姐”工作室、院史室，听取10年来市检察院依法落实《中华人民共和国刑事诉讼法》未成年人刑事案件特别程序的工作做法和成效；办案检察官宣讲法律监督典型案例、家庭教育指导典型案例、综合保护典型案例。(融媒体中心)

法　院

【概况】 2023年，扬中市人民法院紧扣“公正与效率”主题，坚持服务大局、公正司法、司法为民。全年受理各类案件8986件，比上年增长17.45%；审执结8239件，增长16.01%；法官人均办案294件，增加57件。实现诉讼服务中心整体建制入驻市级矛调中心，推动矛盾纠纷化解在萌芽、解决在基层。发挥司法建议“堵漏洞、治未病”效能，制发司法建议6份，关于加强违法违规市场主体整治的司法建议获评全省法院打击整治养老诈骗专项行动优秀司法建议。联合司法局签订“强制腾空+公证”工作机制共建协议，由公证部门对人民法院的强制腾空执行行为保全证据公证。深入全市相关基层村、社区，开展“向人民报告”主题宣讲活动。深化“法耀江洲”党建品牌创建，完成机关党委换届选举，深入全市相关基层村、社区，开展“向人民报告”主题宣讲活动；开展“党建连心 与法同行”系列共建，聚焦“联学联建联心联治”，赴北胜村开展人居环境整治、普法宣讲等活动22场次；聚焦未成年人、妇女权益保护，赴城区社区开展专题讲座10余次；聚焦爱心护学，赴市特教中心开展校园欺凌法治课；聚焦青少年犯罪危害，与团市委、检察院共同举办第六届镇江市青少年模拟法庭大赛市级决赛。6个集体、17名个人获镇江市级以上表彰。 (何维玉)

【重大项目建设法治护航】 2023年，扬中市人民法院围绕重大项目重点工程，主动走访6个镇(街、区)，提供点对点法律风险评估。开展“问需纾困 护航发展”主题调研活动，编印发放《企业风险防范提示100条》，院领导带队走访企业55家，帮助企业解决案款执行、融资降本等问题18个。完善司法助企纾困解难机制，对17家企业采取“活封活扣”等保全方式，尽最大可能保障企业正常生产经营。树牢“案案都是营商环境”理念，全年审结商事案件3502件，解决争议标的额20.55亿元。服务保障产业链优化升级，审结破产及强制清算案件160件，化解债务12.22亿元，安置职工322人，盘活低效厂房5.12万平方米、闲置土地555.27亩(37.02公顷)。助力困境企业涅槃重生，依法裁定批准兴隆港务公司重整计划，整合盘活稀缺的港口岸线资源，助力打造新型建材科技物流园区，吸引央企投资2亿元。 (何维玉)

【诉讼服务标准优化】 2023年，扬中市人民法院推行“优+”诉讼12项服务标准，切实提升司法服务规范度、文明度、满意度。设置全域诉服窗口，实现一窗通办、一站全办、跨域联办，实现诉讼事项一次告知、一次办结。新坝法庭扩大“彩虹桥”妇儿权益代言人品牌效应，与乡镇(街道)妇联、司法所等基层组织签订《关于建立妇儿维权新型联动工作机制的备忘录》，凝聚妇女儿童权益保护合力。启动“家宁行动”项目，4月14日，在开发区法庭挂牌成立“家庭教育指导站”和“未成年人法治教育指导站”，全年累计开展家长课堂、亲子研学、模拟法庭、心理辅导等活动11场次，促进婚姻和谐、家庭有爱。12月，在江洲社区老年服务中心设立“老法官志愿服务站”。开展司法救助工作，为涉诉困难群众发放救助金32.11万元，传递司法温情。 (何维玉)

【集中执行行动】 2023年，扬中市人民法院持续破解“执行难”问题，通过开展“小标的 大民生”集中执行行动、与各镇(街、区)签订网格化执行工作站共建协议等措施，实现网格化执行工作站的实体化运行，最大限度推动生效判决执行到位，及时兑现胜诉当事人合法权益。执结案件3554件，比上年增长36.69%，执行到位标的额4.39亿元，执行结案平均用时缩短13天。对有财产可供执行的案件，千方百计查人找物，在线查询被执行人房产1776套、车辆1137台，冻结资金3556万元，网拍变现2.4亿元。 (何维玉)

【巡回审理进乡村】 2023年，扬中市人民法院构建常态化巡回审判机制，在17个村(社区)设立巡回审判点，将巡回审判、判后答疑、法治宣传有机结合，扩大庭审的综合效果，促进矛盾源头化解。8月16日，扬中法院开发区法庭将庭审现场搬到案涉宅基地，打通司法正义的“最后一公里”，将司法服务送到百姓身边。 (何维玉)

8月16日，扬中法院巡回法庭在涉案现场开庭审理 (法院供图)

【枫桥式人民法庭】 2023年，扬中市人民法院常态化对接镇(街、区)司法所、派出所和村居人民调解委员会，针对性开展风险排查和矛盾化解。聚焦“三农”重点领域，制定15条司法举措助力全面推进乡村振兴。以公正裁判倡导和培育新时代文明新风尚，依法处理涉婚约财产、老人赡养等纠纷,编印发布《婚姻家庭典型案例汇编》。立足执法办案弘扬社会主义核心价值观,审理的“全职妈妈离婚获家务劳动补偿案”“遛狗未牵绳致人重伤索赔案”等多个案例登上微博热搜。

(何维玉)

【代表联络工作】 2023年,扬中市人民法院邀请人大代表视察法院、旁听庭审、见证执行176人次,办理代表建议1件、委员提案3件,答复率、满意率100%。发挥人大代表联络工作室“代表履职、接受监督、汇聚民意、协同解纷”四位一体平台作用,在开发区法庭、新坝法庭设立“人大代表联络工作室”。(何维玉)

【优秀青年干警历练工程】 2023年,扬中市人民法院实施优秀青年干警历练工程。开展“‘一号战略’勇担当 ‘一线岗位’破难题”活动,27名年轻干警分组领办难题9个,锤炼实践本领,提升群众工作能力。打造业务工作精品工程,8个案例入选省法院、镇江法院典型案例,1篇案例分析被最高人民法院《刑事审判参考》刊用,1个案例入选中国法院年度案例,3篇论文在全国法院学术讨论会、江苏法学会年会论文评比中获奖。

(何维玉)

【第六届镇江市青少年模拟法庭大赛市级决赛】 2023年11月24日,第六届镇江市青少年模拟法庭大赛在扬中市人民法院大法庭举办。比赛采用模拟法庭庭审的形式,评委从模拟法庭实体(法律知识、事实分析、逻辑推理)、模拟法庭程序、模拟法庭仪态等方面打分,根据得分情况评定各个奖项。预赛选拔后,镇江第一中学、句容中等专业学校、扬中中等专业学校和司法警官高等职业学校4支队伍入围决赛。大赛现场,各校参赛团队围绕“王某、陈某抢劫案”在庭审现场展开辩论演绎。控辩双方唇枪舌剑、辨法析理、情法辉映,法官适时发问,把握节奏。镇江第一中学代表队获得大赛一等奖。大赛以赛促教,通过剧本编排,丰富青少年法治宣传教育素材,鼓励青少年主动学法、自觉守法、正确用法。(戴颖)

【老法官志愿服务站】 2023年12月,扬中市人民法院离退休干部党支部、工作者协会在江洲路社区怡港新村老年服务中心内成立老法官志愿服务站,以“敬老爱老助老”为出发点,发挥退休法官和退休法院工作者自身优势,开展志愿服务活动。市老法官志愿服务站由工作经验丰富、熟悉法律知识的退休法官组成,有志愿者18人。于每周二、周四轮流值岗,提供“接待百姓询访、倾听民众需求、宣传国家法律、为民释疑解难、参与协调纠纷、增进邻里团结、发扬老有所为、优化发展环境”等多元志愿服务。社区居民发生婚姻家庭、经济往来、房屋租赁等纠纷,老法官志愿服务站提供咨询和协调服务。(融媒体中心)

12月,扬中市成立老法官志愿服务站 (法院供图)

司 法

【概况】 2023年,扬中市司法局坚持以深化改革为抓手,以助力经济社会高质量发展为己任,凝心聚力展作为,加压奋进显担当,司法行政工作持续走深走实。聚焦优化法治化营商环境,开展“法润江洲 护航发展”服务高质量发展品牌创建活动,结合“双十佳”党建项目,获评“2023年度扬中市项目招引预审服务优胜单位”。举办“一带一路”国家投资风险与防范法律讲座。出台《深化“电气产业链+法律服务”专项行动实施方案》,全面推行“电气产业链+法律服务”创新项目,开展“法律服务进园区”活动、开展“百所千人助万企”专项行动。出台《扬中市现代化公共法律服务体系建设改革创新项目实施方案》,完善公共法律服务全流程。打造“公证铸公正”服务品牌。为法院强制执行提供证据保全公证,畅通“扬中市公证处网络赋强小程序”。修订出台《扬中市普法责任制考核等级评定办法》,先后接受扬中市人大、镇江市级“八五”中期检查。会同公安局、水利局等8家单位联合开展《中华人民共和国长江保护法》宣传活动;组织开展扬中市第一届“国寿小画家”少年儿童美育活动;组织各重点普法成员单位、“三官一律”业务骨干开展“普法讲师团镇村行”活动。 (高欢)

【“法润扬中 法护长江”集中宣传活动】 2023年3月1日,扬中市法宣办组织相关单位在三茅街道丰裕社区开展“法润扬中 法护长江”集中宣传活动,通过现场解答、法律普及、知识展板、互动答题等形式普及专业的法律知识。为丰裕小学学生上长江保护法治课,加强长江保护法治宣传教育。咨询活动服务400余人次,发放法律宣传折页1000余份,营造浓厚的长江保护法治氛围。 (姚金晶)

【普法讲师团镇村行】 2023年4月以来,扬中市全市开展普法讲师团镇村行活动。司法局构建“普法讲师团”队伍,重点成员由反响较好的“三官一律”成员、党校讲师、各重点执法单位法治宣传员等构成。各镇(街、区)、村(社区)根据各自需求预约,实现“你点我讲”点单式普法。活动开展以来,普法讲师受邀前往友好村、英雄社区、万福村等地开展讲座近百场,逾千名干部群众和企业主参加培训。 (姚金晶)

【“国寿小画家”少年儿童美育活动】 2023年7—9月,扬中市开展第一届“国寿小画家”少年儿童美育活动。活动由法宣办、文明办、教育局、文体广电和旅游局、司法局等部门联合举办。面向全市3~16周岁的少年儿童,重点围绕文明扬中、美丽扬中、法治扬中、科技创新等方面,征集国画、油画、书法等原创文艺作品,170余幅作品参与评选。10月22日,活动颁奖仪式举行,评选出一等奖8人,二等奖16人,三等奖24人,其中1幅选送作品获得省级一等奖。 (姚金晶)

【“法律明白人”培育工程】 2023年,扬中市“法律明白人”培育工程围绕乡村振兴战略,培育农村“法律明白人”。截至年末,培育“法律明白人”642人,完成全市网格全覆盖的既定目标。10月27日,全市“法律明白人”业务培训会在港联社区召开,各镇(街、区)司法所副所长、联络员以及各村(社区)150余名骨干“法律明白人”参加培训,学习民法典、矛盾调解、反电信诈骗等方面的专业知识,提升“法律明白人”服务群众的业务能力水平,巩固“法律明白人”培育工作质效。

(姚金晶)

10月27日,扬中市法宣办、扬中市司法局举办2023年扬中市“法律明白人”培训会 (司法局供图)

【法律援助工作站建设】 2023年,扬中市围绕江苏省委、省政府“新增建设500个法律援助工作站点”的工作目标,按照镇江市《关于推进法律援助工作联络点建设实施方案》,西来桥镇西来村、西来桥镇幸福社区、经开区兴城村和新坝镇五一村新增建设法律援助联络点4个,延伸法律援助服务触角。 (奚望)

【矛盾纠纷调解】 2023年,扬中市司法局以践行“枫桥经验”为思路,延伸调解组织触角,成立扬中市工商联(商会)人民调解委员会,新增企业调解委员会10家。全年各级人民调解组织开展矛盾纠纷排查3396次,受理调解矛盾纠纷2781件,调解成功2767件,调解成功率99.50%,防止矛盾纠纷激化99件。矛盾纠纷均在镇村以及行业性专业性、企事业调解组织化解。

(樊帆)

【公共法律服务优化】 2023年,扬中市公共法律服务工作着力在整合平台、创新机制、扩大供给、组织保障等重点领域上求突破,在聚焦基层依法治理、企业风险防范、弱势群体法律援助上持续发力。出台《扬中市现代化公共法律服务体系建设改革创新项目实施方案》,并按照实施方案推进到位。深入推进一村(社区)一法律顾问工作,有效组织律师开展“三官一律”进网格集中服务月活动。开展深化“扬中电气产业链+法律服务”专项行动。开展涉企公共法律服务,组织律师撰写进园区法律服务典型案例并获得省厅进园区公共法律服务优秀案例。 (王宏)

经济管理

财 政

【概况】 2023年,扬中市完成全口径财政收入147.73亿元,完成调整预算的100%,比上年增长31.1%。其中,一般公共预算收入40亿元,完成调整预算的100%,增长10.65%;政府性基金预算收入71.12亿元,完成调整预算的100%,增长41.16%;社会保险基金预算收入7.07亿元,完成调整预算的100%;国有资本经营预算收入7070万元,完成调整预算的100%。全口径财政支出134.54亿元,完成调整预算的98.68%,下降0.85%。其中,一般公共预算支出58.295亿元(含省转贷一般债券安排的支出4.04亿元),完成调整预算的97%,下降4.78%;政府性基金预算支出69.13亿元(含省转贷专项债券安排的支出4.7亿元),完成调整预算的100%,增长1.88%;社会保险基金预算支出7.11亿元,完成调整预算的100%;国有资本经营预算支出59万元,完成调整预算的100%。一般公共预算支出中,民生支出占一般公共预算支出比重79.56%。

服务市场主体,稳预期、提信心。用好政策“工具箱”,落实逆周期调节措施,激发市场活力动能。坚决贯彻落实党中央、国务院关于各类税费支持政策的决策部署,多渠道对减税降费政策和省市政策措施开展宣传指导,进一步简化税费业务办理流程,让经营主体应知尽知、应享尽享。建立税费政策落实预测和跟踪监督机制,确保政策红利及时释放到位,进一步减轻经营主体负担,全年实现减税降费及退税26.41亿元。加强科技人才政策供给,安排专项1300万元,落实研发费用加计扣除6500万元支持科技自立自强,引导企业主动对接战略技术布局,主动开展重点技术和产品研发,培育申报高新技术企业161家。加强人才发展投入保障,兑现“才聚江洲”等人才政策资金360万元,支持省市县各级人才项目5个。为产业应用型人才提供上浮额度的公积金贷款433万元,保障各类人才安居乐业。强化产业壮大政策协同,配合修订《关于进一步推动现代产业高质量发展的政策意见》,支持现代化产业体系建设。加大对上争取力度,加快涉企资金拨付,兑现各类涉企资金2.28亿元。政府性融资担保平均费率控制在0.41%,远低于1%的上限,为314户中小企业新增担保融资11.69亿元。新增政府债券8.74亿元支持项目建设,支出进度位居全省前列。

稳健财政运行,增收入、强统筹。以“时时放心不下”的责任感抓好收支各项工作,确保财政平稳运行。始终坚持把财源建设和组织收入放在核心位置,定期开展研判调度,科学制定执收预期。深入分析税费数据变动原因,及时做好风险应对,依法依规履行征管职责。依靠实体经济企稳回升、部分减税降费政策恢复常态等形势性、政策性利好,加快收入结构优化调整,一般公共预算收入40亿元,增长6.75%。坚持量入为出、量力而行,在预算编制环节推行“零基预算”要求,着力克服“基数+增长”传统编制方式不足。严格落实“紧日子”具体要求,在以往年度大幅压降“三公”经费和一般性支出的基础上,继续实现“只减不增”目标。保持预算刚性,坚持新增需求优先通过调整支出结构解决,预算追加事项下降25.42%。完善以实际库款为主要依据的预算执行机制,分轻重缓急逐笔逐项审核支出申请,力促资金用在“刀刃上”,库款保障倍数保持在合理区间。加强财政资金统筹,厘清账务关系,盘活存量资金2.19亿元,清理消化历史往来3.04亿元。发挥稳调金的补充调节作用,为预算平衡提供支撑。

保障民生改善,重普惠、保持续。坚持财力向民生倾斜,全年民生支出占一般公共预算支出比重79.56%。将“三保”支出保障作为第一要务,每月按时足额拨付“三保”资金。落实“三保”帮扶责任,确保基层“三保”保障到位。按照重大民生政策统筹协调机制要求,坚决不超越发展阶段搞过度保障,实事求是利民惠民。始终把弱势群体放在心上,城乡低保、困境儿童保障等一批基本民生保障标准科学增长。以文明城市创建为契机,加强资金统筹和项目整合,优先保证创建经费 3000 万元,系统推进城市更新。出台购房契税补贴政策,促进房地产市场健康发展。围绕乡村振兴战略主动作为,支持 4 个富民强村项目和 56 个“一事一议”公益性项目实施,助力村集体增加收入来源,完善村庄基础设施。教育经费安排首次突破 10 亿元,连续三年实现教育投入只增不减,为在校生提供助学金 403 万元,技工学校正式揭牌办学,城西小学新建项目加快推进。筹集资金 4.16 亿元,全力支持人民医院和乡镇卫生院提档升级等民生实事项目,增强公立医疗机构“保健康、防重症”能力。落实创业贷款贴息政策,发放就业补助资金 3703 万元,带动新增就业 5724 人,文化体育事业投入增长 2.49%。

巩固安全发展基础,兜底线、防风险。自加压力全面落实债务管控各项目标任务。以坚决不新增隐性债务为前提,推动政府性债务率大幅下降,取得重要阶段性成果。优化存量债务结构,银行类贷款占比增长 5.25%,综合融资成本下降 0.5%。城投集团实现主体信用评级提升。西来桥镇福星洲公司实现隐性债务“清零”。落实“政企分开、管办分离”要求,支持组建市粮食集团,足额保障购储销各环节资金需求 611 万元,地方储备原粮规模增加至 2.4 万吨。按照“谁种粮、谁受益”原则,规范各类涉农补贴发放,2232.13 万元补贴资金实现一卡统发。创新开发地方财政补贴的政策性农业保险,帮助农户渔民挽回经济损失 500 余万元。围绕贯彻落实“长江大保护”和“双碳”目标,安排环保资金 5200 万元,完成园区外沿江一千米化工企业搬迁扫尾和 14 个自然村污水治理工程,开展兴隆污水处理厂生态安全缓冲区项目建设,切实降低水污染负荷,改善农村人居环境。擦亮“绿色能源岛”名片,支持“屋顶”发电和公共领域新能源设施推广应用,着力打造新型电力系统。

提升财政治理效能,推改革、严监管。厘清工作体制机制,明确相关部门对国资国企的管理责任,成立国有资产运行服务中心,市属国企基本实现“九统一”。出台对外投资、重要财务等 6 个细分领域管理办法,覆盖国企运营各环节,全年审批国企重大事项 204 个。推行集中统一核算方式,组织开展财务与国资内(互)审工作。有序推进国企“瘦身”,新增转型注销退出企业 21 家。落实人大决议、审议意见要求,“刀刃”向内开展政府投资基金和 PPP(政府和社会资本合作)项目专项整治,提升资金使用效益。聚焦重大财税政策落实和财政、财会内控制度健全,开展重点监督检查 22 个。对政府投资工程项目实行从概算编制到结算评审的全过程评审,节约财政资金 1658 万元。强化绩效理念,实施财政、部门重点评价 16 个,涉及资金 5.79 亿元,增长 16.33%。严格政府采购项目准入和执行管理,严防不合理、非必要、超标准购买服务,资金节约率 12.11%。鼓励政府采购需求向创新产品和小微企业倾斜,支持采购脱贫地区、结对帮扶地区农产品。建立政府采购文件第三方公平竞争审查机制,做好投诉质疑案件办理,纠正限制市场竞争的条件或评审因素,构建更加公平开放的营商环境。

(姚乐)

【国有资产管理】 2023 年,扬中市组织开展国有资产管理政策法规及业务培训 400 余人次;新上线“资产云”平台系统,全市行政事业单位资产管理业务全部纳入预算管理一体化,资产管理信息化水平不断提升;持续做好向人大报告国有资产管理情况,4 月 27 日在市十八届人大常委会第九次会议上代表市政府作《关于 2022 年度全市国有资产管理情况的综合报告》;制定出台《扬中市进一步盘活行政事业性国有资产工作实施方案》,推进低效闲置资产盘活,新增盘活净收益 117.45 万元,更好发挥国有资产质效;财务监督专项检查 19 家行政事业单位国有资产,提出整改和规范措施;对行政事业单位所属 24 家企业资产管理及经营状况开展全覆盖审计并形成调研报告,规范国有资产管理;协同机关事务管理部门推进党政机关办公用房权属统一调拨划转工作,合力强化资产监管。

(左鹏)

【住房公积金管理】 2023 年,扬中市住房公积金新开户人数 5596 人,归集资金 6.6 亿元,提取资金 4.7 亿元。向 575 户职工发放个人贷款 1.8 亿元,个贷比率 65.71%,个贷逾期率 0.14‰。缴存总额 59.64 亿元,缴存余额 22.99 亿元,发放贷款 37.03 亿元,贷款余额 15.11 亿元。

(童晓燕)

3 月,公积金中心志愿服务队开展政策宣传活动

(财政局供图)

【住房公积金业务调整】 2023年,扬中市根据政策规定,开展住房公积金业务调整。提高住房公积金贷款最高额度,公积金缴存职工购买自住住房符合扬中市公积金贷款相关规定的,职工个人最高贷款额度由30万元调整为50万元,职工家庭最高贷款额度由50万元调整为80万元(阶段性政策,截止时间2024年12月31日)。降低公积金贷款首付比例,缴存职工家庭首次使用公积金进行公积金贷款的首付比例调整为20%,对已结清首次公积金贷款的缴存职工家庭,第二次申请公积金贷款的首付比例调整为30%(阶段性政策,截止时间2024年12月31日)。提高多子女家庭住房公积金贷款额度,符合国家二孩、三孩生育政策生育二孩(含二孩)的缴存职工家庭,申请首次住房公积金贷款的,二孩家庭最高贷款额度在扬中市最高额度基础上提高10万元,三孩及以上家庭最高贷款额度在扬中市最高额度基础上提高20万元。取消公积金异地贷款户籍限制,异地住房公积金缴存职工在扬中市购买扬中市自住住房,申请公积金贷款不受户籍限制。提高提取公积金支付房租,单身家庭每月提取公积金支付房租最高不超过1100元,已婚(含单孩)家庭每月提取公积金支付房租最高不超过2200元;已婚多孩家庭每月提取公积金支付房租最高不超过2600元。提取公积金额度未达到对应家庭情形提取一年最高金额的,可以多次提取。多次提取公积金的额度累计,不得超过一年公积金最高额度(阶段性政策,起止时间2023年7月1日至2024年6月30日)。 (童晓燕)

【住房公积金业务办理】 2023年,扬中市加强住房公积金业务快速办理,网厅业务实现服务零距离。通过媒体、现场、业务大厅等多渠道,利用多种形式进行网厅业务的宣传推广,推动账户签约率及办理率进一步提高。全市有768家企业开通单位网厅业务,汇缴资金2.89亿元,通过个人网厅申请个人业务6500件,办理6335件,提取资金8188万元。有序落实推进"退休一件事""就业一件事""企业一件事",通过公积金系统办理44笔"退休一件事","企业一件事"办理13笔。持续拓展"跨省通办"业务,办理3笔跨省购买自住住房提取业务,金额41.8万元;通过跨省通办平台,为客户提供信息完善、核查房屋真实性、提供客户缴存流水、异地无贷款证明打印等业务12笔。17家楼盘与中心签约,实现按揭贷款全覆盖,发放按揭贷款108笔,金额3588万元。 (童晓燕)

税 务

【概况】 2023年,国家税务总局扬中市税务局贯彻"政治立局、法治固局、改革强局、服务兴局、和谐稳局、制度治局"总体工作思路,各项工作进一步提质增效。坚守依法征收底线,克服多重困难,统筹抓好组织收入和减税降费。全年累计完成税收收入61.52亿元,比上年增长31.49%;累计完成一般公共预算税收收入32.5亿元,增长20.77%;社保收入25.63亿元,增长16.31%,其他基金、非税收入64.19亿元,增长75%,税费皆重格局渐趋显现。全年税费减免合计26.86亿元,落实研发费用加计扣除新政减税14.05亿元,落实增值税留抵退税3.28亿元,为全市经济稳定恢复、稳中向好提供重要支撑。"非接触式"办税实现即提即批,在全国纳税人缴费人满意度调查500多个县(市、区)中扬中位列全国第四、全省第一。获得"镇江市工人先锋号""镇江市五一劳动奖状""江苏省青年书香号""江苏省优秀戎耀之家"称号,"爱心姐姐工作室"被镇江市政府授予"镇江慈善奖""最具爱心慈善行为楷模";一分局办税服务厅获评全省税务系统首批新时代"枫桥式"税务分局(所、办税服务厅);1名党员领导干部被表彰为全国税务系统先进工作者,4个支部被授予"四星"先进党支部称号,二分局支部获评镇江市"五星党支部"。 (施雯雯)

【企业"享惠"档案建立】 2023年,国家税务总局扬中市税务局针对规模企业建立企业"享惠"档案。利用大数据,通过"线上+线下"服务组合,定期更新企业信息,满足企业个性化需求,发挥"一企一档"效用,确保政策应知尽知、应享尽享,激活企业科创潜能,助力科技研发更上新台阶。持续打造有利于"独角兽"、潜在"独角兽"、高新技术企业成长壮大的创新创业环境,为企业送上"看得见"的减税大礼包,致力做好"看不见"的数据引航,开展多口径数据分析,实现税收数据价值"最大化";结合扬中地区行业特点,开展工程电气、光伏新能源、船舶制造等行业特色分析,属地管理分局对部分规模企业"一企一析",分析企业税负增减变化数据及原因,协助企业做好数据剖析和税收谋划,满足个性化需求,切实纾困解难,助力中小企业发展。(融媒体中心)

【便民办税春风行动】 2023年,国家税务总局扬中市税务局以"办好惠民事 服务现代化"为主题,开展便民办税春风行动。精准对焦纳税人缴费人需求，探索便民服务创新举措，努力解决办税缴费的堵点痛点难点问题，切实提高办税服务质效。推出“一窗双网一次通办”办税模式。设置“双网并行”办税窗口，纳税人在窗口可以通过外网登录电子税务局办理业务，工作人员则对纳税人提交的业务申请实时跟进和快速辅导。通过优化设备配置，实现内外网信息交互，避免纳税人在自助办税区与窗口之间来回奔走、重复叫号，快速办结业务，缩短办税时长，提升纳税人自主办税的能力，有效改善服务体验。推广智能导税“远程帮办”功能，依托“江苏税务”App 建立远程互动，实现远程办、居家办，纳税人、缴费人足不出户，通过“12366”咨询发起音视频帮办，扫描智能导税税务端生成的二维码，快速实现与税务人员视频连线、语音沟通，与专家客服远程“会诊”，让办税更加直观简便。部门联动、业务协同，税务部门联动市场监管部门加强登记业务协同，简化变更登记操作流程，纳税人在市场监管部门依法办理变更登记后，无须再向税务机关申请变更。以“数据跑腿”代替“人力往返”的方式，提高工作效率，减轻纳税人缴费人的办税缴费负担。（融媒体中心）

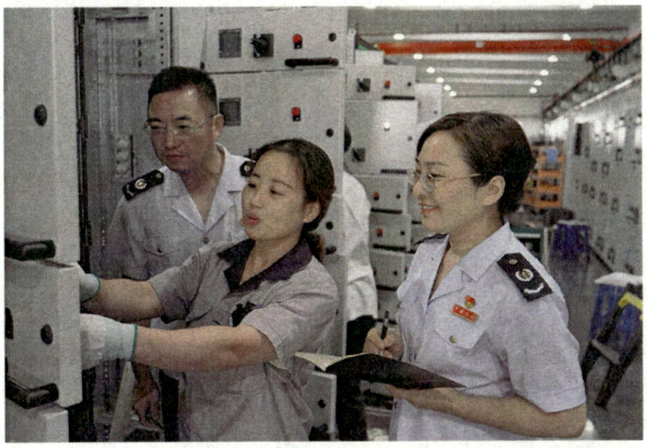

9 月，扬中税务“江洲小蓝”志愿服务团队在江苏亿能电气集团开展现场服务（税务局供图）

审 计

【概况】 2023 年，扬中市审计局完成审计项目 29 个，查出违规和管理不规范金额 30.14 亿元，促进增收节支及挽回各类损失 1204.7 万元，投资审计核减金额 5300 万元，促进拨付资金 6.99 亿元，清理往来款项等 7.05 亿元，推动市委、市政府和相关单位出台制度 32 项，采纳审计建议 84 条。向纪委、财政、税务等部门移送案件线索 13 件。上报审计要情、专报 23 篇，被批示 22 篇。1 个审计项目被评为镇江市优秀审计项目。（陈颖）

【财政预算执行审计】 2023 年，扬中市审计局将“同级审”项目与重大政策跟踪落实、专项资金审计、部门预算执行审计以及经责审计相结合，对财政直达资金、重点专项资金进行审计，促进专项资金拨付 2.21 亿元。在审计中延伸关注住宅小区物业管理情况，推动政府修订制度文件 1 个，取消 2 项不合理收费。“同级审”工作报告连续 5 年在人大常委会会议上获得全票通过。（陈颖）

【政府投资审计】 2023 年，扬中市审计局完成水环境综合整治、棚户区改造工程等政府投资审计项目 3 个，包含单项工程 90 个，送审总价 6 亿元，核减金额 5300 万元，发现问题 31 个，提出审计建议 11 条。对群众关心的水环境工程、安置房质量，通过开挖送检、现场察看等方式开展检查，促进工程质量达标。做好保交楼审计工作，每月上报项目进度计划，每季度上报项目审计简报。（陈颖）

【经济责任审计】 2023 年，扬中市审计局完成经济责任审计项目 11 个。关注重点职能部门，调查项目资金、内部管理等问题，促进法院等相关单位出台制度 8 个。加大延伸审计力度，调查民政、住建等部门下属单位部分经济事项，相关审计专报获市领导批示。组织召开经济责任审计联席会议，对 2022 年度实施的 10 个行政事业单位领导干部经济责任审计开展等级评定。（陈颖）

11 月 27 日，召开全市领导干部任前经济责任谈话（审计局供图）

【重大政策措施跟踪审计】 2023 年，扬中市审计局围绕优化营商环境、实施乡村振兴战略等政策措施落实情况,重点对人才发展专项资金、就业补助资金和失业保险基金等开展审计。对涉粮相关政策落实和资金使用情况等专项审计,着力揭示政策执行不到位、资金运行缓慢等问题。通过审计,走访21家企业的44个人才项目,促进市财政局将573.93万元滞拨资金拨付到位。在就业补助资金和失业保险基金专项审计中,促进追回违规发放各项补贴7.95万元,组织相关单位开展业务培训及专题研究会议6次。专项调查涉粮相关政策落实和资金使用情况等,推动粮食承储企业出台内部管理文件1个,促进承储企业收回欠缴房租15.23万元。 (陈颖)

【村(社区)财务收支审计】 2023年,扬中市审计局完成6个村级财务收支审计,重点关注农村“三资”财务管理制度落实情况,揭示村级工程管理、组账村管、涉农政策落实方面存在的问题98个,查处管理不规范资金1.63亿元。加强纪巡审三方联动,向纪委移送案件线索3件,将港联社区财务收支审计与三茅街道巡察深度融合,与巡察部门一起对全市镇属水厂开展全面检查,切实提高审计效能。 (陈颖)

【审计监督专员派任】 2023年,扬中市审计局向市属国有企业派出审计监督专员。审计局注重日常监督,定期召开例会,对于风险隐患及时提出预警,撰写专题报告3篇,向市领导提出平台运营相关建议9条,对市属国有企业经营管理全方位、常态化“经济体检”。对企业实体化转型过程存在的制度缺陷、管理漏洞等共性问题,提出审计建议5条,促进4家企业出台和完善贸易风险管理等内部制度。 (陈颖)

【审计整改落实】 2023年,扬中市审计局与人大、纪委等加强信息互通、成果共享。持续跟踪以前年度存量问题整改情况,建立问题清单,发出整改督办函7个,结合市委审计委员会要求,向3家主管部门发放审计整改事项交办函,督促相关部门整改村级财务、镇属国有企业等存在的问题,约谈11家单位主要负责人及相关人员。截至年末,395个问题整改332个,促进拨付资金6.99亿元,清理往来款项等7.05亿元,促进相关单位出台制度32项,采纳审计建议84条。 (陈颖)

统 计

【概况】 2023年,扬中市统计局坚持以数据质量为中心,高质量推进普查调查,持续强化监测分析,深化重点领域改革,全面加强法治监督,切实夯实基层基础。持续加强对全市工业、投资、批零住餐、服务业、房地产、建筑业、农业、居民收入等专业的监测调查力度,常态化开展“三十强”、“六十强”工业企业、“十强”服务业企业和重点产业项目运行监测和走访调研,修订突出贡献企业评选办法,为全市经济高质量发展建言献策。多措并举做好统计分析预警,做好统计数据的汇总、发布、解读,实时编印统计产品,诠释数据背后的现状和趋势。推进贸易、服务业企业入库培育工作,联合商务、经发等部门对全市部分乡镇和重点“准四上”企业开展调研走访活动。强化与商务、发改、税务等部门的协作,围绕中心城区、产业园区等重点区域,聚焦扬中特色产业,紧扣网络零售、直播带货等新业态,通过企业调研、实地核查、线上指导等形式,把好入库资料审核关,提升入库质量,有序推进贸易、服务业单位入库纳统工作,为“五经普”筑牢数据基础。 (融媒体中心)

【第五次全国经济普查】 2023年,扬中市成立扬中市第五次全国经济普查领导小组,落实场地配备、经费保障、“两员”选聘等,明确各成员单位和镇(街、区)职责,形成“横向到边、纵向到底”的普查组织架构。组织开展“五经普”单位清查培训会议,现场开展清查填报、程序测试实操演练和考试讲评,确保培训取得实效。线上通过微扬中、扬中发布、扬中电视台等平台发布“单位清查告知书”和宣传报道;线下在村(社区)、商超、银行等门店电子屏滚动播放宣传标语,掀起经普宣传热潮。8月3日,扬中市召开第五次全国经济普查动员部署会,全面部署开展第五次全国经济普查工作。8月29日,全面启动第五次全国经济普查单位清查工作。全市800多名普查员和普查指导员开始深入319个普查小区,开展“地毯式”入户清查登记工作。普查对象为辖区内全部的法人单位、产业活动单位以及从事第二产业和第三产业个体经营户。单位清查工作主要分为两个阶段:第一个阶段是8月下旬到9月底,普查员清查,实地上门入户;第二阶段是10月,通过各部门数据的比对,补充清查过程中的遗漏单位,确保不漏一户、不漏一企。单位清查采取入户摸底、线上登记形式,实地走访核准相关信息和数据后,通过“江苏经普办”清查小程序录入普查对象的基本信息和相关收入情况,确保实现清查不重不落、单位总量不少,做到普查工作全覆盖、无遗漏。 (融媒体中心)

【第十四届统计开放日】 2023年9月,扬中市统计局在吾悦广场举办第十四届“中国统计开放日”暨第五次全国经济普查单位清查现场登记活动。开放日主题为“经济大普查 数说新时代”，现场通过摆放展板、发放宣传资料、提供咨询服务、现场清查登记等方式，宣传“五经普”的重大意义、普查内容、方式、特点等，展现经济普查服务国家发展的重要作用。对吾悦广场商圈内的400余家商户开展“五经普”清查登记。

（融媒体中心）

自然资源管理

【概况】 2023年，扬中市自然资源和规划局以“重保障、护资源、优空间”为工作主线，推动形成以党建统领业务提升、以业务促进党建发展的良好局面，在资源开发利用、资源保护、规划编研、改革创新等方面开展工作并取得实效。持续深化“蒲公英”先锋自然党建品牌建设，以“书记项目”实施为抓手，成立三支“蒲公英”服务专班，在深化要素保障上敢想敢干、在优化营商环境上敢为善为，在全程高效服务上善作善成。严格按照耕地和永久基本农田保护红线、生态保护红线、城镇开发边界的优先顺序，划定落实好三条控制线，实现全年新增违法用地“零增长”。保障60个重大产业项目落地，推进“交地即发证”从“三证齐发”（建设用地规划许可证、建设工程规划许可证、不动产权证）到“五证齐发”（建设用地规划许可证、建设工程规划许可证、不动产权证、江苏省房屋建筑和市政基础设施工程施工图设计文件审查合格书、建筑工程施工许可证）。（孙柳燕）

【土地节约集约利用】 2023年，扬中市自然资源和规划局完成用地报批1931亩（128.73公顷），提前半年实现省市33个重大项目“应保尽保”。土地挂牌出让71宗、2629.4亩（175.29公顷），出让金收入52.99亿元，比上年增长49%，其中工业用地7.18亿元，经营性用地45.81亿元。处置批而未供3140亩（209.33公顷）、疑似闲置568亩（37.87公顷），实施低效再开发1038亩（69.2公顷）。 （孙柳燕）

【自然资源保护监督】 2023年，扬中市自然资源和规划局全力备战耕地保护和粮食安全责任制“首考”，作为镇江辖市中唯一通过预考核的县级市，扬中市扎实推进耕地和永久基本农田成果核实，全面落实耕地“占补平衡”。实现年度耕地数量和质量稳中有升，耕地净增加617亩（41.13公顷）。全面深入推行林长制，新增造林100亩（6.67公顷），退化林修复、低效林改造、更新造林200亩（13.33公顷），四旁植树8万株。新建湿地保护小区2个，修复湿地200亩（13.33公顷），新建农田林网1000亩（66.67公顷），更新完善农田林网控制面积8000亩（533.33公顷），创成省级绿美村庄2个，提升省级绿美村庄2个，实施森林抚育2500.3亩（166.69公顷）。严格执法监管，整改违法用地45宗、223.23亩（14.88公顷），其中拆除23宗、51.99亩（3.47公顷）。耕地保护督察下发卫片图斑数量呈明显下降趋势，连续三年整改销号率100%，位居全市第一，“动态清零”问题整改销号93.74%，位居全市第二。（孙柳燕）

【自然资源权益维护】 2023年，扬中市自然资源和规划局推进“保交楼、保民生、保稳定”工作，为恒大项目办理产权登记1265笔，在全省不动产登记工作会议上作为典型经验交流。继续推进农房发证工作，为2万余户农户产权登记，7月，江苏省自然资源厅发文，在全省推进农房发证工作中要学习借鉴扬中经验。实现选址、规划、用地、核实、登记发证等“进一个窗口，交一套材料”办理，方便群众办事。妥善处理不动产登记历史遗留问题，为115家企业化解“办证难”问题。保障被征地农民合法权益，严格按照标准、按时足额补偿征收项目26个、农转用项目23个。 （孙柳燕）

【全国土地日宣传活动】 2023年6月25日是第33个全国土地日，扬中市自然资源和规划局开展“节约集约用地 严守耕地红线”主题活动。自然资源和规划局“蒲公英”先锋自然志愿者组成6支服务队，赴各镇（街、区）基层中心所、服务点开展户外宣传活动，发放宣传册2000多份，接受群众咨询300余人次。林业技术服务、不动产测绘服务、规划师下乡服务、镇村规划编制服务、项目用地服务、建筑规划服务、企业用地测绘服务等7个服务队工作人员分别走进部分村、企业、楼盘，实地开展农业技术生产指导、村庄规划、不动产测绘等相关服务。 （孙柳燕）

【建设用地项目审批】 2023年，扬中市自然资源和规划局优化审批机制，提升跨部门协作效率，审查工业项目方案建筑面积151.8万平方米，比上年增长151.3%，其中新上工业项目设计方案预审超80%，将拿地前的“等地期”变成项目推进的“加速期”。为标龙、苏电电气、牙宝宝、与乐科技4个项目“五证齐发”，实现“拿地即开工”。常态化开展“交房即发证”，为5个小区618户业主现场办证，不断拓展“线上苏小登”，全年线上办理业务29962笔。实现全市金融机构及公积金中心“带押过户”全覆盖,全年办理“带押过户”62笔,缓解过桥资金压力4434.91万元。颁发镇江市首本土地经营权不动产权证书(电子和纸质),与银行合作开展土地经营权抵押登记办理,获评镇江市优化营商环境第二批创新案例。联合经发、住建部门出台《关于工业地产项目开发和分割销售管理的指导意见(试行)》,为大全、香江、新城悦盛等30家企业办理分幢登记264笔,办理“交地即发证”21笔,涉及土地面积54.3万平方米,镇江营商环境年度考核名列第一。 (孙柳燕)

7月18日,扬中市土地经营权不动产权证书首发仪式 (自规局供图)

市场监督管理

【概况】 2023年,扬中市作为“推进质量工作成效明显的地方”获得省政府通报表扬。实施全省首个“发明专利促进与质量提升项目”,引进高质量知识产权服务机构5家,针对本土企业特点,开展个性化服务,项目年内新增发明专利授权85件。扬中市检验检测中心参编中国电器工业协会两项团体标准,协助企业申请立项中国电器工业协会团体标准1项,申报市地方标准1项。完成高质量考核各项指标,“双随机、一公开”监管覆盖率和两类信息部门归集率100%,制定《扬中市“一业同查”联合监管合规手册(试行)》,“市场监管”指标考核排名镇江第一。城区分局获评江苏省四星市场监督管理分局,新坝分局获评国家市场监督管理总局“长江禁捕 打非断链”专项行动表现突出集体。坚决守牢食品药品、特种设备、重要工业品质量安全底线,全年未发生重大安全生产事故和较大影响的负面舆情事件。 (邱元元)

【质量强市建设】 2023年,扬中市加大培育质量发展标杆企业,助力扬中企业争创各级质量奖。江苏美科太阳能科技股份有限公司获评镇江市市长质量奖(镇江3家),香江科技股份有限公司获评镇江市市长质量奖提名奖,4家企业获评扬中市市长质量奖。指导扬中市6家企业获评2023年省质量信用AAA、AA级企业。大航有能电气有限公司、鼎圣集团有限公司、江苏大全凯帆开关有限公司通过省第二批“江苏精品”认证(镇江3家)。大全集团承担的江苏省智能化工程电气技术标准创新基地高分通过考核评估,锋芒集团柔韧性精密研磨砂布获批省级战略性新兴产业标准化试点项目。由扬中市检验检测中心和大全集团牵头,全市24家企业参与起草的镇江市地方标准《连续镀锌钢制电缆桥架生产技术规程》获批立项,指导大全、宜禾、亿阀、威腾等企业参与制定12项国家标准。 (邱元元)

【知识产权强市工作】 2023年,扬中市新增发明专利授权434件,比上年增长77.9%,发明专利拥有量2506件,万人发明专利拥有量79.43件,居辖市第一。新增贯标创建企业32家,贯标合格企业8家。通达商厦获批镇江市唯一省级“正版正货”示范街区,大全集团申报“雷公岛”地理标志商标项目,14家企业被确定为省级“正版正货”承诺企业。士林电器、大全长江电器被认定为国家知识产权优势企业。锋芒集团“FM”成功认定扬中市十年来首枚中国驰名商标。“雷公岛”地理标志商标获批镇江市知识产权战略推进计划项目。万奇电器获得第二十四届中国专利优秀奖。指导32家企业获得专利质押融资贷款5.926亿元。加强知识产权保护,1例商标侵权案件入选2023镇江市知识产权十大典型案例,2例商标侵权案件入选2023“铁拳”行动(知识产权执法保护)典型案例。 (邱元元)

【市场监管“放管服”改革工作】 2023年,扬中市全面实行外资企业“全市通办通取”(镇江市)、个体工商户营业执照“全城通办通取”(扬中市),办理个体营业执照“全城通办”292件。推进便利店、餐饮店“一件事”改革,各类事项高效“并联审批”76件。开辟外资企业“绿色服务通道”,外资企业简易注销登记7件。引导个转企及经营者变更改革。与行政审批局合作完成3家个体户的升级转型,完成个体工商户经营者变更登记291件。推行“免见面”线上信用修复,及时帮助履行行政处罚的市场主体修复信用,办理经营异常名录修复74户,行政处罚信用修复15户。“双随机、一公开”监管覆盖率和两类信息部门归集率均100%,制定《扬中

市“一业同查”联合监管合规手册(试行)》,获镇江肯定。“市场监管”指标考核排名镇江第一。 (邱元元)

【食品安全监管】 2023 年,扬中市加强食品小作坊、网络订餐平台等非风险管理的业态摸底调查、有因检查和随机抽查,日常巡查 8635 户次,巡查覆盖率约 100%,等级公示率 100%。启动全市大网格创文巡查工作,将全市小餐饮店划分 18 个网格,每周组织开展一次大网格全覆盖巡查,启动大网格巡查 18 轮次,出动检查人员 1440 余人次,检查各类餐饮店 5382 户次,排查发现各类问题 2349 个,全部完成整改闭环。强化检测技术支持作用,及时排查内在质量问题。开展春秋季学校及校园周边食品安全抽检、夏季高温专项抽检、守查保专项抽检等各类专项抽检工作,抽检 1735 批次,不合格 89 批次,合格率为 94.7%,问题处置率 100%,其中农产品抽检 459 批次(总批次 253),占比 181.4%。组织开展两会、春季学校开学、秋季学校开学、食品安全宣传周等专项行动,食品快检完成 5.16 万批次(农贸市场 3.7 万批次、学校 2000 批次、市场局 1.26 万批次)。利用“3·15”消保日活动现场快检 22 批次,23 年普通高中学业水平合格性考试保障 15 批次,“4·8”乡贤活动保障 11 批次,“4·9” 八桥千人河豚宴保障 8 批次,“首届江岛音乐节”活动保障 30 批次。加大案件查处力度,严厉打击违法行为,查处各类食品案件 148 件,移送公安案件 1 件。全年食品安全零事故。

(邱元元)

【药械安全监管】 2023 年,扬中市持续开展“2023 年药品监管能力标准化建设年”行动,通过市局组织的中期评估考核。扬中市不良反应监测工作在镇江辖市区中获得唯一的“优秀单位”称号,并在镇江市药品不良反应监测工作推进会上作交流发言。全年上报药品不良反应报告 544 份,药物滥用报告 2 份;医疗器械不良事件报告 224 份;化妆品不良反应报告数 56 份并提交化妆品风险信号 1 例。坚持源头严防、过程严管、风险严控,加大对中药饮片、中药注射剂、儿童化妆品等高风险品种的监督抽样力度,全年完成药品监督抽样 110 批次,合格率 100%。重点关注疫苗、特殊药品、含麻黄碱复方制剂、植入介入类医疗器械、儿童化妆品等高风险产品的监管,检查药械经营企业 125 家次,医疗机构 38 家次,出动执法人员 600 余人次,查办药械化相关案件 28 件,罚没金额 40.13 万元。全市未发生重大药品安全事件。 (邱元元)

【特种设备安全监管】 2023 年,扬中市组织开展老旧电梯安全评估,完成辖区内老旧电梯安全评估 67 台。全面深化燃气安全监管。检查气瓶充装单位 19 家次,召回不符合标准的气液双相瓶 267 只,发现并督促整改隐患 11 起,立案查处 1 起充装违法行为。检查燃气具及配件产品销售单位 45 家,开展灶管阀和燃气报警器等产品质量专项监督抽查 9 批次。开展瓶充装单位、锅炉使用单位、燃气压力管道等特种设备专项检查,检查特种设备使用单位 492 家,发现隐患 338 条,下达监察指令书 282 份,查办各类特种设备案件 30 件。全市未发生特种设备安全事故,市场监管领域安全生产态势总体稳定向好。 (邱元元)

【重点工业品质量安全监管】 2023 年,扬中市配合做好国家、省、市级重点工业品质量安全监督抽查和后处理工作,形成闭环。结合民生领域执法“铁拳”行动,深挖彻查假冒伪劣、冒用质量标志、偷工减料、以次充好、以不合格产品冒充合格产品等质量违法行为,查处质量违法类案件 27 件,罚没金额 32.3 万元。以严守质量安全底线、服务高质量发展为目标,开展本级监督抽查和不合格产品跟踪抽查 208 批次,抽检结果不合格 9 个批次,总合格率为 95.7%。聚焦重点产品、重点问题,开展电动三、四轮车,燃气具及配件,防爆电气,烟花爆竹,危险化学品,化肥,塑料制品和农用地膜等各项专项整治和检查行动,出动执法人员 360 余人次,排查各类销售单位 129 余家,切实保障人民群众生命财产安全。 (邱元元)

【市场秩序规范】 2023 年,扬中市持续推进放心消费创建工作,5 家单位(区域)获评镇江市放心消费示范单位。畅通拓宽投诉举报渠道,高效处置投诉举报,受理投诉举报 3744 件,办结率 100%,回访满意率 96.5%,切实维护消费者合法权益,获评扬中市“12345”政务服务便民热线先进单位。推进全市企业消费维权服务站、全国“12315”平台在线消费纠纷解决企业成员单位和线下无理由退货单位发展,发展、申报维权站 15 家、ODR(消费纠纷在线调解)企业申报 10 家,线下七天无理由退货企业 160 家。坚持公正文明执法,实现同案同罚、公正执法,无一起执法信访、行政复议撤销和行政诉讼败诉案件。推行包容审慎执法,为市场主体提供更具温情的法治营商环境,办理轻微违法免罚案件 29 件,免罚金额 113.85 万元,从轻减轻处罚案件 143 件,减轻金额 624.77 万元。 (邱元元)

农 业

综 述

【概况】 2023年,扬中市夏粮面积、总产、单产实现“三增”,落实秋粮播种面积10.12万亩(6746.67公顷),粮食总产量7.6万吨。引进推广蔬菜方面推广新品种7个、新技术5项,推广面积3000亩(200公顷)。加快提升农业基础设施水平,新建高标准农田3700亩(246.67公顷),高标准农田建成面积8.5万亩(5666.67公顷)。优化渔业空间布局,完成水产放养面积1.92万亩(1280公顷),推广生态健康养殖,新增池塘标准化改造面积620亩(41.33公顷),特色水产工厂化养殖面积18.8万平方米。巩固生猪产能,全市能繁母猪稳定在0.15万头,生猪存栏1.6万头、出栏2.22万头。

(方旭阳)

【长江禁渔】 扬中市围绕“一年起好步、管得住,三年强基础、顶得住,十年练内功、稳得住”的目标,织密织牢长江禁捕“防护网”,长江禁捕“三年强基础”取得阶段性显著成效。第一时间成立长江禁捕退捕工作小组,建立渔政员队伍,根据沿江重点水域划分网格,在全江段设置执勤点。在镇江地区首创镇(街、区)联合长江禁渔专职巡防队,设置标准化长江禁渔执巡点22个,建立6支基层巡防员队伍,按照长江岸线每2千米配备1名专职巡防员的标准,实现沿江岸线全覆盖。优化人防、技防、群防,完善监控体系,全市接入监控150个,利用无人机、望远镜等专业设备高效巡查,各镇(街、区)针对涉渔违法行为,采用“24小时常规巡防+零点突击检查”等工作方式,形成全时段、全方位的巡防机制,累计办理各类垂钓案件1087起,收缴各类鱼竿渔具近3000根(套),办理非法捕捞案件55起,全市52家需拆除取缔的养殖项目全部完成并通过各级验收。农业综合执法大队与公安、市场监管局定期对农贸市场、餐馆、渔具渔药经营店等经营主体进行检查,开展突击联合执法行动10次,查处涉渔违法经营案件3起。非法垂钓捕捞与市场非法交易情况好转。农业综合执法大队与公安、海事、渔政等涉水管理相关部门建立起跨市跨部门联动执法机制,率先在镇江地区推行长江违钓查处“由公安部门滞留、渔政部门办理”的办案模式,自2020年以来开展跨市联合执法8次,对外来垂钓、捕捞人员形成震慑。实施退捕渔民就业服务政策,对符合条件的渔民每月发放750元的临时生活补贴两年,通过发展产业、务工就业、支持创业等途径,为退捕渔民提供兜底服务。举办退捕渔民技能培训班4期、专场招聘会3场,培训退捕渔民100余人次,开展就业指导300余人次,设置保洁员、护渔员等公益性岗位10个,退捕渔民全部转岗就业,18名符合条件的生活困难渔民纳入低保救助对象。保护生物的多样性,连续15年开展增殖放流活动,累计在长江放流河豚、鲢鱼、鳙鱼、青鱼、草鱼等鱼苗3000余万尾,以鱼护水取得成效,水生生物资源呈现恢复向好态势。围绕长江禁捕管理的相关法律法规,多形式、多渠道地开展各类普法宣传活动。深入社区普法宣讲,开展长江禁捕涉渔法律法规的宣传解读,发放倡议书3万余份,与全市各中小学定期开展长江禁捕主题宣传教育活动,营造“不能捕、不想捕、不敢捕”的氛围。

(融媒体中心)

6月,扬中开展长江商船携带渔网渔具专项整治行动

(融媒体中心供图)

【乡村振兴工作】 2023年，扬中市围绕优质粮油、绿色蔬菜、精品水产、现代畜禽、品牌鲜果、特色园艺，实施农业农村重大项目12个，项目总投资21.53亿元，计划当年完成投资11.29亿元，完成投资11.35亿元。狠抓农业产业招引，乡村产业招引考核目标任务为1000万元以上项目5个，协议资金4.5亿元。全年招引乡村产业项目5个，落实5000万元以上项目2个、1000万元以上项目3个，完成招引协议资金4.6亿元，实际投资1.2亿元。推进三产融合，开展“悦江岛四季遇人间佰味”系列活动，编制设计“食在扬中”特色农产品推介手册，打响“以食促游”扬中品牌。坚持发展生态低碳农业，农药使用量、化肥使用量分别比2020年下降1.5%、2%，秸秆综合利用率95%以上，大力推进废旧农膜回收利用，废旧农膜回收率92.08%，农药包装废弃物回收覆盖率、处置率均100%。围绕农村人居环境整治垃圾清理专项行动，先后组织开展垃圾清理行动攻坚月、集中行动周、集中巡查整治日等行动，累计清理农村垃圾5.4万余吨。深化农村改革，激发“三农”发展活力，完成《扬中市农村宅基地建房管理办法》实施效果评估；深化农村承包地“三权分置”改革，严格规范土地经营权流转行为；深化农村集体产权制度改革，稳步推进村集体经济组织与村民委员会账务分设工作；开展新型农业经营主体提升行动，推进家庭农场高质量发展。巩固拓展脱贫攻坚成果同乡村振兴有效衔接，严格落实“四个不摘”要求，持续开展脱贫攻坚“回头看”，健全防止致贫返贫监测帮扶机制，做到动态清零。深入推进农村人居环境整治提升五年行动，巩固“四好农村路”全国示范县创建成果，完成新改建农村公路17.3千米。大力实施农村生活污水治理提升行动，全市农村生活污水治理率51.4%，农村生活污水治理设施正常运行率100%。系统推进农村生态河道建设，改造完成农村生态河道27.07千米。健全农村生活垃圾收运处理体系，农村生活垃圾集中收运率、无害化处理率均100%。巩固“四好农村路”全国示范县创建成果，完成农村公路道路建设17.3千米。 （方旭阳）

【第三次全国土壤普查外业剖面采样】 2023年12月，扬中市第三次全国土壤普查外业剖面采样工作在新坝镇雷公岛启动。此次土壤普查外业剖面采样工作有10个剖面点，样点覆盖水田和水浇地。通过挖掘土壤剖面、观察与记载剖面形态、采集剖面土壤样品，开展土壤类型校核完善等，了解土壤的肥力水平、质量、生产能力、潜力等基本情况，全面真实准确掌握土壤资源数量、质量、性状和利用状况，提升土壤资源保护和利用水平，落实藏粮于地、藏粮于技战略，守住耕地红线，优化农业生产布局、推进农业高质量发展。

（融媒体中心）

9月20日，第三次全国土壤普查外业剖面采样启动

（融媒体中心供图）

种植业

【概况】 2023年，扬中市粮食总产量7.6万吨，其中水稻总产4.84万吨，单产636.38千克；三麦总产2.26万吨，单产361.8千克。实施省级水稻绿色高质高效创建，建立千亩示范片6个，集中育秧比例100%，完成机插秧面积6.58万亩（4386.7公顷），占全市水稻面积的86.5%。主推南粳3908、南粳5055、宁香粳9号、武运粳31、镇麦12、镇麦15等优良品种，扩大良种覆盖面，良种覆盖率95%以上。重点技术推广机插秧技术、秸秆全量还田技术、精确定量栽培技术、病虫害绿色防控技术和测土配方施肥技术。推广优质食味品种、集成应用绿色高效技术、示范稻田综合种养模式、探索粮食产业开发和融合发展等关键环节。园艺种植面积稳定在2.78万亩（1853.33公顷），其中蔬菜种植面积稳定在1.7万亩（1133.33公顷），果树、花卉种植面积稳定在1.08万亩（720公顷）。蔬菜播种面积6.36万亩（4240公顷），新增蔬菜连栋大棚改造提升面积55亩（3.67公顷），果树新增连栋大棚面积15亩（1公顷）。 （沈静、金文娟）

【蔬菜种植业】 2023年，扬中市引进推广蔬菜新品种7个（扬中秧草、黑龙3号长茄、洛椒巨早306中椒、金蔬105甜椒、博辣7号辣椒、千禧樱桃番茄、金珠樱桃番茄）。新技术4项（秧草水旱轮作技术、连作障碍防除技术、地膜减量替代技术、产品质量安全溯源技术）。蔬菜累计推广面积3000亩（200公顷）。扬中市八桥镇利民村农地股份专业合作社的“鑫惠农”牌厚皮甜瓜获得第五届江苏“好西（甜）瓜”评比特等奖。 （张颖）

【果树产业】 2023年,扬中市继续引进推广果树新品种新技术。推广新品种3个(白玉枇杷、红美人柑橘、翠冠梨),新技术4项(病虫害绿色防控技术、枇杷设施防寒技术、梨开心形整形修剪技术、果园生草栽培技术)。果树累计推广面积1600亩(106.67公顷)。首届长三角地区精品枇杷推介活动中,扬中市知青滩家庭农场的"长江边上的"牌"白玉"枇杷和扬中市成翔家庭农场"田云标"牌"冠玉"枇杷获金奖。镇江市优质早熟桃品鉴活动中,扬中经济开发区森羽家庭农场"锦香黄桃"获银奖。江苏省第五届优质早熟梨品鉴活动中,扬中经济开发区森羽家庭农场"苏翠1号"梨获银奖。镇江市优质水果品鉴活动中,徐芹家庭农场的"江蕴"牌翠玉和润福家庭农场"水韵源"牌阳光玫瑰葡萄获得金奖,徐芹家庭农场"江蕴"牌初夏绿梨获得银奖。 (张颖)

【地膜残膜回收利用】 2023年,扬中市推进废旧农膜回收利用工作,结合实际情况成立废旧农膜回收点3家,开展农膜集中治理。地膜投入总量23.1吨,回收总量13.92吨,废旧棚膜产生量173.05吨,回收总量166.7吨,废旧农膜产生量196.15吨,回收量180.62吨,回收率92.08%。完成地膜减量替代技术试验示范及地膜土壤残留原位监测。农业农村局与市场监督管理局联合执法2次,各乡镇与市场监督管理局分局各联合执法1次,与扬中市生态环境局开展农膜联合执法监督1次。 (张颖)

【病虫害专业化防治】 2023年,扬中市农药使用量180.5吨,比2020年(193吨)下降6.5%。稻麦统防统治覆盖率72.04%,稻麦绿色防控覆盖率61.39%。推广病虫害绿色防控技术,新建省级病虫绿色防控基地2个,基地内绿色防控产品使用面积占比100%,核心区内化学农药使用纯量较常规区下降20%以上;新建省级稻麦周年杂草综合治理示范区1个,核心区化学农药使用纯量较常规区减少10%以上。 (常壮壮)

8月,水稻穗期病虫害防治 (融媒体中心供图)

【测土配方施肥技术推广】 2023年,扬中市测土配方施肥面积21.75万亩(14500公顷),测土配方施肥技术覆盖率98%。在全市开展各类试验9个,分别为小麦化肥利用率试验、小麦种肥同播试验、小麦有机肥部分替代化肥试验、秧草"2+X"田间肥效试验、小麦微量元素(锌)试验、水稻化肥利用率试验、水稻侧深施肥田间试验、水稻中微量元素(锌)试验、水稻叶面喷施微量元素硼水溶肥料试验,优化作物氮磷钾中微量元素营养配方比例和田间运筹。扩大测土配方施肥技术的应用效果和示范带动作用,实行试验、示范、对比"三田"配套,并树牌标识。集成推广侧深施肥、机械化施肥、减量施肥等技术,控肥、增效、提质效果明显。 (姚久琴)

养殖业

【概况】 2023年,扬中市畜牧业生产基本稳定。年末全市生猪存栏1.45万头,比上年下降8.87%,其中能繁母猪存栏0.15万头。累计出栏生猪2.48万头,下降10.09%。有生猪规模养殖场9个,小规模养殖场29个。蛋鸡存栏17万只,增长3.03%;有蛋鸡规模养殖场2个,小规模养殖场5个。山羊出栏1.3万只,与2022年基本持平;有山羊规模养殖场3个,小规模养殖场3个。水产养殖面积19200亩(1280公顷),其中特种水产养殖面积16200亩(1080公顷);新增池塘标准化改造面积620亩(41.33公顷);河豚、刀鱼、鲥鱼等工厂化养殖面积18.8万平方米,螃蟹标准化养殖面积6900亩(460公顷),水产品总产量8015吨,其中养殖产量7897吨,捕捞产量118吨;渔业总产值5.98亿元。镇江大全现代农业发展有限公司、扬中市万红江鲜养殖专业合作社获得"苏韵乡情"江苏金蟹推介活动十大金蟹奖。"扬中河豚"获江苏省名优水产品"十佳区域公用品牌"、镇江江之源渔业科技有限公司"扬子"品牌纳入江苏农业品牌精品培育计划。 (温宏文、高峰)

【粪污资源化利用】 2023年,扬中市践行畜牧业绿色发展理念,细化工作举措,提升畜禽粪污资源化利用水平。全市现存畜禽规模养殖场13个,畜禽小规模养殖场养殖37个,根据《镇江市畜禽污染资源化利用巩固提升行动实施方案》的要求,扬中建立年度规模养殖场整治提升清单以及小规模场配套治理清单,推进畜禽养殖污染治理和资源化利用工作。全年畜禽粪污综合利用率保持在95%以上,规模养殖场养殖污染治理率100%,规模场粪污处理设施配套率100%。制订下发规模养殖场粪污综合利用制度，对全市13个规模养殖场，督促各场分别制订粪污利用计划，建立粪污资源化利用台账记录，做到粪污去向可追溯，建成畜禽粪污资源化利用档案记录规范化示范场13个。（温宏文）

【强制免疫工作】 2023年3月，扬中市根据省、市统一部署，制定《2023年扬中市重大动物疫病春秋季集中防疫及夏季集中补免行动方案》。3月上旬起，组织开展为期近两个月的全市春季重大动物疫病集中防疫行动；自9月初开始，组织开展为期近两个月的全市秋季重大动物疫病集中防疫行动。指导具备自行免疫条件的规模养殖场按程序实施免疫，对不具备自行免疫条件的养殖场户开展集中免疫，做到应免畜禽免疫密度100%，免疫标识佩戴率100%，应免尽免，不留空当。全年有21家畜禽规模养殖场实施“先打后补”免疫计划，实现自养自免，对散养户坚持春秋季集中防疫、新补栏补免，免疫猪瘟3.39万头次，猪口蹄疫免疫3.58万头次，猪蓝耳病1.54万头次，禽流感39.72万羽份，鸡新城疫32.3万羽份，羊口蹄疫0.94万头次，小反刍兽疫0.86万头次。（温宏文）

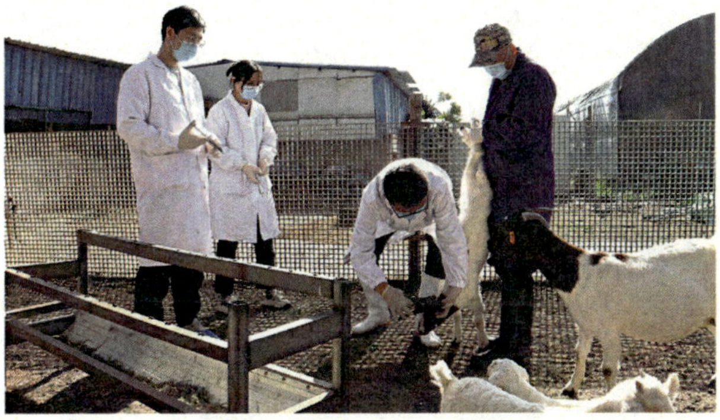

3月，畜禽疫病检测　（融媒体中心供图）

【疫病监测工作】 2021年，扬中市对实施国家强制免疫病种的畜禽全覆盖跟踪监测，以非洲猪瘟、禽流感为主，健全疫情监测网络报告。适时开展重大动物疫病血清学、病原学监测工作，全年检测样品数1.43万份，其中禽流感样品2510份，鸡新城疫样品665份，口蹄疫样品1720份，猪蓝耳病样品600份，猪瘟样品600份，小反刍兽疫样品560份，血吸虫样品900份，布鲁氏菌样品380份，血清抗体合格率达85%以上；病原学监测禽流感样品200份，非洲猪瘟样品6194份，样品病原学监测全阴性。（温宏文）

【非洲猪瘟防控】 2023年，扬中市切实抓好非洲猪瘟常态化防控工作，抓严抓实“三灭四消”（灭蚊、灭蝇、灭鼠，日常消毒、重要时点消毒、突击消毒、应急消毒）和生物安全防控措施，强化网格化管理、调运监管、病死畜禽无害化处理和应急处置等综合防控措施，为畜禽生产保驾护航。根据非洲猪瘟防控形势，延续往年防控态势，做到年季月全覆盖监测，市级以上规模场月监测、中小型规模场季监测、散养户年监测，跨市出售生猪均严格开展非瘟检测，开展专项监测6194份，检测结果全阴性。开展四次“三灭四消”专项行动，累计消毒场点1.32万个，消毒面积171.15万平方米，使用消毒药4.6吨，确保生猪生产安全。从严落实落细非洲猪瘟常态化防控措施，实现“外防输入，内防发生”的目标。（温宏文）

【江苏省扬中现代渔业园区】 扬中市现代渔业产业园位于扬中本岛北侧临江圩滩，园区由扬中本岛洲堤及外围堤包围组成，形似鸟头，中间有4条通江港河穿圩而过，自西往东分别为杜家港、营房港、中堡港和铁皮港，圩区顺流长度2.36千米，最大宽度1.53千米，总面积约3.1平方千米。2023年，扬中现代渔业产业园区按照“产业特色鲜明、规划设计科学、科技含量较高、物质装备先进、综合效益显著”的农业产业园区建设总体思路，发挥政府、部门、企业三方面作用，高质量、高标准建设渔业示范基地。园区以创建省级农业产业示范园为契机，加快推进智慧渔业、鱼文化博物馆、水产品批发市场等项目建设，持续加强与科研院所合作，做好新技术研发引进和新品种培育更迭，打造全国水产养殖示范高地。（郭培武）

农业机械

【概况】 2023年，扬中市贯彻落实省政府《关于加快推进农业机械化和农机装备产业转型升级的实施意见》《关于做好2023年全面推进乡村振兴重点工作的实施意见》等文件精神，加快实施农机“两大行动”（农业生产全程全面机械化推进行动、农机装备智能化绿色化提升行动），大力推进农业机械化由主要粮食生产环节向设施农业、林果业、渔业、畜牧业、农产品初加工等农业生产其他领域拓展延伸，不断满足现代农业生产日益增长的农机需求。主要农作物耕种收水平稳定在96%，特色农机化率71%，农机装备水平和农机服务能力进一步增强。（朱凌）

【农业生产机械化】 2023年，扬中市加快老旧农机的淘汰和报废，发展先进适用、高效低耗的农机装备。完善农机报废更新补贴政策,促进农机装备提档升级。新增 85 马力以上拖拉机 10 台,插秧机 27 台,联合收割机 8 台,高效自走式植保机 20 台,植保无人机 19 台,辅助驾驶设备 101 台,其他各类农机具 100 余台(套)。兑付中央省级补贴资金 88.54 万元。办理报废更新机具 7 台,发放补贴资金 7.57 万元。全面推进农机综合保险,对纯农用作业的拖拉机、联合收割机各级财政给予 80%的保费补贴。参保农机综合保险的各类农业机械 300 台。组织农机基层人员参加省、市、县组织的各类农机化专业知识业务培训 120 余人次,通过岗位业务知识和技能培训,提升农机管理队伍的工作能力和业务水平。 (朱凌)

无人机农田防治喷洒作业 (融媒体中心供图)

【秸秆机械化还田】 2023 年,扬中市采取"行政检查、社会监督和第三方核查相结合"的监督机制,完成省级秸秆机械化还田补助工作任务。全年完成稻麦秸秆机械化还田面积 13.71 万亩(9140 公顷),其中夏季 6.83 万亩(4553.33 公顷),秋季 6.88 万亩(4586.67 公顷),补助资金 137.19 万元,秸秆机械化还田率 89.78%。

(朱凌)

【农机安全生产】 2023 年,扬中市贯彻落实省、市关于农机安全生产专项整治工作要求,以农机合作社、家庭农场、农机大户等为重点,严格农机安全生产主体责任的落实。开展"铁牛卫士"农机执法行动。全市年检上路拖拉机 136 台;期满换证 18 本,注销驾驶证 47 本(年龄超过 70 周岁);检验农田作业拖拉机 203 台,联合收割机 119 台;登记注册拖拉机 8 台,联合收割机 7 台;核发跨区作业证 63 张(插秧机 1 张);开展各项农机执法检查 51 次,出动 134 人次,检查机具 496 台,发现违法行为 13 起(警告 10 起,处罚 3 起)。 (朱凌)

农业经济体制与经营管理

【概况】 2023 年,扬中市加强和规范农村宅基地管理,全面推进农村宅基地线上审批和闲置宅基地及闲置住宅流转交易,推动农村宅基地建房审批、验收与不动产登记发证"一窗受理、集成服务",开展农村宅基地法规政策宣传推广,完成《扬中市农村宅基地建房管理办法》实施效果评估。深化农村承包地"三权分置"改革,加强农村土地承包合同管理,严格规范土地经营权流转行为,持续推进土地股份合作,提升农业适度规模经营水平,完成农村土地承包经营权确权登记成果交接。深化农村集体产权制度改革,稳步推进村集体经济组织与村民委员会账务分设工作,更好发挥村级股份经济合作社特殊市场主体优势,促进新型农村集体经济发展壮大。开展新型农业经营主体提升行动,加强家庭农场名录系统信息采集和管理,持续开展示范家庭农场创建活动,推进家庭农场高质量发展。 (陈劲旭)

【农村宅基地管理和改革】 2023 年,扬中市受理农村宅基地建房申请 849 宗,审批 788 宗,其中线上受理 694 宗,线上审批 323 宗,解决群众的建房需求,提升宅基地管理规范化、信息化水平。制定出台闲置宅基地和闲置住宅使用权流转交易办法、合同示范文本等文件,开展法律政策和业务知识培训,完成闲置宅基地和闲置住宅交易 26 宗。农业农村局会同纪委监委、自然资源和规划、城管等部门检查全市的宅基地建房管理工作,指出整改问题,落实责任要求,推动宅基地建房管理工作规范有序开展。建立信息共享机制,将不动产统一登记系统与农村宅基地管理信息系统互联互通,信息共享,实现"一窗受理、一站服务、一事通办",提升为民服务效能。成立《扬中市农村宅基地建房管理办法》评估工作领导小组,制定评估工作方案,通过开展实施情况检查、座谈会和填写调查问卷等方式广泛收集相关意见建议,形成实施效果评估报告,建议继续实施。组织开展扬中市农村宅基地法规政策"宣传月"活动,开展专题宣讲 7 场,制挂宣传横幅 140 条,制作宣传展板 16 个,播放宣传音视频 6 次,发放宣传资料 1200 份,接受政策咨询 300 人次,纸媒宣传报道 1 次,新媒体宣传报道 7 次。连云港市、镇江市、无锡惠山区、苏州张家港等地先后到扬中考察学习宅基地审批管理工作。

(陈劲旭)

【农村土地"三权分置"改革】 2023年,扬中市继续加强农村土地承包和流转管理,组织学习《中华人民共和国农村土地承包法》《农村土地承包合同管理办法》《江苏省农村土地经营权流转管理办法》等法律法规,强化农村土地承包合同管理,严格规范土地经营权流转行为,持续推进土地股份合作,提升农业适度规模经营水平。根据上级有关要求,将所有农村土地承包经营权确权数据和电子档案移交自然资源和规划局,包括地理信息数据、权属数据和电子档案数据。确权数据采取光盘和移动硬盘拷贝的方式共享。确权纸质档案继续由市档案馆保存。建立信息共享机制,实现登记信息与承包合同信息互通共享,保障不动产登记与土地承包合同管理有序衔接。 (陈劲旭)

【家庭农场培育】 2023年,扬中市组建扬中市丰产粮食专业合作社,该社有成员16个,其中种粮家庭农场14家,经营面积1.3万亩(866.67公顷),成员现金出资额20万元,为扬中市首家以家庭农场为主要成员的合作社。实行家庭农场名录管理,推广使用家庭农场"随手记"记账软件和"一码通",组织江苏省"百佳家庭农场"和典型案例推荐,开展省、市、县三级示范家庭农场创建和家庭农场项目申报工作。录入全国家庭农场名录系统的家庭农场339家,信息录入率100%;家庭农场"随手记"记账用户183户;"一码通"使用用户82户;推荐1家江苏"百佳家庭农场"和1家江苏省家庭农场典型案例;新增三级示范家庭农场23家,示范家庭农场总数120家,示范培育程度为35.4%;申报家庭农场项目12个,财政补助资金113万元。 (陈劲旭)

经开区新星村森羽农场 (融媒体中心供图)

【农村集体产权制度改革】 2023年,扬中市印发《关于实行村民委员会与村集体经济组织账务分设的指导意见》,就村(社区)股份经济合作社与村民委员会账务分开设立、专账核算的基本原则、主要内容、实施步骤和操作要求等予以明确,对镇(街、区)记账会计和村(社区)会计开展专题政策业务培训。10月,村(社区)股份经济合作社和村民委员会实行分账管理、独立核算。通过账务分设,发挥村(社区)股份经济合作社特殊市场主体优势,发挥其在管理集体资产、开发集体资源、发展集体经济、服务集体成员的功能,促进新型农村集体经济高质量发展。 (陈劲旭)

【农村集体"三资"管理】 2023年,扬中市强化"三资"平台建设,从资金、资产、资源入手,全面清查村级集体经济"三资",建立健全农村集体资产台账和资源登记簿,完善"三资"监管平台资产管理模块功能,确保集体资产不流失。加强村集体资金监管,依托现代网络信息技术,实现财务软件系统和"网上银行"系统直联的平台,推进非现金结算。开通全市74个村(社区)银农直连端口,实现财务结算闭环管理,减轻财务人员工作量,促进农村基层党风廉政建设。 (郭江云)

【农村产权交易市场建设】 2023年,扬中市农村产权交易成交项目数2110笔,成交金额1.76亿元,流转土地面积5941亩(396.07公顷),出租房屋面积103.4万平方米。引导各镇(街、区)通过拍卖、招投标、竞价等方式,组织农村集体资产资源、土地经营权流转、基础建设等项目统一进场公开交易,防止暗箱操作,提升监管实效。 (郭江云)

【村级公益事业建设一事一议】 2023年,扬中市根据省财政厅、农业农村厅《关于提前下达2023年村级公益事业建设一事一议财政奖补资金的通知》《关于下达2023年第二批村级公益事业建设一事一议财政奖补资金的通知》文件要求,确定56个项目,建设规模1211.08万元,下达资金554万元,助推乡村振兴。建设涵盖农村公路25条,18.99千米,文体场所3个,3900平方米;环境整治项目5个,整治面积2.12万平方米;亮化工程2个,安装路灯135盏。 (郭江云)

【农民合作社规范化创建】 2023年,扬中市提升全市合作社的规范化建设水平,推进农民合作社标准化生产、专业化服务、产业化经营。指导260家农民专业合作社健全组织、民主管理制度,完善盈余分配机制,增强农民专业合作组织的服务功能和自我发展能力。做好列入异常经营名录合作社的年报申报和移出工作,完成年报公示率86%。组建完成首家以家庭农场、合作社、农业企业为主要成员的种粮合作社。申报3家镇江市级示范社,持续监测国家级和省级示范社,监测合格的国家级示范社3家,省级示范社6家。 (郭江云)

【巩固拓展脱贫攻坚成果同乡村振兴有效衔接】 2023年,扬中市持续巩固拓展脱贫致富奔小康成果,严格落实"四个不摘"要求,强化防止返贫动态监测,健全低收入人口分层分类社会救助体系,稳定实现"两不愁、三保障"。推动脱贫劳动力稳岗就业,通过技能培训、就业帮扶、产业帮扶等多途径解决贫困家庭劳动力就业问题,稳步提高脱贫群众工资性、生产经营性、转移性收入,不断缩小脱贫群众收入差距。 (张丽)

农业产业化发展

【概况】 2023年,扬中市农业产业化经营组织、规模逐步扩大,辐射带动作用明显增强。有各类农业产业化经营主体626个。按组织类型划分,龙头企业25个,其中省级农业龙头企业3个,镇江市级农业龙头企业13个,扬中市级农业龙头企业9个。农民专业合作社262个,其中国家级专业合作社5个,江苏省级专业合作社9个,镇江市级专业合作社15家,扬中市级专业合作社11个,普通合作社222个。家庭农场339个,其中江苏省级示范家庭农场28个,镇江市级示范家庭农场53个,扬中市级示范家庭农场39个,普通家庭农场219个。 (姜金立、郭江云、陈劲旭)

5月,扬中市开展小麦新品种新技术暨水稻集中育秧现场观摩会 (融媒体中心供图)

【农业招商】 2023年,扬中市依托现代农业园区,围绕特种水产、特色蔬果、粮油加工、休闲观光等农业产业,以农业一、二、三产业融合为导向,开展农业招商和宣传推介。通过农业项目推介会、以商引商、网上发布、拜访客商等形式,引入3个农业农村重大项目签约并落地,总投资6.85亿元;组织8家农业企业、2家农民专业合作社参加中国国际农产品交易会、江苏农业国际合作洽谈会、江苏农产品(上海)交易会、镇江乡村产业招引推介会,重点推介和展销秧草、红薯粉丝、精品水果、特种水产等扬中特色农产品。 (姜金立)

【高标准农田建设】 2023年,扬中市投入高标准农田建设项目资金1110万元,建设高标准农田3700亩(246.67公顷)。完成2022年度三茅街道、经开区高标准农田建设任务,完成2023年度油坊镇、新坝镇高标准农田建设项目的招投标及实施工作。 (薛飞)

【农产品质量安全监管】 2023年,扬中市全面落实地方政府属地管理责任和生产主体首要责任,建立健全农产品质量安全长效监管体制机制,严把"产""管"两道关,农产品质量安全水平稳步提升。生猪产地检疫1.66万头,肉羊产地检疫8530只;生猪屠宰检疫3.74万头,肉羊9121只,禽类20.67万羽。出具动物产地检疫合格证明2224张,其中生猪产地检疫合格证明计1637张,肉羊产地检疫合格证明计552张,禽类产地检疫合格证明32张,犬猫产地检疫合格证明3张。生猪屠宰检疫10.04万头,肉羊屠宰检疫2.08万只;出具屠宰检疫合格证明3.07万张,其中生猪产品检疫合格证明(产品B证)2.69万张,肉羊产品检疫合格证明3795张(产品A证190张,产品B证3605张)。养殖和屠宰环节年抽检尿样1.07万份,均未发现"瘦肉精"阳性,开展畜禽产品中抗菌药物残留和兽药残留专项监测抽样工作,抽检畜禽产品159份。生猪规模场无害化处理生猪820头,病死肉羊687只,病死禽类1.98万羽,无害化处理率100%;屠宰环节检出病害猪及产品折合347头,100%按要求无害化处理中心集中处理。加大农产品农药残留检测力度,食用农产品定量抽检1057批次,合格率99.34%,抽检率3.35批次/千人。其中,开展省、市、县例行监测919批次,合格率99.46%;开展省、市、县监督抽检共138批次,合格率98.55%,食用(地产)农产品监督抽检问题发现率1.45%,后处置按时完成率100%。乡镇开展蔬菜农残速测2.96万批次,其中胶体金速测3443批次,合格率100%。对涉及农产品质量安全违法违规行为始终保持高压态势,坚持检查、检测与执法查处相结合,遏制农产品质量安全突出问题。开展禁限用高毒农药、“瘦肉精”、畜禽屠宰、兽用抗生素和农资打假等专项整治行动,出动执法人员856人次,检查生产企业经营企业553家次,立案查处农产品质量安全案件12起,有效保障农产品质量安全,全市未发生农产品质量安全事件。

(于永忠)

【高素质农民培育工作】 2023年,扬中市举办高素质农民培育培训班16期,培训合格人数1111人。以提高培训实效为目的,创新培训方式,开展田间课堂组织现场观摩,培训后开展跟踪服务,帮助解决生产经营中的实际问题。开展以稻麦高产栽培技术为主要内容的农艺工培训9期,重点推广水稻高产栽培技术规程、机插高产栽培技术等实用技术。举办畜牧养殖培训班1期,聘请高等院校专家教授讲授养殖技术、疫病防控、粪污治理、政策法规等知识,组织观摩现场教学。配合高素质农民培育项目的实施,采取请进来、送出去的办法,与农业院校合作,培训农业专家、青年农场主、新型职业农民、专业大户180人,提高劳动力持证水平。

(任凯)

10月28日,利民村现代农业种植知识培训

(融媒体中心供图)

【农业信息工作】 扬中市已开展数字农业建设,新增物联网农业主体11户,对接省物联网信息平台。做好全市农产品电子商务工作,农产品网上销售2627万,比上年增长21.3%。举办电子商务培训班1期,培训114人次。发挥全市75家益农信息社作用,做好技术指导等四项服务6.3万人次。

(任凯)

【基层农技推广体系改革与建设】 2023年,扬中市继续完善实施2022年度全国基层农技推广体系改革与建设补助项目,完成960户科技示范户的技术指导,完成基层农技人员培训126人次,完成3个科技示范基地的技术示范工作并验收。6月,根据省农业农村厅下达扬中市全国基层农技推广体系改革与建设项目任务,培育农业科技示范户750户,筛选粮食种植户420户和园艺种植户80户、畜禽养殖户150户、水产养殖户100户作为示范户,在全市市镇两级农技推广人员中遴选技术人员75人作为指导员,入户到田进圈指导示范户生产100天次。科教站做好示范户物化补贴的发放、指导员技术指导情况的督导工作,确保项目实施成效。根据农业重大推广计划,建立农业科技示范基地3个,八桥镇利民村建设粮食种植科技示范基地,万红江鲜养殖专业合作社建设水产养殖示范基地,新坝镇沿江苗木专业合作社建设园艺科技示范基地。示范推广农业项目5项,组织农民参加培训观摩4期、300人次,主推技术到位率100%,支持国家级渔业科技示范基地建设。注重科技成果转化与推广,增强示范效果。推广“农技耘”App,注册用户4700户,在镇江市占比21%,制定扬中市“农技耘”使用考核奖励办法,“农技耘”使用活跃度全省列入第一档。

(任凯)

10月,三茅街道兴阳农机服务专业合作社农机检修人员检修设备

(融媒体中心供图)

水 利

综 述

【概况】 2023年,扬中市水利工程投入6572.62万元,完成总土方86.42万立方米、石方2100立方米、混凝土7200立方米。稳步推进水利工程建设,完成六圩港闸站工程,缓解六圩港水系排涝压力;完成二墩港引水泵站工程,提高枯水期三茅大港引水能力;完成南江段江堤提升工程,串起滨江公园和园博园两大景点;完成八桥镇创新义五圩、西来桥镇光明站涵洞翻建,提高安全系数和抗洪引水能力。江苏省水利厅、财政厅对75个涉农县(市、区)2022年度农村河道长效管护绩效评价,扬中市被评定为第一等次。疏浚整治城乡河道197条,总长度59.94千米,疏浚土方70.79万立方米,其中乡级河道7条,村庄河塘190条。市级河长累计巡河175次,镇、村两级巡河3504次。发放市、镇级交办单121份,组织河长制督查考核6次,推进各级交办督办问题整改落地。压实防汛责任,抓好隐患整治,完成全市147千米水下地形监测,对6个不稳定岸段和“洗坍”严重地段加强巡查。组建市镇村三级73支防汛抢险队伍,修订完善各类预案,将27个物资储备点覆盖全市重要地段。 (方新娟)

【河长制】 2023年,扬中市级河长累计巡河175次、镇级河长累计巡河1533次、村级河长累计巡河1971次,发放市级河长巡河事项交办单18份、镇级河长巡河事项交办单103份。各责任单位均在规定时间内整改到位。市河长办每季度对河长制工作进行督查、考核,组织河长制督查考核6次。按照生态河道建设规划要求,综合运用工程及生物等措施,全力推进生态河道建设,改善和提升河道的功能和面貌,全年建成生态河道14条,高分通过省级评估验收。将河湖治理与水文化、农耕文化相结合,提升人文底蕴,并依托良好水生态推动产业融合发展,打造环境优美、宜居宜游的幸福河流,完成辖区20条幸福河湖建设,新增的幸福河湖成为居民休闲娱乐的新去处。 (朱滢)

水利工程建设

【六圩港闸站工程】 2023年,扬中市建设完成六圩港闸站工程。工程主要建设内容为拆除原六圩港闸,移址新建六圩港闸站。闸站分侧布置,其中节制闸闸孔净宽

经开区生态安全缓冲区 (融媒体中心供图)

6米，设计排涝流量70米³/秒、引水流量65.5米³/秒，泵站安装4台机组，设计排涝流量12米³/秒、引水流量6米³/秒，总装机容量840千瓦。工程于2021年12月开工，2023年11月完工验收。（冯逸群）

【南江段江堤提升工程】 2023年，扬中市实施南江段江堤提升工程。工程西起滨江公园，东至园博园，长4.15千米。沿江堤拓宽加固，增加景观步道，提升沿线生态景观绿化4.88万平方米。工程保持原有江堤沥青路面不变，外侧迎水坡按照1:3坡比土方拓宽，加固宽度4.2米。工程由水利局牵头组织实施，三茅街道、农业农村局、经济发展局、文体广电和旅游局、交通运输局、供电公司、绿洲新城、天禾公司等单位配合组织实施。工程于2022年10月开工，2023年10月完工，总投资1139.67万元。（于建兵）

【二墩港引水泵站工程】 二墩港引水泵站工程位于扬中市三茅街道兴华村二墩港闸站与二墩港闸之间西侧，设计引水流量9米³/秒，工程等别为Ⅳ等，工程规模为小(1)型，设计净扬程1.50米(吴淞高程)，选用3台1000ZQ-125潜水轴流泵井筒式安装一字式布置。工程于2022年11月8日开工建设，2023年6月底基本完工，水泵机组试运行完成。完成土方开挖6744.53立方米，土方回填4083.99立方米，12%水泥土回填332.58立方米，混凝土1366.18立方米，钢筋111.16吨，沥青路面819.74平方米，预应力高强管桩80.38立方米；1000ZQ-125潜水轴流泵安装3台（套）、备用1台（套），QDX3-4-0.12S54型浮球式自动潜水泵1台（套）；二墩港闸钢闸门更换1座，拦污栅11.74吨，Φ1200钢制出水管0.9吨；外电接入1项，变压器1台，高压柜3台，低压柜5台，电容柜1台，自动化控制系统1套等。（郑莎莎）

【八桥镇长胜段堤防加固工程】 八桥镇长胜段堤防加固工程全长3.82千米，存在堤防坡比不足，堤身单薄，遇长江高潮水位时该段堤防背水坡堤脚出现渗水现象。堤顶宽度由6.0米加宽至8.0米，外购土方按1:2.5坡比回填压实填筑。2023年12月完工，土方量6.46万立方米，经费510万元。（于建兵）

【三茅街道兴阳段堤防加固工程】 三茅街道兴阳段堤防加固工程全长1.3千米，堤顶沥青路面损坏严重，遇长江高水位时，背水坡坡脚有渗水现象。堤防背水坡填土拓宽加固，平均宽度2米，坡比1:2.5。2023年6月完工，土方量2.02万立方米，经费119.67万元。（于建兵）

【八桥镇创新义五圩涵洞翻建工程】 八桥镇创新义五圩涵洞存在着建设年代久远、涵洞门、梁、柱老化失修等问题，除险措施为整体翻建，结构为D1000管涵，底高程为2.5米(吴淞)，正身长度32米，将原天然曲折的自然港道改造为平直港道，并对内河清淤，江堤实施达标提升，加宽长江大堤至顶宽8米，闸门采用1米×1米双向止水铸铁闸门。工程于2023年2月23日开工建设，4月30日完成并投入使用。（于建兵）

【西来桥镇光明站涵洞翻建工程】 西来桥镇光明站涵洞洞身为老八字墙接长后未拆除，进洞检查有渗水现象。工程拆除重建引水低涵，涵洞正身长26米，Φ1200钢筋混凝土平口管，闸门设置在外河侧，采用1.2米×1.2米铸铁双向止水闸门；拆除重建排水高涵闸首并接长涵洞，形式为1米×1米钢筋混凝土箱涵；堤顶拓宽至6米，内外侧河道实施清淤。工程于2023年3月9日开工，6月15日完成。（于建兵）

水利工程管护

【2023年度省级水利工程、河湖管理与保护维修养护项目】 2023年，扬中市完成省级水利发展资金暨省级水利工程、河湖管理与保护维修养护项目7个，工程计163万元。东新港闸站水泵机组大修28万元，二墩港闸站精细化管理平台25万元，二墩港闸站自动化监测系统18万元，二墩港闸站、思议港闸站、东新港闸站、沙家港闸站、夏家港泵站工程观测设施完善养护经费35万元；长江堤防长胜、全红河、唐家港段维修加固工程180万元，长江堤防限高设施及标志牌维修改造25万元，长江堤防白蚁防治2万元，堤防养护30万元。（徐子国）

【小型水利工程管护】 2023年，扬中市在江苏省2022年度小型农田水利工程管理绩效评价中，获得优秀等级。5月，水利局会同财政局修订印发《扬中市小型农田水利工程管护办法》。6月，扬中市下达2023年度小型水利工程管护第一批补助经费118.13万元；11月，扬中市下达2023年度第二批小型农田水利工程管护资金281.87万元。油坊镇和三茅街道在小型水利工程

管护考核中全年优秀，八桥镇、新坝镇、西来桥镇和经开区为良好等次。（徐子国）

【堤防管理】 2023年，扬中市117.79千米江港堤防按每2千米配备1名堤防管护员，对全市117.79千米堤顶道路、50余千米混凝土迎水坡、100千米巡查道开展保洁。长江堤防检查工作每周不少于2次，定期开展堤防考核工作。加大长江饮用水源地的保护，累计清理水源地长江滩涂垃圾漂浮物80余车、约170吨。组织实施护堤草修剪6次，累计修剪面积约1.2万亩(800公顷)。实施长江滩涂垃圾清理行动，累计清理长江江滩垃圾60余车；清理加拿大一枝黄花28万平方米。（金剑）

【闸站管理】 2023年，扬中市有14座通江闸(站)、45座城区泵站。14座通江闸站水闸合计1座中型水闸、13座小型水闸，排涝流量合计960.8米³/秒、引水流量合计846.8米³/秒；泵站合计6座中型泵站、2座小型泵站，排涝流量合计96.6米³/秒、引水流量合计51米³/秒；城区泵站总引水流量38米³/秒，总排涝流量116.06米³/秒。依据《扬中市水利工程管理与调度中心闸站工程管理实施细则》加强闸站工程管理；修订《扬中市通江闸(站)工程控制运用方案》，发挥工程防洪、排涝、灌溉、生态引水等综合效益，切实加强水系联动和生态补水工作，提升水环境。扬中市水利工程管理与调度中心全面推进水利工程精细化管理，二墩港闸站管理所通过安全生产标准化3级，二墩港闸站工程通过江苏省精细化管理一级工程评价，夏家港泵站工程顺利通过江苏省精细化管理二级工程评价。（窦甜甜）

防汛排涝

【水文情况】 2023年汛期(5—9月)，扬中市总降雨量882毫米，比上年增加607毫米。7月，出现汛期最大月降雨量296毫米，占汛期总降雨量的33.56%；7月6日，出现汛期最大日降雨量107毫米。沙家港(夏家港)水文测点测得长江最高潮水位5.95米，最低潮水位2.55米。汛期平均高潮水位4.72米，下降0.2米；平均低潮3.16米，下降0.31米；高低潮平均值3.94米，下降0.25米。7月28日17时30分，扬中市防指启动防“杜苏芮”台风Ⅳ级应急响应，各地各有关单位按照预案，密切关注台风动向及雨水情变化，落实责任，强化值守，及时处置，切实做好防风防雨和转移避险等应对工作，确保度汛安全。7月29日20时30分，结束扬中市防台风Ⅳ级应急响应。未出现明显旱情。（于建兵）

【物资储备及抢险队伍】 2023年，扬中市防汛物资仓库和防汛物资储备点(含太平土堆放处)覆盖全市重要地段、重点防御地段、险工隐患地段，确保抢险物资第一时间到达现场，储备草包、编织袋、竹笠子、土工布、木材、木桩、彩条布、太平土、块石、元钉、钢管、备用排涝设备等物资。全市组建市、镇、村三级防汛抢险队伍73支，组建各类防汛抢险队伍，包括水利专业抢险队伍、河道及管理单位抢险队、其他巡查抢险队。加强与社会企业的救援合作，签订备战抢险协议2份，与5家机械土石方公司保持长期联动。（于建兵）

5月25日，扬中开展市防汛抢险演练（水利局供图）

【全市水下地形监测】 2023年，扬中市投资监测经费179万元，开展全市水下地形监测，分汛前、汛中、汛后三次，计划监测总长度140.85千米(实际完成147千米)。监测范围为近岸水下地形，主江自水边向外400米，夹江自水边向外250米，测量比例为1:2000。汛前、汛中监测完成后提供简要分析（有险情则提供相应的预警报告)，汛后提供年度分析报告。根据汛后监测成果及分析确定，1级预警段6段，长度5.36千米(太平洲头右缘、丰乐桥、指南村崩窝、铁匠港、新韩通船厂上游、桃园港下游)；2级预警段19段，长度49.04千米；3级预警段4段，长度2.4千米。（于建兵）

工 业

综 述

【概况】 2023 年，扬中市工业经济保持“稳中求进、以进促稳”的总基调，完成工业应税销售 1344.8 亿元，比上年增长 20.2%，规模以上工业总产值 1063.1 亿元，增长 16%，规模以上工业增加值增长 14.9%，增幅均列镇江市第 1 位。全社会用电量 21.6 亿千瓦时，增长 13.62%，其中工业用电量 13.8 亿千瓦时，增长 24.34%。新增主营业务收入超 200 亿元企业 1 家(大全)、超 100 亿元企业 1 家(蜂巢)、超 50 亿元企业 1 家、超 30 亿元企业 1 家、超 20 亿元企业 3 家、超 10 亿元企业 2 家。

(付超)

【重大产业项目“百日开工”推进会】 2023 年 10 月 7 日，扬中市召开重大产业项目“百日开工”推进会。对照镇江市用地类重大产业项目“百日开工”要求，扬中市印发《扬中市关于进一步加大重大项目推进力度完善审批服务机制的实施方案》，要求各镇(街、区)切实担负起重大项目的主要责任，各相关部门重点落实“5+2”工作要求(“5”即项目预评会、准入评估会、项目会审会、项目会办会、督办调度会“五会机制”，“2”即中介机构管理和帮代办员专业化管理“两个重点”)，实质化运行“五会”工作机制，切实形成合力。就如何落实打造镇江市重大项目“百日开工”服务品牌，会议指出要正确认识打造“百日开工”品牌，对一个地区发展的巨大助力作用，抓优项目服务，吸引更多企业、更大项目选择扬中、落户扬中；要正确处理推进项目“百日开工”改革中，可能存在的困难和挑战，牢固树立“事在人为”的鲜明导向，探索“能容则容”“能并则并”“能放则放”的主观能动性；要正确看待抓好项目“百日开工”工作中，各单位承担的相应责任，切实履行好各自应尽之责，紧密对接、强化联动、推动形成合力，服务好项目建设。会上，市经济发展局、市商务局、市行政审批局汇报“五会”工作方案制定情况、工作开展情况及下一步工作计划；市自然资源和规划局、市住建局、新坝镇、八桥镇、经开区围绕重点产业项目建设情况作交流发言。

(融媒体中心)

【重点产业项目集中开工仪式暨威腾集团储能系统及光伏项目开工典礼】 2023 年 4 月 14 日，扬中市重点产业项目集中开工仪式暨威腾集团储能系统及光伏项目开工典礼举行，以项目建设为重要抓手，树牢产业强市“一号战略”的鲜明导向，加快推动扬中高质量发展。开工仪式上，全市项目集中开工；各镇(街、区)依次汇报项目集中开工情况。重大项目开工活动在经开区设主会场，在新坝镇、油坊镇、八桥镇、西来桥镇、三茅街道设分会场，27 个项目集中开工，总投资 77 亿元，其中先进制造业项目 25 个、总投资 69 亿元。威腾集团储能系统及光伏产业项目，总投资 15 亿元，实施年产 2.5 万吨光伏焊带智能化生产项目、年产 5 吉瓦时储能系统建设项目以及新能源储能系统配套产品项目。

(融媒体中心)

4 月 14 日，扬中市举行重点产业项目集中开工仪式暨威腾集团储能系统及光伏项目开工典礼

(融媒体中心供图)

智能电气产业

【概况】 扬中智能电气产业源自扬中市起步于20世纪80年代的工程电气产业，是扬中发展最早、最具特色的产业之一。产业具有集聚度高、产业链完整、创新力强三大特点。2023年，扬中有工程电器类企业2300余家，其中规模以上企业293家，年产值491.04亿元，比上年增长22.14%，占全市规模工业比重的46.2%。扬中市中低压智能电气产业集群获批国家级中小企业特色产业集群。电气产品涵电力系统800千瓦及以下电压等级输、变、配电设备及相关电器配套产品和材料，包括开关柜、母线槽、桥架、变压器、配电箱、电力电缆、电力安装材料七大系列上千个品种，被应用于三峡工程、秦山核电站、鸟巢体育馆、中央电视台等国家大型重点工程和项目。有电气行业博士后工作站5家、省级工程研究中心1家、省级以上企业技术中心10家，高新技术企业150余家。大全、香江、亿能、威腾等一批企业在行业内享有较高的知名度和影响力。

（付超）

【中电电气CNAS检测中心揭牌】 2023年6月27日，中电电气CNAS检测中心揭牌仪式暨中电电气和沈阳变压器研究院战略合作签约举行，企业试验综合实力跻身国家级实验室行列。CNAS是中国合格评定国家认可委员会的英文缩写，是唯一一家有资格颁发国家实验室认可资质的机构。中电电气CNAS检测中心总占地面积近2000平方米，中心拥有CJDY-2400冲击电压发生器、抗干扰介损自动测试仪、多通道数字局部放电综合测试仪等主要仪器设备70余台(套)，用于CNAS认可的设备50余台(套)，完全满足220千伏级及以下电压等级油浸式变压器及110千伏级及以下干式变压器、特种变压器的试验能力。（融媒体中心）

【中低压智能电气产业集群入选省级中小企业特色产业集群】 2023年7月4日，江苏省工业和信息化厅官网公布《关于2023年度省级中小企业特色产业集群拟认定名单公示》，扬中市中低压智能电气产业集群入选江苏省级中小企业特色产业集群。省中小企业特色产业集群是定位在县级(市、区)区划范围内，以新发展理念为引领，以中小企业为主体，主导产业聚焦、优势特色突出、资源要素汇聚、创新活力迸发、协作网络高效、治理服务完善、智能化改造数字化转型成效显著，具有较强核心竞争力的中小企业产业集群。中低压智能电气产业集群拥有“发、输、变、配、用、储、云”全产业链产品的技术开发能力。（融媒体中心）

【威腾电气新能源产业基地二期开工仪式】 2023年7月7日，威腾电气举行新能源产业基地二期开工仪式暨上市两周年庆。威腾电气实施建设的新能源产业项目，实施年产5吉瓦时储能系统建设项目及年产2.5万吨光伏焊带智能化生产项目。威腾电气以此为契机，依托新项目、新技术、新资本的力量进一步“借船出海”“借梯登高”，与战略合作企业从“结缘”走向“结果”、从“互动”走向“互融”、从“借力”走向“合力”。威腾电气分别与中国能源建设集团广东火电工程有限公司、中国电建集团江西省电力建设有限公司、国能信控互联技术有限公司、广东深创能源科技有限公司、威睿电动汽车技术(宁波)有限公司、惠州亿纬锂能股份有限公司、杭州长昊新能实业有限公司等企业签约合作。威腾新能源基地项目计划总投资15亿元，建设有5栋厂房和1栋综合办公楼。一期工程占地80亩(5.33公顷)，建筑面积6万平方米；二期工程占地200亩（13.33公顷)，建筑面积9.3万平方米，预计2024年6月可全面投产。（融媒体中心）

【大鹏智能电气加工制造项目】 2023年7月8日，大鹏智能电气加工制造项目开工，项目选址于三茅街道城北科技园区，总占地面积约13亩(0.87公顷)，新建1幢办公楼和2栋标准化厂房，总建筑面积约1.5万平方米，计划购置智能数控剪、折、冲机等设备28台(套)，用于桥架、母线、环保型中压气体的绝缘开关柜制造及研发。项目致力于智能电气制造，主要产品为智能电气产品，项目建成达产后可实现年产值1亿元，年利税1000万元。（姚境）

新能源产业

【概况】 2023年，扬中市新能源产业探索转型发展，实现规模以上产值183.36亿元。扬中市新能源企业共40余家，其中规模以上企业16家，绿能、美科太阳能、爱士惟3家光伏企业进入工业和信息化部《光伏制造行业规范条件》名单。积极探索整市推进光伏发展新模式，并网工商业光伏项目123个，装机容量40兆瓦，并网户用光伏258户。建设工商业光伏项目500余个，户

用光伏1万余户，渔光互补项目2个，风电项目1个，新能源装机容量337兆瓦。 （何锦璇）

【新能源企业资本运作专题论坛】 2023年3月22日，扬中举行新能源企业资本运作专题论坛暨企业上市业务培训活动，镇江市内35家企业出席活动。新能源产业是扬中主导产业之一，是打造“绿色能源岛”的重要支撑。作为镇江新能源产业示范基地，近年来扬中在产融发展上取得积极进展，大全新能源、威腾电气、通灵股份等一批优质新能源企业相继在上交所科创板和深交所创业板上市，产业链与资本链的深度融合，已使扬中成为新能源产业发展的先行区、示范区、样板区。活动邀请中国国际金融股份有限公司的相关专家，对全面注册制改革总体情况及上市审核要点进行专业、系统的宣讲和辅导，并与企业代表进行现场交流，耐心解答企业关于上市融资的有关问题，提高企业资本运作意识和技能，拓展新能源产业的发展空间和潜力，30余家有上市意向的企业开展培训。

（融媒体中心）

【美科10兆瓦大尺寸单晶硅智能化切片项目】 江苏美科10兆瓦大尺寸单晶硅智能化切片项目。项目总投资6亿元，利用现有厂区预留空地，新增0.45公顷土地，建设一栋厂房、一间绿色循环车间，建筑面积约2万平方米。项目新增工艺设备200台(套)，其中智能化粘棒生产线1套、全自动切片机100台、智能化清洗机25台、全自动分选机25台、绿色循环系统5套、全自动精密导轮开槽机10台进口，新增就业岗位600余个。配套项目，企业新建2兆瓦屋顶分布式电站，扩容改造污水处理站。生产车间使用自动化生产线，日产超薄大尺寸单晶硅智能化切片硅片约400万片。

（融媒体中心）

【首帆动力锂电项目】 2023年7月8日，首帆动力锂电储能暨大型智能应急发电机组产品及研发中心建设项目主体工程开工仪式在三茅街道举行。首帆锂电储能暨大型智能应急发电机组产品及研发中心项目由首帆能源科技江苏有限公司投资建设，项目选址于三茅街道城北科技园区，总占地面积约25亩(1.67公顷)，新建标准化厂房1栋，研发楼2幢，总建筑面积约3万平方米，计划购置点焊机、电芯性能测试机等设备60台(套)，新上锂电池组件自动装配流水线8条用于产品制造。主要产品为锂电储能产品及非电芯产品，项目建成达产后可实现年产值2亿元，年利税2500万元。

（姚境）

【中共扬中市新型电力（新能源）装备产业链委员会】 2023年10月26日，中国共产党扬中市新型电力(新能源)装备产业链委员会揭牌成立。产业链党委推进党建工作和产业发展深度融合，把党的政治优势、组织优势转化为产业链、价值链不断攀升的发展胜势，助推扬中高质量发展迈上新台阶。 （融媒体中心）

临港装备制造产业

【概况】 扬中市临港产业主要包括临港制造业和临港服务业两大产业。临港制造业包括以船舶、海工装备、港口机械为主的临港装备制造业，和以粮食加工、绿色建材为主的临港加工业。2023年，扬中市有规模以上临港装备制造业企业6家，以新韩通、大津重工等行业龙头骨干企业为代表。产值60.82亿元，比上年增长34.2%，占全市规模以上制造业产值比重5.7%，成为扬中市经济和临港产业发展的重要支撑。 （丁伟汉）

【自升自航式海上风电施工平台项目开工】 2023年3月1日，江苏大津重工为天津港航建造的1800吨自升自航式海上风电施工平台举行开工仪式。1800吨自升式风电作业平台项目是新一代风电安装平台，是海上风电建设的“大国利器”，是代表风机安装船最新水平的“第四代+”型号。平台为桁架桩腿、齿轮齿条升降系统的自升自航式海上风电安装平台，具备起重、运输、储存等功能，主要用于16兆瓦及以上机组的安装，可同时运输2套16兆瓦风机机组，最大作业水深70米，满足B级冰区航行。 （冯凯乐）

【上海外高桥造船有限公司与新韩通签约合作】 2023年10月13日，上海外高桥造船有限公司与江苏新韩通船舶重工有限公司战略合作签约仪式举行。战略协议签约标志着外高桥造船与新韩通携手开启在船舶技术、企业管理、信息化建设、船舶制造、人才培养等方面的全方位合作。双方本着“精诚合作、优势互补、协同创新、互利共赢”的原则，实现资源共享、市场共享，利润共享，共同提升行业能级、带动地区经济，共同谱写八桥发展高质量的全新篇章。 （钱振鹏）

【新韩通2艘散货轮开工】 2023年11月17日，江苏新韩通船舶重工有限公司2艘8.2万吨散货轮开工仪式举行。江苏新韩通船舶重工有限公司作为“三十强”骨干企业、临港装备制造领军企业，自2007年建设投产以来承建包括57K、64K、82K、208K散货船以及114K油船等产品，2023年交付船舶11条，总排水量90万吨。此次江苏新韩通船舶重工有限公司将为山东华宸融资租赁股份有限公司建造12艘船，首批开工建造的2艘8.2万吨系列散货船是全球首批装配有中国完全自主知识产权船舶碳捕集系统的船舶，是上海船舶研究设计院开发的航运市场最新一代、主流的散货船船型，满足EEDI(船舶能效设计指数)第三阶段，具有良好的适货性及“绿色、环保、节能、安全”等显著特点。 (融媒体中心)

汽车零部件产业

【概况】 2023年，扬中市有主营汽车零部件企业30家，其中规模以上企业13家，实现产值129.09亿元，比上年增长72.6%。全年实施汽车及零部件(新能源汽车)产业链项目16个，总投资67.7亿元，当年完成投资17.3亿元。汽车零部件产业链发展前景良好，产品囊括发动机、变速器、驱动电机、智能转向、内燃机进排气门和汽车内外饰件等，形成以蜂巢动力、蜂巢传动等为引领，维纳特、华日密封等细分特色专业化发展的产业格局。其中，长城汽车总部全面布局新能源相关技术产业，蜂巢易创作为长城新能源汽车配套核心部件生产企业产值122.5亿元，增长76.27%；实现销售122.4亿元，税收2.61亿元。 (刘凯)

【中国汽车工程学会汽车转向技术分会换届年会暨技术研讨会】 2023年9月14日，中国汽车工程学会汽车转向技术分会换届年会暨技术研讨会在扬中举办。活动吸引国内各大高校、整车企业、零部件企业专家代表150余人参加，畅谈中国汽车未来发展。研讨会由蜂巢智能转向系统(江苏)有限公司、中国汽车工程学会汽车转向技术分会、中国汽车工程研究院股份有限公司主办，全国汽车标准化技术委员会转向系统分技术委员会、中国汽车工业协会转向器委员会协办。活动安排行业专业技术报告10余场次，围绕转向行业标准研究方向、团体标准发展趋势、智能驾驶前沿技术、功能安全等方面展开交流和研讨。 (融媒体中心)

【蜂巢智能转向供应商大会】 2023年12月21日，蜂巢智能转向供应商大会在扬中市召开，来自全国各地的60余家供应商参会。自2018年长城项目落户扬中以来，发动机、传动、智能转向等板块已陆续建成投产，蜂巢易创业务版图持续扩张，已发展成为扬中第3家百亿级企业。智能转向板块自2021年9月正式投产以来，建立自动化智造生产线，具备完善的研、产、供、销体系，现有产能达到50万台/年，年销售额5亿元。会上，蜂巢智能转向相关负责人介绍蜂巢转向未来发展及战略部署，并向优秀供应商颁发成本改善奖、质量保证奖和供货保障奖。 (融媒体中心)

【奥佳非公路休闲车及零配件制造项目】 奥佳非公路休闲车及零配件制造项目由江苏奥联车辆制造有限公司负责，总投资1.2亿元，项目于8月底竣工投产，新建厂房3栋，购置智能切割机、全自动折弯机、气保焊机、二级维护检测线等设备55台(套)用于非公路休闲车及零配件和智能车载设备制造，生产各种类型的轮式观光小火车及电动观光车。项目达产后，可实现年销售1亿元，税收800万元。 (融媒体中心)

【览锐光电智能调光薄膜项目投产暨产品发布】 2023年11月12日，览锐光电(镇江)有限公司智能调光薄膜项目投产暨产品发布。览锐光电(镇江)有限公司于2022年3月落户油坊镇，主要从事有机柔性智能电致变色薄膜的研发与生产，将有机电致变色薄膜与传统玻璃结合，实现玻璃颜色和透光度的智能调节。产品主要应用于汽车领域和建筑领域，汽车领域包括汽车天幕(天窗)、侧后窗、防眩目后视镜，为驾驶舱营造一个更智能、更安全、更舒适的车内环境；建筑领域包括宽幅智能玻璃幕墙和室内隐私区域的隔断，通过透光度的调节，实现改善自然光照温度、调节室内空间使用舒适性以及降低能耗等目的。项目总投资1.5亿元，其中一期投资5000万元，预计建立2000平方米千级超净间、3000平方米综合厂房，建设一条1.6米幅宽精密涂布生产线，产能预计300万平方米/年，年产值15亿元以上。览锐光电与福耀玻璃、耀皮玻璃、圣戈班玻璃、吉利汽车、上汽集团等重磅级客户群体密切合作，在同行业内拥有较强的竞争优势。出席活动的专家、领导共同为项目投产暨产品发布按下启动键。 (融媒体中心)

商贸服务

综 述

【概况】 2023年,扬中消费市场持续稳定增长,实现社会消费品零售总额173.9亿元,比上年增长9.6%,位列镇江市第2。商务局坚持稳中求进的工作总基调,紧扣"产业强市"一号战略,坚定不移强招引、促开放、扩内需,统筹发展与安全,推动商务各项指标争先进位,为中国式现代化扬中新实践贡献更多商务力量。

(孙雅雯)

表4 2023年扬中市重点服务业项目表

单位:万元

项目地点	项目名称	项目实施单位	建设内容及规模	开工时间	竣工时间	计划总投资	2023年计划目标	
							完成投资	形象进度
一、新建项目								
三茅街道	光伏电站智能互联系统研发总部项目	江苏通灵电器股份有限公司	项目利用通灵电器原存量商业用地约13亩(0.87公顷),新建9层办公、研发大楼约2万平方米,用于光伏电站智能互联系统的研发	2023.12	2024.12	10000	8000	竣工投产
二、续建项目								
西来桥	仓储西物流项目	江苏农佰汇物流有限公司	新建1.5万平方米平房仓(5个,总仓容5万吨),6个粮食筒仓(总仓容3.6万吨),14个粮食立筒仓(总仓容20万吨),机械楼4座,打包房及其他配套设施。总建筑面积6.43万平方米	2022.1	2023.12	45915	5000	主体结构完成
西来桥	大津产业园二期码头	江苏大津清洁能源装备产业园有限公司	使用岸线864米,建设3个3万吨(兼靠5万吨)码头,其中两个重装,一个通用码头,年设计吞吐量2000万吨	2021.7	2024.12	50000	6000	2、3号泊位完成
西来桥	华和物流通用码头项目	镇江华和物流有限公司	项目新建7万吨级泊位1个(水工结构按靠泊10万吨级散货船设计)及相应的码头配套设施。码头全长278米,设计年吞吐量328万吨,征用码头后方土地,一期计划征地170亩(11.33公顷),二期征用土地300亩(20公顷)	2022.9	2024.12	35200	3000	主体结构完成50%

续表 4

项目地点	项目名称	项目实施单位	建设内容及规模	开工时间	竣工时间	计划总投资	2023 年计划目标	
							完成投资	形象进度
三茅街道	智慧城市(扬中)项目	香江科技股份有限公司	项目新添置数据机柜、软件等相关设备，用于大数据中心正式运行，总投资约 2 亿元	2022.5	2023.12	20000	8000	竣工投产
三茅街道	香港政上投资中国总部项目	江苏政上投资控股有限公司	该项目新增用地面积 7500.3 平方米，新建办公楼 4 栋，建筑面积 7988 平方米；建成后作为总部集团发展总部经济	2022.5	2023.12	10000	2000	竣工投产
经开区	江苏旺捷大数据中心及工业云平台	江苏旺捷大数据有限公司	项目租赁美科公司土地约 180 亩（12 公顷）及厂房 6 万平方米。购置 1 万台 IDC 机柜、185 套数据云存储模块、30 台柴油发电机等设备从而打造绿色环保、安全稳定、低能耗的大数据中心，并依托大数据中心，开发应用于工业互联网的云平台，孵化吸引一批互联网企业以及规模工业企业入驻工业云平台	2021.7	2023.12	158000	1000	机柜部分运行

（付超）

商贸服务业

【概况】 2023 年，扬中市商务局持续聚焦商贸重点领域，推动商贸服务业健康发展。坚持消费拉动，让市场“活”起来。持续以“香惠河豚岛”为主题，联动全市重点商超、商户先后组织开展 “嗨购年货节·促销进万家”“河豚文化节”“金秋惠购”“绿色节能家电补贴”等多场促消费活动，为 27 个流通现代化和促消费项目争取省级商务发展专项资金 195 万元；获评商务部第一批全国县域商业“领跑县”，鼓励各镇(街、区)大力发展“地摊经济”“夜市经济”，全面激发消费活力。强化商业项目招引，指导重点商超先后引进芝小官、库迪咖啡、宠掌门动物乐园等品牌进驻，推动消费提质升级。

（孙雅雯）

【供销合作】 2023 年，扬中市夯实基层供销基础。投入 79.2 万元完成新坝供销社的省级基层社改造升级项目；投入 33.9 万元完成新坝、三茅、油坊、八桥 4 家基层社为农服务能力提升项目，改造 1 家农产品交易市场。新坝联合村农产品展示展销中心建成，利用超市在新坝、三茅、油坊、八桥设立农产品展示展销专柜，完成永胜街佳润康慈善超市揭牌。新建扬中市禾丰农机专业合作社和扬中市西来桥镇三新农地股份专业合作社，新增基层社社员数 600 人。提升为农服务质效。全年销售化肥 3500 余吨、农药 67.2 吨，切实保障春耕备耕、“三夏”(夏收、夏种、夏管)生产、秋冬种。招标 50 余个品项的水稻专用农药，零差价配供水稻用农药 25.4 吨、27.2 万亩次、297.7 万元，为全市农户节省种植成本 130 万元。配合农业农村局，累计回收归集各类农药包

8 月 15 日，开展“浓农集市 惠享邻里”暨扬中商城“消费助农”进社区活动 （供销总社供图）

装废弃物200.5万件。开展测土配方施肥、统防统治、农机作业等农业社会化服务面积2.5万亩次，建设大田托管示范基地面积400亩(26.67公顷)。合作举办农技知识科普活动和技术培训8次，扬中市禾丰农资公司被颁授“全国农化服务中心”牌匾。畅通产销对接渠道。与30余家农户、供应商联动推出200余个品种的农产品，编制本地可供农产品名录，建成东市、西市2家城区农产品展示展销中心。举办优质农产品直播活动1场，“消费助农”农产品进机关、进社区活动4场。组织参加农产品展示展销活动3场，对接市场，助力本地特色农产品向域外销售。加强与农行、江苏国信的对接，深化扬中名优农产品的供销合作。抓好苏陕协作、东西协作地区苹果、酥梨、脐橙等水果采购、销售工作。扬中商城VIP卡联盟商户扩容至6家，基本涵盖各类日常需求。完成扬中“e商城”商品结构调整，升级数据库系统，发展会员至5000名。入驻中国移动积分消费平台、“农商行智慧食堂”消费平台，开通大众点评账户，为电子消费赋能。有序推进“30周年庆”系列文创、宣传、促销活动。月星家居完成开年大戏、“五五家装节”、“夜宴”等企划营销活动6场。推行营销俱乐部的激励机制，新增客户251个。 (陶鑫)

【粮食收储】 2023年，扬中市深化国有粮食企业改革，组建扬中市粮食集团。7月，扬中市粮食集团有限公司完成注册；11月，粮食集团职工大会、党员大会召开，选举产生集团党总支，董事会、监事会成立，集团挂牌，各项工作有序推进。粮食集团抓好主责主业，在保障粮食安全上持续发力。绿色种植，把控源头。全市流转土地213.33公顷，按照绿色食品标准种植，产出优质稻麦2800余吨。加强储备，智能防控。收购自营小麦1.3万吨，稻谷1.2万吨，完成两季收购任务。11月，市政府批复同意扩大地方储备粮规模，小麦、稻谷各增至1.2万吨。集团投入90万元，新增烘干设备2组，日烘干能力640吨。两季烘干小麦1万吨、稻谷1.1万吨。投入使用150吨成品粮低温冷库1个；700吨低温冷库手续全部到位，预计2024年1月开工建设。多元经营，提高效益。集团采用订单收购，锁定优质粮源，生产的“河豚香米”符合绿色食品A级标准，全年销量5000余吨。与中储粮新区直属库合作，长期代储中央储备玉米2万吨。成立“恒顺味道”扬中粮食集团粮油加盟店，促进传统粮油店转型升级。强化服务，提升形象。深化“粮心为民”服务品牌建设，开展“粮油收购优质服务”“我为群众办实事”等行动，切实增强为农服务意识，提高服务成效，创建具有地域特色的品牌产品，粮食全产业链项目在全省粮食和物资储备法规体改工作座谈会上作经验交流。 (韩雨濛)

油坊镇福满农稻麦种植专业合作社粮仓

(融媒体中心供图)

【石油贸易】 2023年，扬中市销售轻油8.5万吨，比上年增长1.31%，其中零售7.6万吨，增长6.74%；直分销0.9万吨，下降29.13%。非油品营业额4500万元，增长30.97%。构建区域汽服网络布局，在扬中岛内范围选点分别建成维保小店2家，初步打造成以三茅综合汽服网点为核心，兴隆和滨江维保小店为辅助的“1+N”(一个核心店辐射N个小店)汽服辐射网络，初步具备在车生态转型发展新赛道上运营的基本条件。年内陆续完成滨江、三茅、丰裕、君泰维景4个充电站点改造。

(李美凤)

【烟草专卖】 2023年，扬中销售卷烟1.78万箱，比上年增长1.23%；单箱销售额5.21万元，增长6.05%。查获涉烟违法案件107起，各类违法卷烟564.85万支，涉案金额753.22万元。其中，真烟案件104起，涉及真品卷烟数量531.70万支，真品卷烟案值713.88万元。查获5万元以上案件29起。其中，5万~20万元案件17起，20万~50万元案件9起，50万~100万元案件2起，100万元以上案件1起。加大对互联网、物流寄递、道路运输、仓储等环节涉烟违法活动的打击力度，查获道路运输环境无证运输案件2起，查获卷烟数量1157条，案值39.44万元；查获寄递环节无证运输案件2起，查获卷烟14条，案值0.42万元，维护辖区内运输渠道监管秩序。 (周伟)

【工业集团】 2023年，工业(集团)总公司聚集主责主业，持续深化国资国企改革，探索总公司转型发展之路，保持各项工作克难奋进的良好局面，完成全年各项目标任务。在资产管理方面，严格落实管理责任，安排人员参加相关业务培训，加强国企管理制度的学习把控，修改完善总公司《管理制度汇编》，落实责任至各部门，进一步强化对国有资产的日常管理工作。加强与八桥镇、油坊镇及绿洲新城集团的沟通对接，寄送工作函，催收借款本金2300万元并及时上缴市财政。严格按照国有资产租赁管理相关要求管理租赁资产，对出租的门市房、办公楼等按规定填报《国有房屋、土地出租申报表》报市国资办审批，确保资产租赁规范有序。全面梳理镇江市砖瓦机械厂安置房，研究商议相关政策，协调矛盾，重新签订租赁合同，按时足额收取租金。开展风险评估和收益评估，适时盘活原镇江市砖瓦机械厂存量安置房。改革攻坚方面，配合开展综合整治假国企央企行动，全面梳理登记注册的企业，查实所属企业，及时注销发现的问题企业，做到横向到边、纵向到底，每月报送工作动态。全力配合原众盛小贷公司进行不良贷款清收，到账小贷公司不良贷款清收分配款10万元。（陶俊达）

【商业集团】 2023年，扬中市商业集团有限公司抓住疫情防控调整转段后商贸流通业快速恢复发展期，以“精益管理、提质创效、改革赋能、党建引领”四项工程为抓手，稳增长、促发展、调结构、惠民生、防风险，全系统经济增长速度恢复到疫情前水平，呈现稳中向好、稳中有进的发展态势，实现销售收入2.7亿元，利润总额654万元，国有资产保值增值率103.79%，资产负债率64%，净资产收益率3.72%。扬中市通达商业有限公司促消费、拓市场、优服务，主营业务保持稳健增长，实现销售2.32亿元，利税1590万元，连续14年获“扬中市十强服务业企业”称号，获评“国家级知识产权保护规范化市场”“江苏省正版正货示范街区”称号。金湖家和国际家居有限公司通过扩面增量、调优结构、维护客群、降贷减息、清退集资等手段，商铺出租率、入驻率95%以上，实现租赁收入719.13万元，净利润233.8万元，四方股东按比例分红180万元。江苏富康食品有限公司坚持代宰服务和猪肉经营“两步走”，屠宰生猪10.80万头，比上年增加4.96万头，富康肉庄实现销售756万元，增长10.3%，完成毛利收入1098.8万元，获得“中国肉类食品行业先进企业”称号。扬中市信达农村小额贷款有限公司统筹兼顾小额放贷业务和不良贷款清收工作，企业运营总体平稳有序，由金控集团市场化收购股权事项进入省金融监管部门审批程序。扬中市五交化有限公司、扬中市糖烟酒有限公司、扬中市商业对外贸易有限公司等售租结合企业守住资产收益最大化原则，盘活一批闲置资源资产，做到房屋应租尽租、租金应收尽收，实现租金收入326万元。（李鹏超）

【建筑业概况】 2023年，扬中市建筑业产值45.48亿元，入库企业14家。获2022年度江苏省优质工程奖“扬子杯”1项，2023年度镇江市优质结构项目4个(5个单体工程)，2023年度“金山杯”优质工程房屋建筑工程4个、装饰装修工程2个。全市新建装配式建筑项目25个，总建筑面积31.8万平方米。审查绿建方案14项，总建筑面积10.75万平方米，绿色建筑审查执行率100%，新增绿色建筑面积30.18万平方米，新增可再生能源建筑面积12.98万平方米。（徐璠璠）

【房地产业概况】 2023年，扬中市房地产网签销售面积28.95万平方米。其中，商品住宅17.81万平方米，商办3.51万平方米，安置房7.63万平方米；入库房地产开发项目5个。办理商品房预销售许可面积28.46万平方米。其中，住宅4.71万平方米，商办4.22万平方米，安置房19.52万平方米。10部门联合发布《关于进一步促进我市房地产市场健康稳定发展的通知》及购房契税补贴实施细则，10月11日，开展首次购房契税补贴集中受理，全年收到申请1037件。（徐璠璠）

邮政通信

【邮政服务】 2023年，中国邮政集团有限公司江苏省扬中分公司实现业务收入9190.69万元，完成全年目标的101.05%，比上年增长18.93%；实现利润951万元，完成率103.33%，增加632万元。实现金融收入6074.58万元，完成率106.01%，增长25.99%。坚持向“强特色、强体系、强管理、强传播”客户维护模式转型，开展月月乐大抽奖120余场，活动参与客户3000余人；新增场景12个，完成率100%，破题大型企业类型场景项目，实现智慧场景建设新突破。拓宽寄递本地市场，实现寄递收入1553.66万元，完成率89.55%，增长6.62%。特快业务紧抓存量市场和增量市场两大主线，年完成率100.74%，增长24.66%。快包业务效益优先，入仓客户收入486.23万元。快递包裹效益指标持续提升，边际贡献率15.9%，高于全区6.18%。主动融入市场，加快推进邮务转型。全年实现邮务类业务收入1427.10万元，增长9.37%，完成率101.07%。与发展促进会合作“扬中人”商函项目；与恒丰银行的合作，完成账单业务续签，按季度结算收入；开展主题政务图书专项营销活动，全年累计销售2500余册。举办《癸卯年》兔年生肖邮票首发式和《毛泽东“向雷锋同志学习”题词发表六十周年》纪念邮票首发式，促进集邮业务销售。举办邮票知识讲座、“集邮知识进校园”“寻访红领巾书信大赛”“校长论坛”等活动，推进主题邮局项目落地。完善三级物流体系建设。持续完善县级和镇级共配中心基础设施，其中西来桥镇级共配中心升级为标杆级；在“邮快合作”基础上，推进“交邮合作”，邮快合作建制村覆盖率 100%，开通并运行交邮合作线路 1 条（五一村—新宁村）；加快自提点建设，累计建成自提点 133 个，快递包裹自提业务量 256.81 万件，自提率 83.20%。全面推进惠农合作项目，实现农产品交易额 609 万元；农产品寄递业务收入 323 万元；累计建成信用村 4 个，邮银协同净增融资 E 贷款 2733 万元，完成率 143.84%。农村邮政公共服务质效有效提升，邮快合作建制村覆盖率 100%，乡镇转型网点覆盖率达 100%，优质邮乐购站点 120 个。打造示范社、示范企业各 1 个。推进“网点+站点”运营管理模式，为网点获客引流、金融破题和转型提供新路径。对照“综合便民服务站点提升方案”，丰富业务叠加，营造网点和站点业务协同发展场景，围绕“村、社、户、企、店”五大客群，常态化获客、黏客、活客。建成 120 个优质站点，引流金融客户 5290 人次，商户 AUM（资产管理规模）资产净增 1.08 亿元。全面落地行业绿色发展“9218”重点工程，推广“返箱行动”，全年电商快件不再二次包装率 96%，使用可循环包装的邮件快件数量 9.42 万件。“客货邮融合惠民进万家”项目获评 2022 年度全国交通运输优秀服务文化品牌。 （王凌慧）

3 月 5 日，《毛泽东“向雷锋同志学习”题词发表六十周年》纪念邮票首发式 （邮政公司供图）

【电信服务】 2023 年，中国电信股份有限公司扬中分公司以客户为中心，构建数字化客户服务体系，努力将信息化成果惠及社会各界和广大人民群众。公司服务领域不断延伸，从基础通信拓展到系统集成、网络安全、视频会议、智能制造、企业上云等方面，承担国民经济、社会信息化、企业信息化基础设施、运营保障、信息服务及应用开发等信息化建设重任。扬中分公司不断优化渠道支撑服务体系，全市设有服务网点 42 个，其中江洲西路三级营业厅 1 个、乡镇骨干服务厅 10 个、核心商圈卖场店 9 个，扎实履行服务人民的社会责任。贯彻落实云改数转战略，履行央企政治责任、经济责任、社会责任，发挥建设网络强国数字中国主力军作用，云网运营能力持续提升。持续加快千兆光网建设，实现城乡千兆光网全覆盖，加快千兆部署；全年新增 10G—PON（无源光纤网络）口 208 个，10G—PON 端口占比由年初的 68.52%提升至 79.8%，累计建成千兆 PON 口 3864 个，出口带宽能力实现 400G。5G 建设方面，市场需求和竞争驱动，保持建设节奏行业相当，完善覆盖广度和深度，强化网络质量和体验，提升 5G 分流比，建成 5G 站点 42 个，室分站点 15 个，申报 5G 定制网 3 项，累计建成 5G 站点 289 个，其中室分 47 个，室外站 240 个。配合扬中市政府创建文明城市和卫生城市，投资百余万元开展老旧小区、背街小巷线路整治和改造工程，完成老旧小区通信线路整治 19 个，整治 4034 户，完成城区背街小巷整治 3 条。 （顾耀民）

5 月 17 日，世界电信和信息社会日通信运营商开展惠民促销活动 （融媒体中心供图）

【移动服务】 2023 年，中国移动通信集团江苏有限公司扬中分公司为推动中国式现代化扬中新实践迈上台阶，投资 1500 万元，系统打造以 5G、算力网络、智慧中台为重点的智能化综合性新型数字信息基础设施。持续拓展 5G 覆盖深度与广度，开展行政村 5G 覆盖专项，实现全市行政村 5G 全覆盖。深入贯彻落实居民区深度覆盖提升，部署 10G—PON 光网络，助力扬中文明城市创建城区老旧小区线路改造，重点提升居民区场景用户感知和满意度。夯实网络根基，增强连接能力，升级算网服务，筑牢数智化转型底座。全渠道开展实名制及“断卡”宣贯，渠道从业人员接受警示教育，对入网规范,客户信息安全保护,风险防控等做到严格执行。普及反诈工作,开展全体员工警示教育和短信宣贯。联合各社区开展针对中老年人的反诈知识普及、智能机使用相关知识讲座。参与扬中市方舱医院智能化建设项目、扬中市精神病防治医院迁建项目。运用云视讯视频会议系统,保障"2023年全市重点产业项目集中开工仪式"活动顺利举行。保障扬中首届江岛音乐节,全方位满足活动现场用户通信需求。推进5G+工业互联网建设和应用,推动"企业上云",赋能千行百业转型升级,推进企业信息化安全建设。助力企业星级上云申报,协助多家企业申报获得龙头骨干企业引领工程资质认定,其中江苏大全长江电器股份有限公司获评两化融合管理体系AAA级、江苏美科太阳能科技股份有限公司获评"省级5G工厂"称号。 (张亚静)

【联通服务】 2023年,中国联通扬中分公司将公司战略升级为"强基固本、守正创新、融合开放"。围绕政治责任、经济责任、社会责任、科创责任四大实质性议题,严格遵循国际国内可持续发展责任标准,推动可持续发展责任切实融入企业生产运营。截至2023年底,投资建设基站206个,4G基站人口覆盖率98.94%,行政村覆盖率100%;4G共建共享小区1162个,4G中频网络共享率100%;共享5G基站累计开通327个、其中宏站278个,室分49个,5G人口覆盖率95.24%。宽带端口数量2.78万个,实现10G—PON全覆盖,实现FTTR(光纤到房间)直接放装;宽带端口利用率25.66%。开展"文明做表率"等各类社会公益活动,通过现场设点、入户等方式,提供反诈宣传、免费上门测速、智能手机教学服务以及现场产品互动演示,提升用户感知。 (诸葛运政)

开放型经济

【概况】 2023年,扬中市持续扩大对外贸易规模,主动靠前服务,优渠道拓市场。组织企业参加广交会、进博会等综合性展会;支持光伏、五金工具企业布局亚洲、非洲、拉美等海外市场。常态化深入企业,从保通关、稳主体、助产业等方面,强化RCEP、AEO、出口信保等政策宣讲,指导大全集团、威腾电气、锋芒复合材料、通灵电器、瑞克健康5家企业创成2023—2025年度江苏省重点培育和发展的国际知名品牌,推动企业由代加工、贴牌实现向自主品牌出口转型,全面提升企业市场竞争力和品牌影响力。商务局获得江苏电商直播节优秀组织奖。 (孙雅雯)

【外资外贸外包服务】 2023年,扬中市商务局持续突出"五优",推动更高水平对外开放。紧盯项目优服务。坚持迎难而上,强化沟通对接,协调外管、市场监管等部门主动靠前服务,推动上迈新能源项目到资1300万美元、图牛新能源项目到资1000万美元,帮助兴跃洋新能源、大橙光电项目破解土地制约,为完成全年外资任务提供有力支撑。开拓市场优渠道。组织企业参加广交会、进博会等综合性展会;支持光伏、五金工具企业布局亚洲、非洲、拉美等海外市场,深化与共建"一带一路"国家的贸易合作,全力拓市场、争订单、稳份额。精准纾困优政策。常态化深入企业,从保通关、稳主体、助产业等方面,强化RCEP、AEO、出口信保等政策宣讲,组织17家企业申报省级商务发展专项资金外贸稳中提质项目,指导蜂巢易创申报2023年国家进口设备贴息项目,全方位、多领域给予资金和政策支持。培强育新优主体。指导大全集团、威腾电气等5家企业创成2023—2025年度江苏省重点培育和发展的国际知名品牌,推动企业由代加工、贴牌实现向自主品牌出口转型,全面提升企业市场竞争力和品牌影响力。加快培育中昊澳能、通灵电器互联线束产品等外贸新增长点,密切跟进协调新韩通保函及流动资金贷款办理,加快进出口数据落地。优化服务优结构。贯彻落实国家级、省级、市级服务外包专项政策,深入挖潜、培育服务外包新的增长点,引领产业提档升级。指导高新区创成省级服务贸易基地。人均货物和服务贸易总额位列镇江市第3位。 (孙雅雯)

【招商推介】 2023年,扬中市商务局持续聚力"五高",推动项目招引提质增效。高层次布局精准招商。坚持优势突破的发展路径,对内立足四大主导产业和港口岸线资源优势,精心谋划绘制"招商图谱",引导各板块走特色发展、差异发展、错位发展之路,提高区域投资竞争力,精准延链补链强链。对外整合资源加强联动,找准方向路径,抢抓产业转移机遇,分别在上海、苏州、常州、大湾区设立投资促进联络处,聘请9名产融结合型的招商顾问,深化乡贤招商、驻点招商、活动招商、以商引商,全面提升招引质效。高频次开展招商活动。贯彻镇江"项目攻坚突破年"行动部署,坚持"走出去"敲门洽谈、"请进来"共赢发展,举行"长三角投资促进季"招商行动和河豚文化节签约大会。建立"乡镇初评、小组预审、市级评估"三级评估机制,对用地规模、利用性质、预期产出、能耗环境等要素组织综合论证,提高项目准入门槛,提升资源配置效益,动态管理项目,规范对赌协议,强化履约监管,推动优质项目加快集聚、有效集群。高站位推进机制改革。根据镇江《关于进一步提升项目招引精准化、专业化、绩效化水平的指导意见》要求,积极谋划招商体制机制改革,坚持目标导向、效果导向,明确招商中心组织架构及职能分工,科学规划招商路线图,提升招商引资专业性和实战化水平。高效率服务项目落地。聚焦镇江市“百日开工”要求,发挥招引办牵头作用,推动部门联审、高效服务,定期“回头看”,打通项目落地中堵点难点,压实各职能部门履职担当水平,快速推进项目落地。全年上报镇江签约项目 26 个,总投资 193.8 亿元,分别完成全年目标的 113%、114%,完成新入库列统投资 35.48 亿元,完成全年目标的 84.5%。招引质量考核位列镇江市第一。

(孙雅雯)

【电子商务】 2023 年,扬中市商务局坚持需求导向,聚焦乡村振兴,持续打造“五个一”扬中电商生态圈,联合交通运输局、供销总社完成市级物流共配中心的基础建设;构建市、镇、村三级电商公共服务体系,建立乡村振兴服务站点 23 个,培育出扬中电商区域公共品牌“岛品汇”,开展针对性、实操型电商培训 9 期近 600 人次。组织“扬中市首届电商直播季”活动,开展“一镇一特一品”品牌推广,推动农村乡土特色产品上行,实现富民增收。加快商业体系建设,指导豚岛食品集配中心、富康农产品低温配送中心等申报县域商业建设项目,持续推动供应链、物流配送、商品和服务下沉以及农产品上行,新建八桥利民、红旗、永胜,经开区福源、木羽家庭农场等农村冷链设施,加快补齐农村商业设施、商品服务等短板弱项;为扬中商城乡镇商贸中心升级改造、扬中市中通快递县域自动分拣等项目争取国家及省级扶持资金 271.4 万元。 (孙雅雯)

3 月 30 日,中国供销合作社电商直播基地揭牌

(融媒体中心供图)

【新版“扬中招商云”上线】 2023 年 4 月 27 日,新版“扬中招商云”应用上线。新版“扬中招商云”系统实现云端实景考察,将招商项目以项目地图、实景图片等形式向投资客商和创业者直观展示,实现云端实景考察,整合招商项目、招商政策、产业规划、营商环境等综合信息,实现投资环境在线推介。系统包含四大功能包,“产业包”,系统介绍全市各主体园区产业定位和规划布局,引导投资者合理选定投资空间;“政策包”,将全市项目招引、建设、科技、人才及生活配套等相关政策有效集成,为客商投资提供政策支撑;“资源包”,帮助投资者快速了解扬中成熟地块、存量厂房、既有楼宇等资源,实现快速投资、高效落地;“服务包”,为投资者介绍全市一站式、帮办式、容缺式项目审批服务清单,实现项目审批再提速,打造全市“一盘棋”招商大格局,实现招商线索有效共享、营商资源有效配置,以“云”式招商助推扬中高质量发展。扬中“招商云平台”打破时间和空间的限制,打造全市“一盘棋”招商大格局,数字化赋能招商引资。 (融媒体中心)

4 月 27 日,“扬中招商云”上线 (商务局供图)

【企业上市】 2023 年,扬中市成立资本市场高质量发展领导小组,出台企业上市工作联席会议制度。加强上市工作培育力度,推出上市后备企业扩容升级计划,充实后备库,全市有重点拟上市企业 12 家和一般上市后备企业 30 余家。组织企业赴先进地区和上市公司学习上市经验,浓厚企业上市氛围。依据“依法合规、高效到位”原则,按照申报节点安排,多次邀请沪深北交易所、江苏证监局、知名券商等专家到扬中实地调研、现场指导企业。牵头召开上市工作推进会,协调市场监管、外汇管理、消防、环保等相关部门出具合规经营文件。11 月,美科股份提交注册,预计 2024 年完成 IPO(首次公

开募股);天辰新材、长江能科完成“新三板”挂牌;全年新增江苏股权交易中心挂牌企业19家。（徐子国）

【春季招商暨“长三角投资促进季”招引动员会】 2023年2月9日,扬中市召开春季招商暨“长三角投资促进季”招引动员会,总结上年工作,部署2023年项目招引任务。2023年,扬中市力争全年签约重点产业项目78个(亿元以上项目不少于43个)、总投资190亿元,其中一季度签约重点产业项目18个、总投资46亿元,以“开门红”为“全年红”开好头。会上,表彰一批招商先进单位,6个项目招引服务队授牌成立,经开区、西来桥镇、行政审批局、招商中心围绕各自工作表态发言。会后,建设银行开展金融服务宣讲。（融媒体中心）

现代物流业

【概况】 2023年,扬中市货运量约575.6万吨,公交客运量282.59万人次,班车包车客运量11.87万人次,水运客运量51.63万人次。规模以上快递服务企业业务量累计完成717.09万件,比上年增长61.14%;快递业务收入累计完成0.71亿元,增长24.07%。规模以上快递服务企业快递业务投递量累计2156.48万件,增长19.63%,日均投递量5.91万件。同城快递业务量累计完成41.38万件,增长74.95%,同城快递业务收入0.02亿元,增长16.41%;异地快递业务量累计完成675.66万件,增长60.37%,异地业务收入0.42亿元,增长28.43%;国际及港澳台快递业务量累计完成0.04万件,下降15.98%,国际及港澳台快递业务收入累计完成0.001亿元,下降36.04%。扬中市依法取得快递业务经营许可证的企业6家、分支机构6家、末端网点164个。经营体制有国有、民营2种,分属12个品牌。（钱佳晖、丁丽君）

【城乡物流节点建设】 2023年,扬中市交通运输局主动对接相关部门,打造多处乡村振兴服务点,以便民利民为出发点,以菜鸟驿站为搭建主体,融合资源,发挥优势,辅以“巧媳妇”手工花坊、馨语工作室等村级特色,按照“交通+邮政快递+社区”农村寄递物流服务模式,通过做加法提质增效,打通“快递进村”服务的“最后一公里”。建设西来桥镇乡村振兴服务站并建有分拣线1条,实现6家快递企业镇级共同配送,日均快件到达分拣量2500余件,辐射西来桥镇5个建制村和1个农村社区全覆盖。有序推进“快递进村”工程,全市有村级乡村振兴服务点21个、村级代收点32个,行政村村级站点覆盖率90%。（钱佳晖）

邮政投递中心（融媒体中心供图）

【“交邮社”农村寄递物流项目】 2023年,扬中市“交邮社”农村寄递物流项目获第一批全省“交邮社”农村寄递物流典型项目。“交邮融合+共同配送”服务品牌入选交通运输部第四批农村物流服务品牌。扬中市围绕农村物流高质量发展,探索出一条以“交邮社”深度融合促经济社会转型发展的新路径。为构建物流配送骨架,扬中在“县乡村”三级物流网络上不断发力,按照自上而下、无缝衔接的方式覆盖全岛。在县级建立农村物流和电商运营中心1个;在镇级,按照“多站合一、一点多能”原则,改造既有客运站和物流站点,形成集客运、快递、邮政、电商等功能于一体的综合运输服务场站6个;在村级,建设菜鸟驿站42个、“邮乐购”加盟店162家、公共快递自提点58个和快递智能柜43个;加密公共快递自提点和快递智能柜,实现所有乡镇和建制村货运物流、邮政、快递等农村物流服务全覆盖。以综合运输服务场站为枢纽,以菜鸟驿站等为节点,将客运运行网和物流配送网有机结合,开通城乡公交线路6条代运邮件快件,并对公交车辆设置邮件快件周转区,缓解农村客运车辆空载的压力,提升城乡公交运营效益,降低快递企业配送成本30%以上,快件配送效率较以往提高30%以上。借助邮政快递配送网络,打造“快递+商超”“物流+商超”服务模式,衔接“农村小市场”和“城市大市场”,由客运、邮政、快递企业多方合资成立烁达城市配送有限公司,共用分拨场地、共享配送车辆,形成快递资源集聚效应和规模化运输配送,共网共线共配,实现“人在家中坐,快递到门口,不出村里头,产品就运走”。（融媒体中心）

【第二届快递员职业技能竞赛】 2023年10月14日，扬中市第二届快递员职业技能竞赛开赛，11家快递公司选拔近40名快递员参与比拼，通过以赛代练的形式促进快递业服务能力的快速提升。理论竞赛环节主办方设置100道试题涉及快递处理常识、法律法规、安全规范等多个方面，全面检验参赛选手理论知识掌握情况。实践操作环节重点考察快递员识别禁限寄物品、内部包装和纸箱封装规范、快件分拣以及践行绿色包装的理念等多个方面内容。通过技能竞赛的形式，促进各快递企业重视员工的技能提升，激励、引导快递人才的成长。

（融媒体中心）

【快递员免费体检】 2023年12月，扬中市邮政业发展中心联合总工会开展暖"新"行动，向全市200余名快递员赠送健康体检。根据快递员职业特点和实际需求，"体检大礼包"包括胸部CT、肝功能检查、血压测量、骨密度检查和专家义诊等项目。旨在引导快递员及时了解自身健康状况，养成良好的工作和生活习惯，防范健康风险。

（融媒体中心）

表5 2023年扬中市快递业情况一览表

企业名称	企业法人	注册地址	企业品牌	企业性质	许可证号
扬中市韵达快递有限公司	孙长兵	江苏省镇江市扬中市三茅街道职中路285号	韵达快递	民营控股	苏邮20210061B
扬中市申通快递有限公司	傅　什	江苏省镇江市扬中市三茅镇中桥村	申通快递	民营控股	苏邮20201607B
扬中市瑞达快运有限公司	吴加根	江苏省镇江市扬中市三茅街道中兴路91号	—	民营控股	苏邮20201568B
扬中市中通快递服务有限公司	倪志强	江苏省镇江市扬中市扬子西路联盟桥东侧	中通快递	民营控股	苏邮20100450B
扬中市润通物流有限公司	郭明弘	江苏省镇江市扬中市三茅街道环城南路36号	—	民营控股	苏邮20191453B
扬中市古德速运有限公司	王　东	江苏省镇江市扬中市三茅街道风华路24号	圆通速递 EXPRESS YT	民营控股	苏邮20210085B

（钱佳晖）

发展促进会

【概况】 2023年，扬中发展促进会紧扣"服务扬中、服务扬中人"办会宗旨，持续在"促进扬中发展、促进扬中人发展"上发力。组织建设进一步加强，扬州、云南2个分会相继成立，海南、苏州、浙江、卫生健康4个分会完成换届；工作方向进一步明确，分别召开三届二次会长(扩大)会议、三届二次理事会、镇(街、区)分会工作交流会和秘书长工作会议。为扬中社会经济发展牵线搭桥，卫生健康分会组织第五届"中国河豚岛"等学术研讨会，教授工作站、医联体、中西医结合学会基地充实扬中医疗力量；财经分会先后召开项目招引联席会和"创新·图强"发展论坛；教科文分会为省扬高中创建江苏省高品质示范高中举行研讨。伟信教育发展基金会继续奖励优秀学生和优秀班级团队，举行爱心助学座谈。文化建设再添成果，出版《四千四万在扬中》和《江洲之子》2本专著。名誉会长陆朝银先后为扬中农行、工商行、农商行、税务局、教育局、医保局、移动公司、消防救援大队、三茅街道、联合村、广宁社区等11家单位作专题讲座8次，参加镇江市"凝眸华章 薪火相传"——百位银发先锋对话百名大学生活动。

（朱圣福）

【扬州、云南分会成立】 2023年2月26日，扬中发展促进会扬州分会成立，是发促会在外成立的第16个城市区域分会。会议推选产生扬州分会第一届理事会，江苏立信建设工程造价咨询有限公司总经理、公证天业会计师事务所扬州分所所长张健当选第一届理事会会长。扬州市工商联副主席徐直致辞，并和陆朝银共同为分会揭牌。12月10日，扬中发展促进会云南分会成立，是发促会在外成立的第17个城市区域分会，60余位在滇扬中人士参加成立活动。大会推选产生云南分会第一届理事会，云南能投电力设计有限公司董事长徐斌当选云南分会第一届理事会会长。云南省科技厅原厅长龙江和陆朝银共同为分会揭牌。（朱圣福）

【海南、苏州、浙江卫生健康分会换届】 2023年3月16日，扬中发展促进会海南分会举行换届会议。会议推举产生海南分会第二届理事会组成人员，海口经济学院执行校长、赛伯乐教育集团总裁朱华友当选会长。7月16日，扬中发展促进会苏州分会第二次会员代表大会召开，完成分会理事会换届选举，苏州市太湖国家旅游度假区公安分局原政委奚荣武当选苏州分会第二届理事会会长。8月19日，扬中发展促进会浙江分会第二次会员代表大会召开，推举产生浙江分会第二届理事会，浙江省政府原副秘书长孙厚军当选浙江分会第二届理事会会长。10月3日，扬中发展促进会卫生健康分会第二次会员代表大会召开，推选第二届理事会，王继兰当选新一届卫生健康分会会长，会议围绕扬中卫生健康发展研讨交流。（朱圣福）

【伟信教育发展基金会举行爱心助学座谈会】 2023年8月15日，扬中市伟信教育发展基金会爱心助学座谈会在江洲文苑举行。2021—2023年获得基金会奖励、资助的学生代表和部分教师、家长代表参加活动。座谈会表彰奖励2023年中高考中取得优异成绩的6名中考生、4个中考班级团队、16名高考生、1个高考班级团队，向14名优秀贫困学生发放助学金。（朱圣福）

8月15日，伟信教育发展基金会爱心助学座谈会
（发促会供图）

【清华苏世民书院中外学生社会实践活动】 2023年3月20—23日，清华苏世民书院中外学生社会实践活动在扬中市举行。活动由扬中发展促进会北美分会会长、卫生健康分会副会长黄严忠牵线联系，扬中发展促进会对接落地。3月20日，发促会举行欢迎仪式和座谈会，书院师生与经发局、城管局、住建局、农业农村局等有关部门负责人展开面对面交流互动。在扬中期间，书院师生走访环保局、大全集团、美科太阳能，参观扬中博物馆、园博园、新坝镇新治村、新坝社区，以及三茅街道广宁社区卫生服务点、新坝镇联合村卫生室、新坝卫生院、人民医院等地，并与卫健委、医保局、人民医院、疾控中心等部门负责人开展卫生健康工作座谈。（朱圣福）

【"创新·图强"发展论坛】 2023年10月3日，扬中发展促进会财经分会在扬中农商银行创客空间举办"创新·图强"发展论坛。首届"苏州青年五四奖章"获得者、聚合数据董事长左磊作题为《勇做数据创新创业的"弄潮儿"》的创业发展经验分享。"无锡市十大杰出青年"称号获得者、雪浪云创始人兼CEO王峰作题为《最好的时代——数字化科创的几点体会》的分享。国泰君安投行部总经理、复旦大学经济学硕士张仲作资本运营讲座。（朱圣福）

【发展促进会第三届第二次理事会】 2023年10月3日，扬中发展促进会召开第三届第二次理事会，海内外的近300名扬中人士参加，共叙老乡情谊，共鉴家乡发展，共绘美好愿景。包信和、钱锋、施正荣3位院士，郭礼云、王经中、王永祥、孙宏才、蔡惠福5位将军参加活动。发展促进会会长施健华代表三届二次理事向大会做报告。现场，中国科学院院士、中国科学技术大学校长包信和，中国工程院院士、上海市政协副主席、九三学社上海市第十八届委员会主委钱锋，澳大利亚国家技术科学与工程院院士、上海电力大学教授、上迈新能源董事长施正荣等7位代表结合各自熟悉和擅长的领域，围绕产业强市、科技创新、新能源发展等话题为家乡建设和发展把脉问诊，建言献策，分享回乡参会的感受和对家乡未来发展的祝福。会议补选第三届理事会理事。会上，部分区域分会代表交流发言。（朱圣福）

金 融

综 述

【概况】 2023年,扬中市推进金融机构服务属地发展。修订全市银行业、保险业、证券业金融机构的经营目标管理考核办法，协调指导18家银行、32家保险、4家证券机构制订年度服务高质量发展考核任务。召开政银企合作项目现场签约会,签约总规模37.6亿元。开展“金融赋能镇街区行”专题活动,组织金融机构、业内专家“组团式”走进镇(街、区),引导金融机构与23家企业5家商会以及4个项目授信签约,授信签约金额32亿元。编制《扬中市金融惠企促融产品一览表》《金融惠企政策摘录》,提升企业融资便利性。加强平台公司融资监管,持续开展清收挽损专项工作。修订出台《进一步规范国有企业新增融资成本管控及担保事项审批程序》，提高融资过程中资产抵押率,完成审批件187件。推进企业上市工作,成立资本市场高质量发展领导小组,出台企业上市工作联席会议制度,推出上市后备企业扩容升级计划,协调市场监管、外汇管理、消防、环保等相关部门出具合规经营文件。开展地方金融组织监管,规范监管地方金融组织12家,开展地方金融组织“双随机、一公开”检查8家;年审典当行1家,专项检查融资租赁1家和商业保理公司1家。 (徐子国)

1月16日,扬中市召开金融系统总结表彰,图为金融综合服务贡献奖获奖单位 (融媒体中心供图)

【银行业概况】 2023年，扬中市有银行业金融机构18家。其中,政策性银行1家(农业发展银行),国有商业银行4家(工商银行、农业银行、中国银行、建设银行),股份制商业银行7家(交通银行、浦发银行、民生银行、中信银行、兴业银行、华夏银行、光大银行),邮政储蓄银行1家,城市商业银行2家(江苏银行、南京银行),法人农村商业银行1家,异地农村商业银行分支机构1家(太

表6 2023年扬中市金融数据一览表

项目	余额(亿元)	比年初增长(%)	年初数(亿元)
金融机构存款余额	1028.05	15.76	888.10
居民储蓄存款	596.08	16.75	510.55
金融机构贷款余额	1054.78	20.00	878.95
中长期贷款	591.04	15.66	511.00
短期贷款	401.64	26.33	317.92
其中:单位贷款及透支	893.97	22.13	731.97
个人贷款及透支	160.80	9.41	146.97
票据融资	62.09	24.16	50.01

(徐子国)

仓农商行),村镇银行1家(恒丰村镇银行)。 (陈菊英)

【存款】 2023年,扬中市金融机构本外币各项存款稳步增长。各项存款余额1028.05亿元,比年初增加139.95亿元,增长15.76%,比上年多增60.15亿元。其中,企业存款余额344.94亿元,比年初增加54.63亿元,增长18.82%,多增62.10亿元;住户存款余额596.08亿元,比年初增加85.54亿元,增长16.75%,多增4.31亿元;机关团体存款余额73.66亿元,比年初减少9.41亿元,下降11.32%,多减16.05亿元。从存款结构来看,以住户存款为主,占各项存款的比例57.98%。 (陈菊英)

【社会融资规模】 2023年,扬中市社会融资规模1380.4亿元,新增161.10亿元。其中,本外币各项贷款余额1054.78亿元,比年初增加175.83亿元,增长20%,比上年多增31.27亿元;各项贷款中中长期贷款余额591.04亿元,比年初增加80.04亿元,增长15.66%。银行汇票、保函、信用证等表外融资余额141.53亿元,比年初减少0.41亿元,下降0.29%。金融支农支小力度不断增强。年末,全市涉农贷款余额776.96亿元,比年初增加120.06亿元,增长18.28%;小微企业贷款余额348.46亿元,比年初增加38.08亿元,增长12.27%。 (陈菊英)

【保险业概况】 2023年,扬中市保险事业稳中有进。截至12月,全市32家保险业金融机构营保费收入18.1亿元,比上年增长5.77%。其中,寿险收入14.76亿元,增长6.9%;产险收入3.34亿元,增长1.07%。保险赔付额4.84亿元,增长21.3%。其中,寿险赔付2.69亿元,增长22.83%,赔付率18.26%;产险赔付2.15亿元,增长19.44%,赔付率64.28%。 (徐子国)

表7 2023年扬中市贷款分行业统计表

行业	贷款余额(亿元)	比上年增减(亿元)	增幅(%)
农、林、牧、渔业	23.15	6.65	40.34
采矿业	0.00	0.00	0.00
制造业	237.22	24.26	11.39
电力、热力、燃气及水生产和供应业	13.61	10.16	294.62
建筑业	51.23	13.74	36.66
批发和零售业	99.06	25.50	34.68
交通运输、仓储和邮政业	15.43	2.94	23.52
住宿和餐饮业	0.67	−0.09	−12.03
信息传输、软件和信息技术服务业	2.83	0.34	13.42
金融业	3.00	3.00	0.00
房地产业	12.22	5.62	85.10
租赁和商务服务业	124.04	21.87	21.41
科学研究和技术服务业	3.54	1.33	60.34
水利、环境和公共设施管理业	247.50	37.45	17.83
居民服务、修理和其他服务业	0.17	−0.01	−4.99
教育业	0.10	−0.02	−16.05
卫生和社会工作	0.47	0.01	2.10
文化、体育和娱乐业	0.65	0.17	34.65
公共管理、社会保障和社会组织	0.00	0.00	−0.02
国际组织	0.00	0.00	0.00
对境外贷款	0.01	0.00	−14.29
个人贷款及透支	160.80	13.83	9.41
贷款总计	995.69	166.75	20.12

(陈菊英)

【货币政策贯彻执行】 2023年，扬中市引导金融机构以金融服务实体经济为导向，增加信贷投放总量，调整优化信贷结构。各项存款和各项贷款稳居“双千亿”以上；做好科技金融、绿色金融、普惠金融、养老金融、数字金融五篇文章，扬中市入选江苏省首批绿色金融创新改革13个试验区之一；发挥LPR(贷款市场报价利率)下行对贷款定价引导作用，推动一般贷款利率同步下降，将金融系统让利实体经济的政策要求落到实处。 （陈菊英）

【金融风险防范】 2023年，扬中市加强金融风险监测，引导银行协助市政府化解平台债务，实现“脱红降档”，不良率持续低位运行；开展存款保险宣传活动，对辖内部分金融机构开展存款保险巡查，筑牢存款保险“安全网”；制定《扬中市银行业金融机构2023年防范电信网络诈骗宣传实施方案》，点对点分配到辖内18家银行机构开展承包宣传。组织银行开展打击治理电信网络诈骗犯罪“百日行动”。 （陈菊英）

【金融管理与服务】 2023年，扬中市申报新坝镇为信用乡镇，农村信用体系建设工作取得阶段性成效。开展2022年度金融消费者权益保护评估，评定“A”类金融机构9家，“B”金融机构9家。推进数字人民币试点工作，推进个人所得税汇算清缴退税工作，开展国债发行现场巡查和网络巡查工作，开展现场巡查13次，网络巡查48家，确保储蓄国债安全、有序销售。推进贸易投资便利化试点工作扩容提质，新增便利化政策试点银行3家，试点企业新增13家。 （陈菊英）

【金融机构改革】 2023年3月，人民银行布置机构改革任务，人民银行扬中市支行成立机构改革领导小组，通过党组会、领导小组会、全行大会等形式，及时传达人民银行镇江市分行机构改革工作例会精神，解读机构改革相关政策内容，对照上级行工作部署和时间节点要求，建立业务移交工作机制，制定移交工作方案，明确责任分工、时间节点及责任人，层层压实责任，推动改革期间各项任务落实到位。 （陈菊英）

银行选介

【中国农业发展银行扬中市支行】 2023年，中国农业发展银行扬中市支行年末各项存款余额8.71亿元；日均存款余额8.34亿元，各项贷款余额为54.18亿元。贷款总量中，所有贷款均为正常类贷款，贷款的占用形态均为正常贷款，无不良贷款占用。年末各项贷款的利息收回率100%。全年实现各项收入2.19亿元，各项支出1.85亿元，账面利润3351.35万元，FTP(商业银行内部资金定向转移)净利润5920.92万元，其中县储备粮油贷款5840.84万元，粮棉油收购贷款1868万元，农村基础设施中长期贷款57亿元，小微企业贷款2800万元。 （朱江峰）

【中国农业银行股份有限公司扬中市支行】 2023年，中国农业银行扬中市支行年末各项存款总量突破230亿元，增量39.83亿元，各项贷款总量173.67亿元，增量42.41亿元。聚焦全市项目攻坚主线，对接园区提档升级、新农村建设等民生项目，获批项目8个、授信总额25亿元。强化现代化产业体系金融服务，加大重点领域信贷支持力度，新增制造业贷款9.1亿元。创新助力普惠金融提质增效，助力小微企业做大做强，新增普惠贷款超9亿元。开展“浓情暖城”网点服务品牌建设，支行“浓情暖城”工会户外劳动者服务站点被全国总工会评为2023年“最美驿站”，新城支行创成省银协文明规范服务适老网点。连续六年获得扬中市金融机构综合考核一等奖和扬中市“十强”服务业企业。 （刘金）

【中国建设银行股份有限公司扬中支行】 2023年，中国建设银行股份有限公司扬中支行年末各项存款余额106.1亿元，贷款余额80.4亿元。支行支持政府类客户、重点工业企业和新兴产业等实体经济发展，提升服务质效，发展绿色信贷、普惠金融业务，助力乡村振兴。年末公司类贷款余额70.13亿元，新增23.1亿元，其中投入平台贷款15.6亿元；绿色贷款余额13.76亿元，新增7.68亿元；涉农贷款余额新增12.2亿元；银保监口径制造业贷款余额23.48亿元，新增6.02亿元；新兴产业贷款余额8.81亿元，新增7.52亿元。加强风险管理，提升资产质量，全口径不良贷款不良率1.03%，下降0.37%。加强服务文化建设，开展以上级为下级服务、中后台为前台服务、全行为客户服务为主要内容的“三个服务”大提升专项行动。创新服务产品，投放首笔“快易函”、首单“善新贷”。优化服务流程，推行对公客户经理下沉。开展存款保险、征信知识等公众教育活动，维护消费者权益，做好消费者权益保护工作。加强渠道建设，网点“劳动者港湾”为户外从业人员提供便利。强化案件防控，持续推进“平安建行”创建。 （吴文君）

【交通银行镇江扬中支行】 2023年，交通银行镇江扬中支行年末各项存款余额11.5亿元，存款日均10.68亿元。其中，储蓄存款5.07亿元，日均存款余额5.03亿元;对公存款数 6.43 亿元,日均余额 5.65 亿元。普惠"两增"(普惠型小微企业贷款增速和户数增长)口径新增贷款 9087.64 万元。支行将资产质量管控作为经营管理工作的重中之重,坚决守住风险底线。全面完成分行普惠条线计划,新增客户均为扬中优质企业,全面稳住规模和质量不滑坡。支行狠抓资产业务投放,强化支行服务实体能力,多项指标表现较好,扩大同业业务规模,较好完成分行下达的各项指标。 (杨海军)

表 8 2023 年扬中市主要金融机构经营指标情况表

金融机构	各项存款(亿元)	比年初增加(亿元)	比上年(%)	各项贷款(亿元)	比年初增加(亿元)	比上年(%)
农发行	8.71	3.51	67.49	54.18	15.39	39.67
工行	86.58	28.32	48.60	83.80	24.07	40.30
农行	230.03	39.83	20.94	173.67	42.41	32.31
中行	60.95	7.39	13.79	69.68	19.39	38.56
建行	106.20	22.79	27.33	77.71	23.28	42.76
交行	11.54	–0.06	–0.51	20.84	–1.11	–5.07
江苏	46.54	9.72	26.41	59.82	5.98	11.11
邮储	56.93	8.34	17.17	36.37	9.04	33.07
农商行	231.19	18.74	8.82	192.73	20.68	12.02
太仓	3.15	1.13	56.05	7.86	1.73	28.25
恒丰	18.04	0.46	2.61	18.26	0.25	1.39
浦发	11.34	–0.10	–0.88	16.01	2.52	18.67
民生	22.78	5.90	34.99	13.77	1.35	10.91
中信	37.52	–7.96	–17.51	77.42	–2.57	–3.21
兴业	18.77	–8.17	–30.34	26.65	–9.16	–25.59
华夏	13.06	–4.82	–26.95	23.17	0.96	4.34
南京	50.23	10.88	27.64	54.61	13.38	32.44
光大	12.16	5.20	74.63	51.23	11.24	28.10

(陈菊英)

保险公司选介

【中国人寿保险股份有限公司扬中支公司】 2023 年,中国人寿保险股份有限公司扬中支公司有营业网点 7 个,从业人员近 700 人。全年实现保费收入 7.75 亿元,比上年增长 4.2%,累计承保 137.22 万人次。累计释放保单借款近 6.09 亿元,给付案件 1.1 万件,给付金额 1.44 亿元。 (杨玉)

【中国人民财产保险股份有限公司扬中支公司】 2023 年,中国人民财产保险股份有限公司扬中支公司保费收入 1.37 亿元,比上年增长 7.88%。其中,传统非车险保费 1129.51 万元,增长 20.32%;新兴非车险保费 5666.94 万元,增长 8.10%;车险保费 6131.78 万元,增长 4.46%;农险保费 660.41 万元,增长 14.97%。处理赔付案件 14.26 万件,支付各险赔付款 9201.62 万元,赔付率 65.72%,下降 14.47%。 (赵莲娣)

【中国太平洋财产保险股份有限公司扬中支公司】 2023 年,中国太平洋财产保险股份有限公司扬中支公司实现保费收入 5233 万元,比上年增长 5.7%,其中车险保费收入 3229 万元,非车非农保费收入 1811 万元,农险保费收入为 193 万元,整体市场份额 15.77%,居市场第二位。全年累计发生赔付 3984 万元,赔付率 76.1%,增长 23.5%。被市金融稳定工作小组评为"保险综合考核先进单位"。 (徐谋)

表 9　2023 年扬中市保险业金融统计表

类别	序号	名称	保费收入（万元）	赔付金额（万元）	缴纳税金（万元）
产险类	1	人保财险	13728	9205	919
	2	太平洋产险	5233	3984	542
	3	平安产险	1810	2011	401
	4	紫金保险	2793	1130	194
	5	中华联合	710	467	56
	6	中国人寿产险	2567	1405	296
	7	大地财产	1068	350	83
	8	永安财产	592	325	53
	9	阳光财产	2210	1316	206
	10	华泰财产	80	30	7
	11	天安财产	868	408	72
	12	太平财产	449	295	54
	13	大家财产	809	232	10
	14	安诚财产	340	305	39
	15	浙江浙商保险	178	28	12
	合计		33435	21491	2944
寿险类	1	中国人寿	77531	14429	891
	2	太平洋人寿	8391	1613	4
	3	平安人寿	7638	1596	22
	4	人民人寿	1836	279	0
	5	长城人寿	2857	65	0
	6	英大人寿	6649	118	0
	7	阳光人寿	4092	315	1
	8	新华寿险	538	805	1
	9	泰康人寿	3883	1292	0
	10	太平人寿	1120	209	1
	11	利安人寿	2951	436	2
	12	瑞众人寿	18049	2623	0
	13	华泰人寿	2004	617	0
	14	国联人寿	932	0	0
	15	富德生命人寿	7628	2255	0
	16	东吴人寿	1284	192	0
	17	民生人寿	186	107	0
	合计		147569	26951	922

（徐子国）

交通运输

综 述

【概况】 2023年,扬中市公路事业发展中心列管养境内公路总里程692.22千米(不含35省道高速公路8.98千米),路网密度平均每百平方千米占有公路316.13千米。按行政等级划分:523国道里程19.86千米,238省道36.72千米。农村公路县乡村道646.19千米(县道189.54千米,乡道239.01千米,村道217.64千米)。国道桥梁9座,省道干线公路桥梁9座,其中扬中一桥、二桥、三桥特大型公路桥梁。农村公路桥梁43座,其中县道21座,乡道13座,村道9座。全市公路按技术等级划分:高速公路8.98千米,一级公路111.27千米,二级公路94.81千米,三级公路101.92千米,四级公路384.22千米。国省道按技术等级划分:一级公路52.99千米,二级公路3.61千米。农村公路按技术等级划分:一级公路58.267千米,二级公路91.019千米,三级公路107.094千米,四级公路389.809千米。

扬中市有港口(码头)17个,泊位47个(万吨级14个),其中非装卸泊位8个(万吨级3个),在建泊位5个(4万吨级1个、3万吨级3个、7万吨级1个),使用岸线7660米,年货物吞吐量2110万吨。 (钱佳晖)

【交通运输学会成立】 2023年4月18日,扬中市交通运输学会成立。会前,扬中市交通运输学会第一次会员大会召开,沈大银当选为首届市交通运输学会理事长。交通运输学会旨在深入贯彻落实习近平总书记关于交通运输业发展的重要讲话精神以及省、镇江市关于交通发展的战略部署,紧扣市委、市政府工作大局,发挥人才智力优势和桥梁纽带作用,围绕综合交通、智慧交通、绿色交通、平安交通建设发展,在行业发展研究、科技咨询服务、人才教育培训等领域积极作为,为更高质量推进扬中交通强市建设贡献更多智慧和力量。 (融媒体中心)

【“交通蓝 特教情”系列志愿活动】 2023年,扬中市交通运输局党委启动“交通蓝 特教情”系列志愿活动,结合交通运输部门的优势和特点,宣教交通出行常识。交通志愿者组织特教中心学生走进邮政公司共配中心,了解快递员寄送快递、报纸的环节。在多部门的共同支持下,特教中心开设“驿站”课程,教授收寄快递、管理快递的基本技能。交通系统组织技术能手走进课堂,讲解、演示快递物品的规范包装,并指导学生动手操作。

(融媒体中心)

运输管理

【出租车管理】 2023年,扬中市针对商超、小区、学校、医院等人流量大的地点,建设出租汽车临时停靠点20个,方便出租汽车安全规范停靠,为市民乘车提供便利。做好新一轮巡游出租汽车更新推进工作,拟定并上报《扬中市出租汽车新一轮更新方案(征求意见稿)》和《扬中市推广应用新能源巡游出租汽车补助方案》,组织开展对出租汽车改革指导意见等国家法律法规的研究,学习借鉴周边县市出租汽车更新和管理工作经验,多次召开座谈会广泛听取各方意见,开展更新车型推介会,经销商与驾驶员零距离沟通。 (钱佳晖)

实验小学出租车临时停靠点 (融媒体中心供图)

【公交管理】 2023年5月，扬中市完善城乡交通基础设施，针对客流较大的城乡主要节点，新建设公交站台6座，搬迁出新公交站台6座。8月，完成人民医院站、农业银行站、华润苏果站公交站台适老化改造3对，针对医院、商超周边，将公交站台的台阶改为平缓坡道，增设护栏，方便老年人等特殊群体进入站台候车。9月，打造"敬老爱老"城市公交线路1条，在101路公交线路配备综合素质高、服务意识强、驾驶经验丰富的驾驶员，对待老年乘客，做到"敬老爱老"七个一：进站靠边一点、行车稳一点、态度好一点、耐心多一点、对老年乘客多问一句、多扶一把、多等一会儿，切实保障老年群体安心出行。6月27日，扬中市优化203路公交线路(公交总站—联合村)，增设联合自来水站、联合医院站、宏强集团站、君聚园农庄站，覆盖新坝镇联合医院、联合中心小学、周边小区及厂企，满足新坝镇厂企职工、联合村居民出行需求。12月28日，优化106公交线路(滨江公园站—城北公交客运站)，增设吾悦广场东站、扬中博物馆站，丰富群众文化旅游生活。12月28日，调整213路公交线路及班次时间（城北公交客运站—西来桥枢纽站)，优化城乡公交线网，合理安排公交运营调度。 （钱佳晖）

【货运管理】 2023年，扬中市交通运输局督促全市2家危货企业，做好车辆技术档案管理信息化应用工作，常态化做好危货动态监督日常抽查工作，对企业停车场设置再规范。结合道路运输安全生产突出问题集中整治"百日行动"，梳理排查10年以上重载货车214辆，通过信息比对，逐车核实基本情况，排查注销15年车龄和已经确定不再运营的车辆82辆。 （钱佳晖）

【机动车维修管理】 2023年，扬中市持续规范汽车维修行业经营秩序，妥善处理化解维修质量纠纷矛盾9起，群众满意率100%。完成维修企业汽车维修电子档案对接上传工作，上门指导维修企业对接电子档案4家，对接率100%。联合执法大队采取"双随机、一公开"等方式，实地检查维修企业22家，发现问题6起，并督促整改完毕。 （钱佳晖）

【驾培监管】 2023年，扬中注销驾校2家。结合科目二考场下放到扬中，剩余3家驾校采取合作经营模式，统一价格、统一服务等措施实现资源共享、优势互补。针对注销驾校的遗留学员，经过与镇江市局、镇江交通运输支队、镇江车管所多方沟通协调，采取转籍转校及协调参加剩余科目考试等方式逐步消化遗留学员460人次。组织全市202名机动车驾驶教练员继续教育培训考核，提高教练员的综合素质和服务水平，保障机动车驾驶培训质量。 （钱佳晖）

交通运输行政执法

【概况】 2023年，扬中市查处各类违法案件262件，检查疑似超限超载货运车辆2249辆次，联合交警处罚超限超载车辆346辆次，记278分，监督可卸驳载车辆卸驳载2386.49吨。 （钱佳晖）

【运政执法】 2023年，扬中市交通运输局联合公安交警、应急、文广旅等部门实施多部门联动执法，开展"天网行动"网约车、道路客运、超限超载、危险品运输等系列专项行动、"旅游客车秋日行动"、燃气运输市场专项整治等集中行动，严厉打击道路运输非法经营行为，查处未经许可危险货物运输1起、无证网约车33辆。强化"两客一危"(公路客运、旅游客运、危化品运输车辆)动态监管，会同公安、应急部门开展"一车三方"(营运车辆、交通运输局、应急局、车管所)执法检查2次，印发通报6期。加强对驾培市场执法监管，重点查处不按大纲施教、教练员不随车教学、不在核定路段培训等不规范行为，办理驾培案件5起。加强对机动车维修市场监管，联合生态部门、局运管科加强维修环保执法检查，对城区5千米范围内汽车维修业户开展专项督查，全面摸排周边汽车维修业户33家，拆除烤漆房4家，设置密闭调漆房通过第三方检测23家，整改6家。 （钱佳晖）

9月，交通运输综合执法大队开展网约车专项执法检查 （融媒体中心供图）

【港口执法】 2023年，扬中市交通运输局加大对超范围和超靠泊能力作业码头查处力度，查办港口案件1

起。加强港口码头防污染执法检查,结合省市督查反馈问题清单,督促相关企业完成整改闭环,形成一码头一档案。推进港口企业完善码头污染防治设施设备,落实污染防治措施,严控港区扬尘污染和船舶水污染。

(钱佳晖)

【路政执法】 2023年,扬中市交通运输局按照《镇江市公路环境整治提升工作方案》,主动联合公路中心、公安交警、干线公路沿线乡镇、街道开展环境整治,清除非标126块,清除公路用地堆积物85处、365立方米,劝离占道经营流动摊点219处,清理路面污染16处,修剪公路边坡绿化1280平方米。严格按照省执法监督局履职清单国道每天一次、省道每周2次频次要求开展道路巡查,联合公安、城管等部门集中整治友好桥、丰裕桥、永利桥等占道经营的重点地段,对涉路施工违法行为及时查处,督促补办相关审批手续,查处各类涉路违法案件52起。

(钱佳晖)

【超限超载执法】 2023年,扬中市交通运输局加强路面执法,实施常态化24小时公安、交通联合治超,货车专业通道超限拦截检查率95%,科学制定实施流动治超,检查疑似超限超载货运车辆2249辆次,联合交警处罚超限超载车辆346辆次,记278分,监督可卸驳载车辆卸驳载2386.49吨,全年未发生一起"百吨王"超限运输行为,"一超四罚"办结率100%,普通国省干线公路超限率控制在0.1%以下,10家重点货运源头企业动态监测设施100%全覆盖。投资160万元在二墩港汽渡建设完成523国道新扬高汽渡货车动态监测设施。

(钱佳晖)

【桥下空间专项整治行动】 2023年4月,公路事业发展中心联合多部门开展桥下空间专项整治行动,全面提升公路环境面貌,消除潜在安全隐患。重点开展扬中三桥桥下空间整治,三桥因跨度长、净空高,横跨新坝黄山套工业区,常被附近企业、群众当作天然"仓储空间",堆放物品,违章停车现象时有发生。公路事业发展中心联合交通运输综合执法大队、新坝镇政府,多次向涉事企业宣法讲理,告知其堆放物品的安全隐患,要求限期整改。经过多部门合力攻坚,截至5月22日,三桥桥下空间堆积物全部清理完毕。修复扬中二桥桥下空间破损围挡26米,清理秸秆、木材等堆积物。截至5月底,桥下空间专项整治全部到位。公路事业发展中心持续加强与相关部门的对接协调,建立长效管理机制,组织人员深入沿线村社区开展桥下空间治理相关普法宣传,共同督促引导附近企业、群众形成爱桥护路思维,保障公路运营安全。

(融媒体中心)

【安全执法】 2023年,扬中市开展"邀约式"安全检查,先后对8家客运、普货、危货企业开展安全督查,下发指导意见函5份。在"两客一危一货"(公路客运、旅游客运、危化品运输车、货运车辆)运输企业中建立安全生产举报制度和"吹哨人"制度,张贴安全生产举报系统二维码标牌10块。以交通综合执法领域安全生产风险专项整治巩固提升年为主线,开展"天网行动""水运安澜""平安工地"等专项行动,加强"两客一危"、超限超载、港口码头、渡口渡船、工程建设等重点领域安全风险防控,督促企业建立双重预防机制,建立风险源管控措施,分类分级实施管控。组织开展企业安全生产主体责任落实大排查,推行"执法+专家""安全+信用"等安全生产执法监管新模式,查处安全生产违法案件7起。

(钱佳晖)

1月,扬中市开展春运道路运输"天网"集中日专项整治行动 (融媒体中心供图)

交通工程建设

【概况】 2023年,扬中市完成环岛公路(渡江文化园—新宁村段)全长4.4千米、环岛公路(南江段)1千米、扬中大道(联合桥—明珠广场段)1千米道路维修工程;有序推进523国道和238省道扬中段修复养护工程;按时高质推进农村公路新改建18千米、县道公路安防工程31.531千米。

(钱佳晖)

【公路建设与养护】 2023年,扬中市公路事业发展中心坚持公路建养管并重的原则,坚持路域环境整治长效化，保持全市路况质量的稳定与路域环境的美化。经上级主管部门路况综合检测评定国、省干线公路路况综合指数(MQI)值96.46，路面破损指数(PCI)优良路率98.3%，路面平整度指数(RQI)优良路率96.44%。全年投入国省干线小修保养经费751万元，提升路况质量，美化路域环境。 (钱佳晖)

【环岛公路维修改造项目】 2023年，扬中市开展环岛公路维修改造项目。环岛公路(新坝段)由渡江文化园至新宁村，项目路线全长4.426千米，按四级公路标准建设，路基总宽8米，沥青混凝土路面宽7.25米，工程内容主要包括挖除旧路面、路基挖方、路基填筑、水泥稳定碎石摊铺、沥青路面摊铺等，总投资约2000万元。项目于2023年3月开工建设，8月完成全线水稳基层施工，10月完成全线沥青面层施工，11月完成交安及附属设施，漆画彩虹标线，12月中旬完善交工验收程序后正式开放交通。环岛公路(南江段)起点位于三跃港闸，向西维修改造1.005千米，于6月底开工建设，2023年8月中旬建成通车，总投资约220万元。

(钱佳晖)

【523国道、238省道扬中段大中修工程】 523国道修复养护(扬中段)起自园博大道路口，讫至三桥匝道路口；523国道预防养护(扬中段)含三桥上行桥面出新及K30+000—K30+921下行第一、二、三车道实施密封胶灌缝预防养护。施工车道里程单车道全长17.59千米(含预防性养护)，涉及路面维修、红绿灯路口车辙处治、桥面出新，由镇江市公路事业发展中心统一招投标，扬中市公路事业发展中心实施项目建设管理，于2023年7月25日开工建设，9月28日完工。238省道修复养护(扬中段)起自K56+800东兴港桥，讫至K57+699兴旺大道路口，施工车道里程单幅全长2.697千米，涉及路面维修、红绿灯路口车辙等内容。项目由镇江市公路事业发展中心统一招投标，扬中市公路事业发展中心负责项目建设管理，于7月20日开工建设，9月12日完工。 (钱佳晖)

【扬中大道路面维修工程】 2023年8月1日，扬中大道联合桥—明珠广场段实施路面维修工程启动，提升路段通行品质。8月29日，扬中大道联合桥—明珠广场段路面维修工程完工，道路标线全部设置到位，全线通车。工程改造里程1000米，改造后路面宽8.5米，维修工程的主要内容是铣刨旧路面、挖除水稳基层、水泥稳定碎石基层摊铺、沥青路面摊铺，总投资90万元。

(融媒体中心)

【翠竹南路改造提升工程】 2023年7月11日，翠竹南路改造提升工程进场，改造路段长约930米，8月底完工。路段改造前，翠竹南路南接滨江大道，北接迎宾大道，是南北贯通的城市主要干道，早晚上下班高峰期、节假日出行交通压力较大，改造提升工程将原本的绿化带中的花木搬迁至苗圃基地，机动车道由原本的双向两车道改至双向四车道，增设交通设施，包括护栏、标志标线、警示灯等等，工程建成之后能够有效缓解交通压力，在提高行人舒适感和安全感的同时提升城市品位和城市形象。 (融媒体中心)

8月，翠竹南路改造提升工程竣工 (融媒体中心供图)

【农村公路提档升级】 农村公路列养总里程646.19千米，其中县道189.54千米，乡道239.01千米，村道217.64千米，桥梁43座，县道桥梁21座，乡村道桥梁22座。深入推进“路长制”工作方案的实施，创新“路长制”考核模式，强化示范引领，实行农村公路管养绩效与补助、奖惩挂钩。继续深化全国“四好农村路”成果，持续推进农村公路提档升级，按时高质完成农村公路新改建17.31千米，实施安防工程31.53千米；配合推进环岛公路（渡江文化园—新坝新宁段）维修改造工程，优化路域环境，助力沿线特色产业发展。加大农村公路养护工程的实施，完成扬中大道(联合桥—明珠广场段)路面维修工程、泰常高速公路西侧便道(普济段)维修工程及联合水利部门维修环岛公路部分路段，有效提升路况质量。推进实施幸福大桥轻量化健康监测系统，提高农村公路桥梁安全运行和智能管养水平。实施农村公路路况自动化检测和技术状况评定，全市县道优良路率96.9%，公路路况综合指数(MQI)90.63；乡村道优良路率96.7%，公路路况综合指数(MQI)90.93。

(钱佳晖)

城乡建设与管理

城乡规划

【概况】 2023年,扬中市自然资源和规划局推进各类专项规划编制,协调衔接同级相关专项规划中空间布局、空间管控。加快推进涉国土空间重要专项规划编制工作,编制《扬中市"十四五"低效用地再开发规划》,并结合规划编制年度实施计划,开展"零地招商""飞地招商",鼓励企业盘活存量。国土空间规划委员会召开规划审查会议3次,审查《扬中市八桥控制单元控制性详细规划》《扬中经济开发区控制性详细规划》《扬中市新治村、立新村、营房村、锦程村、良种场、双跃村、兴城村、会龙村、鸣凤村、利民村、西来村实用性村庄规划》《扬中市国土空间生态保护和修复规划(2021—2035年)》。《扬中市国土空间总体规划(2021—2035)》获江苏省人民政府批复,扬中市国土空间总体规划正式启用。加强农村建设用地规划,摸排辖区内空心村和闲置农房情况,为招商引资、项目进驻提供充足的发展空间,做到减量不减质量、减量不减活力。加快村庄规划编制进程,维护农村依法用地的严肃性,注重村庄基础设施建设,把抓好村庄布局、村落规划和民居风貌等纳入规划编制和实施的重要工作内容。办理建设工程规划许可项目239份、154.57万平方米,办理规划核实事项72件、124万平方米。深入开展"规划师下乡"活动50余次,推进"多测合一"改革,完成"实景三维扬中"倾斜三维建模建设,基础测绘更新项目通过省级验收,获省优秀测绘工程三等奖。国土变更调查成果质量优良,被省自然资源厅确定为省级检查免检地区。

(孙柳燕)

【国土空间规划】 2023年,扬中市自然资源和规划局预支空间指标上图方案获得省厅批准,预支空间1500亩(100公顷),完成11个批次增减挂钩实施方案编制,完成7个片区成片开发方案,为重大项目落地超前谋划用地空间。国土空间总体规划获省政府批复,八桥、油坊和西来桥镇级国土空间规划编制形成初步成果。指导各镇(街、区)加快行政辖区开发边界内的控制性详规编制,稳步推进老城区控制性详规,有序推进全域发展战略规划、镇村布局规划等相关专项规划编制工作,全市国土空间规划体系正在加速形成。村庄规划编制进度和质量领跑全市,省自然资源厅村庄规划编制第一巡回指导组现场会在扬中市召开,开发边界外的52个村(社区)全部开展实用性村庄规划编制,28个村(社区)规划获得市政府批准,2个完成省厅入库备案。开展"规划师下乡"活动50多次,新治村、立新村和鸣凤村村庄规划分获镇江市二等奖和三等奖。

(孙柳燕)

【"规划师下乡"服务】 2023年5月,扬中市自然资源与规划局"规划师下乡"服务走进长旺农贸市场,规划师对农贸市场现状、存在问题及改造意愿现场研究。长旺农贸市场建于20世纪90年代,房屋老旧,功能布局相对传统。在现场踏勘的基础上,研究制定总平面方案,优化农贸市场功能布局、交通组织等方面。"共绘苏乡"规划师下乡活动是江苏省推动乡村振兴和建设美丽江苏的重要举措。资规局深入乡村对接和开展服务30余次,服务鸣凤村方家埭环境提升,推进西来村、营房村等14个村的规划定稿对接,与德云村、八桥村、新安村等15个村对接初稿,为乡村建设提供技术服务和指导帮助。

(融媒体中心)

【国土空间总体规划启用】 2023年11月,《扬中市国土空间总体规划(2021—2035)》(简称《规划》)获江苏省人民政府批复,扬中市国土空间总体规划启用。《规划》要求统筹发展和安全,促进人与自然和谐共生,实施国家和省重大发展战略,着力建成长江绿色生态宜居岛、智慧制造城。《规划》要求到2035年,扬中耕地保有量不低于10.91万亩(7273.33公顷),其中永久基本农田保护面积不低于 8.65 万亩(5766.67 公顷),生态保护红线面积不低于 7.46 平方千米,城镇开发边界扩展倍数控制在基于 2020 年城镇建设用地规模的 1.30 倍。《规划》批复要求,坚决维护规划严肃性、权威性。坚决贯彻党中央、国务院关于“多规合一”改革的决策部署,不在国土空间规划体系之外另设其他空间规划。严格执行规划,任何部门和个人不得随意修改、违规变更。坚持一张蓝图绘到底,切实提高规划、建设、治理水平。科学编制详细规划、相关专项规划,强化对专项规划的指导约束,确保规划确定的各项目标任务落地落实。建立健全国土空间规划动态监测评估预警和实施监管机制。 (融媒体中心)

公共事业

【供水】 2023 年,扬中市完成供水量 3189.46 万立方米,比上年增长 4.29%;水质综合合格率 100%,事故处置及时率 100%,设备完好率 99.27%,生产调度指令完成率 100%。改造管网总长 71 千米,其中 DN75(管道内径 75 毫米)以上 19.6 千米,DN75 以下 51.4 千米。全年完成售水量 2605.12 万吨,下降 233.5 万吨。 (徐播播)

【供电】 2023 年,扬中全社会用电量 21.61 亿千瓦时,比上年增长 13.62%。调度口径最高用电负荷 42.34 万千瓦。扬中市供电公司围绕“双碳”目标,立足扬中资源禀赋和电网现状,全力支撑能源清洁低碳转型。聚焦关键任务,攻关重点课题,以改革创新激发动力活力。全年组织出动保电人员 291 人次,保电车辆 135 辆次,巡视 380 余次,完成扬中首届江岛音乐节等 23 项保电任务,确保电力供应零失误、零故障。完成 220 千伏梦普线、110 千伏隆坊线等长江岸线清理整治工作。主动拓展不停电作业应用场景,累计开展不停电作业 1839 次,用户平均停电时长压减至 0.74 小时/户,下降 24.3%。新坝变电站设备升级和配农网改造提升,为产业发展和百姓生活提供更为优质稳定的电源。完成 10 千伏高压业扩项目 81 个,400 伏低压非居民业扩项目 3143 个。组建重大项目服务工作专班,推进“临电租赁”模式,助力重大产业项目基建“开工即接电”、项目投产“开门即接电”。促成市政府与镇江供电公司签订共同建设扬中新型电力系统合作框架协议。联合政府出台全省首个新型电力系统多元负荷互动专项政策,完成车网互动示范点建设 2 处,充电桩报装申请数量增长 94%,新能源汽车推广成效凸显。申报省级现代智慧配电网县域综合示范,承接光储一体构网、可调资源接入、多元网荷友好互动等示范项目 9 个,开启扬中新型电力系统建设新局面,持续擦亮扬中绿色能源岛城市名片。 (孙嘉男)

【燃气】 2023 年,扬中市销售天然气 6373.51 万立方米,与上年基本持平。截至 2023 年年底,拥有在册居民用户 9.11 万户(新增 4333 户),公建用户 1556 户(新增 102 户),工业用户 187 户(新增 41 户)。建设运行的天然气输配管网 1884.85 千米,建有天然气门站合建 LNG(天然气)气化站 1 座、CNG(压缩天然气)汽车加气站 1 座,建有高中压调压柜(箱)1450 座。办理西来桥高中压计量调压站的征地和建设手续,加快推进与常州高压管道的连通进程。扬中中燃安全运营 6932 天,未发生安全生产责任事故。 (徐播播)

【城市路灯】 2023 年,扬中市有主要干道和市政道路 125 条,所辖路段全部实施绿色照明、合同能源管理,安装 LED 灯 1.17 万盏,装电容量 1305 千瓦。发展低碳经济和循环经济,建成滨江公园“零碳园”、光伏桥、风光互补路灯等光伏应用项目,实现太阳能发电与自然景观融合。住建局公开拍卖处置已报废的高压钠灯灯头 1.13 万个,拍卖成交价 140 万元,溢价率 191.67%,确保国有资产残值处置的处置收益最大化。 (徐播播)

【智慧广电乡镇全覆盖】 2023 年 10 月,江苏省广电局专家评审组一行现场验收扬中市智慧广电乡村工程项目。三茅街道、西来桥镇智慧广电乡村工程项目通过省级复评验收。专家组对建设项目开展实地检查。通过观看平台演示、听取汇报、资料审核等方式,从项目的基础网络建设、惠民便民文化服务、基层治理、数商兴农等方面,详细了解扬中智慧广电乡村工程项目建设情况。座谈会上,专家组对扬中智慧广电乡村工程建设情况给予肯定,认为扬中智慧广电乡村工程建设项目建设规范标准,兼顾地方特色。智慧广电乡镇工程是省政府确立的 2021 年度民生实事工程。自该项工程建设以来,市文体广电和旅游局与扬中广电网络公司积极推进,结合本地具体实际,发挥主观能动性,加强基础建设和平台应用的积极开发,推动用户从“看电视”到“用电视”的转变,进一步提升广播电视服务政府、服务社会、服务百姓的能力,实现智慧广电乡镇全覆盖。 (融媒体中心)

城市管理

【概况】 2023年,扬中市城管局围绕“为民管城,管城为民”的目标,以城市长效管理为主线,以文明城市创建为抓手,稳步提升城市管理水平,城乡环境面貌显著改善。连续两年获得市级机关部门“双十佳”称号,城管综合执法大队被认定为全国首批、全省城管系统唯一“二星级全国青年文明号”。驱动“党建引擎”,深化“城管蓝 基层团”服务品牌,勇挑重担、主动作为,集中开展行政执法队伍规范化建设集训活动;连续三年开展行政执法队伍规范化建设集训,严格落实行政执法“三项制度”和违法建设查处“一办法、两规程”、《行政执法案件线索管理制度》等各项工作制度,以严明制度倒逼能力素养提升;围绕文明城市创建主线,完善“组团式”创建机制、提升组团创建效应;加大整治流动摊贩、占道经营等行为,严格管控新增违建、逐步化解存量违建;全面推行“深度保洁”作业精细化管理,常态做好洒水降尘工作;开展垃圾分类工作,持续推进农村人居环境星级提标活动;创新“四理”(物理、情理、法理、心理)融合管理模式,围绕民生实事,推进垃圾上门收集、商业限时限区外摆等城管局十件实事项目,出新、增设便民疏导点,优化升级报刊亭;科学布局非机动车停放区域,增划、出新非机动车停车位;开展公厕及农贸市场管理长效提升行动,提升人民群众的幸福感和满意度。

(代明星)

【“四理”融合城市管理模式】 2023年,扬中市城管局转变执法理念、优化服务方法,将服务好老百姓衣食住行和解决群众急难愁盼作为城管工作方向和着力点,在城市管理者与管理服务对象之间,探索建立物理、情理、法理、心理“四理”融合的新型城市管理模式。通过“物理”上拉近、“情理”上接近、“法理”上靠近、“心理”上贴近,创新开展施划设商业外摆线、临时充电线、可变停车位等一系列惠民举措,优化营商环境、释放城市管理温情,实现商户利益与市容秩序的最佳平衡。

(代明星)

【便民疏导点增设】 2023年7—8月,扬中市城管局增设社区便民疏导点。对提篮叫卖较多的清华园南区、金苇桥两侧、文化小区开展深入调研,坚持疏堵结合,因地制宜,建设祁家路、金苇桥两处便民疏导点,明确经营者的市容环卫主体责任,要求经营者自行做好摊前“三包”,对不遵守管理要求的严格执行退出机制。对于残疾人、贫困家庭等困难群体,执行优先申请入点政策。

(代明星)

【市容环境整治】 2023年,扬中市城管局开展市容环境专项整治。组织各类整治223次,出动执法人员3229人次,整治店外占道经营1116起,处置乱堆乱放323处,清运杂物垃圾136车,查处擅自摆摊设点128起,清理“牛皮癣”小广告3130处,拆除违规破损店招标牌400余处,清理违章横幅130余条。用常管长严推动市容环境全面入轨。

(代明星)

【违法建设查处整治】 2023年,扬中市城管局查处违法建设103处,强制整改和拆除违法面积1704.52平方米,拆除老通华专家楼、文化小区、文化西区、南园新村等68处存量违建552.07平方米,维护扬中城市规划管理秩序。

(代明星)

【餐饮油烟整治】 2023年,扬中市城管局按照《扬中市餐饮油烟专项整治三年行动方案》,序时推进辖区内产生油烟的餐饮服务单位摸排工作,做到油烟净化设施安装率100%。逐路段对餐饮服务单位进行油烟抽样检测,配合行政审批部门联合踏勘职能范围内餐饮服务项目,出具联合踏勘意见表200余份。开展城市“净城靓街”行动,逐区域、逐路段清洗辖区内餐饮服务单位油烟净化设施和周边环境462户。受理油烟类“12345”热线工单95份,工单投诉比上年下降52%。

(代明星)

【报刊亭专项整治提升】 2023年,扬中市城管局开展报刊亭专项整治提升工作,48户报刊亭变身“便民服务亭”。扬中城管局经过两年的实践摸索,提出“民生为上、便民为要、优化为先、关停为辅”的整治思路,突出赓续和发扬便民服务功能,拟定“整治一批、出新一批、拆除一批”的工作方案,年初全面实施。保障报刊亭主的经营权利,避免对报刊亭简单粗暴“一关了之”。针对报刊亭现状逐一排查,取缔拆除“僵尸亭”3座,整治乱搭建乱披挂、亭内及周边脏乱行为,修缮出新棚顶亭身。部分报刊亭拓展经营项目,扩充小百货、中介、彩票、小维修等经营种类,城管局对48户报刊亭编号,落实长效管理机制。

(代明星)

环境保护

综 述

【概况】 2023年,扬中市以改善全市生态环境质量为着力点,坚定不移贯彻新发展理念,凝心聚力打好污染防治攻坚战,全力以赴增蓝天、保碧水、护净土、强监管、优服务,用"生态绿"助力扬中"绿色生态岛"打造。以"蓝天碧水净土"三大战役为抓手,稳步提升生态环境质量。环境空气质量优良率78.4%,比上年增长1.7%。$PM_{2.5}$年均值33.4微克/立方米,增长1.2%,位居全镇江市第一。扬中市2023年度地表水省考断面达标率100%,在全省63个县(市、区)地表水环境质量排名第四。构建"事前、事中、事后"全链条监管体系,推动单月和每周加密监测全覆盖,巡查全覆盖,定期对断面上下游支流支浜、涵闸、泵站、排口等开展加密监测,推动水质达标稳定。强化环境执法监管,全面化解环境风险隐患,加快推进全市农村生活污水治理,完成年度目标任务。 (陈炫)

【环境整治攻坚月】 2023年6月29日,扬中市开展村庄垃圾清理集中巡查整治日活动,各镇(街、区)参与,确保6月底"环境整治攻坚月"明显见效。各镇、村真正担负起主体责任,抓好组织发动、推进实施、保障落实等工作;重点围绕"两部""四沿""五旁""六地块"重点区域,突出村庄积存垃圾、村内违规私搭乱建、县乡道沿线乱耕乱种等整治内容,集中全面排查,确保村庄环境得到明显改善。采取村内广播、倡议书、宣传横幅等方式,开展村庄垃圾清理行动宣传,积极营造浓厚氛围;发挥基层党组织引领作用,引领带动农民群众全面参与,推动村庄垃圾清理集中巡查整治日活动覆盖到村、到组、到户、到人。活动当天,市级专项督查组采取"四不两直"方式开展巡查督查,了解镇、村整治日活动开展、整治成效等情况,对发现整治日活动未开展、整治效果不明显、弄虚作假的镇、村将在全市范围内予以通报,曝光发现的突出环境问题。攻坚月累计清理农村垃圾8535吨,建筑垃圾5121吨,村内河塘359余口,村内沟渠137千米。各镇(街、区)开展自查自纠,发现问题4323个,完成整改4118个。

(融媒体中心)

环境质量

【概况】 2023年,扬中市集中式饮用水源地水质、城市空气质量、地表水主要控制断面水质、噪声环境质量均达到功能区要求。整体环境质量保持稳定,环境指标进一步改善,优良天数286天,空气质量优良天数(AQI)比例78.4%;全市地表水省考断面、集中式饮用水源地和备用水源地的水质达标率、优Ⅲ比例100%,长江扬中段水质状况良好。市区区域环境噪声昼间时段平均等效声级67.5分贝,全市声环境质量总体较好,昼间声环境质量基本保持稳定。 (陈炫)

【城区空气质量】 2023年,扬中市$PM_{2.5}$年均浓度为33.4微克/立方米,比上年增长1.2%,全省排名第34位,在镇江市8个板块中排名第一,未满足31微克的省定目标。优良天数比率78.4%,下降1.7个百分点,全省排名第37位(比2022年前进13名),是全省仅有8个完成优良率年度考核目标的地区。臭氧90百分位浓度174微克/立方米,减少14微克,改善幅度位列全省第五位,摆脱臭氧连续3年全省垫底的不利局面。

(陈炫)

【水质】 2023年,扬中市开展《二墩港集中式饮用水水源地环境状况调查评估》,推进集中式饮用水水源地规范化建设和应急水源地达标建设,加强应急水源地建设运维和环境监管,完善应对突发水污染事件的水利工程应急调度机制,高标准保障饮用水源地供水安全。长江扬中段水质有5个监测断面,其中4个水质类别为Ⅱ类,水质状况为优。1个水质类别为Ⅲ类,水质状况良好。省考断面水质Ⅱ类比例100%,完成考核指标。地表水环境质量全省第4,地表水达到或好于Ⅲ类水体比例。监测全市10条主要通江河港。以《地表水环境质量标准》(GB3838—2002)评价,水质达到Ⅱ类,占监测河港的40%;水质达到Ⅲ类,占监测河港的30%;水质达到Ⅳ类,占监测河港的10%;水质达到Ⅴ类,占监测河港的10%;水质达到劣Ⅴ类,占监测河港的10%。根据《扬中市三茅大港扬子桥断面溯源整治工作方案》《关于印发〈三茅大港水质改善工作清单〉的通知》要求,开展三茅大港整治,6月底完成各项整治工作,推动水质达标稳定。 (陈炫)

10月,扬中市开展"与生态'童行' 共护一江碧水"主题教育活动 (融媒体中心供图)

【噪声】 2023年,扬中市区域环境噪声昼间时段平均等效声级为60.2分贝,比上年增加2.6分贝。根据《环境噪声监测技术规范 城市声环境常规监测》(HJ640—2012)评价,城市区域环境昼间噪声总体水平等级一般。扬中市1~4类区昼、夜间噪声值均能够达到相应功能区噪声标准。依据国家《声环境质量标准》(GB3096—2008)评价,全市1~4类功能区声环境昼间达标率分别为96.9%、99.0%、100%、100%,夜间达标率分别为93.8%、96.9%、98.4%、100%。功能区噪声昼间平均达标率下降0.2个百分点,夜间平均达标率增长3.8%。交通噪声昼间平均等效声级为67.5分贝,下降0.4分贝。道路交通噪声强度等级为一级(≤68.0分贝),声环境质量为好。夜间平均等效声级为63.7分贝,道路交通噪声强度等级为四级(62.1~64.0分贝),声环境质量为较差。 (陈炫)

【工业固体废物】 2023年,扬中市规范化考核重点产废单位,加大危废、产废、医疗废物处置力度,规范企业危废、产废收集、贮存和转运,确保固废减量化、资源化、无害化水平稳步提升。医疗废物处置率100%。编制扬中市"无废城市"建设方案,初步排定无废细胞创建单位23个,创建工作有序推进。 (陈炫)

环保建设

【概况】 2023年,扬中市加大环保投入,强化环境保护建设。严格依照环境保护相关制度开展工作。以生态创建促进市、镇、村三级环保基础设施改善,推进环保工作法治建设,提高依法监管水平,加大监测、监控能力建设和环保理念培育,取得良好的社会成效。(陈炫)

【生态文明建设】 2023年,扬中市实地巡查全市生态保护红线和生态空间管控区域3次,审核拟开发建设用地是否占用生态保护红线和生态空间管控区域5个批次、29宗、36.438公顷,均未发现异常情况。加强和规范畜禽养殖污染防治工作,督查全市15家规模养殖场污染治理情况,完成并报送区域污染排查整治清单,全面改善农村人居环境。加强兴隆污水处理厂尾水提升生态安全缓冲区建设,主体工程全部完成,净化后的水经省级检测均达标,4月底正常投入运行。

全市投入1200余万元,新增达双"60"治理行政村3个,农村生活污水治理率51.35%,超额完成镇江市下达目标。 (陈炫)

环境管理

【概况】 2023年,扬中生态环境局全面落实污染防治工作责任,打好蓝天、碧水、净土三大保卫战。强化执法监管,着力解决突出环境问题。加强固废、辐射环境安全监管,防范化解环境风险隐患。开展重点行业绩效评级,优化服务严格环境准入。开展企业信用修复工作,引导企业主动纠正失信行为。 (陈炫)

【排污企业依法监管】 2023年,扬中市出动执法人员1049人次,标准执法553厂次,快捷留痕412厂次,开展"双随机"检查133厂次,组织跨部门"双随机"21厂次,专项执法169厂次,按要求公开检查结果。开展辐射"双随机"检查23厂次,出动执法人员52人次。完成16家排污许可证重点管理企业清单式执法,发现问题110余项。开展建设项目"未批先建"现场核查73厂次。完成生态环境部交办8家企业,33个环境问题的整改销号工作。发现环境问题220厂次,立案查处环境违法行为59件,罚款金额302万元。调处有效环境信访448件，比上年下降3%。移交应急管理局环境治理设施安全风险线索3件，评估论证率100%。移送公安行政拘留2件。查处大案要案3件。牵头开展长江入河排污口整治工作，完成整治99.13%，排查上报整治问题20个。 （陈炫）

【大气污染防治攻坚战】 2023年，扬中市印发《扬中市2023年大气污染防治攻坚行动方案》，明确餐饮油烟综合治理、港口码头污染防治等20项具体落实措施，全面推进大气环境质量改善。完成全市612家涉VOCs企业入户调查，建成涉VOCs企业管控平台。实施清洁原料替代、加油站三次油气回收等93个大气治理项目。深入推进喷涂、铸造行业整治，投资4300万元，新建华盛、久久、文坤3个“绿岛”喷涂中心，提标改造喷涂生产线59条、铸造企业6家。联合相关部门加强道路保洁、洒水雾炮作业频次，定期对重点道路开展洗扫，全面压降道路扬尘污染。 （陈炫）

【水污染防治攻坚战】 2023年，扬中市制定2023年度水生态环境质量“首季争优”专项内涝排水与水质保障之间的矛盾，实现“汛期无水质波动预警”。对于污水管网不健全、水质较差，甚至黑臭的支流支浜，建设一批分布式污水处理设施，有效解决直排、溢流、黑臭等突出问题。 （陈炫）

【土壤污染防治攻坚战】 2023年，扬中市完成原德立化工、原合成化工、原东升电器集团、康祥实业集团4个地块下发土壤污染风险管控工作方案，按方案开展管控。原合成化工地块年内完成修复治理工程和效果评估。原天原化工、农资静电、康祥实业正在开展土壤污染状况调查，年内完成评审上报。 （陈炫）

【环境信息公开】 2023年，扬中市帮助江苏中海粮油工业有限公司、江苏华和热电有限公司、江苏磊金建材有限公司3家企业申报豁免。指导重点企业如江苏福达特种钢有限公司、江苏隆诚合金材料有限公司、江苏精诚工科汽车零部件有限公司等提升环境绩效。帮助12家企业申报B、C级绩效评级，推动企业主动提升环境意识，增加环保投入，减少污染物排放。 （陈炫）

【建设项目审批】 2023年，扬中市坚持服务重大项目为主线，依法受理并审批环评报告书(表)91个，建立威腾电气、通灵股份2个省级重大项目审批服务信息卡，核发排污许可证73家。全市实施排污许可管理企业2609家，其中申领排污许可证179家(重点管理类33家、简化管理类146家)、登记管理类2430家。 （陈炫）

【环境行政处罚】 2023年1—11月，扬中市下达行政处罚决定书24件，处罚金额176.81万元，罚款到账160.01万元。申请法院强制执行案件9件，其中6件法院执行到位。涉及移送公安行政拘留案件2件，移送公安。年内，办结生态环境损害赔偿案件35件，生态环境损害赔偿款20余万元，基本缴纳到位。 （陈炫）

【清洁生产强制性审核】 2023年，7家企业于7月底前通过清洁生产强制性审核中期评估。依据《中华人民共和国清洁生产促进法》《清洁生产审核办法》《重点企业清洁生产审核评估、验收实施指南》，11月，组织专家对推进清洁生产强制性审核验收工作，7家企业本轮清洁生产审核基本达到重点企业清洁生产审核的验收要求，清洁生产总体水平达到国内一般水平，通过验收。 （陈炫）

【环境问题整改】 2023年，扬中市开展建设项目“未批先建”现场核查73厂次。完成生态环境部交办8家企业，33个环境问题的整改销号工作。完成国省考断面2家企业“水平衡”执法调查。开展涉及喷涂、玻璃钢、生物质、源头替代的88家企业专项执法行动。开展夏、秋秸秆禁烧期间的巡查督察，处置通报夏季火点11处。牵头开展长江入河排污口整治工作，完成整治99.13%，排查上报整治问题20个。 （陈炫）

8月，生态环境综合行政执法局开展生态风险排查
（生态环境局供图）

【安全风险隐患监管】 2023年，扬中市推进环境风险隐患排查整治，检查重点企业28家，发现环境隐患28项，建立分类分级隐患动态清单，推动整改闭环，完成整改27项，整改率96%。开展重大事故隐患专项排查

整治行动,检查企业48家,发现重大隐患2个,均整改完成,整改率100%。开展环境应急预案的编制或修编、备案工作,及时更新企业环境应急预案,有26家单位备案。规范化管理现有环境应急物资库2个(电镀、化工),定期检查并及时更新物资,提升应急保障能力。
(陈炫)

【环境专项整治】 2023年,扬中市全面完成3家喷涂"绿岛"中心建设,督促未按照整治标准整改提升的喷涂散户企业进驻绿岛中心,彻底清空"小喷涂"企业生存的空间。针对新韩通、大津重工、苏洋船舶VOCs排放量大、环境治理水平低的现状,以及企业现状与环评批复不符、油漆超批复量使用、"油改水"比例低、在线及手工监测不符合规范等问题开展专项整治。三家船舶制造企业均编制全面治理提升方案,逐条实施系统治理。根据新铸造行业污染物排放标准相关要求,组织全市6家铸造企业开展提标升级改造,通过改造,将翻砂、浇筑、打磨等工序的污染物收集处理达标后排放,减少污染物无组织排放,6家铸造企业全部改造完成。
(陈炫)

农村人居环境整治

【概况】 2023年,扬中市将农村人居环境整治作为实施乡村振兴战略的最重要抓手,系统谋划、精准施策、纵深推进,全面实现乡村环境由干净整洁有序向生态美丽宜居转变,增强群众幸福感。推进农村人居环境整治提升五年行动,聚焦"两部""四沿""五旁""六块地",对标"八无任务",全面开展村庄垃圾清理专项行动,全市74个村(涉农社区)累计清理农村垃圾5.4万余吨。全面完成73户农村户厕改造目标任务。健全农村生活垃圾收运处理体系,农村生活垃圾集中收运率、无害化处理率均100%。推行废旧农膜、农药包装废弃物回收和集中处理,废旧农膜回收率92.08%,农药包装废弃物回收覆盖率100%。开展乡村建设行动,改造完成农村生态河道27.07千米。巩固"四好农村路"全国示范县创建成果,完成新改建农村公路17.3千米。实施农村生活污水治理提升行动,农村生活污水治理率51.4%,农村生活污水治理设施正常运行率100%。
(郭培武)

【农村河道管护】 2023年,江苏省水利厅、财政厅对75个涉农县(市、区)2022年度农村河道长效管护绩效评价,扬中被评定为第一等次。扬中投入资金440.43万元,疏浚整治城乡河道197条,总长度59.94千米,疏浚土方70.79万立方米。其中,乡级河道7条,村庄河塘190条。通过河道疏浚,降低河道底泥污染、增加地块肥力,助推乡村振兴战略。改造阻水坝头,打通断流河,补植水生植物,保证河流生态系统健康,全面提升河道自我生态修复能力。
(朱滢)

丰乐桥村生态河道 (融媒体中心供图)

【3个村落上榜镇江十佳美丽村落】 2023年,镇江市"发现乡村之美·十佳美丽村落"名单公布,扬中市八桥镇利民村、新坝镇新治村、经开区福源村上榜十佳美丽村落。"发现乡村之美·十佳美丽村落"推介活动根据产业兴旺、生态宜居、乡风文明、治理有效、生活富裕5个方面,由农业农村部门推荐,确定候选村35个,结合点赞与投票情况和组委会专家意见,选定十佳美丽村落和十佳美丽村落提名名单。
(融媒体中心)

长江岸线管理

【概况】 2023年,长江扬中航道处完成航道维护6.1万座天,航标正常率100%;适时优化航标配布方案,调整航标25次,航道保护专项巡查59次,航道尺度保证率100%,全辖区航道安全畅通,未发生航道维护责任事故。走访联系辖区行业管理部门及重点涉水沿江企业28家,服务保障扬中、常州地区取水口安全;设置太平洲头危险水域专用浮,保障船舶航行安全。加入地方长江大保护"蛟龙"党建联盟,配合市南江段江堤提升工程建设,建成长江航道镇江段法治文化主题公园,支持地方经济社会建设。
(尹顺)

【"互联网+航道"建设】 2023年,长江扬中航道处加大"互联网+航道"发展主线,加大合成航标、虚拟航标在复杂水域尤其是桥区航道的推广使用，提升公共服务品质。优化数字航道条件下的航道维护工作，跟踪分析航道演变特点，结合过往船舶航行习惯，适时优化航标配布方案，确保太平洲捷水道航道布设、航标配布日趋合理。太平洲捷水道航道维护尺度实现动态发布，航道水深资源利用更加充分合理，尽可能地释放长江黄金水道航道通过能力，挖掘和提升长江船舶运载能力，满足港航企业需求和期盼。航道测绘能力大幅增强，采用多波束、无人机、无人船等新设备新技术，实现航道养护更加精准高效。（尹顺）

【长江非法采砂执法行动】 2023年，扬中市组织和参加省水利厅、镇江市水利局开展的长江河道采砂管理“巡查监管双推进”行动、“良法善治护长江”联合执法行动、长江河道扬中段采砂综合整治联合执法行动等各项禁采联合执法行动7次。开展禁采执法巡查打击活动213次(其中水上巡查打击90次，陆域巡查蹲守123次)，查获大型采砂船1条，发现涉砂线索3起，均移交公安核实处理。维护长江扬中段河势稳定，保障防洪和通航安全。（高瑞聪）

园林绿化

【概况】 2023年，扬中市市政园林工程处发展“党员动车组”特色品牌，在道路建设、文明创建、生态治理等方面持续发力。强化道路、桥梁等城市基础设施的维护管理，市政道路完好率稳步提升。建设生态绿岛，实施绿地提优工程，城市景观绿化提档升级。（吕行）

【城市公园绿地管理】 2023年，扬中市市政园林工程处建设生态绿岛，打造“500米见园、300米见绿，5分钟可达”的园林绿化功能性城市。实施美人鱼广场、三桥出入口等城市节点绿地提优工程，提高景观“口袋化”、精细化程度；在明珠湾、同心转盘等多点增设河豚文化景观护栏，300余个多连花箱，扬中本土文化色彩浓郁；排查出新明珠广场、长寿园等公园广场设施，专项实施城西公园提标改造工程，增设游步道、新建健身广场，提升便民设施服务能力。坚持“见缝插绿、整治添绿、科学护绿、生态治绿”，完成城市绿地补植约1.5万平方米，树池盖板增补4000余套，实现城市景观绿化颜值、品质“双提升”。（吕行）

【市政基础设施维护】 2023年，扬中市市政园林工程处强化道路、桥梁等城市基础设施的维护管理，从质量、造价、安全三方面与各维护单位细化指标，明确责任，全面提高市政园林维护实效。完成14条背街小巷更新改造工作，道板维修1.5万平方米，树池维修733座，提升市民通行便捷度。完成春柳北路广场约1600平方米、利民市场北广场约900平方米等沥青混凝土改造，统一铺装，增设车位，优化树池。维修出新江洲大桥、扬子桥等31座桥梁，桥梁安全、颜值“双提升”。实施新民路、新扬北路等10条道路26个积水点整治，路面雨水聚积问题得到缓解。（吕行）

7月，扬子西路增设河豚花箱(市政园林工程处供图)

【城市道路优化工程】 2023年，扬中市市政园林工程处紧扣优化营商环境总体要求，科学部署，优化城市道路。在新建工程方面，祁家路工程新增道路面积5720平方米，完善城西小学周边路网；夏家港东侧道路工程新增道路面积3800平方米，优化城西片区路网。在改造工程方面，翠竹南路改造工程，将原道路混合两车道改为双向四车道，有效缓解滨江小学、新汽车站周边早晚高峰出行难问题；江洲西路岔口拓宽改造工程，道路岔口从7米拓宽至12.5米，增设右转专用道，一定程度上缓解江洲西路明珠湾交界处的通行压力。（吕行）

【污水管网监管】 2023年，扬中市市政园林工程处强化治水管理，全力疏通城市治理的“毛细血管”。强化污水设施运行监管。常态化整改督促，累计完成管道清疏227.04千米，检查井清捞9077座，雨水箅清捞1.35万座，确保排水畅通。推进污水处理提质增效。实施混接管网改造，完成6处主路段管网，9处小区雨污水管网改造。攻坚排水许可查漏补缺。建成区范围需办理排水许可排水户1200余户，含年度新增100余户，发证1122户，整体发证率超90%。（吕行）

科学技术

综 述

【概况】 2023年,扬中市围绕产业强市,深入实施创新驱动发展战略,统筹推进育主体、攻技术、建载体、聚资源、优生态等重点工作,着力激发创新主体活力,提升产业技术创新实力,全市高新技术产业产值占比保持72%以上,全社会研发投入占全市生产总值比重超3.5%,科技创新“强引擎”作用进一步发挥,为扬中高质量发展走在全省前列提供有力支撑。 (郭静)

【第十五、十六批科技镇长团轮换工作】 2023年9月8日,扬中市第十五、十六批科技镇长团轮换工作会议召开,总结交流科技镇长团挂职工作经验,研究部署下一阶段工作。扬中科技镇长团工作从过去的县域组团转向产业组团,第十六批科技镇长团能立足自身专业优势,开展调查研究,发挥好桥梁纽带作用,开展政产学研合作,完善构建创新平台布局,迅速掌握产业紧缺人才情况,学懂弄通人才相关政策,用好单位资源、校友资源,依托各级人才工程,发挥以才引才作用,让更多的高层次人才青睐扬中、选择扬中。相关部门、单位全力创造最优环境,落实各项待遇,开展业务培训和工作指导,并探索科技镇长团长效工作机制,让科技镇长团持续发挥新作用;各职能部门立足自身职能,加强合作、全力配合科技镇长团成员开展工作;各接收单位高度重视、大力支持科技镇长团工作,全程参与领导班子决策部署,全程负责科技人才工作谋划推动。 (郭静)

创新主体培育

【概况】 2023年,扬中市对照高质量发展考核体系,突出创新队伍建设,通过规范科技服务市场、“暖企”走访行动、专家“一对一”指导等举措,强化“创新型领军企业、高新技术企业、科技型中小企业”等创新主体的梯队建设。新增省“瞪羚”企业4家,江苏美科太阳能科技股份有限公司再次入选省“独角兽”企业榜单;备案入库2023年度科技型中小企业431家;全年申报高企161家,通过认定121家,通过率75.16%,位列镇江第一,有效高企数323家。 (郭静)

【5家企业分别获评江苏省“独角兽”企业和“瞪羚”企业】 2023年11月,江苏省生产力促进中心发布江苏“独角兽”企业暨高新区“独角兽”企业和“瞪羚”企业评估结果,江苏美科太阳能科技股份有限公司入选省“独角兽”企业,汇森生物设备镇江有限公司、江苏火蓝电气有限公司、江苏创大电气有限公司、江苏大全凯帆开关股份有限公司4家企业入选省“瞪羚”企业。截至2023年,扬中市培育“独角兽”企业1家、“瞪羚”企业14家。 (郭静)

【招才引智“镇江日”(扬中—天津大学)专场活动】 2023年11月17日,招才引智“镇江日”(扬中—天津大学)专场活动在天津市举办,“新能源一体机冷却系统研究项目”“新型储能材料与器件研发项目”“非双酚A型医用聚碳酸酯合成与自评研发及产业化项目”3个科技人才项目集中签约。 (郭静)

11月17日,扬中市举办招才引智“镇江日”(扬中—天津大学)专场活动 (组织部供图)

表10 2023年度获批高新技术企业一览表

序号	企业名称	所属地
1	江苏亮盛铝业有限公司	新坝镇
2	江苏顺鑫电气有限公司	新坝镇
3	邦电电气(江苏)有限公司	新坝镇
4	江苏火蓝电气有限公司	新坝镇
5	江苏可乐电气有限公司	新坝镇
6	江苏华鹏桥架有限公司	新坝镇
7	扬中长捷电气有限公司	新坝镇
8	江苏连吉特种胶带有限公司	新坝镇
9	扬中市同创电气有限公司	新坝镇
10	江苏明珠电气有限公司	新坝镇
11	江苏盈聚电气有限公司	新坝镇
12	镇江弘科橡塑有限公司	三茅街道
13	贝朗生物工程设备(江苏)有限公司	三茅街道
14	扬中市三利石化机械有限公司	三茅街道
15	江苏泰德环保设备有限公司	三茅街道
16	镇江久旺电气设备有限公司	三茅街道
17	江苏铭固机电有限公司	三茅街道
18	康盛变压器(江苏)有限公司	三茅街道
19	江苏圣烨电气有限公司	三茅街道
20	镇江市申鹏电气设备有限公司	三茅街道
21	扬中恒瑞金属制品有限公司	三茅街道
22	江苏贝力嘉电气有限公司	三茅街道
23	江苏信瀚通智能电气科技有限公司	三茅街道
24	扬中市神华电仪设备有限公司	三茅街道
25	镇江泰氟龙塑胶有限公司	三茅街道
26	江苏中畅精密科技有限公司	经开区
27	伊顿母线(江苏)有限公司	经开区
28	纳图电气(江苏)有限公司	经开区
29	江苏隆晟医药包装材料有限公司	经开区
30	蜂巢智能转向系统(江苏)有限公司	经开区
31	精诚工科汽车零部件(扬中)有限公司	经开区
32	江苏金呈新材料科技有限公司	经开区
33	江苏虹亿电气有限公司	油坊镇

续表 10

序号	企业名称	所属地
34	镇江润驰新材料科技有限公司	油坊镇
35	江苏荣安电仪设备有限公司	油坊镇
36	和昌电缆材料科技(江苏)有限公司	油坊镇
37	江苏江洲汽车部件有限公司	油坊镇
38	镇江太平洋电气有限公司	油坊镇
39	江苏鼎荣电气集团有限公司	油坊镇
40	江苏领誉纤维科技有限公司	八桥镇
41	江苏源威电气科技有限公司	八桥镇
42	江苏巨信纸制品科技有限公司	八桥镇
43	江苏新达能汽车部件有限公司	西来桥镇
44	江苏璟胜自动化科技有限公司	西来桥镇
45	镇江云峰电源材料有限公司	西来桥镇
46	江苏福泰电力设备有限公司	新坝镇
47	镇江市美盛母线有限公司	新坝镇
48	纳图(镇江)母线有限公司	新坝镇
49	江苏华强电力设备有限公司	新坝镇
50	镇江西门子母线有限公司	新坝镇
51	江苏大全凯帆开关股份有限公司	新坝镇
52	江苏全惠电气科技有限公司	新坝镇
53	江苏宇航建材科技有限公司	新坝镇
54	镇江默勒电器有限公司	新坝镇
55	江苏帅天电气有限公司	新坝镇
56	江苏康尔臭氧有限公司	新坝镇
57	扬中市红洲磨具有限公司	新坝镇
58	江苏铀力电气有限公司	新坝镇
59	江苏国明浩辰科技有限公司	新坝镇
60	江苏润宇环境工程集团有限公司	新坝镇
61	镇江亘古电力科技有限公司	新坝镇
62	江苏大全长江电器股份有限公司	新坝镇
63	江苏大力城电气有限公司	新坝镇
64	镇江天一合金材料有限公司	新坝镇
65	江苏圣大中远电力科技有限公司	新坝镇
66	扬中申扬换热设备有限公司	新坝镇

续表 10

序号	企业名称	所属地
67	江苏大全箱变科技有限公司	新坝镇
68	江苏扬中印刷有限公司	新坝镇
69	江苏乾元飞达电力设备有限公司	新坝镇
70	镇江市长江机电设备厂有限公司	三茅街道
71	江苏众众电热科技有限公司	三茅街道
72	镇江易拓电气有限公司	三茅街道
73	江苏新久扬环保设备科技有限公司	三茅街道
74	江苏永兴电能设备科技有限公司	三茅街道
75	江苏丰泽生物工程设备制造有限公司	三茅街道
76	扬中市第一蝶阀厂有限公司	三茅街道
77	江苏美好电气有限公司	三茅街道
78	江苏中晟钻石工具有限公司	三茅街道
79	江苏鹏盛光电科技有限公司	三茅街道
80	香江科技股份有限公司	三茅街道
81	江苏省福达特种钢有限公司	三茅街道
82	江苏泰宇电气有限公司	三茅街道
83	镇江鸿泰电器设备有限公司	三茅街道
84	镇江市华阳机电制造有限公司	三茅街道
85	江苏银佳企业集团有限公司	三茅街道
86	蜂巢动力系统(江苏)有限公司	经开区
87	镇江华舟电器有限公司	经开区
88	镇江安华电气集团有限公司	经开区
89	江苏通灵电器股份有限公司	经开区
90	江苏弗洛瑞生物工程设备有限公司	经开区
91	江苏兴隆防腐设备有限公司	经开区
92	江苏星河阀门有限公司	经开区
93	镇江荣诚管业有限公司	经开区
94	镇江市宜扬密封制品有限公司	经开区
95	中兴电气(江苏)股份有限公司	经开区
96	江苏精科新能源科技有限公司	经开区
97	镇江市南方工矿器材有限公司	经开区
98	江苏天力钢结构有限公司	经开区
99	江苏永拓电气有限公司	油坊镇

续表 10

序号	企业名称	所属地
100	江苏沪运制版有限公司	油坊镇
101	江苏正能电子科技有限公司	油坊镇
102	扬中市华龙橡塑电器有限公司	油坊镇
103	上迈(镇江)新能源科技有限公司	油坊镇
104	江苏欣安新材料技术有限公司	油坊镇
105	扬中市橡胶塑料厂有限公司	油坊镇
106	江苏隆鑫电气设备有限公司	油坊镇
107	扬中市丰华塑电有限公司	八桥镇
108	镇江春环密封件集团有限公司	八桥镇
109	扬中鸿运医药包装有限公司	八桥镇
110	镇江市华银仪表电器有限公司	八桥镇
111	镇江维纳特气门科技有限公司	八桥镇
112	镇江苏海电力科技有限公司	八桥镇
113	扬中市永工密封件有限公司	八桥镇
114	扬中市华森密封件有限公司	八桥镇
115	镇江中佳电器有限公司	八桥镇
116	扬中市先锋电子有限公司	八桥镇
117	镇江市清安电器有限公司	八桥镇
118	扬中飞达纸制品有限公司	八桥镇
119	扬中市通发实业有限公司	西来桥镇
120	江苏海晟涂料有限公司	西来桥镇
121	扬中市国鹰电器有限公司	西来桥镇

(郭静)

科技计划

【概况】 2023年,扬中市发挥科技计划的支撑引领作用,主动对接国家、省、市战略前瞻技术布局,引导企业联合相关高校院所开展联合攻关,突破一批制约产业发展的“卡脖子”技术难题,形成更多具有自主知识产权的原创性技术成果,推动产业关键核心技术自主可控。全年获镇江市级以上科技项目立项12项,安排2023年度市级科技创新专项45项。 (郭静)

【1个项目获国家重点研发计划资金项目立项】 2023年,江苏美科太阳能科技股份有限公司牵头申报的国家重点研发计划“可再生能源技术”重点专项获批立项,资助金额2500万元。该项目是首个由扬中企业牵头获批的部级重点科技项目。 (郭静)

【1个项目获省重大科技成果转化项目立项】 2023年10月,江苏省科技厅下达省碳达峰碳中和科技创新专项资金(重大科技成果转化),扬中市爱士惟新能源技术(扬中)有限公司承担的“异质功率器件构网/跟网光伏储能变换器关键技术研发及产业化”项目获立项资金支持1000万元。 (郭静)

【扬中市科技创新专项评审】 2023年9月,扬中市科技创新专项经过指南发布、申报受理、形式审查、专家评审会等程序,在财政科技会商、局长办公会讨论,向市政府请示后，确定2023年度扬中市级科技创新专项立项45项。其中，成果转化类项目8项，重点研发类项目10项，农业类项目9项，社会发展类项目11项，软科学类项目7项。

(郭静)

表11　2023年获批镇江市级以上科技项目一览表

项目类别		序号	项目名称	承担单位	金额(万元)	文号
国家	国家重点研发计划	1	基于低成本颗粒硅连续直拉单晶(CCZ)硅技术的高效太阳电池应用示范	江苏美科太阳能科技股份有限公司	2500	—
省级	省碳达峰碳中和科技创新专项(重大科技成果转化项目)	2	异质功率器件构网/跟网光伏储能变换器关键技术研发及产业化	爱士惟新能源技术(扬中)有限公司	1000	苏财教〔2023〕98号
	省重点研发计划(社会发展)	3	农业科技社会化服务项目——星创天地	镇江江之源渔业科技有限公司	30	苏财教〔2023〕77号
	省基础研究计划(自然科学基金)	4	超高表面态电子迁移率的拓扑绝缘体关键技术研发	晶工新材料(扬中)有限公司	10	苏财教〔2023〕76号
		5	非理想数据条件下基于无监督学习的电力变压器故障诊断方法研究	江苏大全箱变科技有限公司	10	
镇江市级	重点研发计划(重大科技专项)	6	基于流态化氧化技术高性能纤维状铜基粉末研发及产业化	江苏大方金属粉末有限公司	100	镇财教〔2023〕46号
		7	空间级硅胶面向先进光通信芯片封装应用的研发及产业化	江苏天辰新材料股份有限公司	100	
	重点研发计划(现代农业)	8	结冷胶基包膜水稻专用复合缓释肥制备关键技术研究	江苏万稼盛肥料有限公司	15	镇财教〔2023〕47号
		9	鸭—菜—螺种养复合循环养殖模式关键技术集成与示范	镇江江之源渔业科技有限公司	15	
	重点研发计划(社会发展)	10	Exosomal miR-26a介导的肾小管上皮细胞—巨噬细胞对话在肾小管间质炎症形成中的机制研究	扬中市人民医院	4	镇财教〔2023〕49号
		11	用于胃癌早期筛查的SERS微流控芯片的研究与开发	扬中市人民医院	2	
		12	基于16S rDNA测序分析肛周脓肿的菌群特征及愈脓方对肛周脓肿术后预后影响的临床研究	扬中市人民医院	3	

(郭静)

表12 2023年度扬中市科技创新专项一览表

类别	序号	项目名称	承担单位	金额(万元)
成果转化	1	中压智慧云柜研发及产业化	江苏大全长江电器股份有限公司	20
	2	基于高寒地区高铁专用智能通风装置关键技术研究与产业化	镇江华扬机车车辆附件有限公司	15
	3	高酸重质原油电脱盐电脱水设备研发与产业化	长江三星能源科技股份有限公司	15
	4	基于光伏制冰蓄冷技术的冷链终端数字化管理系统开发及产业化	江苏伟创晶智能科技有限公司	15
	5	基于全生命周期数字孪生管控技术的高性能数控刀具研发及产业化	江苏扬碟钻石工具有限公司	20
	6	大尺寸晶硅专用金刚石线锯的研发及产业化	江苏中畅精密科技有限公司	15
	7	TOPCon电池银铝浆玻璃粉的研发与产业化	江苏正能电子科技有限公司	15
	8	深水自升式海工平台桩腿研发及产业化	江苏佳美海洋工程装备有限公司	20
重点研发	9	核级管道支吊架系统及其成形模具的研发	江苏大力城电气有限公司	12
	10	模块化高效能长循环储能系统关键技术研发	威腾电气集团股份有限公司	8
	11	光伏专用高电压直流隔离开关关键技术研发	江苏大全凯帆开关股份有限公司	8
	12	碳纤维/钢板复合材料及差温等距共冲成形关键技术研发	江苏万奇电器集团有限公司	12
	13	一体化柔性导热纤维电加热针织护具的研发	江苏瑞克健康科技股份有限公司	8
	14	基于大数据和深度学习的电气柜智能检测装备与系统平台研发	江苏康盛电气集团有限责任公司	8
	15	高端轴承套圈热处理关键技术的研发	江苏亚奥精密机械有限公司	8
	16	182mmN型TOPCon电池高效太阳能光伏组件研发	江苏绿能电力科技有限公司	8
	17	石油平台电缆防爆接线箱在线监测系统的研发	镇江太平洋电气有限公司	8
	18	液态氢用抗高压耐低温高端阀门关键技术研发	江苏华太电力仪表有限公司	8
现代农业	19	“红美人”等晚熟柑橘新品种的引进与高效栽培技术研究	扬中市知青滩家庭农场	6
	20	大口黑鲈零排放绿色健康养殖关键技术研究	镇江大全现代农业发展有限公司	6
	21	适于轻简省力化栽培的优质抗病葡萄新品种选育	扬中市纪福葡萄种植专业合作社	3
	22	预调理暗纹东方鲀精益加工关键技术研究	江苏豚岛食品有限公司	3
	23	白沙枇杷高效设施栽培技术集成创新与示范	扬中市印象家庭农场	6

续表 12

类别	序号	项目名称	承担单位	金额(万元)
现代农业	24	青皮系沙梨引种及清洁栽培关键技术研究与集成	镇江市森羽农业科技有限公司	3
	25	特早熟砂梨新品种“苏翠一号”的引进与绿色生态栽培技术研究	扬中市徐芹家庭农场	3
	26	长江地区优质紫黑糯稻产业链绿色种植示范项目	江苏紫江生态农业有限公司	3
	27	暗纹东方鲀全雄群体培育技术研究	镇江江之源渔业科技有限公司	3
社会发展	28	临港城镇服务综合功能提升关键技术应用与示范	扬中市西来桥镇三新村委员会	8
	29	污水治理及湿地生态系统建设关键技术的研究与示范	扬中市兴隆街道兴隆社区居民委员会	8
	30	猪肉产品质量检测检验关键技术应用研究与示范	江苏富康食品有限公司	4
	31	智慧水务节水管控技术研究和开发应用	扬中金州水务有限公司	4
	32	扬中市微网群优化运行智能技术示范项目	华北电力大学扬中智能电气研究中心	4
	33	OCTA 在糖尿病视神经病变中的诊断价值探索	扬中市人民医院	4
	34	补中益气汤联合耳穴压豆及盆底磁刺激治疗对气虚型产后盆底功能障碍性疾病的临床应用研究	扬中市人民医院	4
	35	中药熏蒸在防治奥沙利铂化疗所致周围神经毒性的应用效果研究	扬中市中医院	2
	36	麻杏苏桃汤结合阿奇霉素治疗儿童肺炎支原体肺炎痰热闭肺证临床研究	扬中市中医院	2
	37	腰椎间盘突出症临床中西医结合治疗技术研究与应用	扬中市城西社区卫生服务中心	2
	38	多点近视离焦框架眼镜矫正青少年近视患者散光变化的相关研究	扬中明辰眼科医院	2
软科学	39	坚持党建引领聚合力激发文明创建新动能	市委市级机关工委	3
	40	数字化时代扬中市加大科技普法力度发展问题研究	扬中市委党校	3
	41	民生档案信息资源共享机制研究	扬中市档案馆	3
	42	扬中市红色资源调研普查及开发利用研究	扬中市老区开发促进会	3
	43	新课程背景下可视化科学思维样态的研究	扬中市三跃中心小学	3
	44	加快服务业数字化转型,助力港产城深度融合发展	扬中市统计局	3
	45	在社区学校开展人民防空科普知识宣传活动的研究与实践	扬中市老科协科普讲师团	3

（郭静）

产学研合作

【概况】 2023 年,扬中市围绕产业发展需求,推进产学研协同创新,促进产业链与创新链双向融合,加大长三角地区高校、产业对口院校的推介和对接力度,征集企业技术需求 124 项,以科技镇长团、技术转移中心、扬中市发展促进会教科文分会为依托,加强与高校院所精准对接,建成西南交通大学技术转移扬中分中心,先后组织扬中—京津冀高校、扬中—西南交通大学、“宁镇扬高校扬中行”等产学研对接活动 15 场,签署产学研协议 70 余项,推动校企建立长期战略合作关系(战略联盟)和共建产学研联合体并举的新提升。

(郭静)

【华北电力大学—扬中校地合作委员会第三次会议】 2023 年 3 月 20 日,华北电力大学—扬中校地合作委员会第三次会议召开,总结回顾华北电力大学扬中智能电气研究中心建设、管理、运营成效,进一步明晰深化校地合作的思路、举措。会议签订《华北电力大学扬中智能电气研究中心续建合作协议》;讨论并通过第二届校地合作委员会组成人员名单,以及华北电力大学扬中智能电气研究中心第二届主任、执行主任、副主任人选。 (郭静)

【西南交通大学—扬中市校地共建交流会】 2023 年 8 月 14 日,西南交通大学—扬中市校地共建交流会在扬中市举行,签署西南交通大学技术转移扬中分中心共建协议,江苏天舜金属材料集团有限公司与西南交通大学签署产学研合作协议。 (郭静)

【“宁镇扬”高校走进扬中产学研合作大会暨高层次人才创新创业大赛颁奖仪式】 2023 年 8 月 22 日,“宁镇扬”高校走进扬中产学研合作大会暨高层次人才创新创业大赛颁奖仪式在扬中举办。活动邀请高校专家教授、科技英才以及扬中“60 强”企业参加。活动发挥宁镇扬高校科教资源优势,聚焦攻关“卡脖子”技术,聚焦全产业链创新、服务领军型企业、畅通人才资源循环,现场集中签约一批项目,涵盖光伏新能源、高端装备制造、新材料等领域。活动中,扬中淮阴工学院研究生工作总站正式揭牌;现场公布 2023 年高层次人才创新创业大赛获奖名单并举行颁奖仪式;8 项产学研合作项目签约、8 项科技人才项目意向落户签约;南京大学、东南大学、南京航空航天大学分别介绍学校重点优势学科及科研成果;南京邮电大学作交流发言。(郭静)

8 月 22 日,“宁镇扬”高校走进扬中产学研合作大会暨高层次人才创新创业大赛颁奖仪式,图为产学研项目集中签约 (科技局供图)

创新平台

【概况】 2023 年,扬中市把打造高层次科技创新平台作为推动科技进步、创新发展、经济增长的关键举措和核心抓手,深度对接高校院所创新资源,通过强化区域资源统筹,引导产业分工协作,加强政府供给扶持,强化激励引导各类创新平台,逐步建立完善创新创业孵化链条和服务体系,夯实创新基础取得明显成效。

(郭静)

【4 家企业入选省级工程技术研究中心】 2023 年 9 月 22 日,江苏省科学技术厅公布 2023 年度拟新建省级工程技术研究中心名单,扬中市蜂巢传动系统(江苏)有限公司“江苏省新能源汽车传动系统工程技术研究中心”、宜禾股份有限公司“江苏省个体防护及应急装备工程技术研究中心”、中电电气(江苏)变压器制造有限公司“江苏省电力变压设备工程技术研究中心”、江苏森林建筑新材料股份有限公司“江苏省 T63/E/G 高强钢筋应用工程技术研究中心”入选“2023 年度拟新建省级工程技术研究中心”名单。 (郭静)

表 13　2023 年科技创新平台建设一览表

项目类别		序号	项目名称	承担单位	金额（万元）	文号
省级	省科技企业孵化器评优	1	2022 年度省级科技企业孵化器评价结果 良好(A 类)	扬中市新坝科创服务有限公司	—	苏科高发〔2023〕186 号
		2	2022 年度省级科技企业孵化器评价结果 良好(B 类)	扬中市科技创业服务中心	—	
		3	2022 年度省级科技企业孵化器评价结果 良好(B 类)	扬中市八桥船舶工业园建设有限公司	—	
	省级工程技术研究中心	4	江苏省新能源汽车传动系统工程技术研究中心	蜂巢传动系统(江苏)有限公司	—	苏科机发〔2023〕177 号
		5	江苏省个体防护及应急装备工程技术研究中心	宜禾股份有限公司	—	
		6	江苏省电力变压设备工程技术研究中心	中电电气(江苏)变压器制造有限公司	—	
		7	江苏省 T63/E/G 高强钢筋应用工程技术研究中心	江苏森林建筑新材料股份有限公司	—	
	新型研发机构奖补	8	华北电力大学扬中智能电气研究中心新型研发机构奖补	华北电力大学扬中智能电气研究中心	102	苏财教〔2023〕99 号
	省技术转移奖补	9	省技术转移吸纳方奖补	江苏美科太阳能科技股份有限公司	10	苏财教〔2023〕99 号
		10	省技术转移吸纳方奖补	镇江明发电气有限公司	1.05	
	研究生工作站	11	江苏省研究生工作站	镇江景宇管道设备有限公司	—	苏教研〔2023〕2 号
		12	江苏省研究生工作站	江苏扬碟钻石工具有限公司	—	
		13	江苏省研究生工作站	蜂巢动力系统(江苏)有限公司	—	

（郭静）

科技惠民

【概况】　2023 年，扬中市围绕农业、民生领域需求，加强现代农业科技创新，立足现代渔业、特种养殖等优势特色产业，重点强化国家农业科技园区（扬中园区）建设，发挥国家级“星创天地”、省级“科技服务超市”示范带动作用，促进农业科技成果转化应用，有效助力乡村振兴。（郭静）

【镇江江之源渔业科技有限公司获批省乡村产业振兴项目】　2023 年 8 月，镇江江之源渔业科技有限公司的“农业科技社会化服务项目——星创天地”项目获批 2023 年省科技计划专项资金项目，是扬中市首个省级创新支撑计划乡村产业振兴类项目。项目打造国家级创新创业资源交流平台，吸收贫困人口技能培训、上岗就业，打造长江名贵鱼繁养工程技术研究中心。（郭静）

【全国科技活动周暨第 35 届科普宣传周专场活动】　2023 年 5 月 27 日，扬中市科技局联合市委宣传部、科协开展全国科技活动周暨第 35 届科普宣传周专场活动。科技活动周时间为 5 月 20—31 日，围绕“热爱科学 崇尚科学”主题，开展“加快科创与科普融合 走基层科普志愿服务活动”“科技项目辅导与科技成果推广与服务活动”“科技创新政策宣讲进园入企”等系列活动，举办麦田“520”荧光夜跑公益科普活动，组织师生参加镇江市第十届青少年机器人科技竞赛等 10 大群众性科普活动。活动颁发扬中市优秀科普员奖项、首批“蓝擎计划”企业科技顾问聘书，为镇江市科普惠农服务站、扬中市科技志愿服务驿站授牌。农业农村局等相关单位的 27 支志愿服务团队和金山学院等 5 家单位结合行业特点，开展科普便民和科技风采展示活动。

（郭静）

教 育

综 述

【概况】 2023年,扬中教育系统以“办好人民满意的教育、成就有价值的师生”为追求,坚持创新发展、内涵发展,以现代化标准力促均衡发展,以现代化理念引领优质提升,努力实现教育理念更加先进、布局调整更加优化、资源配置更加合理、体制机制更加完善,持续发力教育现代化建设,深化教育教学改革。年内,扬中市教育系统聚焦9项规定动作,推进81个党支部主题教育走深走实,形成调研报告31篇,提供可行性建议对策62条,以七大“为民实事”解高质量发展难题。全面学习贯彻中共二十大精神,开展主题活动、宣讲、比赛等100余场。扎实开展基层党员冬训,获得市基层党员冬训“优秀组织单位”称号,2人获得市基层党员冬训“优秀冬训主讲人”称号。全面加强党建德育工作,实行“全员导师制”,发挥“三全育人”合力,推进大中小学思政课一体化建设,成立第3个“1+2+4+N”大中小学一体化思政工作联盟(即1所高校带动2所中学、4所小学,并扩展到N个社会和家庭,覆盖全市中小学),打造高效协调的“113N”思政课一体化机制(即成立1个指导组,打造1个思政教育平台,建设3个工作联盟,开展N个活动),“党建引领大思政‘三聚三新’育新人”获得扬中市“十佳”党建项目。全市有各级各类学校53所。其中高中3所,初中8所,小学15所,九年一贯制1所,特殊教育学校1所,开放大学1所,幼儿园24所。在校学生3.75万人。 (王美娟)

【全国义务教育优质均衡创建实地核查】 2023年10月,扬中市高质量通过全国义务教育优质均衡发展市创建现场验收,教育部专家组评价“扬中为经济发达地区义务教育优质均衡发展提供示范”。扬中义务教育阶段实现“校园环境普遍美、设施设备普遍齐、公用经费普遍足、管理水平普遍高、教师素质普遍好、学生个性普遍得到张扬、校园安全普遍得到保障、人民群众普遍感到满意”的“八个普遍”的优质均衡特色,让“家门口、上好学”提升到“家门口上更好学”成为扬中教育优质均衡再发展最鲜明的标识。 (王美娟)

【全国学前教育普及普惠县创建】 2023年,教育部办公厅发布《关于认定一批学前教育普及普惠县的通知》,扬中入选,系全省首批。作为全国学前教育体制改革试点市、国家学前教育改革发展实验区,扬中市承担省课程游戏化、前瞻性改革实验项目、全国教育科学规划课题等,率先创成“江苏省首批学前教育改革发展示范区”、“《3~6岁儿童学习与发展指南》省级实验区”、“江苏省首批幼小衔接实验区”、江苏省首批区域推进幼儿园课程游戏化建设项目等,学前教育成果突出。 (王美娟)

【江苏省高质量平安校园市创建】 2023年4月,扬中市获评“2022年江苏省高质量平安校园建设市”。全市构建“一网四片53格”校园安全监管责任体系,联合家长、公安部门及周边商户等社会力量推进“十户联防”护学新模式,校园大门、周边的探头与公安“110”联网,创新使用无人机对危险水域进行高空巡视,利用覆盖全市所有村(社区)的2708个应急广播循环播报安全提示,联合公安等部门开展各类整治行动30余次,依法保障广大师生生命财产安全。 (王美娟)

【“实学课堂”内涵建设项目申报】 2023年,《指向全域义务教育提质增效的“实学课堂”建设》等4个项目入围江苏省基础教育内涵建设重点项目。12月25日,扬中市教育系统举行江苏省义务教育课程与改革项目《指向全域义务教育提质增效的“实学课堂”建设》启动仪式。该项目旨在通过具有现实性、生本性、实践性、丰实性四大特征的“实学课堂”建设,凸显学生在学习过程中的主体地位,强调指向现实和未来问题解决的真实情境下的实践与体验,促进育人方式的深度变革,实现学生核心素养的健康成长和教师专业素养的显著提升。 (王美娟)

【"双减"工作案例全省推广】　2023年8月，扬中市"双减"案例《构建"点线面"立体网　打造课后服务新生态》入选江苏省义务教育"双减"工作成效显著典型案例。2023年，扬中市教育局统筹多方资源，构建"1+3+5+N"课后服务工作联盟(即1个教育行政部门进行顶层设计，3个教育直属单位业务指导、合作办学，5个教育联盟24所学校互研互促，N个社会基地和公益组织共同参与)，以"学校—家庭—社会"为关键，抓"点"、穿"线"、带"面"，搭建立体网，创造性形成"课后服务"成长新样态。　(王美娟)

学前教育

【概况】　2023年，扬中市以创建"国家学前教育普及普惠县"为契机，深入实施改革发展、课程游戏化、幼小衔接等项目的探索。组建分层教师成长联盟，常态化开展"六个一"研训活动(一月一次片区教研、一月一次轮值研讨、一园一案反思性实践、一月一次男幼师沙龙、一周一园现场蹲点、一月一次专题研修)，助推教师的专业成长。探索"园增托"实施新路径，开展《基于循证视角的教育过程评估实践探索》研究，为幼儿园保育教育质量的持续提升提供专业助力，提升全市幼儿园保育教育质量。做好扬中市实验幼儿园等11所省优质园复审与创建工作，助推整体办园品质的提升。文化新村幼儿园开启首个公办托幼一体化服务试点，招收2~3周岁幼儿。扬中市三年毛入园率100%，普惠园覆盖率90.1%，省、市优质园覆盖率98.69%。　(王美娟)

【国家级教学成果奖】　2023年，扬中市新坝镇中心幼儿园《一童一案：农村幼儿园适性成长的教育支持》项目获得国家级教学成果奖二等奖。从2006年起，幼儿园秉承因人施教的教育思想，落地"每个孩子都很重要"的办园宗旨，坚信"一个方案不适合所有的孩子"，提出"一童一案"的教育主张。依托新时代新农村新发展，利用资源多、空间大优势，融通班级与室内外儿童工作坊两大空间，满足每个幼儿学习选择需要。优化幼儿一日生活，满足每个幼儿更多与老师个别、小组、集体互动需求。构建"观察循证—个体建档—跟踪评估—建桥支持"的家园协同研读每个完整儿童路径，让每个幼儿被更好地看见看懂。形成基于共性方案、适宜调整生成适合不同个体的教育支持方案与实施过程，让每个幼儿被看好、合节律、适性发展。　(王美娟)

【镇江市学前教育内涵发展项目现场会】　2023年11月13日，镇江市学前教育内涵发展项目现场会在扬中市新坝镇中心幼儿园召开。扬中市3所幼儿园确立为镇江市评估指南实践园，推进教育部《幼儿园保育教育质量评估指南》的落地。《扬中市中小学、幼儿园基础教育内涵建设项目实施和管理办法》出台，对建设项目采取"五项管理"跟踪项目研究过程，从质量标准研制、幼儿园发展、区域教育整体联动等方面展开系统化、针对性指导。　(王美娟)

11月13日，扬中市承办镇江市学前教育内涵发展项目现场会　(教育局供图)

义务教育

【概况】　2023年，扬中市以"实学课堂"研究为核心，以全域义务教育课程和教学改革项目为抓手，组建学科教研核心团队，开展联盟教研，项目化推进"实学课堂"理念落地、范式定型、评价科学，全面提升教育教学质量，推动义务教育优质均衡发展。启动"润心行动"系列活动，完善心理健康机制，推行"1530"安全教育模式(即每天放学前1分钟、每周末放学前5分钟、每节假日放假前30分钟对学生进行安全提醒和安全教育)，实施"全员导师制"育人工作，学生导师配备率100%。严格按照户籍和居住地免试就近入学，保障贫困家庭子女、残疾儿童少年接受义务教育，特教学生免费入学，在公办学校随迁子女入学率100%，适学残疾少年儿童入学率100%，全社会资助贫困学生6394人次。外国语小学的教改成果《儿童挑战性学习：支架建构与实践探索》受邀参加第六届中国教育创新成果公益博览会。　(王美娟)

【"双减"减负增效】　2023年，扬中市推进未成年人思想道德建设，扎实开展关工委主题读书活动，涵养学生道德品质，4人获评"江苏省三好学生"、1人获评"江苏省优秀少先队员”、28人获评“镇江市优秀少先队员”。首批投入27套AI心理机器人为学生提供普测后的加测服务，识别学生心理异常的精准率显著提升。实施省“5621”青少年体育计划，27人在国家级各大体育赛事中获冠亚军，学生体质健康监测跃居镇江第一。建立公益性课后服务联合供给机制，新增智能机器人、无人机编程等30个特色课程，提升学生的科学素养，431人在省级科技竞赛中获奖。扬中市长旺中心小学学生作品获得国家外观设计专利权。 (王美娟)

【“润心”行动启动】 2023年，扬中市成立关爱青少年生命健康“润心”行动工作专班，印发《关爱青少年生命健康“润心”行动实施方案》，围绕强化家校沟通、校社融通，健全心理健康教育和生命健康关爱工作体系，多形式、多渠道、全方位关爱学生心理健康。各校润心团队面向教师、学生及家长开展线上线下知识宣讲100余场，5.8万人次参与。 (王美娟)

【家长公益课堂】 2023年2月25日，“相约星期六”家长公益课堂启动。项目是扬中市教育局面向全市家长推出的公益性家庭教育指导项目，在每月的最后一个周六，以“线下主题讲座”的形式，就当下家庭教育中的热点、难点问题，与家长共同探讨家庭教育方式方法，3000余户家庭受益。 (王美娟)

【研学实践教育基地授牌仪式】 2023年11月6日，扬中市教育局举行全市中小学生研学实践教育基地授牌仪式，命名新坝镇三江湾研学基地等12家单位为第一批扬中市中小学生研学实践教育基地。全市有3.46万余名小学生、初中生参加校外研学活动，占比约78%。 (王美娟)

11月6日，中小学生研学实践教育基地授牌

(教育局供图)

【“阳光下成长”小学生文艺会演】 2023年10月12日，扬中市教育系统举办“阳光下成长”2023年扬中市小学生文艺会演。40个作品参赛，其中器乐10个，声乐12个，舞蹈7个，戏剧11个。参演节目展现扬中市新时代少年儿童蓬勃的朝气、昂扬的风采以及“双减”之下各校美育的成果。 (王美娟)

【扬中市实验小学教育集团】 扬中市实验小学教育集团分设两个校区，本部为扬中市实验小学，分部为扬中市江洲小学。2023年，实小教育集团有教学班105个，学生4510人，教职员工245人，专任教师232人。学校在“快乐点燃”办学理念的指引下，围绕立德树人根本任务，坚持“阅读文化建设”提升人才自主培养质量。以校长领读激发教育动能。“校长书屋”接待读者1000余人次。举办第七期“校长有约”体育主题阅读活动，推出6期体育专辑“声音图书馆”，编撰10期《让运动挽着阅读起舞》体育阅读文本，邀请奥运冠军陈玘到“校长有约”的舞台与阅读小明星亲切互动。以项目引领促进内涵发展。江苏省基础教育前瞻性教学改革实验项目“提升小学生学科阅读素养的实践研究”成功申报并开项。在扬中市全域推进“实学课堂”统领下，结合学校省内涵建设项目，发挥集团校和教育联盟校领衔优势，优化教学方式，探索“通过阅读的学习”课堂样态，引领学生从“学习阅读”走向“阅读学习”，实现教育教学的提质增效。以缤纷活动助力学生成长。开齐开足各类课程，组建艺体类、科技类、生活类等多个校级社团和俱乐部，为学生特长发展搭建平台；进行学生综合评价改革，建构“一奖三章五星”三段式综合评价体系；注重成长导师队伍建设，开展入户家访、润心“五个一”行动，坚持家校社共育，关爱学生身心健康，呵护学生成长。学校被评为“江苏省书香校园建设示范点”“江苏省节水型校园”“江苏省无诈校园”“镇江市优秀家长学校”，“悦党建”品牌荣获江苏省中小学校“一校一品”党建文化品牌项目。分部江洲小学被评为“镇江市研学实践教育优秀学校”。50余位教师在省市各级各类教学比武中获奖，学生竞赛获奖100多人次。学校持续发扬乒乓球体育特色，向江苏省乒乓球队输送优秀运动员5人，向省内外高水平运动队和学校输送多名优秀乒乓苗子。 (王婷)

【扬中市外国语小学教育集团】 2023年，扬中市外国语小学教学集团设两个校区，外国语小学有教学班80个，在校学生3586人，教职工189人；明珠小学有教学班39个，在校学生1816人，教职工85人。获“全国围

棋特色学校”“江苏省双减示范校”“江苏省师德师风宣传优秀学校”“江苏省中小学校一校一品党建文化品牌项目建设成果入选单位”等荣誉，“我爱我的家乡”品牌课程在“学习强国”学习平台展播。学校以内涵建设引领课堂教学深度变革，让教育科研成为教师成长的“助推器”。学校现有省市级课题近20项，《挑战性“语文综合性学习”的实践研究》获江苏省中小学教学研究第十三期课题研究成果特等奖；教改成果“儿童挑战性学习：支架建构与实践探索”亮相第六届中国教育创新成果公益博览会。成立“八大名师工作站”和“九大学科核心组”，量身定做“团队式带教”研修，承办中国教师报课改中国行（镇江）公益师训会等各级各类活动30余次。1名教师成为江苏省“苏教名家”培养对象；20余名教师被授予“镇江市三八红旗手”“镇江市优秀教育工作者”等荣誉称号；30余名教师在省市级赛课中获一等奖。学校关注综合育人，组织学生参加江苏省中小学生金钥匙竞赛等各类评选或比赛，243人次在省市级获奖，其中陆昊铭被授予“江苏省优秀少先队员”称号；李奕萱等同学登上江苏省“老少心向党，奋斗新征程”全省老少同台演讲展示舞台；包天鸿等同学在江苏省金钥匙竞赛中获特等奖；管乐队在镇江市小学生文艺会演中获一等奖；舞蹈、合唱、课本剧在扬中市小学生文艺汇演中获一等奖。

（张璐）

【扬中市崇德小学教育集团】 2023年，扬中市崇德小学教育集团有教学班68个，在校学生2969人，专任教师178人，高级教师18人，两级骨干教师30人。学校秉承“健雅教育”的办学理念，恪守“立德力行”校训，致力于塑造健美、厚生、开明的教师，培养活泼、乐学、文明的学生。以推动教育高质量发展为主题，落实“双减”，推进“实学课堂”，探索美育建设工作改革，提出“写一手好字，画一幅好画、育一生好品格”的特色发展目标。以“墨润童心——小学书画艺术课程基地”项目为特色，构建健雅艺术书画特色的课程体系，以“书画教育”为切入点，开展“全员导师”陪伴，让传统书画文化落地生花。举办扬中市“‘育’见美好 校校行”暨三茅街道民俗文化进校园活动、“运动强体魄 健雅向未来”全员运动会、“跟着陈爷爷学书画”校本特色课程启动仪式、“榜样的力量”——第21个全国公民道德宣传日暨“道德典型进校园”主题宣讲等活动。获评“中国书法（写字）特色学校”“江苏省艺术特色学校”。56位教师在国家级、省市级获奖，5人获市级荣誉，近400位学生在艺体比赛中获奖，书法考级通过率95%。（顾惠娟）

【扬中市西来桥学校】 2023年，扬中市西来桥学校有年级9个，班级18个，学生681人，教职工75人，学校在“实学课堂”理念指导下，发挥“小组合作制”学习的优势，在现代班集体建设、学生综合评价、小组合作学习等方面形成特色做法，12名教师获得扬中市级以上赛课一等奖。学校是镇江市篮球传统特色学校，以体育人，以球会友，班班有球队，人人会打球。以篮球运动为主线的课间操在镇江市大课间评比中获一等奖，学校被评为“镇江市体教融合工作先进单位”。依托地方特色，传承与发扬“糯塑”“舞龙”两项传统文化，打造特色校园，提升学校品位，少年舞龙队多次受邀展示风采，糯塑工作坊多次接待来宾参观体验，学生在文化传承中涵养品格，创成镇江市艺术特色学校。学校推行全员导师制，通过“润心赋能”系列活动，开展重点关爱学生摸排，营造学生良好的心理成长环境，护航学生健康成长。

（许群）

【扬中市外国语中学教育集团】 2023年，扬中市外国语中学教育集团有教学班59个，本部有班级47个，学生2266人；分部（明珠中学）有班级12个，学生556人。学校有专任教师204人。学校深化教育改革、创新工作方式、聚焦实学课堂、优化德育方式、深化品格提升，落实立德树人根本任务，努力办好人民满意的教育。学校推进“学生素质综合涵养行动”，坚持德育浸润，聚焦教学提质增效，促进学生全面发展。梅盛虹被评为镇江市“新时代好少年”，学校代表队在扬中市第八届中小学汉字听写大赛、扬中市中小学乒乓球赛和游泳比赛中获一等奖。学校先后被评为“镇江市书香校园”“镇江市少先队工作先进集体”“镇江市中学中职共青团工作先进集体”“镇江市陶行知研究会实验学校”。学校推进“高质量教师队伍建设行动”，坚持修师德，塑师风，强师能，打造一支政治意识强、专业本领硬的教师队伍。学校3人次获镇江市表彰，2人次获江苏省基本功大赛二等奖，3人次获镇江市基本功大赛一等奖，5人次获扬中市表彰，20余位教师在扬中市各级各类竞赛中获一等奖。学校推进“高质量内涵建设行动”，促进教育教学改革向纵深方向发展。学校“做·探·创”数学学科示范中心项目在江苏省中小学课程基地项目建设中被评为优秀，学校“一校一品”党建文化品牌项目建设成果受镇江市表彰。

（陈娟）

【扬中市第一中学教育集团】 2023年，扬中市第一中学教育集团下辖扬中市第一中学、扬中市江洲中学和扬中市体育运动学校，集团有教学班60个、学生2774

人、教职员工 234 人,其中高级教师 119 人,县级及以上骨干教师 38 人。学校坚持以新课改所倡导的“自主、合作、探究”的教学方式为基点,以“自然递进五步导学范式”为抓手,聚焦高品质“实学课堂”转型,引领教师切实改革课堂教学结构,探索基于“情境真实、结构净实、互动精实、学评务实、学教扎实”的“实学课堂”一中表达。学校以体启智,以体育德,坚持将体育运动与学校文化、学生德育融为一体,把全民体育和竞技体育相融合,形成特色鲜明的“教体融合”模式,“阳光体育”、竞技项目双线推进。11 月,被国家体育总局命名为“国家高水平体育后备人才基地”,培养出张心妍、方昊、季杰等一批国家优秀运动员。学校推进基础设施建设,现建有 STEM 教室、3D 打印室和生命体验馆,为学生提供实践探究机会。承办安徽省池州市“国培计划”卓越教师扬中跟岗培训、苏州吴中区骨干教师培训、扬中市与镇江市属区域联合教研暨初中地理研学课堂展示、扬中市初中“新秀杯”课堂教学比武总决赛等活动。先后获评“江苏省无诈校园”“镇江市首批优秀中小学家长学校”“镇江市市级平安校园建设达标单位”“镇江市体教融合先进单位”,义务教育课程与教学改革项目《指向全域义务教育提质增效的“实学课堂”建设》学科(语文、数学、英语、物理、地理、政治)实验基地,镇江市中小学体育大课间评比一等奖。注重教师培养,发挥联盟盟主校的领衔作用,组建青年教师“青蓝成长营”、成立第一中学教育联盟八大名师工作室,带领联盟校教师“共研共磨”,借助“同步课堂”实现优质资源共享。教师季贞在江苏省初中地理优秀课评比中获一等奖,教师季贞、蒋美琴、黄星分别获镇江市十佳教师、镇江市优秀教育工作者、镇江市师德先进个人,1 位教师入选江苏省卓越教师创新培育计划培养对象,1 位教师入选江苏省初中英语名师工作室,32 位教师在省市县级多项竞赛活动中获奖。72 位同学在各类省市级比赛中获奖,1 位学生获省作文竞赛一等奖、2 位学生获评江苏省好少年称号、5 位学生获评镇江市好少年、2 位学生获评镇江市优秀少先队员、3 位学生获镇江市中学生才艺比赛一等奖、1 位学生获镇江市中学生英语口语电视比赛一等奖、5 位学生获评扬中市优秀共青团员。

(郭佳晟、杨波)

普通高中教育

【概况】 2023 年,扬中市坚持以高品质示范高中创建为目标,以“培优强基”为路径,深化“三新”背景下的教育教学改革,健全“三位一体”的德育网络,完善评价体系。紧抓新课程新教材新高考,实施“市级教研—联盟教研—校内教研”的三级教研体系,全学段全过程开展质量提升研究,推进教研工作走深走实走细。教育教学质量进一步提升,5 人超清北分数线,3 人被清华北大录取,一本达线率 75%。扬中市第二高级中学劳动实践基地启动,为学生开展形式多样、内容丰富的劳动实践活动搭建平台。开展省前瞻性教学改革项目、学科创新中心和品格提升工程项目研究,江苏省扬中高级中学的品格提升工程项目“全场域思政:求真新青年的扎根行动”获得省级立项。

(王美娟)

【对外公开教学活动】 2023 年 4 月 14 日,江苏省扬中高级中学联合镇江市教育科学研究院举行“差异化教学研究·四意课堂建设”对外公开教学活动,来自省内各市数十所学校近 200 名教师参加活动。9 位名特优教师到校开展“同课异构”教学。开课教师认真研究,精心设计,调动学生的学习积极性,深挖探索差异化课堂教学模式,为听课教师呈现精彩的课堂。 (王美娟)

【江苏省扬中高级中学】 2023 年,江苏省扬中高级中学有教学班 44 个,学生 1993 人,教职工 216 人,专任教师 199 人。学校以“创建高品质示范高中”为主要目标,努力促进以提高质量、彰显特色为核心的内涵发展,提升办学品质。学校深化“同心圆”“清单制”“项目化”的管理创新,促进“我要尽责任、我要作贡献、我要有创新”的价值认同,形成“营造好氛围,发出好声音,树立好形象,流传好故事,创立好品牌”的浓郁氛围,激发管理活力,促进管理走向精致化。校党委第四党支部被评为镇江市“五星党支部”,书记项目获评镇江市教育工委“精品书记项目”。省级教师发展示范基地校建设终期考核获评优秀,省级青年文明号通过复审,全国依法治校示范校申报省级公示完成。学校获评“镇江市中学(中职)共青团工作先进集体”“镇江市中小学关工委优质化建设达标学校”等荣誉。6 名教师获江苏省、镇江市教学比武一等奖,30 人次获得扬中市一等奖。学校注重科研强校。省前瞻性教学改革项目“支持差异化学习的数学学习空间建构”结项,省品格提升工程项目“全场域思政:求真新青年的扎根行动”立项。在各级各类刊物上发表论文(获奖)的教师占比 30%以上。2023 年高考学校有 5 人达到清华北大分数线,3 人被清华北大录取,多人考取复旦、上海交大、中科大、南大、浙大等国内一流高校,一本达线率稳居镇江前列。

(王美娟)

【扬中市第二高级中学】 2023年，扬中市第二高级中学有教学班49个，在校学生2110人，教职工230人。学校以“一切为了师生的发展”为办学理念，恪守“守正创新”的校训，坚持“错位办学，多元发展，建设高品质特色高中”的战略方向和“文化发展和特色成才并举”的策略道路，探索“适合的教育”，制定第五轮三年发展规划。学校坚持党建领校，发挥堡垒作用。高质量完成“党建+师培，引领教师成长”书记项目，成立“正新”学院，有序推进第二轮“县管校聘”，优化教师结构，提升业务水平，获得镇江市信息技术2.0研修成果一等奖，有镇江市骨干教师14人，扬中市学科带头人12人，扬中市骨干教师44人。坚持质量兴校，推进课程实施。开展市县两级骨干教师精致化课堂教学展评活动、青年教师课堂比武活动、“探索学本之路，构建诗化课堂”对外公开课活动，将“学本课堂”落到实处。深圳南山区50所公办中小学校长到学校参观扬子江文化综合实践课程基地。坚持师德润校，提高育人技艺。持续开展“师德建设月”活动、有偿补课专项整治工作，实行分片定点包干，落实好师德师风建设长效机制；举行年度“星教师”表彰活动，营造尊师重教的良好氛围，有101名教师获得各级各类荣誉表彰，30余名教师在各级教学比赛中获奖。坚持德育治校，提升学生素养。举办校园诗歌节，浓厚诗化教育氛围；秉承“阳光体育”理念，深化教体融合实践；组建机器人社团，有机融合科技教育与学科教育，点亮科技梦想；开设美术特色班，以画启智，以美育人；建设校内劳动实践基地“勤耕园”，加强劳动教育；全面推进全员导师制，共建“润心校园”。学校特别承办扬中市成人仪式示范观摩活动暨“新时代好少年”颁奖仪式，500余名高三学子参加。学校获得“镇江市‘宪法卫士’行动计划先进集体”“扬中市教育宣传工作先进单位”“扬中市优秀志愿服务组织”等荣誉称号，被认定为“江苏省青少年科技教育先进学校”“第四批镇江市好人工作室”“扬中市心理课程基地”等，获得全国青少年U系列曲棍球锦标赛冠军、江苏省“领航杯”中小学生信息素养提升实践活动一等奖、扬中市中小学生田径比赛高中组团体第一名、扬中市中小学生校园合唱艺术节展演一等奖等众多荣誉，有18位学生获评省市三好学生、新时代好少年等表彰。 （张健）

特殊教育

【概况】 2023年，扬中市聚焦课程改革，探索“普通课程+特需课程”的个别化教育模式，“五育融合”的学生评价方式及“个别化教育”的个案样本，深化部门协作、多举措统筹，探索区域推进融合教育的策略。出台《扬中市普通学校融合教育发展专项督导(试行稿)》，开启验收认定6个镇(街、区)的学前融合教育资源中心康复机构，扩展建设融合教学云平台并投入使用，申报“加强转型升级 聚力提质增效”特校专业能力省级建设项目，融合教育经验成果在《现代特殊教育》杂志上推广。 （王美娟）

【江苏省基础教育前瞻性教学改革实验项目】 2023年12月19日，扬中市特殊教育指导中心的省前瞻性教学改革实验培育项目“基于课程标准的融合教学区域实践探索”接受省级视导。两年来，项目组在摸索中实践，取得丰硕的成果：编制《扬中市随班就读学生学业评价指南》《随班就读学生个别化教育计划编写指南》《基于课程标准的融合教学课堂实施指南》《障碍学生支持手册》等。项目实施转变教师的融合教育理念，彰显融合教育情怀，为融合学生的成长和发展提供支持。 （王美娟）

【学前康复服务定点机构认定】 2023年12月，扬中市新坝镇中心幼儿园等6家幼儿园被认定为扬中市0~6岁残疾儿童康复服务定点机构，率先在镇江市完成6个镇(街、区)幼儿园康复机构认定，实现全市学前康复服务定点机构全覆盖。 （王美娟）

【扬中市特殊教育中心学校】 2023年，扬中市特殊教育中心学校有教学班13个，在籍学生116人，教职工37人。学校坚持以科学的发展观为统领，以全面提升教育教学质量为核心，以“研学课堂”为载体，推进课程改革，提升教学实效。开展课程目标及评价任务分解，强化基于课程标准的教、学、评一致性。编制学历案，深化个别化教育，促进教师转变教育理念，改进教学方法。开展“协同教学”研究，打造课堂教学新样态。举办镇江市特殊教育学校教研联盟研学课堂专题研讨活动，江苏教育频道《教育周刊》专题报道活动。学校扎实践行立德树人教育使命，坚持“以人为本”，开展思想道德教育、社会实践教育、劳动教育等，在丰富的主题活动中帮助学生树立正确的世界观、人生观和价值观，掌握适应社会生活的本领，养成良好的学习、生活习惯。3名学生获镇江、扬中市“好少年”称号，7人在镇江市特殊教育学校学生职业技能竞赛中获奖。学校坚持走内涵发展之路、申报2个省级课题、1个江苏省特殊教育发展工程项目、1个镇江市级课题结题。注重教师队伍建设,深化校本培训,开展师徒结对工作,举行讲故事、粉笔字等比赛,生活语文课“勤劳的双手”获评江苏省特殊教育教师教学基本功优秀案例,17位老师的论文在省市发表、获奖,15人次在省市各类竞赛中获一、二、三等奖。学校获“江苏省苏童成长社会践习基地示范点”“江苏省陶行知研究会实验学校”“镇江市学生社团建设优秀学校”称号。融合教育工作有序推进。创成1个“孤独症康复”研究基地,6个学前康复服务定点机构。建构起基于课程标准的教、学、研、评一致性融合教学体系;编制《扬中市义务教育阶段特殊教育需要学生融合教育课程设计指南》《扬中市随班就读学生学业评价指南》《障碍学生支持手册》等;建立并成功运行区域融合教育云平台。江苏省特殊教育发展项目结项获评“优秀”,前瞻项目中期视导获评“良好”。《现代特殊教育》杂志2023年第4期“改革创新案例培育与推广”专题报道融合教育改革创新案例。（左扬宁）

职业教育和社会教育

【概况】 2023年,扬中市围绕产教融合,推动职业教育高质量发展,深化职业技能教育改革,构建全面、多元的职业技能培训体系,参加镇江市职业技能教育教学竞赛,获得5个镇江市一等奖。增挂扬中市技工学校,申报2个省优质专业项目,新增2个职业技能鉴定工种,通过镇江市第三方评价机构评审验收。签约企业冠名班3个,开设企业新型学徒制班级4个,培训企业员工210人次。扬中市着力推进社区教育转型发展,持续加强社区教育内涵建设,努力提升社区教育供给水平。申报教育部“能者为师”社区教育实践创新项目1个,获评首批“江苏省社区教育共同体”,高分通过“养教联动”等3个省级基地评估验收,“湾娃学艺”项目获评省级社区教育特色品牌建设项目。（王美娟）

【学生顶岗实习双选会】 2023年2月5日,江苏省扬中中等专业学校邀请威腾集团、蜂巢易创等10余家优质本土企业的招聘代表到校举行“20级学生顶岗实习双选会”。顶岗实习是职业学校按照职业教育的培养目标和教学计划,组织与安排学生到企业等用人单位参加的生产实践活动。学生从单一的课堂走向实际的职业岗位,从理论学习为主转向实践过程为主,从而掌握生产技能,培养综合劳动素养,促进中职毕业生成长为合格的产业工人,实现“毕业与就业零距离”。（王美娟）

【扬中市技工学校揭牌】 2023年10月14日,扬中市技工学校举行揭牌仪式。扬中市技工学校依托于扬中中等专业学校设立,4月,通过江苏省人社厅验收,批准开设数控车工、数控铣工、电气自动化设备安装与维修、电子技术应用、市场营销等5个专业。技工学校秋季首次招生,对接扬中产业需求,开设数控车工、电气自动化设备安装与维修2个专业,4个班级,在校学生127人。根据技能人才需求的变化,学校将适时扩大招生规模,拟开齐5个专业。（施吉鸿）

10月14日,扬中市技工学校揭牌 （教育局供图）

【毕业生实习双选暨就业招聘会】 2023年12月23日,江苏省扬中中等专业学校与扬中市人社局就业人才中心联合举办2024届毕业生实习双选暨就业招聘会。学校把促进毕业生实习就业放在突出位置,承担起主体责任,用脚踏实地的就业服务指导工作,抢抓就业黄金期,通过挖掘岗位需求来扩大岗位供给,助力毕业生高质量就业。（王美娟）

【老年智能手机专项培训】 2023年10月12日,扬中市西来桥镇社区教育中心举办老年人智能手机培训班,就手机网络连接、微信好友添加、语音视频通话、网上阅读、手机支付、防网络诈骗等手机常用功能开展详细讲解和手把手操作辅导,耐心为老人答疑解惑。扬中市开放大学编写《老年人智能手机普及培训读本》教材,图文并茂地展现智能手机的使用方法。全年老年人运用智能技术专项普及累计培训近1500人次。（王美娟）

【全民终身学习活动周】 2023年10月26日,扬中市“全民终身学习活动周”开幕式在扬中市油坊中心小学举行。“全民终身学习活动周”主题为“让学习成为一种生活方式”,旨在营造全民阅读氛围,打造全民阅读生态，促进人的全面发展，更好地满足居民多样化、多元化、个性化的学习需求，为加快构建全民学习、终身学习的学习型社会奠定坚实的群众基础。 （王美娟）

【江苏省扬中中等专业学校】 2023年，江苏省扬中中等专业学校有教学班51个，在校生1792人，教职工175人。学校秉持“厚植匠心 琢璞成器”的办学理念和“立德 乐业”的校训，学校立足新发展阶段、贯彻新发展理念、构建新发展格局，坚持党建引领，践行立德树人，增进师生幸福，打造名师队伍，推进产教融合，实现教育质量再突破，管理水平再提高，办学效益再跨越。推进项目建设，提升关键办学能力。扬中市技工学校挂牌成立，对接扬中产业需求，秋季首次招生125人，开设数控加工、电气自动化设备安装与维修2个专业。深化校企合作，持续赋能地方发展。开办“威腾电气班”“威腾数控班”“通灵数控班”3个冠名班；与银佳集团、威腾集团、雷朋集团和长江能科等开展新型企业学徒制培训。举办毕业生就业双选会2次，建立中职毕业生跟踪反馈机制与常态化联络机制，直接就业率、返扬就业率分别上升至37.4%、47.1%。关注师德师能，促进教师专业成长。9人被评为“扬中市学科带头人”、1人被评为“镇江市优秀教育工作者”、1人被评为“镇江市师德先进个人”、1人被评为“镇江市德育先进工作者”、“萤烛”班主任工作室被评为镇江市职业学校“名班主任工作室”。1人被评为“扬中市优秀教育工作者”、1人被评为“扬中市十佳班主任”、1人被评为“扬中市服务能手”、10人被评为学校十佳优秀教师；申报1个省级、1个镇江市级和4个扬中市级课题，1个镇江市级和9个扬中市级课题结题。以赛促教促学，江苏省职业院校技能大赛获2个二等奖、4个三等奖；镇江市职业学校教学能力比赛获2个一等奖、1个二等奖、3个三等奖；镇江市职业学校教师教学技能竞赛获3个一等奖、2个二等奖；镇江市职业学校班主任能力比赛获2个三等奖；江苏省职业院校创新创业大赛获1个三等奖，镇江市职业院校创新创业大赛获1个二等奖、2个三等奖；江苏省微团课大赛获一等奖；省级论文评比获3个二等奖、11个三等奖；扬中市教职工趣味运动会获第一名。聚焦核心素养，促进学生全面发展。2名学生获国家奖学金，1名学生被评为“江苏省最美职校生”，2名学生被评为“镇江市最美职校生”，4名学生被评为“扬中市最美职校生”，1名学生获扬中市“美善少年”提名奖；镇江市青少年模拟法庭大赛获银牌；扬中市中小学篮球赛获一等奖；扬中市中小学合唱比赛获一等奖；扬中市素养大赛获2个二等奖；扬中市中小学生趣味运动会获1个一等奖、3个二等奖；“一缕阳光”志愿者服务队被评为扬中市十佳志愿服务团队。（夏如平）

【扬中市开放大学】 扬中市开放大学下辖6个乡镇社区教育中心。学校坚持“党政统筹领导、教育部门牵头、有关部门配合、社会各方支持”的管理体制和“政府推动、部门联动、社区自主、居民广泛参与”的运行机制。2023年，学校开放教育招收新生86人，教职工47人。学校加强内涵建设，增强服务意识，围绕老年教育重点工作，与市老年大学签订合作办学协议，扶持基层老年学校建设，开展老年人运用智能技术、老年书画等涉老培训。全年由学校组织的经常性参与社区教育活动老年人数2.06万人，全市60岁及以上常住老年人数为8.52万人，参与率24.2%。学分银行注册开户数为4415人，个人学习成果2483条，存入率21.4%，超额完成镇江市教育局下达的20%目标任务。老年人运用智能技术专项普及培训累计培训人次1428人次，超额完成镇江市教育局1000人次的目标任务。开放大学在社区教育项目建设方面取得成效明显。创成教育部“能者为师”社区教育实践创新项目1个，第十批全国老年远程教育特色微视频课程1个；获评首批“江苏省社区教育共同体”(全面推进乡村振兴类)1个；创成省教育厅社区教育特色品牌项目和省社区教育特色品牌培育项目各1个；省老年教育创新案例优秀奖1个并在江苏学习在线课程资源上线；获得省优质社区教育视频课程征集遴选一等奖和优秀奖各1个；4个省级社区教育优质项目转化基地分获中期评估三档、终期评估二档和良好等次；申报2023年度“省社会教育规划课题”立项资助课题1个；获得第三届“镇江市社会教育（教学）”成果奖二等奖2个，镇江市级比赛一等奖1个、二等奖1个、三等奖5个、优秀奖2个；开放大学获得优秀组织奖4个。学校投入经费9.5万元，与4所小学共建开展包括版画、足球、篮球、舞蹈、诵读等15个课后服务优质社团项目，扩大品牌辐射面。 （耿晨）

教育投入与建设

【概况】 2023年，扬中市累计实现教育支出11.22亿元，一般公共预算教育支出占一般公共预算比例17.86%，比上年增长5.89%，远高于全省平均增幅。义务教育阶段生均公用经费标准高于省基准。小学生均公用经费省定标准为每生每年800元，扬中市按1000元执行；初中生均公用经费省定标准为每生每年1100元，扬中市按1300元执行，对小学不足600人的按

600人拨付,初中不足500人的按500人拨付;非义务教育阶段的普惠性幼儿园(含普惠性民办幼儿园)生均公用经费按照每生每年650元、高中阶段生均公用经费按照每生每年1100元执行。做到向特殊教育倾斜,设立融合教育专项资金,确保融合教育的全域推进。

(王美娟)

【资源建设提质工程】 2023年1月,扬中市第一幼儿园举行新园揭牌仪式,561名师生入驻新园。扬中市教育局稳步推进民生实事项目,办学条件不断优化,加快城西学校及扬中市文化新村幼儿园建设;完成扬中市第二高级中学等8所学校局部改造项目;改造提升6所学校特色场馆,彰显办学特色;10所学校、277间教室的照明设施升级,实现义务教育学校护眼灯全覆盖;信息化设备、智能设备添置更新,持续优化教育优质资源供给,满足人民群众对高质量教育发展的需求和期盼,办好人民满意的教育。 (王美娟)

1月,扬中市第一幼儿园揭牌 (教育局供图)

教师队伍建设

【概况】 2023年,扬中市实施“三雁”工程(头雁领航、雏雁培育、引雁归巢),补充教师112人,推进“名特优”教师培养,实施特级后备人才建设工程,3人晋升正高级职称、1人入选“苏教名家”培养对象、2人获评2023年省教学名师、6人入选镇江市第三批特级教师后备人才,24人获评镇江市第四批“教坛新秀”,5人获评镇江市“十佳教师”,14人获评镇江市“优秀教育工作者”称号。健全教师队伍培养体系,助推专业化发展,依托“实学课堂”项目建设,促进教师队伍素养整体提升。组织开展拔尖人才专项考核,以常态化考核奖励促进拔尖人才群体专业发展,实施《“江洲星火”新教师实训三年跟进行动方案》,开展长程跟踪式培养,加大青年教师培养力度。45人在省、市各类教学评比和竞赛活动获奖。实施第二轮“县管校聘”管理改革,重点抓好义务教育教师交流轮岗工作,采取城乡交流、联盟交流、跨校联聘、支教交流等多种形式推进教师交流,优化师资均衡配置。 (王美娟)

【“风华杯”优秀课展评启动仪式】 2023年2月21日,“风华杯”优秀课展评启动仪式在扬中市明珠小学举办。各学科研训员带领学科教研核心团队,结合“实学课堂”学科评价量表,打磨各学科特等奖选手的课例并分学科举行优秀课展评活动。活动表彰2022年度“风华杯”特等奖15人及10家优秀组织奖获奖单位。

(王美娟)

【特级教师后备人员培训班】 2023年4月3日,扬中市特级教师后备人员培训班开班仪式暨首次研修活动启动。扬中市教育系统通过自愿申报、学校推荐、遴选考核等程序,组建扬中市首批特级教师后备人员高级研修班,采用线下线上相结合、集中研修与个性化指导相结合、理论指导以及沙龙式研讨和现场体验相结合等方式,聚焦学员短板,提供个性化培养方案,做好新进班学员的补训工作。 (王美娟)

【中小学“全员导师制”育人能力提升专项培训】 2023年8月19—20日,扬中市教育局组织开展2023年暑期中小学“全员导师制”育人能力提升专项培训,全域推进“1+N”学生成长导师制和“N+1”特殊学生成长关爱制,导师通过“访、谈、评”三个规定动作和N个自选动作,对受导学生进行思想启导、心理疏导、学业辅导、生活指导和生涯向导,构建全员育人格局。 (王美娟)

【首批8个名校(园)长工作室成立】 2023年9月18日,扬中市教育系统举行首批名校(园)长工作室启动仪式。首批名校(园)长工作室领衔人由镇江市、扬中市两级名校长担任,成立王成杰名校长工作室、朱彩云名校长工作室、奚一琴名校长工作室、孙莹名校长工作室、李培莲名校长工作室、匡彩云名校长工作室、王海英名园长工作室以及韦琴芳名园长工作室8个工作室。名校(园)长工作室旨在发挥名校(园)长在校长队伍建设中的辐射、引领和示范作用,通过培养活动,加快工作室成员成长,带动全市校(园)长共同发展。

(王美娟)

文 化

综 述

【概况】 2023年,扬中市文体广电和旅游局增强文化建设的使命感和责任感,把准文化事业发展方向,为全市发展提供有力支撑和强劲动力。相继举办第十八届社区(农民)文化艺术节暨第四届太平文化旅游周开幕式、小戏小品创作表演大赛、少儿故事创作演讲大赛,承办镇江市少儿故事大赛。开展"文艺播种计划"525场、全民艺术普及活动557场、社教活动641场、戏曲进校园12场、"淘文化"演出5场,送电影下乡360场。锡剧《太平洲上》登上央视戏曲频道《九州大戏台》栏目,锡剧作品《郭克生》在全市展演15场,获得多项省级奖项。镇江市非遗项目"西来桥舞龙"被文旅部抽调参加第八届中国成都国际非物质文化遗产节。剪纸等非遗项目视频在央视《消费主张》节目播出,九狮图入围江苏省第五批非物质文化遗产代表作名录,永胜村九狮图非遗展示馆开馆,并被授予镇江市第一批非遗守望空间称号。 (徐晶)

【主要文艺成果】 2023年,扬中市文艺成果丰硕。国家级文艺成果:作协范继平散文《"长江跳板"上的记忆》获得"第三届三亚杯全国文学大赛"金奖,其报告文学《月星之光》在《时代报告:中国报告文学》发表;马健散文《凤凰城的玉雕人》获得首届"凤凰城"杯全国散文大赛征文三等奖,散文《同宝山天路》获得"同宝山征文"(藏汉文)征文活动三等奖,散文《地下室之路》获得"水文化"全国征文启事优秀奖,另有11篇散文在国家级文学报刊发表;叶贵《小桃红·忆扬中》《西江月·扬中河豚》等4篇诗歌获得第一届"我为家乡写首诗"原创诗词大赛二等奖;黄楠短篇小说《烫》获得首届中国电力文学奖短篇小说奖;姚毅诗歌《看冬日(外三首)》获得第四届"长江杯"中国诗歌大赛二等奖,散文《想起儿时摸螺蛳》获得"第一届长江文学奖——新时代比赛诗歌散文小说征文大赛"三等奖,另有《延安旅行散记》《婺源归来》等4篇散文作品在国家级平台获奖、发表;朱军《温暖我的瞬间——理发》在"学习强国"学习平台"温暖我的瞬间"主题征文全国平台发表;吴春华散文《美溪行》入选当代文学大典《"华语杯"国际华人文学大赛获奖作品选》。姚恒俊诗集《翩韵朝晖》由中国纺织出版社出版,鄂品澍诗集《一半是诗,一半是酒》由线装书局出版社出版。戏曲家协会原创锡剧《太平洲上》登上中央电视台戏曲频道《九州大戏台》栏目,面向全国播出。摄协肖广华、祝红卫、陆虎、耿云等13名会员的152幅作品在中国摄影家协会举办的第六届中国凤凰民俗摄影双年展亮相;朱秋华摄影组照《美翻了我的村》被中宣部中国文明网专题转载。民协杨荣芳、倪玉蓉、贾碧玉三位老师指导学生魏浩然、栾文倩、孙欣妍在全国第三届非遗进校园师生作品展获奖,获得"全国第三届非遗进校园优秀指导教师"称号。影视家协会胡俊短视频作品《一碗承载记忆的豆腐汤》获得新华社新闻信息中心最佳传播奖。省级文艺成果:作协马健散文《跋涉山林间》获得福建省总工会、省文联"劳动最美丽"主题征文活动二等奖,散文《播种新风尚的人》获得四川省农业农村厅农村移风易俗有奖征文优秀奖,另有12篇散文在省级报刊发表;孙蔚斌诗歌《致敬四十年》在江苏广播电视报发表;黄楠短篇小说《艾诺·艾克曼和他的妻子》和创作谈《而爱是一个温暖的豁口》在文学期刊《朔方》发表,短篇小说《五禽戏》在文学期刊《脊梁》发表;姚毅报告文学《"劳动创造幸福"——作家进企业采风侧记》在江苏工人报发表;吴春华散文《一封无法寄出的信》在"我与江苏工行四十年"征文获奖;韩蓉诗词《如梦令》在《扬子晚报》发表;徐敏论文《王澍三论孔子题季子墓碑》入选江苏人民出版社出版的《延陵季子研究论丛(第一辑)》;朱军《这是我最深爱的红》、钱吕军《"学习强国",我的良师益友》、吴春华《茉莉人家》等8篇散文在"学习强国"江苏平台发表;赵莎莎散文《盛一碗雪落元宵甜》《月饼漫谈》分别在《广西工人报》《甘肃农民报》发表;吴春华《愿做读书人》、诗歌《忆江南》等4篇作品在省级期刊发表。书画家协会陈文油画《静好家园》被江苏省现代美术馆收藏，蔡慧敏书法《草书条幅》获得“第三届石景宜博士杯·华夏书画创作大赛”佳作奖，金永祥中国画《美丽家园》入选“奋进新征程”江苏振兴写生创作美术作品展；卜琳综合材料作品《文明有约》获得入展江苏省第九届新人美术作品展览，综合材料作品《运河印象》入选2023年中小学教师和校长培训项目“中小学美术教师主题创作技能提升研修项目美术作品展”。戏曲家协会原创大型锡剧《郭克生》获得江苏紫金艺术节“剧目奖”。民协孔庆璞《孔氏河豚冷分解祛毒法》获得江苏省“2023年度十大绝技绝活”征集评选提名奖；扬中市八桥镇永胜社区《九狮图》入选江苏省第五批非物质文化遗产代表性名录；孙永青剪纸《传承》获得江苏省第十四届“艺博杯”工艺美术精品大奖赛铜奖，并指导学生朱钰恒剪纸《党建引领》获得第十四届江苏省中等职业学校“文明风采”活动一等奖；王文咏民间文学《冰糖葫芦里的年味》《梧桐花下是故乡》等4篇作品在《乡镇论坛》《作文(中学版)》等期刊发表；张强民间文学《“草根个体”成长为“创业明星”》获得“喜迎二十大 永远跟党走 奋进新征程”主题微故事评选二等奖。影视家协会胡俊、孙华丽短纪录片作品《梦想在远方》获得江苏省新闻媒体走转改新闻作品三等奖，胡俊作品短纪录片《重启春天》、微纪录片《杏子的花样人生》、公益广告《陪伴才是最好的礼物》获得镇江广电社教类二等奖。

(王雨童)

文艺活动

【概况】 2023年，扬中市扩大精品文艺作品影响力。常态化开展周末戏相逢、戏曲进校园巡演活动，扬中市锡剧团组织优秀传统剧目及原创锡剧《太平洲上》分别进村社、工厂演出83场。原创锡剧《太平洲上》登陆中央电视台戏曲频道“九州大戏台”栏目，作为江苏省基层文艺院团优秀剧目在江苏大剧院歌剧厅展演。原创锡剧《郭克生》获紫金文化艺术节新创剧目及江苏省舞台艺术精品创作扶持剧目两项省级荣誉。小锡剧《圆梦》在江苏省扬中高级中学首演。“兴阳村晚”入选全国“四季村晚”秋季展示点。

(李永强)

【锡剧《郭克生》】 2023年，大型原创锡剧《郭克生》作为扬中市打造的重点文艺精品项目，走进全市各镇(街、区)、镇江市委党校、淮安大剧院进行展演，收到市内外观众好评。作为扬中2022年度重点文艺创作项目，该剧讲述已故全国劳模、原联合村党支部书记郭克生对党忠诚、一心为民的感人事迹。全剧分为抗洪抢险、开河治水、解决温饱、工业之路、大爱情怀、病房心声、深情缅怀7场戏，从不同视角展示郭克生一心为民、无私奉献的宝贵品质和带领群众战天斗地振兴乡村的工作业绩，展现当代基层干部砥砺担当、勇担使命的熠熠风采。该剧获得江苏省舞台艺术精品创作扶持剧目、紫金文化艺术节剧目奖，主演缪玉华获紫金文化艺术节优秀表演奖。

(徐晶)

原创锡剧《郭克生》 (融媒体中心供图)

【“秀出幸福路 永远跟党走”旗袍秀专场】 2023年4月，“秀出幸福路 永远跟党走”旗袍秀专场暨江苏省首届苏派旗袍风采大赛扬中赛区启动仪式在扬中市影剧院举行。扬中市旗袍协会参加大赛。展演大型旗袍秀《水墨兰亭》。活动现场，表演者用走秀、器乐、歌唱、戏曲等多种艺术形式表达对传统文化的热爱。3月，扬中市旗袍协会入选江苏省文化和旅游厅“双千计划”实施对象名单。

(徐晶)

【“兴阳村晚”入选全国“四季村晚”秋季展示点】 2023年4月，文化和旅游部公共服务司公布“四季村晚”主会场和示范展示点名单，扬中市“兴阳村晚”入选。2007年起，兴阳村连续十三年举办“兴阳村文化艺术节”，每年投资金额10余万元，逐年提升演出规模和影响，提高节目质量，在扬中市村一级中规模最大、影响最广，成为兴阳村闪亮的文化名片。

(徐晶)

【社区(农民)文化艺术节暨太平文化旅游周】 2023年9月，扬中市第十八届社区(农民)文化艺术节暨太平文化旅游周开幕式在经开区兴隆中心小学举行。开幕式分为长风破浪展辉煌、扬鞭慷慨追化龙、沧海云帆再出发三个篇章，展示相声小品剧《苦与乐》、歌曲串烧《逆战》《一起向未来》《我们是创二代》、京剧与街舞《逐梦》、杂技《青春如火》等节目。9—11月，第十八届社区(农民)文化艺术节以“江中明珠再出发，阔步迈向现代化”为主题，开展“文化之风行乡里”“百姓舞台展风采”“艺术普及提素养”“文明培育我践行”等4类、18项主题文化活动。太平文化是经开区传统文化底蕴特色，经开区开展“而立再出发 奋楫争一流”主题文艺展演。实施太平广场“文旅+研学”、太平广场“普洱文化小镇”项目，太平文化旅游周是群众文化生活的特色载体和推动经开区农文旅融合发展的重要平台。 (李永强)

【中国镇江金山文化艺术·国际旅游节暨兴阳村文化艺术节】 2023年9月28日，第十七届中国镇江金山文化艺术·国际旅游节暨扬中市兴阳村第十六届文化艺术节开幕式举行。活动作为紫金文化艺术节群众文化活动镇江分会场，发布第十七届中国镇江金山文化艺术·国际旅游节系列活动，全方位宣传展示镇江文化艺术、美食美景、人文风情。播放镇江市乡村文化旅游“五百”(“百村百碗”“百村百品”“百村百宿”“百村百场”“百村百景”)工程宣传片，为镇江各辖市区10个“百村百品”农创商品金奖商品颁奖。开幕式以“和美乡村 幸福生活”为主题，将大型文旅节庆活动和乡村村晚有机结合，现场表演《中国梦 飞起来》《好兆头 大丰收》《南乡田歌 车水号子》《欢天喜地》等节目，节目均由江苏省群众文化“百千万”工程以及镇江“文艺播种计划”培育的骨干团队和个人自编、自导、自演，做到“让百姓成为舞台的主角”。现场布置农创产品、非遗集市，集中展销、直播推介镇江各辖市区百余件乡村农创商品。开幕式全程由扬中市融媒体中心现场直播，线上观看人数超5万人。 (李永强、姚境)

档案工作

【概况】 2023年，扬中市档案馆做好档案接收进馆，做优查档利用服务，做精档案征集编研，做实库房安全管理，发挥档案存史资政育人作用。全年接收组织部等52家单位文书档案728卷、6.79万件，接收出生医学证明档案705件。做好馆藏到期档案的开放审核工作，研究制定《扬中市档案馆馆藏档案开放审核工作实施方案》。优化档案利用服务效能，累计接待查档利用1560人次，调档9000余件。强化档案宣传，推出一线查档利用事例专栏“兰台之声”，撰写利用事例41例，“兰台之声”发布12例，报送其他信息11篇，编研发布画册《我与非遗——口述史里存记忆》。加强村级档案资源的开发利用，规范化建设全市村级档案，加大对乡村历史人文、民风民俗等档案资料的收集保护。提升全市乡村档案资源的智能化管理和开发利用水平，加快推进乡村智慧档案建设，为政府决策科学化、社会基层治理精准化提供档案数据支撑。 (朱颖)

【档案资源建设】 2023年，扬中市档案馆加强大档案资源建设，加大扬中地方特色档案征集力度，向融媒体中心、文联、省扬高中等单位征集档案资料，通过多种途径丰富馆藏。征集到2022年《扬中日报》电子版249期，整理各类电子照片1281件；征集到大全集团等企业电子照片157张；省扬高中毕业照电子照片30张；征集到“新时代、新征程、新印象”摄影作品21件、“奋进现代化，砥砺新征程”美术书法作品展入展作品扫描件92件；征集到资料《四千四万在扬中》《陈氏族谱》等30余册；开展扬中援藏干部口述史料征集采集工作，采录3名曾经在教育、农业技术方面工作的援藏工作者口述资料，征集到资料18件，留存扬中援藏历史记忆。 (朱颖)

【档案信息安全保障】 2023年，扬中市加强档案信息安全保障工作，把握安全“重点”，明确监管“主线”，有效保障“全面”，切实筑牢档案信息安全屏障。夯实软硬基础，把握重“点”。依托布局的闭路电视监控系统，实现对局(馆)24小时实时监控。设置电子门禁和指纹录入，机房等重要设施设备每日检查，确保馆内日常工作的安全。对内部局域网、政务网、互联网实行物理隔离，并加装安全审计、漏洞扫描、硬件防火墙等安全设备，与国产软件供应商签订信息保密合同加强身份认证和密钥管理，确保档案数据网络传输的安全。强化内外监管，明确主“线”。以监督管理为主线，深入贯彻《江苏省档案信息化建设保密管理办法》，建立健全内容涵盖档案管理、网络信息安全、数据库安全等方面的管理制度。对内要求全馆人员增强保密意识，切实加强信息化条件下的保密工作，提高防范高技术窃密的能力。档案目录和全文信息要经过严格的划控和鉴定，防止失密、泄密事件发生。对聘用的专业外包公司加强监管，组建档案数字化加工线，专门负责馆藏档案的数字化工作，签订保密协议，杜绝档案资料外泄情况的发生。顺应时势发展，保障全“面”。建立完善的信息安全体系，通过数据加密、访问控制、身份认证、安全审计等技术手段，制定严格的安全策略和权限管理，防止未经授权的访问和数据泄露，保证档案信息的安全性和机密性，为档案检索、编研利用形成有效保障。聘请专业的安全保障人员,定期对信息机房设备巡查、升级,提供高水平的信息安全防护。制定详细的安全应急预案,一旦发生信息安全事件,能够迅速响应并采取有效措施,最大程度地减少损失。 (朱颖)

【馆藏档案开放审核工作】 2023年3月,扬中市档案馆强化馆藏档案开放审核工作,提升档案利用服务能力。成立馆藏到期档案开放审核工作领导小组,由局(馆)长唐健任组长,副馆长杨阳任副组长,下设办公室在保管利用科,明确工作职责。以2021—2025年为一工作周期,梳理统计满25年到期档案,在详细了解馆藏25年到期档案现有数量、开放情况、利用需求等基础上分解任务,采取月均定额任务指标措施,确保档案开放审核工作落实落细。严格按照档案法、保密法、《各级国家档案馆馆藏档案解密和划分控制使用范围的暂行规定》等相关法律法规,研究制定《扬中市档案馆馆藏档案开放审核工作实施方案》,修订《扬中市档案馆档案开放审核工作细则》《扬中市档案馆依法不宜开放范围参照表》等制度,完善市档案馆初审、档案移交或形成单位复审、开放审核工作领导小组终审的"三审"工作制度。坚持统筹开放和安全,遵循合法、及时和便于利用的原则,谨慎稳妥开展开放审核工作。利用档案数字化成果,在扬中档案综合管理平台系统中对档案电子目录、扫描件开展直接审核。组织开展党群系统、人大政协、乡镇(街、区)三大全宗群1997—2001年馆藏文书档案开放审核工作,完成31个全宗、2246卷、39842件文书档案开放审核。 (朱颖)

【村级档案规范工作】 2023年,扬中市档案馆规范村级建档,探索农村档案规范化发展新举措,推进村级档案规范工作落实落细。压实镇(街、区)档案主体责任,"点对点"开展档案督促指导。全年34家村(社区)被列入镇江市档案规范化建设重点推进单位。市档案馆以镇(街、区)为划分,集中组织开展村级档案督促指导。通过实地查看、现场交流等方式,对6个镇(街、区)档案工作责任制落实情况、基础设施保障及档案安全情况、档案收集整理保管利用情况等现场督导。开展档案业务培训,"面对面"提高村级档案管理水平。为提高村级档案员的业务水平,档案馆采取分片区、分乡镇的方式,集中组织开展档案业务培训,为村档案员普及档案法律知识、增强档案意识、提高档案管理水平。严格对照档案工作检查清单,对检查评价的内容逐条讲解、答疑解惑。组织与会人员参观已建成的示范档案馆,互相学习,相互沟通,加强各村(社区)间的交流。实地查看档案室,"一对一"指导村级档案改造升级。积极对接村(社区),实地走访查看现有档案室使用管理情况。对于存在的如档案室使用面积过小、档案柜破旧损坏、防火防盗防潮等安全工作不到位的问题,现场交办,提出整改建议,明确整改期限,确保档案室硬件条件符合档案保管要求。 (朱颖)

【非遗项目口述史采集】 2023年,扬中市档案馆发挥档案口述采集功能,编研《我与非遗——口述史里存记忆》。档案馆赴全市部分单位、村(社区),对竹编、河豚食俗、九狮图、玉雕等18个省、市级非遗项目开展口述史采集活动。经挖掘整理,采集文稿和音频、照片,形成文稿10万余字。6月,《我与非遗——口述史里存记忆》画册完成编印,对外首发。画册获江苏省档案文化精品三等奖。 (朱颖)

【档案馆国家科技项目结题】 2023年5月,扬中市档案馆申报的国家档案科技项目《行政村档案资源建设和共享利用》获准结题。课题于2020年5月入选国家档案局科技项目。经过统一部署,项目实践、课题研究、开拓探索、务实工作,国家科技项目取得一定研究成果,包括6万余字的项目研究报告、项目工作报告以及相关论文5篇。其中,论文《行政村档案资源建设与开发的扬中实践》《基层红色档案资源建设研究》在江苏省核心期刊发表,《行政村档案资源建设与利用的调查报告》在本市核心期刊发表。通过多年村级档案工作实践及研究,编研《村级档案工作指南》,收录村级档案工作的法律法规、编辑各类村级档案整理规范及村级档案编研方式等,计6.91万字。 (朱颖)

【新治村获评镇江市首批村级示范档案室】 2023年3月,镇江市档案馆、扬中市档案馆对新坝镇新治村档案工作开展镇江市示范档案室综合评价。新坝镇新治村是镇江市首批4家申报单位之一。测评组通过听取汇报、审阅台账、实地查看、现场交流方式,对照《村(社区)档案工作检查清单》全面测评新治村档案工作,经过综合评估,新治村高分通过测评。测评组一致认为新治村高度重视档案工作,档案软硬件配备齐全、档案制度网络健全、岗位人员责任明确、档案工作基础扎实。检查组对新治村档案库房建设、档案鉴定等工作提出意见和建议。 (朱颖)

【档案文化暑期社会实践活动】 2023年,扬中市档案馆发挥爱国主义教育基地作用,开展暑期社会实践活动。开展"文明一'夏''暑'你最美"系列文明实践活动,联合三茅街道同心社区、长江花城社区关工委开展"赓续红色血脉 强国复兴有我"暑期社会实践活动,联合油坊镇长旺街社区开展"携手共建心向'档'共筑安全'防火墙'"暑期社会实践活动。通过照片、信件、实物等史料,近距离了解岛城扬中发展历程。组织参观《我与非遗——口述史里存记忆》图片展,了解到口述史在档案传承中的重要作用,展示非遗项目魅力、现实价值和未来意义。市档案馆向社区和学生赠送《我与非遗——口述史里存记忆》画册,引导学生了解传统技艺、增强文化自信。 (朱颖)

史志工作

【概况】 2023年,扬中市史志办以"存史、资政、育人"为根本任务,拓展党史、地方志工作领域。用好党史资源,提升党史工作水平。做好党史三卷本续编相关准备工作。开展《江苏党史专题文集(扬中篇)》组稿及相关对接工作。参与省新四军文化建设理论研讨会和"二十大精神进基层、红色基因永传承"弘扬伟大建党精神研讨会等征文投稿工作。做好口述历史资料收集整理工作,1篇文稿《扬中撤县设市琐忆》入选中共江苏省委党史工作办公室编撰的《江苏改革开放亲历者口述历史》,1篇文稿《在巨变的时代相依前行》发表在《创新》杂志。做好镇村志编纂指导。学习《关于实施镇村志编纂文化工程的通知》《江苏省镇村志编纂指导手册》《镇村志编纂基础理论与编纂技巧》,组织全市编纂人员参加全省镇村志编纂文化工程培训,《西来村志》《永平村志》通过终审,《扬中住建志》《江苏名镇志·三茅街道志》刊印发行。探索开展《三茅街道年鉴》编纂试点工作,三茅街道成为全省20家乡镇(街道)、功能区、企业年鉴编纂试点单位之一,是镇江市唯一。开展"共建文明城市,同沐史志芬芳——史志文化进社区"活动,定期参与文化社区环境整治,向文化社区赠送地方党史、志鉴书籍,帮助社区设置"史志图书角",推进史志工作向基层延伸。组织史志书籍参加江苏书展,加快史志成果转化。 (史志办)

【《扬中市住建志》刊印发行】 2023年2月,扬中市住房和城乡建设局、住建志编纂委员会编纂的《扬中市住建志》刊印发行。该志为《扬中市建设志(1998版)》的续志,全面系统记载1995—2016年间扬中市住房和城乡建设的发展、变化。志书由总述、大事记、专志3部分组成,采用章节目中编体式,设建设环境、建设规划、城区建设、镇村建设、绿化 园林、园博园、公用事业、建筑业、建筑业管理、住房制度改革、房地产业、组织机构12章、66节,内置图照382幅、表格151张,计54万字。运用述、记、志、图、照、表多种体裁,体例规范,内容翔实,在处理好时点、重点、细点、看点、亮点等方面基础上,体现部门志意蕴和特色。2017年5月,住建局成立《扬中市住建志》编纂委员会,印发《关于做好〈扬中市住建志〉编纂工作的意见》,启动编纂工作。编纂人员通过查阅、收集、走访、座谈、整理,经过初稿、内审、复核等阶段,2022年9月,形成送审稿,后经扬中市史志办多次指导,反复修改、提炼、调整、完善、规范,是年12月通过终审,历时6年完成编纂。 (史志办)

【《江苏名镇志·三茅街道志》出版】 2023年4月18—19日,《江苏名镇志·三茅街道志》终审会在三茅街道召开,会议邀请来自南京、扬州、苏州地方志系统的3位评审专家。经过为期两天的实地参观、领导点评和专家评审,《江苏名镇志·三茅街道志》通过专家组终审。12月,《江苏名镇志·三茅街道志》由南京出版社出版。《江苏名镇志·三茅街道志》编纂工作于2022年3月启动,历经预审、初审和复审3个程序,5次修改。全书正文10.75万字(含总述、大事记、后记),正文9篇、表格2个、图照165幅、视频28个。 (姚境)

【《永平村志》通过终审】 2023年10月,《永平村志》终审会在扬中市新坝镇永平村召开。扬中市史志办组织3位特邀专家参会。会上,《永平村志》主编汇报志稿编纂工作。专家组一致认为志稿符合终审要求。2021年3月,永平村启动编纂《永平村志》,成立《永平村志》编纂工作领导小组,历时两年半,编写出反映永平村自然地理、社会构成、历史演变、民俗风情、文化底蕴以及经济社会发展等状况的《永平村志》。全志包括卷首图片、概述、凡例、序、大事记、正文、后记七部分,其中正文部分17章,版面总字数21.6万字,照片、图表200余幅,影像资料1个。 (史志办)

【《西来村志》通过终审】 2023年12月5日,《西来村志》终审会在扬中市西来桥镇西来村召开。扬中市史志办组织特邀专家参会。《西来村志》于2021年9月正式启动,历时两年成稿,并于2023年7月和10月两次送交扬中市史志办预审、终审。该志采用章节目体式,纵述史实,横排门类;主体部分设16章62节,以志为主,综合运用述、记、志、传、图、照、表、录,诸体并用,版面字数35万字,内容涵盖自然地理、经济政治、社会人文等诸多方面。会上,《西来村志》主编汇报志稿编纂工作,经评审组专家评审,一致认为《西来村志》较为全面客观地反映西来村自宋元成洲至2022年800余年间的发展变化、重大成就。 (史志办)

图书及出版管理

【概况】 2023年,江苏凤凰新华书店集团有限公司扬中分公司实现营业收入3503.78万元。做好全市党员政治学习书目的发行工作,重点政治读物发行《习近平著作选读》(第一卷、第二卷)、《习近平新时代中国特色社会主义思想学习纲要(2023年版)》、《高举中国特色社会主义伟大旗帜 为全面建设社会主义现代化国家而团结奋斗——在中国共产党第二十次全国代表大会上的报告》等。连续第45年做好“课前到书、人手一册”全市的教材发行工作。发行小学免费教材47.5万册、初中免费教材35.7万册、高中教材9.6万册。开展各类读书赠书活动,营造读书氛围。开展第34届“江洲杯”扬中市青少年读书活动、“绿书签行动”、“凤凰姐姐讲故事”等。邀请作家、学者到扬中开展公益讲座,与金山学院共同举办大学生读书活动。参加“全民阅读春风行动”,向扬中市崇德小学捐赠图书350册,金额1万元。向三茅街道英雄社区赠送图书100册,金额2200元。向新坝镇立新村赠送图书200册,金额5000元,向西来桥社区赠送图书150册,金额3000元。参加新时代文明实践中心“三下乡”赠书活动,向现场群众赠送图书300册,福字对联200套。 (朱雪萍)

【印刷出版和电影行业监管】 2023年,扬中市坚持做好全市50家印刷企业、100余家出版物发行单位、7家影院的日常监管。按照属地管理原则,聚焦危化品使用、影院管理、活动用房搭建、职工宿舍消防等关键环节,集中开展安全生产大检查4次。加强重点档期、重点影片特别是《觅渡》等优秀国产影片的宣发力度。有序推进农村电影公益放映,完成农村公益电影放映696场次任务。 (姚青)

【“扫黄打非”专项行动】 2023年,扬中市印发“扫黄打非”行动方案,深入开展“正道”“新风”专项行动,立案查处“扫黄打非”行政案件5件,刑事案件3件,检查印刷企业、出版物市场、宗教场所、物流快递点及复打印店等152家次、网络书店21家次,收缴盗版教材教辅80余册。持续加强基层站点建设,建成镇江市首家“扫黄打非”主题公园,增设“护苗园”“绿色书屋”等。开展“护苗·绿书签”进校园、“扫黄打非”知识宣传等300余次,观看“绿书签行动”云端公开课,受教育人数达2.4万余人。1月,八桥镇获省“扫黄打非”工作先进集体;万福村获省“扫黄打非”进基层示范标兵;八桥小学获省“扫黄打非”进基层示范点。 (姚青)

【全民阅读】 2023年4月23日,扬中市举办“阅读的力量”第十届“江洲读书节”启动仪式。6月5日,召开全市全民阅读工作会议、印发《2023年扬中市全民阅读工作实施方案》。89支阅读推广人队伍常态化开展“学习新思想、奋进新征程”“全民阅读·春风行动”“弘扬耕读文化,涵养文明乡风”等品牌阅读活动千余场次。媒体平台和各类书屋持续开展《习近平著作选读》等精品力作荐读导读。推出“书香里的扬中”系列微视频宣传8期。新增林下书屋、舍予茶书房等阅读新空间、埭上书屋等微阵地175个,图书馆、农家(社区)书屋等,提供“有声阅读墙”等93个。扬中市委宣传部获评第十三届“江苏书展”优秀组织奖,“真人图书馆”项目获省级公益阅读推广活动认证,八桥镇利民村获省五星级示范农家书屋,评选表彰镇江市书香乡镇(村、社区)4家、阅读明星30人。 (姚青)

【版权管理】 2023年,扬中市加强版权登记服务规范化建设。动员摄影家协会、美术、文学爱好者等参与版权登记,完成400件作品版权登记量。结合“4·26”知识产权宣传周等活动,通过网络、宣传栏、电子显示屏、走进30强企业等多种形式,向市民解读相关法律法规,发放宣传材料200余份,推进企事业单位软件正版化工作,引导社会各界对版权保护意识的重视,提高公共维权意识和能力。 (姚青)

【《几个孔一辈子》首发式】 2023年9月,《几个孔一辈子》常敦明传记首发仪式在扬中市江洲文苑举行。该书由袁志钟、常筝、常阳历时3年多编审完成,是中国民族音乐界第一部详细介绍民族乐器制作师艺术生涯的著作。全书有37个章节,近18万字,详细总结常敦明70余年辉煌艺术生涯,记述常敦明笛箫制作技艺、对中国民族音乐事业的继承和发扬的事迹,弘扬常敦明孜孜不倦的刻苦钻研精神和永不停歇的创新精神。 (融媒体中心)

【《四千四万在扬中》首发式】 2023年9月26日,《四千四万在扬中》新书首发式暨专题座谈会举行。书籍记录扬中“四千四万”精神溯源及其新时代传承发展足迹。《四千四万在扬中》全书分为“起源、发轫、兴盛、效应、弘扬”五大篇章，内容翔实、深入浅出，通过一组组生动数据、一个个鲜活事例、一幕幕奋斗往事，生动再现扬中成洲建置以来，尤其是改革开放40多年来的发展历程，让扬中“四千四万”精神彰显出新的时代价值。活动中，市发展促进会、大全集团、宜禾股份、市青企会、市教育局作交流发言；各镇（街、区）、机关部门代表、企业代表接受赠书。（融媒体中心）

9月26日，《四千四万在扬中》首发式

（融媒体中心供图）

融媒体建设

【概况】 2023年，扬中市融媒体中心深耕“媒体+政务+服务”，加快推进媒体融合向纵深发展。全年“学习强国”镇江学习平台用稿249篇，省平台用稿254篇，全国平台用稿30篇。央视1套、2套、17套等栏目推出相关报道15条，在抖音、快手、视频号、B站等顶流平台发布相关作品百余部，播放量超1000万次。实施“扬子江上‘云’上乡土”成长项目，先后推出“三江潮涌枇杷甜 乡约新坝创未来”“‘扬中味道’乡村美食大赛”“菱动金秋 鱼你同乐”等多场网络直播节目，累计在线观看人次超过20万人次。每日发布原创短视频4条以上，全年视频号发布短视频1307条，播放量750万次，抖音号发布短视频1045条，播放量3548万次，其中播放量1万以上的“人气”短视频300条，10万以上的“爆款”短视频34条。电台《政风行风热线》直播220场。“微扬中”推送微信1346篇，总阅读量400万次，单条最高阅读量3万次，总粉丝量达到10.72万人；扬中发布推送微信1371篇，总阅读量110万次，单条最高阅读量1万次，总粉丝量4.17万人。“掌上扬中”App新增注册用户近万人，“扬中新闻网”年访问量120万人次。组建新闻服务团队4个和视频制作团队1个，精准对接各平台用户需求，为用户量身定制品牌节目或栏目。持续开展“融创讲坛”，推出融媒阅评10期，参加线上“好记者讲好故事”“融媒素养提升”“强‘四力’促深融”（脚力、眼力、脑力、笔力），专技人员公需科目继续教育和线下全省县级融媒体中心高质量发展高级研修班、2023第二届“创·学”孵化营——《项目工作室短视频直播变现孵化营》等业务培训22次。推进融媒体中心新大楼建设和数字化电视高清改造工作。融媒体中心下属企业扬子江文化传媒有限公司实体化运作，并完成股改。承接实施2022年度突出贡献企业表彰大会、乡村美食大赛、第二届枇杷节开幕式、美丽岛园生态扬中慢直播、全市重大项目开工仪式六地互联直播等大型活动10余场，与22家餐饮企业开展主播美食探店活动，通过短视频形式在抖音号、视频号等平台推出短视频35条、栏目12期，打造品牌效应。开展小主持人、小记者培训，全年招生500余人并组织开展汇报演出。3月，扬中市融媒体中心完成党总支委员会、第一支部、第二支部、退休支部换届选举工作；召开第一届职工（会员）代表大会，选举产生第一届工会委员会委员、工会主席。（王丹）

【融媒体中心新大楼建设】 2023年，扬中市推进融媒体中心新大楼建设。4月，扬子江文化传媒有限公司办公楼装修改造设计、施工及设备更新项目（EPC总包工程）由中广电广播电影电视设计研究院有限公司承建。5月，成立项目建设领导小组，由市委宣传部副部长、融媒体中心主任王晓东和市城投集团总经理黄勇担任领导小组组长，融媒体中心副主任徐彦玲、市城投集团副总经理于广杰担任副组长，具体负责工程现场管理和安全管理，明确市融媒体中心为工程建设责任主体。6月，项目开工；10月中下旬，承建单位正式进场施工，同步推进数字化电视高清改造工作。预计2024年10月融媒体中心实现整体搬迁。（王丹）

【新闻为民360之“三心”行动】 2023年，在中共扬中市委组织部、中共扬中市委市级机关工委主办的2022年度“双十佳”党建项目评选中，融媒体中心申报的“新闻为民360”项目被评为2022年度市级机关部门党组织“十佳”党建项目。扬中市融媒体中心实施新闻为民360之“三心”（连心、走心、暖心）行动书记项目，扎实开展“新闻为民360”服务高质量发展品牌创建活动。完善“掌上扬中”App在线政务、交通出行、医疗卫生、文明实践、志愿服务、外卖点单等政务、民生服务功能，总注册用户数量11万人，成为扬中人专属的“掌中宝”。《微扬中》公众号注册粉丝超过10万人,位居镇江市媒体类公众号影响力榜单前列。成立“我为群众办实事”新闻为民服务队,实施“美丽乡村我打卡”新闻行动,全媒体记者走进50个村社区蹲点采访,采写稿件150余篇,在《扬中日报》、《微扬中》公众号、“掌上扬中”App、扬中新闻网等多平台刊发。策划实施“扬子江上‘云’上乡土”成长项目,开展“乡村美食大赛”“第二届枇杷节开幕式”“美丽岛园生态扬中慢直播” 等大型公益助农直播活动10余场,累计在线观看人次超过20万人次。通过主持人直播带货,帮助农户销售农副产品50余万元。促进融媒体中心党建工作与业务工作的深度融合、有效拉近媒体与群众的距离,致力实现新闻服务贴近社会、贴近生活、贴近群众。 (王丹)

【庆祝第24个中国记者节会议】 2023年11月8日,扬中市庆祝第24个中国记者节会议召开,总结经验、表彰先进、分享感悟,动员广大新闻宣传工作者奋发有为、争先创优。会议现场宣读表彰决定,授予《小岛连线大山十八年,跨省公益开出幸福花》《守护少年的你》等30件优秀作品“2023年度扬中新闻奖”,授予王新辉等15人资深新闻工作者荣誉证书。老中青三名记者代表发言,举行“美丽乡村我打卡”优秀作品汇编赠书仪式。

(融媒体中心)

非物质文化遗产保护

【概况】 2023年,扬中市有传统技艺等非遗类别7类,非遗项目22项。省级非物质文化遗产代表性项目有4项,包括竹编、河豚食俗、箫笛制作技艺、九狮图。镇江市级非遗项目8项,包括玉雕、虎头鞋、面塑、青铜铸造、织毯、中国江鲜菜、八桥花绳、西来桥舞龙。扬中市级非遗项目10项,包括剪纸、泥塑、柳编、新坝哨口风筝制作技艺、韩氏膏药、扬中木雕、唱麒麟、吴氏寿肠、杨氏红烧甲鱼、利民八大碗。认定省级传承人2人,镇江市级传承人8人,扬中市级传承人9人。扬中博物馆入选江苏省“最美公共文化空间”。 (徐晶)

【“博物·悦生活”专场活动】 2023年第47个“5·18”国际博物馆日,扬中市文体广电和旅游局主办、扬中博物馆承办的“博物·悦生活”专场活动举行。活动开展小小讲解员“话说扬中”、雕版·点墨拓印、木工·鲁班造物、茶宴·宋韵美学、瓷绘·美好生活等文化体验活动。博物馆躬耕青少年教育,让“文物活化利用”,探求“博物馆+”多元文化服务,开展“田野少年”“博物知美”“扬博童行·馆社共育”等多路径教育品牌项目100余场次。

(融媒体中心)

【九狮图非遗展示馆开馆】 2023年4月19日,扬中市八桥镇永胜村九狮图非遗展示馆开馆。九狮图非遗展示馆位于永胜村道士庙埭生态产业园入口处,占地约200平方米,总投资50万元,是镇江市首家非遗展示馆。由历史渊源、传承谱系、艺术特征、非遗融合、获奖荣誉、社会价值、媒体聚焦、存续状况、保护措施、保护计划10大板块组成,是集收藏、展示、研究和项目传习于一体的综合性非遗馆。 (徐晶)

【西来桥舞龙参加中国成都国际非物质文化遗产节】 2023年10月13日,第八届中国成都国际非物质文化遗产节——黄龙溪火龙灯舞艺术节开幕式在黄龙溪古镇举行。10月14—15日,扬中市舞龙代表队根据主办方的安排,每天定时于古镇景区的核心区域开展现场表演与巡游互动,展示传统舞龙魅力。 (徐晶)

【九狮图入选省级非遗名录】 2023年11月3日,江苏省政府公布第五批非物质文化遗产代表作名录,扬中市九狮图入围。扬中九狮图由1人领球、9人舞狮(5只雄狮、4只雌狮)、武术表演者共同完成。乐器有鼓、大锣、小锣、铙钹各1人。在领球的引领下,表演者手持狮子头尾处的竹柄,伴随锣鼓节奏,展示不同的动作套路,主要通过跑跳步、鸦鹊步、悠步、跺步、狮步等步法,展现狮子威猛可爱的形象。表演分三部分:开场,由翻连叉、舞大刀开辟出表演场地;狮舞,分九连环、乌龙摆尾、8字元宝阵、梅花挑芯、一字长蛇阵5节,参照道家八卦图形列多种阵图表演;结尾摆八仙桌,表演竖星星、磨角、蛤蟆跳、鲤鱼过坝等武术技巧。 (徐晶)

永胜村九狮图 (融媒体中心供图)

卫 生

综 述

【概况】 2023年，扬中市有各级各类医疗机构142个。公立医疗机构包括二级甲等医院2所，疾病防治机构1所，专病防治机构2所（与基层医疗机构合署办公，无独立医疗机构执业许可证），妇幼保健机构1所，乡镇卫生院4所，社区卫生服务中心3所，村（社区）卫生室（服务站）48所（暂停执业7所），政府办厂校医务室（卫生站）4所。社会办医包括护理院3所，小型医院1所，眼科医院1所，门诊部、诊所、医务室、护理站等机构75家。医疗机构病床数1423张，每千人床位数为4.5张；全市卫生技术人员2200人，其中执业（助理）医师970人，注册护士988人。每千人执业医师数和注册护士数分别为3.07人和3.13人。公立医疗机构完成门急诊病人206.72万人次，其中二级医院104.66万人次、基层102.06万人次；出院病人4.59万人次，其中二级医院4.29万人次、基层3012人次。 （黄朝华）

【家庭医生签约服务】 2023年，扬中市把慢性病管理作为有偿签约的重点，其中无偿签约服务包6个，有偿签约服务包15个，在全市所有村卫生室、“4+N”家庭健康责任团队和门诊医生中实施签约服务。常住人口签约率37.55%，建档立卡的贫困人口和计生特扶家庭做到应签尽签。全市老年人、孕产妇、0~6岁儿童、残疾人、慢性病等10类重点人群签约率73.15%，有偿签约1.83万人。新创优质服务基层行推荐标准单位3家，创建率57%。发挥家庭医生“健康守门人”作用，家庭医生团队为慢性病患者建立慢性病健康档案，量身定制个性化健康管理规划，针对急症患者定制方案，确保患者得到及时有效治疗。扬中市完善健康档案，删减档案信息不全，死档废档等，加强流动人口建档工作，建立电子健康档案29.5万份，建档率93.44%，健康档案使用率55.95%。 （王毓彬）

【爱国卫生】 2023年，扬中市组织开展以“宜居靓家园 健康新生活”为主题的2023年扬中市爱国卫生月暨第8届职业人群健走大赛启动仪式，并组织300余人参赛。持续开展“烟头不落地”提升行动，无烟党政机关和无烟医疗机构建成率100%。加强病媒生物防制，举办病媒生物防制专管员培训班2期，专业指导部门单位约40家单位，多轮重复对扬中市建成区农贸市场、餐饮店、商场超市、机关、宾馆、学校、医院等重点场所进行病媒生物防制调查评估及现场技术指导，提高扬中市病媒生物防制工作水平，助力扬中市国家卫生城市复审。规范完成全年鼠、蚊、蝇、蜚蠊生态学常规监测、病媒生物密度控制水平评估等工作。 （张杰）

【健康扬中建设】 2023年，扬中市持续开展国家卫生城市长效管理考核，巩固国家卫生城市建设成果。结合文明城市创建的考核机制，组织开展国家卫生城市长效管理季度考核3次，汇总问题交办整改，通过国家卫生城市复审。新坝、油坊、八桥和西来桥四个乡镇通过国家卫生镇复审省级评估。组织申报建设健康村（社区）11家，通过省级健康村（社区）建设中期评估，率先实现省级健康镇、健康村（社区）全覆盖。4家运动促进健康中心（站）均通过年度考评，获得3个二等奖和1

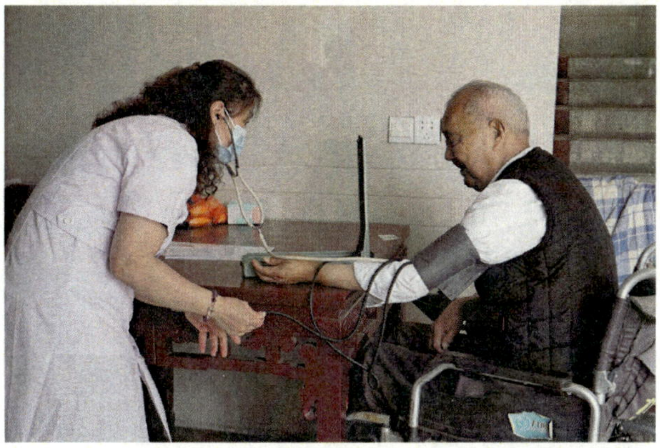

5月19日，油坊镇卫生院开展“放心家医”活动

（卫健委供图）

个三等奖。制定健康教育“五进”活动工作方案,统一组织进农村、进社区、进学校、进企业、进机关开展健康知识讲座88次。巡讲覆盖率100%。参加镇江市健康促进(爱国卫生)职业技能竞赛,获得团体一等奖、个人一等奖和个人第六名的成绩。开展“基于学校的减盐健康教育”省级推广项目的干预和终末调查工作。 (张杰)

疾病预防控制

【传染病防治】 2023年,扬中市落实新型冠状病毒感染“乙类乙管”举措,统筹做好全市医疗救治工作。持续做好新冠病毒等传染病监测预警工作,运送阳性标本至镇江开展新冠病毒全基因组测序。发挥流感、呼吸道综合监测哨点医院作用,每周采集发热和住院肺炎病例的呼吸道标本开展新冠和流感检测,动态分析门(急)诊和住院患者人数、流感样症状病例数、住院严重急性呼吸道感染病例数和新冠病毒感染人数等变化趋势;抽样采集450份血清样本开展血清学检测。组织参加国家、省、市新冠防控培训会议5000人次,确保防控重心转变和防控措施优化落地。传染病发病形势总体平稳,监测报告乙类传染病7种2084例、丙类传染病4种4786例、HIV阳性11例,无甲类传染病报告。及时处置各类预警信息79条,规范处置流感、水痘等聚集性疫情139起。 (黄朝华、吕杰、王伟)

【血吸虫病防治】 2023年,扬中市完成钉螺调查2117.53万平方米,发现钉螺面积226.52万平方米,灭螺654.18万平方米。开展血吸虫病检查11424人次,保持51年无急感发生。完成疟疾血检393人次,无疟疾病例。完成省肝吸虫监测调查,通过三江营区域血吸虫病传播风险评估和查灭螺效果及急感防控考核。

(吕杰、王伟)

【艾滋病防治】 2023年,扬中通过省级艾滋病综合防控示范建设验收,自主检测项目推广策略入选省级示范区典型创新经验模式。开展VCT(艾滋病自愿咨询检测)门诊咨询检测、病例下沉管理、病人随访、老年人艾滋病检测、场所自主管理、高危人群检测等工作。支持鼓励社会组织在高危行为干预开展工作。

(吕杰、王伟)

【结核病防治】 2023年,扬中市启动新坝镇省级“无结核社区”创建,结核病五率指标均继续保持高位达标,规范处置养老机构结核病疫情。全面启动“家密”人群免费筛查工作,实行定点医院、乡镇卫生院两级筛查方式,发现活动性肺结核病人87例,排查“家密”181人。组织开展辖区内入学新生及新入职教职员工结核病筛查,全市高一新生PPD(结合菌素试验)筛查2003人,对全市新入职教职工重组结核杆菌融合蛋白EC检测筛查217人。 (吕杰、王伟)

【麻风病防治】 2023年,扬中市报告麻风病可疑病例17例,未发现确诊病例,开展关怀随访辖区内36例麻风治愈存活者,随访到位率、系统录入率均100%。

(吕杰、王伟)

【慢性非传染性疾病防治】 2023年,扬中市通过国家慢病综合防控示范区省级复审,组织开展第八届“万步有约”职业人群健走大赛和省慢阻肺社区干预项目,联合市肿瘤所承办省重大医改项目“消化健康研究队列”项目工作,协助市卫健委落实基本公共卫生服务和优质服务基层行的培训、指导与考核,规范开展省市布置的死因、心脑血管疾病、慢阻肺,以及慢病及其危险因素监测等工作。 (吕杰、王伟)

【肿瘤防治】 2023年,扬中市报告新发肿瘤病例1450例,随访肿瘤病例4865例,报告恶性死亡病例865例。2013—2017年肿瘤登记资料被世界卫生组织国际肿瘤登记协会(IARC)“五大洲肿瘤发病率第十二卷”收录,被国家癌症中心授予“2023年度全国肿瘤登记工作杰出贡献奖”“五大洲发病率第十二卷贡献奖”,1人获得2023年全国肿瘤登记工作先进个人。承担国家医改重大项目、扬中市重大公共卫生项目“上消化道肿瘤早诊早治”。完成免费内镜筛查2021例,发现上消化道肿瘤16例,癌前病变44例,早诊率70.59%。承担国家癌症中心食道海绵球拉网筛查工作,完成176例。继续推进上消化道癌机会性筛查工作,规范检查7254例,完成率145.1%,检出阳性病例142例,早诊率30.99%。与江苏省疾控中心、南京医科大学联合开展江苏消化队列筛查工作,初筛2517人,阳性846人,参与肠镜筛查543人。 (吕杰、华召来)

【免疫规划】 2023年,扬中市开展指导预防接种示范示教门诊建设工作,严格落实预防接种工作的人员岗前培训,确保持证上岗。做好入托入学预防接种证查验证系统部署及推进,及时组织相关人员参加培训。开展预防接种证查验证工作,查验率100%。推进适龄儿童水痘疫苗和初一年级适龄女生免费接种 HPV 疫苗，完成在校初一适龄女生国产二价 HPV 疫苗免费接种第 1 剂次 813 人，知情同意接种率 100%。AFP 病例监测报告 1 例；无麻疹确诊病例报告；36 例 AEFI 均规范调查处置。 （吕杰、王伟）

医政管理

【医共体建设】 2023 年，扬中市探索市人民医院整体托管三茅街道城西社区卫生服务中心，开展紧密型医共体外科托管共建、成立“扬中市人民医院内镜中心分中心”“姚圣华专科团队工作室”“严德铨经方工作室”、扬中市医疗设备维保中心等。医共体质量控制小组完成医共体单位质控检查并现场反馈 22 次，讲座 5 次，教学查房 8 次。实施双向转诊 725 例，其中上转 634 例，下转 91 例。持续“五大中心建设”，县域内辅助检查同质化水平进一步提升，“整岛一体化 全市一盘棋 有力有序推进紧密型县域医共体建设”入选全国《紧密型县域医疗卫生共同体建设典型案例》。 （黄朝华）

【医疗行业监管】 2023 年，扬中市卫健委联合医保局开展社会办医疗机构依法执业行为联合监管，规范执业行为。印发《扬中市社会办医疗机构分组指导实施方案》，创新开展社会办医疗机构信用等级管理。牵头制定普通诊所、门诊部、中医备案诊所等不同类别医疗机构医疗质量、院感防控、传染病报告、抗菌药物使用、消防安全生产等制度模板 29 个。打击处罚无证行医 4 起，非法执业形势有所好转。监督检查 22 家医疗机构的医疗废物及污水规范化处置。诊所执业登记由“审批制”改为“备案制”，转备案诊所 36 家，新备案诊所 10 家，批准执业登记医疗机构 4 所。完成 69 家医疗机构校验工作，办理医疗机构变更 55 件，注销医疗机构 8 件。完成医师注册 70 人、变更 71 人。护士注册 25 人，延续注册 209 人，变更 53 人。 （黄朝华）

【医疗服务】 2023 年，扬中市规范手术分级管理，制定《关于进一步加强手术分级管理的通知》《关于进一步规范医疗纠纷信息上报工作的通知》等文件，统一医疗卫生机构的医疗设备采购流程。开展护理质量、中药饮片、药品、医疗器械使用行为、养老机构医疗卫生服务等专项检查，以查促改、以查促管，医疗服务质量管理水平进一步提高。实施“病历内涵质量提升行动”，开展依法执业、法律法规及病历书写知识培训，提高病历内涵质量。成立“赵欣教授工作站”等 4 个名医工作室，市人民医院成为上海市中西医结合学会助力县域医疗基地、上海疼痛专科医联体。全年“市检验中心”为基层卫生机构检验标本 4.54 万人次；“市影像中心”完成质量控制 8.73 万人次；“市消毒供应中心”为基层单位消毒植入性器械包 323 个、器械 8008 件；病理质量控制中心完成病理读片质控 1706 人次；心电中心完成读片 5234 人次。 （黄朝华）

【老龄工作】 2023 年，扬中市组织召开庆祝全国第十一个老年节暨全市老干部情况通报会，表彰尊老敬老先进单位、个人。印发《关于进一步推进医疗机构与养老机构签约服务合作的通知》，实现全市养老机构与医疗机构医养结合签约服务 100%全覆盖。持续开展医养结合“互联网+家庭病床”服务，在家庭病床的基础上拓展安宁疗护。持续开展老年人运用智能技术专项普及培训，完成老年人智能培训 1764 人。扬中市创建成第一批全国医养结合示范县建设单位。创建全国示范性老年友好型社区 1 家，老年友好型社区建设单位 2 家，江苏省敬老文明号 1 家，江苏省老年友善医疗机构优秀单位 1 家，江苏省老年友善医疗机构合格单位 1 家。 （黄朝华）

【中医药管理】 2023 年，兴隆街道社区卫生服务中心创成五级中医馆建设单位，三茅街道城西社区卫生服务中心创成四级中医馆。新建中医阁 13 家，建成率 82.5%。开展扬中市级中医适宜技术培训，培训 214 人次，发放培训证书 59 本。加强中医文化宣传，开展社区讲座、义诊活动 33 场。 （黄朝华）

【卫生科技】 2023 年，扬中市申报江苏省卫健委指导性项目 1 项，江苏省中医药科技发展计划项目 2 项。申报镇江市社会发展指导性科技计划项目 10 项，立项 3 项。申报扬中市社会发展项目 11 项，立项 6 项（含基层医疗机构和社会办医疗机构）。完成镇江、扬中科技项目结题验收 8 项。全系统撰写科技论文 74 篇，其中 SCI（科学引文索引）8 篇，国家级杂志期刊 42 篇，省级杂志期刊 24 篇。 （黄朝华）

【人才、专科建设】 2023 年，扬中市 36 名医师参加住院（全科）医师规范化培训，7 名医师参加助理全科医师规范化培训，1 人参加江苏省城乡基层卫生机构管理人员培训班，3 人参加全科医生转岗培训。开设护理人才培训班，8 名基层护理骨干进行理论、实操、质量管理等系统化脱产培训，完成护理质量改善 6 项。54

名医务人员赴上级医院进行3~12个月的进修、培训。在职卫技人员学历提升教育50人。市人民医院10个专科被确认为镇江市临床重点专科，市中医院4个扬中市级中医临床重点专科通过中期评估。培养农村定向医学生37人，141名高中应届毕业生签订协议。安排4名二级医院医生到基层医疗机构支援服务。组织做好东西部对口扶贫工作，安排市人民医院1名医务人员开展为期半年的援疆活动，安排6名医务人员开展为期1个月至1年的援陕活动。

(王晓霞、黄朝华)

【学术交流】 2023年，扬中市开展在职医务人员的继续医学教育工作。举办镇江市级继续教育讲座21期，举办国家级继续医学教育1期，培训学员约4500人。利用市人民医院临床实训基地，拓宽全市医务人员培训的内容，丰富培训形式，开展技能培训和出科技能考核30余次，培训800人次左右。 (黄朝华)

卫生监督执法

【卫生监督检查】 2023年，扬中市承担国家随机监督抽查任务121户，江苏省随机监督抽查任务106户，计227户，任务完成率100%，任务完结率100%，处罚违法案件21起。双随机抽查结果均通过政府网站予以公开。"双随机"监督检查视频获扬中市行政执法视频评选二等奖。推进"放管服"改革，规范实施许可审批服务和办理行政处罚案件。办理卫生行政许可597件，全面推进新生儿出生"一件事一次办"服务，完成线上申报149例。办理行政处罚案件46件(普通程序21件，简易程序25件)，罚没款金额58.89万元。行政处罚案卷获镇江市卫健委案卷评比一等奖和三等奖。推进卫生健康法治建设，开展公立医院法治建设调研；加强行政监督，严格规范公正文明执法；加强制度建设，提高依法行政能力水平；推进落实医疗卫生行业综合监管制度。卫生监督所获得2023年度全省卫生监督机构执法办案先进单位称号。 (童道静)

【非法行医整治】 2023年，扬中市打击非法行医保持高压态势，印发打非宣传资料8种3万余份，开展各类宣传4场次；组织公安、市场监管等部门开展联动打非行动检查2次，出动卫生监督员88人次，检查黑黄名单重点监管对象，查处1起无证行医行为。查处无证行医举报29件，其中查实并实施行政处罚5起。全年无证行医罚款金额38万元，没收非法所得约1.021万元，约谈告诫7人，申请法院强制执行2起。按照无证行医查处相关规定对1名举报人给予相应的奖励。

(童道静)

【公共场所卫生监管】 2023年，扬中市落实709家公共场所单位量化分级管理工作，量化分级实施率100%。完成大中型住宿场所、游泳场所、集中空调通风系统等专项整治，按照创建国家卫生城市和文明城市标准要求，督促各公共场所经营单位"两证"到位，建立并落实卫生管理制度，完善基础卫生设施，保证公用物品清洗消毒保洁工作规范运转、记录完整；严格执行公共场所内健康相关产品的采购索证，建立完善的公共场所突发事件应急预案和传染病报告的制度。加大重点公共场所监管力度，检查公共场所单位1500户次。结合创文创卫要求分别对全市住宿业、美容美发业和游泳场所单位举办5期411人次的培训；发放各类宣传资料400余份。以普通程序行政处罚6家单位，罚款金额8500元。 (童道静)

【生活饮用水监管】 2023年，扬中市组织《生活饮用水卫生标准》培训和考试，全市集中式供水单位、直饮水供水单位、部分二次供水单位和涉水产品单位的负责人、卫生管理人员以及乡镇卫生监督协管员110人参加，培训合格率100%，建档率100%。结合国家"双随机"抽检工作加强对日供水千吨以上的城镇公共供水单位、二次供水单位以及管道分质供水单位的卫生监督管理。对国家"双随机"抽检任务中的1户集中式供水单位和9户二次供水单位，依规选取有资质的第三方检测机构开展水质监督抽检，检查结果及时录入上报省系统。监督集中式供水单位(含管道分质供水)28户次，二次供水单位66户次，出具现场检查表96份，产品样品采样记录10份，现场快检水样75份，快检合格率100%。监督抽检样品10份，合格率100%。参与二次供水设施验收3户次，实施行政处罚1户，罚款金额500元。参与涉水产品批件验收、校验1户次，监督涉水产品生产企业9户次。完成食品化学污染物及有害因素监测39份、食品微生物及其致病因子49份、盐水鸭专项10份、食源性疾病病例监测287份、发现并处置8起聚集性病例。生活饮用水水样256份，学校直饮水44份，形成饮用水通报12份、政府网站公示4份。协助卫生监督所"双随机"监督抽检二次供水10份；学校饮水专项监督抽检2轮39份直饮水水样。开展医院污水及医院消毒质量监测202户次2930份样品，幼托机构监测5家126份样品。 (童道静)

【职业健康监督】 2023年,扬中市持续推进职业卫生分类监督执法试点工作,第一批试点企业150家,25家企业完成职业病危害风险与职业卫生管理状况分级及综合风险评估分类。深入开展职业病危害专项治理,做到监管执法与帮扶指导有机结合,监督检查治理企业55家,帮扶指导58家,完成治理12家,关停16家,实施行政处罚6家。培育建设健康企业6家(其中省级1家、县级5家)。 (童道静)

妇幼健康

【妇幼保健】 2023年,扬中市有产妇1094人,活产数1109人,建卡1094份,建卡率100%,无孕产妇死亡。完成农村妇女宫颈癌筛查1.36万人次,乳腺癌检查1.39万人次,确诊宫颈癌4例,乳腺癌10例。婚前保健率94%,疾病检出率17.5%。免费孕前优生健康检查适龄夫妇551对,检出高风险231例,对异常对象给出相应的干预措施及指导。全市孕妇艾滋病毒抗体、梅毒初筛、乙肝表面抗原检测率100%,规范治疗1名梅毒感染孕妇,为25名乙肝阳性孕产妇所生的26名新生儿免费注射乙肝免疫球蛋白。无新生儿死亡,婴儿死亡1人,死亡率0.9‰;5岁以下儿童死亡2人,死亡率1.8‰。新生儿听力筛查816人,筛查率99.9%,发现双耳中度听力障碍1例,单耳轻度听力障碍2例。开展新生儿遗传代谢性疾病筛查816人,筛查率99.9%,发现1例先天性甲状腺功能减退,1例新生儿肾上腺皮质增生症,均予以规范治疗。开展避孕节育随访业务指导,服务率100%。发放避孕套26.41万只。 (杨静)

【生育服务】 2023年,扬中市组织实施三孩生育政策及配套支持措施,继续实施各项奖励扶助政策,发展婴幼儿照护服务,提升普惠托育服务水平。实行生育登记服务制度,生育登记831户(其中一孩544户、二孩279户、三孩8户);出生882人(其中一孩523人,二孩323人,三孩及以上36人)。上报出生人口一孩率59.18%,比上年下降3.42个百分点。上报出生数877人,比上年减少91人,往年出生补报61人。扬中市新增奖励扶助对象2238人,发放农村部分计划生育家庭奖励扶助4.74万人次,发放奖励扶助金2274.14万元;持独生子女父母光荣证企业退休职工一次性奖励2287人,发放一次性奖励金685.81万元;持独生子女父母光荣证城镇非从业人员141人,发放一次性奖励金42.16万元。发放独生子女父母奖励金109.47万元。继续实施"润苗工程"帮扶工作,为100名孩子赠送关爱保险。 (祝萍)

【托育机构】 2023年,扬中市24家托幼机构卫生保健合格率100%;保教人员体检985人,受检率100%;儿童入托体检1752人,体检率100%;健康体检在园儿童7582人,体检率99.2%。托育机构提供托位数1297个,每千人口拥有3岁以下婴幼儿托位数4.1个。做好托育机构登记备案,2家托幼一体化幼儿园、1家托育机构在国家托育机构备案信息管理系统上通过审核备案。实施省、市政府普惠托育民生实事项目,推动普惠托育服务提质扩面,1家托育机构确定为2023年江苏省示范性托育机构,1家托育机构被评为2023年江苏省政府民生实事普惠托育项目,2家托育机构被确定为镇江市普惠托育机构。加强综合监管托育机构,组织开展联合检查3次,开展督查辖区内所有托育机构安全风险隐患排查整治工作。联合第三方消防检测机构对7家托育机构开展安全生产检查。 (祝萍)

医疗机构选编

【扬中市人民医院】 2023年,扬中市人民医院总建筑面积6.5万平方米,编制床位700张,实际开放床位710张,有职工1020人,其中在编职工622人,专业技术人员950人,高级专业技术职称228人,中级技术职称284人,博士1人,硕士生导师8名,硕士研究生74人,江苏省第六期"333"第三层次培养对象1人,镇江市第六期"169工程"培养对象12人,扬中市专业技术人员第五期"321"培养对象44人。设有临床医技科室49个,其中胸外科、普外科、心内科、消化内科、神经内科、肿瘤科、肾内科、眼科、影像科、康复科为镇江市临床重点专科。2023年,门急诊病人82.54万人次,出院病人3.23万人次,住院手术6972人次,三、四级手术占比66.65%,床位使用率104.55%。围绕三级医院转设和高质量发展主线,高质高效完成各项工作任务。新引进卫技人员100人,其中硕士以上学历16人,新增在读博士生4人,新增江大硕士生导师2人,扬大硕士生导师4人,在读博士、硕士113人。根据三级医院转设标准,对标找差,全面开展医院质量管理、制度建设、科室管理、病案质量控制、信息系统持续改进等工作。开展免费陪诊陪检服务,启动"互联网+护理"服务项目,完成服务订单56例。打造老年友善医院,完善老年人相关诊疗服务,创建成为省级优秀老年友善医院。新建呼吸内科、麻醉科等5个知名专家工作站，整体托管新坝中心卫生院外科，在油坊镇卫生院、西来桥镇卫生院成立专科专家工作室，五大中心高效高质运行，服务基层12万余人次。10个专科被评为镇江市临床重点专科，扬中首例体外循环心脏手术、首例无导线起搏器植入术、首例旋磨+Shockwave震波球囊+支架植入手术等高难度新技术相继开展，率先开展肥胖人员的减重手术，成立门诊和住院MDT并常态化开展。完成门诊母婴室及儿科雾化室、中药房迁移新址，急诊区域易地改建，信息系统全面升级，电子病历系统应用水平4级通过国家认证，建成互联网医院并正式运行。推进收购原电站辅机厂、福海大酒店地块，启动华康院区的L型病房楼建设，完成原华康写字楼改造工程，完成高压氧舱土建，血液净化中心扩建工程。西院区增设车位490个，解决停车难问题。（郭莹）

【扬中市肿瘤防治研究所】 2023年，扬中市肿瘤防治研究所通过镇江市级医学临床重点专科评审，2项科研结题，1项科研获得省卫健委预防医学面上课题立项，1项科研获镇江市科研立项。发表论文5篇，其中SCI论文2篇，中文核心3篇。作为省肿瘤登记及死因督导专家组成员对常州市、无锡市给予技术指导。继续开展肿瘤登记报告工作，年度报告新发肿瘤病例1450例，随访肿瘤病例4865例，报告恶性死亡病例865例。2013—2017年肿瘤登记资料被世界卫生组织国际肿瘤登记协会（IARC）“五大洲肿瘤发病率第十二卷”收录，被国家癌症中心授予“2023年度全国肿瘤登记工作杰出贡献奖”“五大洲发病率第十二卷贡献奖”，1人获得2023年全国肿瘤登记工作先进个人。与国家癌症中心合作，开展国家十三五重点研发项目“食管癌专病队列研究”后续工作。第四次承办国家级上消化道癌早诊早治技术培训班，参加早诊早治中国行——扬中站培训和考核。继续承担国家医改重大项目、扬中市重大公共卫生项目“上消化道肿瘤早诊早治”，完成免费内镜筛查2021例，发现上消化道肿瘤16例，癌前病变44例，早诊率70.59%。承担国家癌症中心食道海绵球拉网筛查工作，完成176例。推进医院门诊上消化道癌机会性筛查工作，规范检查7254例，完成率145.1%，检出阳性病例142例，早诊率30.99%。与江苏省疾控中心、南京医科大学联合开展江苏消化队列筛查工作，初筛2517人，阳性846人，参与肠镜筛查543人，其中活检225人，癌症6人，高级别5人，低级别156人，息肉及其他58人。（华召来）

【镇江市急救中心扬中市分站】 2023年，镇江市急救中心扬中市分站有专科医生19人（包含急诊科医师），跟车护士和担架员各11人，实行24小时值班制，出诊时做到一医一护一驾一担架，能熟练处置各种急危重症。急救站拥有救护车11辆，监护型救护车9辆，负压救护车2辆，配有急救药品、呼吸机、除颤仪、吸引器等医疗设备。急救医疗站采取“120”“110”联动机制，利用“120”监控指挥系统进行科学、合理的调度。急救医疗站处理急救电话1.78万次，出车6282次，有效出车5279次，平均出车时间106秒，急救病人现场处置率100%，院前急救病历书写率100%，3分钟出车率97%，平均急救反应时间12.6分钟，医护人员完成各类保障任务110次，与红十字协作完成6次全民“自救、互救”急救技能培训，培训对象1000余人次。（张敏莉）

【扬中市中医院】 2023年，扬中市中医院占地面积1.70万平方米，建筑面积3.51万平方米。编设病床300张，实际开放病床260张。有职工313人，其中在编人员177人，高级职称卫技人员61人，中级职称91人，镇江市名中医2名，镇江市169学术技术新秀3名，扬中市专业技术带头人14名，返聘退休中医专家2名。设有临床科室15个，医技科室7个，有中医临床重点专科7个，脾胃病科、儿科、针灸推拿科为镇江市中医临床重点专科，肛肠科、妇产科、脑病科、骨科为扬中市中医临床重点专科。全年门急诊17.19万人次，出院1.06万人次，病床使用率75.82%，手术3280人次。开展学习习近平新时代中国特色社会主义思想主题教育、庆祝建党102周年等系列活动，完成专业技术岗位竞聘、第六轮管理干部竞争上岗。开展中医大篷车、结直肠癌筛查、前列腺癌筛查等健康惠民服务27次，服务群众1800余人。开展妇女两癌筛查1158人，1名医务人员对口援陕。与镇江第一人民医院建立乳腺外科专科联盟，与上海瑞金医院成立胸外专科医联体，老年医学科通过省级验收，创建老年友善医疗机构。打造中医品牌，举办第十四届“冬病夏治”暨第七届夏季养生节、第十五届膏方节活动，服务群众3万余人。6月，综合楼土建工程验收竣工，预计2024年4月底整体搬迁。（余佳）

【新坝中心卫生院】 2023年，新坝中心卫生院在编职工119人，其中卫生专业技术人员93人，取得高级职称卫生专业技术人员41人，中级职称18人；江苏省基层卫生骨干人才5人,扬中市基层卫生骨干人才1人;引进卫生专业技术人才6名(其中2名为规培编内人员)。医院加大设备设施的更新力度,添置生物安全柜、口腔CT、口腔种植机、超声、康复仪等大中型医疗设备。完成门急诊23.51万人次,出院病人973人次。“康新—暖心家园”项目被镇江市委确定“2022年度基层党建书记项目特别奖”,被省卫健委和省老龄委授予江苏省第四届“敬老文明号”称号,通过“优质服务基层行”推荐标准资料审核和现场复核。核实更新原有5万余份居民健康档案,对核准的4.48万份居民电子健康档案实行动态管理;优化家庭医生服务团队,开展家庭医生签约服务,签约人数1.98万人。做好幼儿健康管理,落实健康管理1549人,管理率为100%,免疫规划疫苗接种4458剂次,非免疫规划疫苗接种839剂次,疫苗接种及时率95%以上;有序组织开展65岁以上老年人体检,完成体检7543人。强化慢性病管理力度,在册管理的高血压患者5946人、Ⅱ型糖尿病患者1951人。完成全国第七次卫生调查工作;组织查灭螺队伍完成春秋季江滩血吸虫防治工作任务,灭螺面积522.18万平方米。开展妇女“两癌”筛查工作,筛查1706人,确诊乳腺癌1例。持续推进为老服务,院内医养老中心入住老人累计45人;新建家庭病床57张。 (唐琴)

【三茅街道社区卫生服务中心】 2023年,扬中市三茅街道社区卫生服务中心在职职工124人,其中卫生专业技术人员98人,取得高级职称卫生专业技术人员25人,中级职称18人,扬中市基层卫生骨干人才5人。全年门急诊18.1万人次。中心开展基本医疗和公共卫生服务。预防接种疫苗1.87万针次,完成“两癌”筛查2077人次,发现乳腺癌2人,宫颈癌1人,所有阳性病人均跟踪随访到位。完成叶酸补服244人次,“三抗”检测318人。做好艾滋病管理工作,HIV高危检测101人,干预场所18次。大型工地宣传1次,学校宣传讲座1次,发放材料150份。按照“突出重点、分类指导”的原则,查螺面积272.69万平方米,灭螺面积14.53万平方米,血防血液检测1900人,粪便检测50人。完成65岁以上老年人健康体检6925人次,家庭医生签约1.14万人。新生儿建卡314人次,建卡率100%。开展“千医巡诊万村行”活动,举办义诊、讲座74次、服务人次6000余人次。新建15张适老化改造病床,在管家庭病床33张,家庭医生上门服务1418人次,与南京康兮健康科技研究院签约合作,开发家庭病床心电监护平台,实现上线使用。与镇江市第一人民医院签订镇江基层特色科室口腔科孵化项目,创建基层医疗卫生机构糖尿病规范化管理中心“糖尿病三星门诊”。12月中旬,中心新建医院完成土建封顶。(徐洁)

【三茅街道城西社区卫生服务中心】 2023年,扬中市三茅街道城西社区卫生服务中心在编在岗职工80人,非在编专业技术人员26人,在岗职工中中高级职称49人,江苏省基层卫生骨干3人,扬中市基层卫生骨干1人。辖区内常住人口8.26万人,门急诊13.29万人次,比上年增长53.24%;住院510人次,增长86.81%。建居民健康档案8.1万份,新建档案6552份。常住人口签约率40.8%,重点人群签约率75.2%,有偿签约服务1745人。完成65岁以上老年人体检5822人,体检率66.87%。高血压患者登记6930人,新发现高血压病人1147人,规范管理率77.8%。糖尿病建档2220份,新发现糖尿病人550人,规范管理率66.4%。妇女两癌筛查受检人数2990人,其中宫颈癌筛查HPV阳性314人,TCT阳性99人,筛查出宫颈病变17人(低级别病变10人,高级别病变7人)。通过“优质服务基层行”推荐标准和社区医院的初步审核,创建江苏省老年友善医院、省级四星级中医馆、省健康促进医院。肛肠科、中医骨伤科成功创建为镇江市特色科室,新胜村卫生室通过镇江市甲级村卫生室推荐标准的现场复核。

(高一轩)

【兴隆街道社区卫生服务中心】 2023年,扬中市兴隆街道社区卫生服务中心在编职工87人,其中卫生专业技术人员75人,取得高级卫生技术专业高级职称26人,扬中市学科带头人5人。全年门诊12.54万人次,收住病人835人次,收治床日1.33万床日,开展手术307例。持续开展“优质服务基层行”活动,通过推荐标准复审。提升中医馆内涵建设,通过镇江市级验收,成为五级中医馆的建设单位。建立居民健康档案2.35万份,完成65岁以上老年人体检4940名,糖尿病患者规范管理率83.6%,重性精神疾患规范管理率99.4%。组建6支家庭医生服务团队,签约重点人群1.09万人,建立并规范管理家庭病床32张。 (耿昌瑜)

【扬中市精神病防治院】 2023年,扬中市精神病防治院现有床位168张,分设四个病区。有主任医师1人,副主任医师1人,住院医师5人,扬中市321培养人才1名。全年完成门诊3万人次,住院224人次,住院8629床日。着力打造“从‘心’启航”志愿服务品牌,对全市青少年心理健康问题教育引导和行为干预。设立心理援助热线,为全市市民提供24小时免费心理咨询服务。扎实做好严重精神障碍患者管理工作,对严重精神障碍患者“应收尽收、应治尽治、应管尽管”。完成精神病防治院迁建项目,新院引进先进的医疗设备和技术,如电休克治疗、经颅磁,心理CT等。（祝勇）

【油坊镇卫生院】 2023年,油坊镇卫生院在编职工86人,乡村医生6人。其中卫生专业技术人员70人,高级职称15人,中级职称34人,扬中市“321”工程学科带头人7人,省基层卫生骨干人才3人,扬中市基层卫生骨干人才1人。特色科室错位发展,中医特色逐渐彰显,胃肠疾病中西医结合、防治结合的服务模式初步形成。全年完成门急诊12.19万人次,中医内科门诊量比上年增长30%,镇域外就诊率突破60%。实现村卫生室中医阁全覆盖,温针、小针刀等疼痛康复新疗法取得新突破。5月,成立扬中市人民医院内镜中心油坊分中心暨姚圣华专科团队工作室。胃肠镜检查2180例,发现早癌16例,癌前期病变450例。家医签约服务打造“放心家医”品牌,签约2.15万人,开展各种健教讲座、咨询28次。建立家庭病床35张,巡诊1728人次,赠送握力器、拐杖、助步器等康复器械35人。完成老年人体检6626人,登记管理高血压病患者5783人,糖尿病患者1581人;管理结核病患者13例,转诊7例,患者转诊率100%。新址建设按“美观、实用、科学、绿色、节能”原则,体现人性化、适老化、智慧化,科室齐全,克服最低价招标、极端天气等不利因素影响,加强建设安全和施工质量监管。完成桩基施工及检测、地下室工程施工、全部主体结构封顶。（杨芬）

【八桥中心卫生院】 2023年,八桥中心卫生院在编职工103人,其中卫生技术人员89人,高级职称35人,中级职称28人,拥有扬中市“321”工程学科带头人5人,省级基层卫生骨干人才5人。全年接诊门急诊患者15.75万人次,收住患者361人次。重新组建9支家庭医生团队,设置22个家庭医生工作室,以家医网格长为核心,招募基层党小组长、村民组长、网格长担任“四长”共建家医工作室,完成家庭医生签约服务1.83万人。高血压健康管理4044人,糖尿病健康管理1341人,慢性病随访2.2万人次,精神病人健康管理177人,65岁以上老年人体检5500人,农村妇女增补叶酸106人,妇女“两癌”筛查1230人。与南京中大医院合作,启动八桥镇糖尿病高血压“两筛三防”3B达标项目;与市老体协合作,承办“运动促进健康体医融合共建项目”。在全镇启动符合适应症的45~70岁消化道肿瘤高危因素人群筛查项目,并获医保基金支持。组建康复疼痛科,引进的“正清风痛宁风湿与疼痛三联序贯疗法”成效明显。新购置体外碎石机,完成200余人次碎石。通过“优质服务基层行”国家推荐标准优秀卫生院评审。八桥区域医疗卫生中心原址新建项目年内竣工并整体搬迁。（祝贞贵）

【西来桥镇卫生院】 2023年,西来桥镇卫生院在编职工47人,编外职工3人,乡村医生2人(返聘)。其中,卫生专业技术人员37人,高级职称9人,中级职称14人,扬中市“321”工程学科带头人3人,扬中市基层卫生骨干人才1人,江苏省基层卫生骨干人才1人。全年完成门急诊7.1万人次,住院病人260人次。中医科被评为镇江市级特色科室,王中林名医工作室完成门诊量175人次,医疗收入10.7万元;严德铨经方工作室完成门诊量545人次,中草药收入10.2万元。开展“互联网+”家庭病床、“互联网+”慢性病智慧管理项目,完成2781名65岁以上老年人体检,高血压登记2300人,新发现高血压病患者6人,规范管理高血压患者1654人,规范管理率71.91%;糖尿病建档623份,新发现糖尿病患者4人,按照规范要求进行Ⅱ型糖尿病患者健康管理486人,规范管理率75.34%。健康教育、传染病防治(结核病艾滋病防治等)、0~6岁儿童健康管理、孕产妇健康管理、老年人健康管理、慢性病患者健康管理、严重精神障碍患者管理等工作有序开展,14大类、55项基本公共卫生服务项目成效显著。选择西来桥镇北胜村、东来村、三新村实施上下消化道肿瘤早诊早治筛查工作,完成胃镜筛查1334人,肠镜筛查451人,家庭医生签约服务1.02万人,其中农村低收入家庭签约率100%,慢性病、60岁以上老年人签约率100%。（温德勤）

体 育

综 述

【概况】 2023年，扬中市体育事业稳步发展，全民健身活力迸进，持续完善健身场地设施建设，新建健身路径30套、健身广场3个、健身步道5千米。举办省老年人体育节镇江扬中分会场开幕式、“5·19”全国太极拳大联动扬中分会场活动、第十四届男子篮球联赛、“幸福江苏”全民健身志愿者服务暨社会体育指导员（健身气功）公益培训走基层系列活动、国际男子篮球对抗赛等赛事活动，承办镇江市少儿排球、少儿羽毛球比赛等市级以上体育赛事。举办乒乓球、排球、篮球、游泳裁判员专项业务培训班，选派社会体育指导员参加省级健身气功、太极拳、太极剑等项目的技能再培训，向省三线优秀运动队输送运动员8人。扬中市舞韵江洲舞蹈队代表镇江参加全国和美乡村广场舞大赛（江苏站）比赛获得规定套路和自选套路一等奖、团体总分特等奖和优秀组织奖。 （徐晶）

【体育产业】 2023年，扬中市奥体中心全力举办各级别赛事活动，承办“幸福江苏”江苏省排舞公开赛、2023年江苏省柔力球项目社会体育指导员再培训、03—04组扬州青少年足球交流赛等活动；组织举办金融行业协会游泳选拔赛、中小学生阳光体育竞赛等，组织开展游泳、篮球、羽毛球、网球等各类培训。全年完成营业收入1524万元。体育彩票累计发行1.4亿元，江苏瑞克健康科技股份有限公司获省体育产业扶持资金70万元。 （徐晶）

群众体育

【江苏省老年人体育节扬中分会场开幕】 2023年4月14日，扬中市暨新坝镇老年人体育节开幕式在新坝体育馆举行。活动以“全民健身动起来 文明扬中更精彩”为主题，200余名队员共同展示广场舞、莲湘、健身气功等项目。近年来，扬中市各级老年体协发挥桥梁纽带作用，打造老年人体育节、中老年优秀文体节目展演、老年人太极拳大联动、老年人健步走大联动等特色品牌活动，广大中老年人在体育活动中增强体质，陶冶情操。 （徐晶）

【第十四届男子篮球联赛】 2023年5—10月，扬中市举办“威腾电气”杯第十四届男子篮球联赛。5月21日，第十四届男子篮球联赛开幕式在奥体中心篮球馆开赛，联赛由文体广电和旅游局、总工会主办，篮球协会承办。比赛分竞赛组、健身甲组、健身乙组、健身丙组4个等级，全市28支篮球俱乐部、476名球员参赛，赛程历经5个月，总计138场比赛。联赛有竞赛组8支，健身甲组9支，健身乙组6支，健身丙组5支。比赛分两个阶段举行，第一阶段竞赛组、健身甲组采用单循环比赛，健身乙组、健身丙组采用双循环比赛；第二阶段所有组别均采用一场决胜负进入交叉赛。经过角逐，大有篮球俱乐部以76:63战胜三茅街道新蜂篮球俱乐部，夺得联赛冠军。 （徐晶）

10月，扬中市第十四届男子篮球联赛举办

（融媒体中心供图）

【“九九重阳节”全民健身主题活动】 2023年10月21—23日，“九九重阳节”全民健身主题活动在新坝镇体育馆举行。活动以“舞动重阳 快乐健康”为主题，由市文体广电和旅游局、市老年人体育协会主办。活动现场举行舞蹈、斗笠舞、旗袍秀、小品、健身秧歌、独唱、扇子舞、韵律健身操、养生太极等节目，展现全市人民团结拼搏、健康向上的精神风貌。（徐晶）

【“体彩杯”国际男篮对抗赛】 2023年10月6日，“体彩杯”国际男篮对抗赛在市奥体中心体育馆举行。国际男子篮球对抗赛是2023年举办的一场大型国际交流赛事，对抗赛的两支球队分别为尼日利亚国家队与美国职业明星队，两队比赛风格迥异、特点鲜明，给扬中市市民上演一场精彩的赛事。最终美国职业明星队以64:51胜尼日利亚国家队。（徐晶）

【太极拳协会成立十周年庆典暨太极健身节展示活动】 2023年10月，扬中市太极拳协会举行成立十周年庆典暨太极健身节展示活动，400余名太极爱好者参与活动。太极拳协会成立十年来，开展各项太极健身活动，每年组队参加国家及省市级太极拳、健身气功等项目竞技比赛，在江苏省级太极拳、太极剑、健身气功八段锦比赛中，获得金牌和一等奖135个。太极拳协会先后获评“AAAA级全国性社会团体”“镇江市十佳群众健身站点”“扬中市群众体育运动先进集体”称号。（徐晶）

10月1日，太极拳协会举行成立十周年庆典暨太极健身节展示活动（融媒体中心供图）

竞技体育

【邹莉娟、林思彤田径赛夺金】 2023年3月，世界残奥田径大奖赛(迪拜站)上，扬中籍运动员邹莉娟分别以8.9米和19.65米的成绩获得女子铅球F34级和标枪F34级金牌。7月12日，巴黎世界残疾人田径锦标赛上，邹莉娟分别以9.25米和20.74米的成绩获得女子铅球F34级和标枪F34级金牌。10月，杭州第四届亚残运会上，邹莉娟分别以9.14米和21.59米的成绩获得女子铅球F34级和标枪F34级金牌，林思彤以21.53米的成绩获得女子标枪F56级金牌。（徐晶）

【扬中市获全国成人游泳锦标赛团体奖】 2023年3月25—26日，“四方游泳杯”第23届全国成人游泳锦标赛在江阴市体育中心游泳馆举办，全国47支代表队，776名游泳运动员参加比赛。扬中市代表队选派26名游泳爱好者参加比赛。经过2天、4场比赛，扬中市游泳代表队以152分夺取团体总分第16名，是扬中市在全国大赛上取得的最好成绩。（徐晶）

【江苏省第二届智力运动会象棋比赛】 2023年4月13—15日，江苏省第二届智力运动会象棋比赛在扬中市开赛，全省13个设区市的173名象棋运动员参赛。比赛采用中国象棋协会审定的《象棋竞赛规则》2020版，设公开组、青年组、少年甲组、少年乙组、儿童组、大学生组六个组别，采用电脑编排累计开展比赛7轮，产生金、银、铜牌各11枚。（徐晶）

【镇江市少儿排球比赛】 2023年5月20—21日，镇江市少儿排球比赛在新坝体育馆落幕。比赛由镇江市体育局、镇江市教育局主办，扬中市文体广电和旅游局承办。比赛有8支代表队200余名运动员、教练员以及领队参加，分设小学男子、女子甲组；小学男子、女子乙组四个组别。经过2天、28场的比赛，珥陵小学获男子甲组冠军，长旺小学获女子甲组冠军，珥陵小学获男子乙组冠军，江苏科技大学附属小学获女子乙组冠军。（徐晶）

【扬中曲棍球代表队在全国比赛中再创佳绩】 2023年8月6日，全国青少年U系列曲棍球锦标赛暨全国第四届中学生曲棍球锦标赛、2023年全国小学生曲棍球夏令营在内蒙古莫力达瓦达斡尔族自治旗落幕。赛事由国家体育总局手曲棒垒球管理中心、中国中学生体育协会和中国曲棍球协会主办，历时9天。江苏省扬中市第二高级中学女子曲棍球队获得U18学校组第一名；扬中市第一中学女子曲棍球队获得U15学校组第二名；扬中市崇德小学女子曲棍球队获得U12组三等奖。（徐晶）

【扬中市选手陈熙文获全国少儿象棋冠军】 2023年8月24日，全国中学生象棋锦标赛暨全国小学生象棋训练营在东台黄海海滨国家森林公园管理中心落幕。赛事历经4天，扬中市选手陈熙文获得小学生B组冠军。（徐晶）

社会生活

收入与消费

【居民收入】 2023年，扬中市居民收入持续增长。全体居民人均可支配收入59618.3元，比上年增长5.9%。其中，城镇居民人均可支配收入71302.4元，增长5.0%；农村居民人均可支配收入40743元，增长7.4%。（王成振）

【居民消费】 2023年，扬中市居民消费保持增长，人均生活消费支出34448元，比上年增长9.1%。其中，城镇居民人均消费支出37185元，增长7.6%；农村居民人均消费支出30027元，增长11.7%。（王成振）

人才工作

【概况】 2023年，扬中市城镇新增就业6692人，城镇居民可支配收入71302.4元，城镇失业人员再就业2709人，就业困难人员就业1225人，城镇登记失业率全年均低于2.5%。扶持自主创业1939人，创业带动就业7218人，发放创业贷款1065万元，扶持农民自主创业486人，支持高校毕业生新创业416人。组织开展补贴性职业技能培训4208人次。培养引进大专及以上学历人才4580人，引进产业工人5523人。开展本地线上线下招聘活动30场，服务企业693家次，促成就业意向3275人，深化校园引才，组织554家次企业开展80场校园招聘活动，达成高校毕业生初步就业意向3572人，组织882人参加就业见习。（吕杰）

【重点群体就业帮扶】 2023年，扬中市人社局聚焦重点群体，兜牢底线保就业。有序推进高校毕业生实名制登记，为447名离校未就业高校毕业生提供就业帮扶，实现就业率96.4%。持续加强就业困难人员实名制动态管理和分类帮扶，新增公益性岗位安置就业困难人员280名，建成三茅街道民主村、八桥镇万福村两个标准化“家门口”就业服务站，帮扶201名困难人员就业。发放灵活就业社保补贴、公益性岗位补贴、一次性扩岗补助等奖补资金3550万元。（吕杰）

【劳务市场规范化管理工作】 2023年，扬中市人社局开展全市劳务用工摸排调查，对全市400余家规模以上企业及50余家人力资源机构发放《致全市用工企业及劳务机构的倡议书》，组织企业赴芜湖开展劳务用工调研交流，深化人才招引市场化运作，引导企业理性认识劳务用工模式，自觉维护劳务市场秩序。探索推行规范运行制度，加强全市劳务用工管理。（吕杰）

【人才发展生态优化】 2023年，扬中市人社局持续落实大学生“荟扬”、产业工人“聚扬”等人才政策，发放各类人才津补贴、机构引才奖励491.82万元，惠及1041人。联合经开区，推动建设镇江市首个“技能人才之家”，打造技能人才互动交流平台，健全人才服务体系，树立人才服务典型范例。培育大学生优秀创业项目4个，创业孵化基地达到41家（其中省级5家，市级36家）。三茅街道创成省级创业示范基地，推动48家企业入驻营业，16家企业成功孵化，实现产值1.2亿元，安排劳动力就业500余人。（吕杰）

【就业援助月】 2023年1月31日，扬中市与陕西省白水县联合举办“春风行动”暨就业援助月现场招聘会。“春风送真情 援助暖人心”招聘会吸引60余家企业参加，涉及工业制造、食品餐饮、家政服务等行业，提供就业岗位5000余个。其中，上迈新能源、蜂巢动力、威腾电气集团、长江三星科技等9家重点企业提供就业岗位908个。现场，扬中市人社局向当地有就业意向的村民介绍扬中情况及就业创业人才政策，邀请各路精英了解扬中、选择扬中，就业创业、安居乐业。借助“春风行动”，深化两地劳务信息合作，实现人力资源供需动态对接；加强就业创业服务指导工作，促进载体建设最优化；强化职业技能培训合作，提高工作技能；加大劳务用工维权，力促“引得进、用得上、留得住”，确保到扬中务工人员健康就业、有序就业、稳定就业。（吕杰）

【高层次人才创新创业大赛】 2023年4月27日，扬中市启动高层次人才创新创业大赛，旨在集聚一批国内外高层次人才和创新创业团队，塑造发展新动能新优势，为高质量发展提供人才智力支撑。大赛覆盖智能电气、临港装备制造、医疗器械和生物医药、海工装备、智能农机设备等多个领域。大赛创业类设置一等奖2名，奖金8万元；二等奖3名，奖金4万元；三等奖5名，奖金1万元。其中，获得一、二等奖的项目，优先推荐申报“金山英才”计划，给予扬中市“江雁计划”优先以上资助(100万元或50万元)；获得三等奖的项目，可直接进入2023年扬中市“江雁计划”面试。“揭榜挂帅”专场类每项企业难题评选出优胜奖1名。 (吕杰)

【毕业生就业双选暨夏季人才交流大会】 2023年7月16日，扬中市毕业生就业双选暨夏季人才交流大会在市奥体中心体育馆举行。大会设置“重点产业项目招聘专区”“规模企业招聘区”“中小微企业招聘区” 三个招聘专区，有152家企业参加招聘，提供就业岗位3300余个，涉及电气、机械、电信、环保等领域，吸引1300余人次进场。34家“六十强”企业参与现场招聘。1013名求职者现场应聘登记，其中2023届应届毕业生320人；达成初步就业意向310人次，其中应届毕业生146人。 (吕杰)

7月16日，扬中市毕业生就业双选暨夏季人才交流大会 (融媒体中心供图)

社会保险

【概况】 2023年，扬中市企业职工参保人数7.67万人，养老金按时足额发放率100%，企业退休人员社区管理服务率100%，基金征缴收入10.37亿元，工伤保险参保人数8.15万人，基金征缴收入2901万元。机关单位参保人数8623人。城乡居民养老保险基础养老金发放率100%，参保人数2.71万人。全市退休人员10.17万人，其中企业退休人员(离休人员)4.01万人，机关事业单位离退休人数5011人，城乡居民养老保险领取人数5.66万人。医疗保险参保总人数28.36万人，其中职工医保12.97万人，居民医保15.39万人。职工医保(含生育、大病、公补、离休、伤残、自费、风险基金)收入7.43亿元，支出6.25亿元，当期结余1.18亿元，累计结余17.86亿元；居民医保（含原住院保险）收入2.14亿元，支出2.03亿元，当期结余0.11亿元，累计结余2.32亿元；第四季度职工医保人群长护险收入0.0317亿元，拨付0.0301亿元。扬中医保工作获2022年度省政府真抓实干督查激励表彰，创成首批“15分钟医保服务圈”省级示范市，获评“镇江市模范机关先进单位”称号。 (董巧云、朱禹橦)

【“十心+” 基层人社标准化平台建设工作】 2023年，扬中市人社局“十心+”基层人社平台标准化建设获批省级社会管理和公共服务标准化试点项目。“十心+”为“满怀初心、服务热心、办事尽心、工作细心、奉献爱心、倾听虚心、坚守公心、解答耐心、群众放心、环境舒心”的服务理念。人社局围绕服务经济发展和服务民生保障两大职能定位，制定实施方案。围绕“稳就业、强保障、聚人才、促和谐”四大工作重点开展创建，利用省人社一体化经办平台数据互联互通的优势，实现人社业务线上“一网通办”，在基层同样打造好“指尖上的人社”。着力引领技能提升、业务技能，按照“一岗精、两岗通、多岗懂”的原则，加大岗位提升培训力度，以镇(街、区)为单位，根据基层人社平台功能全覆盖要求，对基层人社平台工作人员开展新增延伸项目业务知识培训。以窗口服务区为主，合理规划办公区、等待区、宣传区、自助查询区、调解室等，建设标准场所。已经形成基层平台建设规范，初步打造出标准体系框架，实现人社公共服务事项马上办、网上办、就近办、一次办，全市基层平台人社业务办件量占中心办件总量的65%以上。人社局以“简化、统一、协调、优化”为原则，联合有资质的省、市级第三方，制订统一的“十心+”基层人社服务平台省级标准，选取一批有条件的基层平台场所合理化布局。 (董巧云)

【“社保情”广场舞健身展示活动】 2023年11月8日，扬中市人社局“‘心’社保 新服务 ‘心’陪伴”主题第十九届“社保情”广场舞健身展示活动在扬中市教师发展中心开展。来自全市各镇(街、区)16支代表队参加广场舞展演。人社局秉持“老吾老以及人之老”的老年服务理念，从2006年起为企业退休职工提供免费体

验，累计开展十九届“社保情”文体活动。 （董巧云）

【暖心居保】 2023年，扬中市按照全省试点方案要求，确定三茅街道民主村便民服务中心为“暖心居保”试点单位。依托省人社一体化信息平台，实现市、镇(街、区)、村(社区)三级联动，发挥典型引领作用，打造服务规范、保障有力、办事高效、智慧便捷、群众满意的“暖心居保”服务品牌，为城乡居民提供更加暖心、更加贴心的公共服务。 （董巧云）

【门诊共济医保政策】 2023年1月1日起，扬中市统一实施门诊共济政策，在全市职工医保参保人群范围内实行共济保障，门诊和住院均从原来的“三段式”改为“两段式”报销模式，个人账户只用于个人自付抵扣。门诊起付标准大幅降低，从原来的在职2000元、退休1200元分别降到800元、500元。在职职工个人账户每月由个人缴纳的基本医疗保险费划入，单位缴纳的基本医疗保险费全部计入统筹基金，提高职工医保的社会共济保障水平。个人账户的适用范围扩展至家庭成员，提高个人账户家庭共济能力，1—12月，职工医保个人账户绑定“家庭共济”关系后，共济资金支出1036.67万元。 （朱禹檀）

【长期护理保险全民试点】 2023年12月28日，扬中市长期护理保险服务中心揭牌成立。长期护理保险服务中心位于市医保局二楼大厅，服务大厅设有接待区、洽谈区、会议区、办公区等功能区域，长期护理保险是受政府规范性文件保障实施的独立险种，是应对人口老龄化、维护广大人民群众健康权益的重大民生工程。10月1日，扬中市试点实施“长期护理保险”制度(职工医保参保人群)，面向全市失能人员，经医疗机构或康复机构规范诊疗、失能状态持续6个月以上，经申请通过评估认定符合重度失能等级标准的参保人员，可享受长护险保障待遇。经材料审核、现场评估、公示，纳入定点服务机构39家，申请长护险失能人员519人，通过评估424人，享受待遇411人。2024年1月1日起，在居民医保参保人群中推行“长期护理保险”制度，率先在镇江开展长期护理保险全民试点。 （朱禹檀）

【个性化精准服务】 2023年，扬中市研究制定慢特病、失能人群等5类人群VIP服务的实施意见，分别开展精准化、温馨化的医保VIP服务，实现重点筛查、提前干预、规范治疗。对临退休人群，开展摸底排查，建立人员数据库，从导入系统数据、调取社保工资、核实年限、打电话提醒再到业务经办全部责任到人，一对一服务到位。对慢特病人群，将慢特病申报业务延伸至9家公立医疗机构，实现“申请、鉴定、购药、结算”一站式服务。对异地安置人群，主动通过报销数据收集信息，以电话联系、推送短信、邮寄信件、发放一封信等方式，及时告知最新政策并帮其办理备案业务。对失能人群，创新实施“家庭病床”按人头分级付费，由医保向基层卫生院购买服务，家庭医生上门服务，累计建床490张。 （朱禹檀）

【基金监管专项行动】 2023年，扬中市先后开展“解剖科室小麻雀、基金监管零容忍”、医疗保障基金安全“百日行动”等专项行动，开展部门联合执法，先后联合市公安局查处欺诈骗取生育保险基金行为，医保局联合市卫健委对全市定点非公立医疗机构开展全覆盖检查，联合市市场监督管理局检查全市定点零售药店，定点机构检查覆盖率100%。依托全省统一的医保智能监管系统，运用医保后台大数据筛查等途径，落实专人，加强对定点医药机构上传医保结算数据的全覆盖审核，推动医保基金事后监管向事前、事中监管转变，防止医保基金“跑冒滴漏”。现场检查定点医药机构319家次，处理127家次，追回违规使用医保基金78.8万元(其中定点医药机构69.22万元，参保人9.58万元)，追缴违约金0.19万元，罚款30.12万元，暂停1家定点零售药店医保结算3个月。 （朱禹檀）

【药品耗材集中带量采购】 2023年，扬中市根据省、市统一安排，动态调整医疗服务价格，监测医疗服务项目价格调整后执行情况，确保执行到位。每季度采集、发布550种常用药品(中药饮片)价格，引导社会预期。组织医疗收费联动巡查，指导和督促医疗机构规范医疗服务收费行为。常态化推进药品(医用耗材)集中带量采购，确保应采尽采。及时开展结余留用考核，推动医疗机构药品耗材规范合理使用。对全市公立医疗机构贯彻落实阳光采购政策情况、执行国家和省药品集中带量采购合同履行情况等开展督查，对于个别低于序时进度的品种及时督促整改，对于基层反映的集采方面的难点问题和建议，形成书面意见上报省、市。二级公立医院药品网上采购率98%，耗材网上采购率95%。 （朱禹檀）

【多层次社会保障和综合救助体系】 2023年，扬中市医保局联合市红十字会实施“情暖重特大疾病患者”救助项目，对重特大疾病困难人群，依托医保“一网联盟”信息共享平台，筛排重特大疾病困难人群，定期走访，精准帮扶。在“六一”“七一”“八一”等重要时间节点，走访慰问孤独症儿童、重特大疾病困难党员和退役军人，增强医疗救助的综合叠加效应。全年实施医疗救助5559人，资助参保222.36万元；实时救助5.39万人次，救助金额598.98万元。引导社会力量参与救助保障，发挥补充救助作用。针对低保、特困、困境儿童等人群，联合市慈善总会、大全集团，实施“大爱无疆 全程佑护”大全慈善助医项目；针对全市特困人员和困境儿童等“一老一小”群体，联合华康、华联、AAA药店、紫金保险，实施江苏“医惠保1号”捐赠活动。 （朱禹樟）

【15分钟医保服务圈】 2023年，扬中市持续扩大定点医疗机构异地就医覆盖范围，简化异地就医备案手续，实施备案承诺制、多地备案制，解决医疗费用垫支压力大、跑腿报销难问题，异地就医门诊、住院费用直接结算率分别不低于85%、82%。建成医保电子处方流转平台，生育医疗费用、医保“双通道”药品、居民医保急诊医疗费用可直接联网结算。依托“15分钟医保服务圈”，在全市145个基层经办点免费配置安装医保电子凭证扫码器，参保群众可以就近扫码办理医保业务、就诊购药及支付；推行医保“刷脸”结算，通过刷脸完成挂号、缴费、结算等全流程就医服务，缩短群众就医等候时间，在全市9家公立医疗机构上线运行，全市定点医药机构医保电子凭证平均使用率超50%。做细做实“15分钟医保服务圈”，实现“市、镇、村”三级医保经办服务网络全覆盖，为全市145个基层医保经办点提供“同城同质”服务。6个镇(街、区)为民服务中心全部创成“15分钟医保服务圈”省级示范点，扬中市创成首批“15分钟医保服务圈”省级示范市。市医保窗口进驻行政服务中心，接受统一管理考核，对工作人员严格落实满意度测评、政务服务“好差评”。医保窗口蝉联“服务明星”“办件能手”“红旗窗口”称号，公共服务体验式评价和满意度100%。 （朱禹樟）

10月，首批“医保电子凭证”刷脸设备投入使用

（融媒体中心供图）

劳动关系

【概况】 2023年，扬中人社局劳动争议仲裁院立案受理劳动人事争议案件523件，结案率99.81%，终局裁决占裁决案件49.12%，调解、撤诉率82.1%，其中受理集体争议案件4件，涉案人数257人。受理案外调解案件271起，达成调解协议及和解的案件116起，企业劳动争议调解委员会、各镇(街、区)劳动争议调解组织等调解处理案件1593起。按期结案率100%，仲裁管理信息系统按期运行率100%。劳动监察大队处理非工程领域劳资纠纷2150件，其中窗口受理412起；“12345”受理1483件；全国根治欠薪线索反映平台受理255件。通过监督检查，412家用人单位支付3501名劳动者工资2700余万元，76家用人单位为86名职工办理各类保险，按期结案率100%，行政处理1家用人单位拖欠工资严重违法行为，对1家用人单位使用童工行为作出行政处罚，对3家用人单位涉嫌拒不支付劳动报酬刑事犯罪移送公安部门处理。开展法规宣传106次，指导服务275起，发放宣传手册1800余份，发放至用人单位的一封信2004份。创成省级和谐示范企业2家、镇江市优秀劳动关系和谐企业4家，1人获江苏省金牌劳动关系协调员。劳动监察大队加大对工程建筑领域的检查力度，在全市33个在建工程项目组织开展两轮专项巡查，通过政策宣传、摸排问题、督促整改，完善制度管理，化解欠薪矛盾。全年解决工程建设领域劳资纠纷522起，帮助1200余名农民工追讨工资900余万元。 （郭海薇、施韵）

【劳动人事争议调处中心建设】 2023年，扬中市劳动人事争议调处中心在扬中市劳动人事争议仲裁院建立。经部门间协调，人社局、人民法院、总工会、司法局等部门参与，打造集法律政策咨询、劳动者维权援助、人民调解、仲裁、诉讼等“五位一体”的工作模式，共同处理劳资纠纷，促进劳动关系和谐稳定。通过联合发文形式进一步加强联合调处中心实体化建设，建立健全接待接访、联席会议、信息共享等规章制度，加强入驻部门之间的业务协同与衔接，调整优化争议案件咨询接待、受理、调解、仲裁、诉讼等流程，确保联合调处中心高效规范运行，取得实效。 （郭海薇）

【劳动法规宣传】 2023年，扬中市人社局开展“五个一”系列活动，即对人力资源服务机构、劳动密集型企业、在建工程项目等劳资纠纷多发领域，开展一系列主

题宣传活动;通报一部分典型案例;发放一份用工风险提示函;举办一场专题培训班;开展一场现场咨询活动,为企业送知识、送法律、送服务,使遵守劳动法律法规、保障职工合法权益成为企业的自觉行为。开展农民工法律法规宣传活动,会同各行业主管部门,对全市所有在建工程项目各施工单位负责人、劳资员及农民工,开展形式多样的法律法规宣传工作。引导总包单位严格落实保障农民工工资各项制度,提高农民工遇事找法、理性维权的法律意识。 (施韵)

【欠薪矛盾处置】 2023年,扬中市人社局发挥根治欠薪领导小组牵头单位的作用,加强根治欠薪工作推进的宏观调度。制定并落实《扬中市关于做好根治拖欠农民工工资工作的意见》,明确领导小组各成员单位职责。根据5月初省政府下发的新增权力事项清单,与住建部门明确各自的行政处罚职能。以根治欠薪领导小组名义给各行业主管部门下发工作函,及时交办工作中发现的工程转包、实名制管理不严、人工费用拨付滞后等问题。"常态化"运作欠薪矛盾处置工作专班,遇有重大欠薪上访案件,人社、住建、公安、信访、网信等部门通力协作,发挥各自职能优势,将矛盾吸附在当地,杜绝矛盾升级与外溢。 (施韵)

【劳动关系协调机制】 2023年,扬中市坚持"基层为主、调解为主、协商为主"的工作方针,发挥基层调处劳资纠纷的作用,提高基层工作人员调解劳资纠纷的能力,加大培训力度,加强考核机制。完善企业调解,加强企业内部劳资纠纷协调机制及协调能力的建设,强化企业劳资矛盾的自主防御、自主协商、自主化解。在工程项目建立"根治欠薪三方委员会",项目经理负总责、分包单位负直接责任,劳资员为联络员,第一时间厘清、还原欠薪事实,实现欠薪隐患消除在工地,协商处理在一线,工资纠纷不外溢、不上交。 (施韵)

住房保障

【概况】 2023年,扬中市完成棚户区改造50套、保租房10套保障性安居工程任务。出租公共租赁房27套,其中,中低收入10套,新就业13套,外来务工4套。 (徐璠璠)

【老旧小区改造】 2023年,扬中市改造城镇老旧小区26个,惠及280栋、5886户,建筑面积66.5万平方米。争取中央财政补助资金下达预算1913万元,江苏省城镇保障性安居工程下达补助资金老旧小区改造478万元。 (徐璠璠)

【"安居乐"危房修缮项目】 2023年,扬中市启动第二轮"安居乐"困难家庭危房修缮项目,预计投入20余万元,帮助9户困难家庭改善居住条件。"安居乐"困难家庭危房修缮项目由市民政局、市慈善总会共同设立,帮助困难家庭(重点是低保、特困等低收入人口)修缮存在安全隐患、严重影响居住安全的家庭住房。前期依据各镇(街、区)上报、公益组织推送、基层群众反馈的名单开展调查摸底,由民政局、慈善总会组织专人逐户核查,调查了解申请家庭的经济状况和住房情况,确定住房修缮名单。后期由各镇(街、区)根据每户的居住安全需求和户主意愿制定方案,实施"一户一策"订单式修缮。自2022年启动"安居乐"困难家庭危房修缮项目以来,完成低收入家庭房屋修缮12户,总投入31万元。 (融媒体中心)

【物业服务】 2023年,扬中市开展城市住宅小区物业服务提升行动,以标准化、规范化的考核、监督和管理方式全力打造高质量物业服务水平,助力党建引领、基础工作、环境卫生、秩序管理、文明引导、配套设施"六个提升"。通过指导物业服务企业找准物业管理中的存在问题和突出难点,深入剖析、"对症下药",实现物业管理的提档升级;强化物业企业的能力培训,提升物业企业的服务理念认知,夯实物业企业的服务水平基础;优化考核评价办法,通过通报、宣传和引导,鼓励优势企业发挥龙头示范效应,提升物业服务整体水平;深化党建引领基层治理,坚持以服务群众、改善民生为出发点和落脚点,以红色物业"小支点"撬动基层治理"大格局"。在全市27家物业服务企业、68个物管小区开展"看物业"专项行动,发现整治问题190处。落实"执法进小区"机制,全市68个物业服务住宅小区和59个社区托管小区全部实现综合执法进小区。出台安置小区物业管理服务办法,70个住宅小区实现由物业企业提供的市场化服务,住宅小区物业企业服务覆盖面提升至69%。创成党建引领物业管理服务工作省级示范点1个、镇江市级2个;省级示范物业管理项目2个、镇江市级4个。碧桂园滨江华府、汇锦新城三期、凯悦国际花园、锦绣苑4个项目获评镇江市"2022年度市级示范物业管理项目(居住物业)"。水上国际花城B区、晶地翡丽中央2个项目入选镇江市"2022年度党建引领物业管理服务工作市级示范点名单"。 (徐璠璠)

应急管理

【概况】 2023年,扬中市紧扣“防风险、保安全”目标,统筹推进各类专项治理行动,全面排查整治风险隐患,做好各项安全防范和管控措施,全市安全生产形势总体平稳可控。应急管理局获全省中小型工业企业安全生产现场管理整治提升工作先进集体、扬中市基层党员冬训优秀组织单位等荣誉,1名青年干部获评全省应急管理综合行政执法工作先进个人、1名党员获评扬中市首届“最美公务员”称号。推进隐患专项整治。有序推进春季、中秋国庆等重要时段安全生产隐患排查治理专项行动,完成各类风险隐患整改1639条。聚焦专项整治21项重点内容和基础建设17条工作任务,大力推进专项整治巩固提升年、基础建设强化推进年行动。先后开展劳动密集型企业、有限空间等重点领域专项整治,逐家开展现场核查和问题隐患整改落实。提升精准执法效能。按照“先告知+再辅导+后执法”模式,定期发布执法检查计划,上门指导服务,对告知指导后依然出现违法违规问题的再实施处罚。实行“日通报+定期调度+任务清单化”机制,采取企业自查、乡镇检查和市级督查相结合的方式,确保检查全覆盖。强化基层基础质效。实体化运行乡镇应急管理办公室,开展应急办人员、村(社区)安全监管人员应急管理能力提升培训。围绕火灾防范、危化品使用、危险作业等9个方面25项内容,选树30家安全管理示范企业,开展专题培训和大队全员包干现场指导服务,消除安全问题隐患140余条。强化建设项目安全设施“三同时”指导,对全市新、改、扩建项目逐企入户开展行政指导。 (邓会)

【中小型工业企业现场安全管理整治】 2023年,扬中市应急管理局开展中小型工业企业现场安全管理整治提升专项整治行动。将整治范围内的1889家企业根据其所涉及的整治类项危险分级,实行市镇村分级包干,四级及以上企业为市局重点检查指导对象,二至三级镇包干,一级村包干。成立“企业互助帮帮团”,在全市范围内召集100名中小型企业优秀安全员为“团长”,下设党建助企团、金牌宣讲团、互助帮帮团、安全护企团,每人帮扶片区20家企业开展整治提升工作,开展企业优秀管理经验分享等特色活动,助力队员做好安全隐患排除,该做法被《中国应急管理报》宣传推广。

(邓会)

【安全生产月活动】 2023年6月,扬中市开展以“人人讲安全 个个会应急”为主题的安全生产月活动。市委中心学习组带队学习习近平总书记关于安全生产重要论述、重大事故隐患专项排查整治行动内容。制作扬中市安全生产月宣传片,举办安全生产宣传咨询日活动暨安全宣传“五进”活动授旗仪式,开展有限空间作业事故实战应急演练。组织各级安委会主任说安全活动,推动开展各级安委会成员单位负责人安全宣讲。

(邓会)

【企业互助帮帮团】 2023年,扬中市应急管理局选聘团长100人,按就近原则,与片区20家中小型工业企业结成“企业互助帮帮团”,帮扶团内企业完成全省工业企业风险报告“现场管理提升”模块填报,督促现场管理自查。搭建网络“云学习”体系,明确“团长”使命清单,不定期向企业推送工作指南、指导手册、辅导视频等。针对不同团特点,线下开展“一对一”的帮扶指导和集中培训。采用2名执法人员带领1名基层监管人员的“2+1”执法模式,开展检查指导全市86家中小型企业,消除问题隐患356条,率先在镇江完成5%的全覆盖检查。 (邓会)

【灾害风险隐患信息报送系统】 2023年,扬中市应急管理局开展灾害风险隐患信息报送系统推广应用工作,全面提升隐患识别、报送、预警水平。不断完善系统人员信息。完善灾害风险隐患信息报送系统中市、镇两级应急责任人和管理员信息录入,完成各村(社区)灾害信息员绑定。规范系统操作流程。以振华村、会龙村为例,明确报送范围,在灾害风险隐患信息报送系统上完成信息员灾害风险隐患上报、管理员对信息进行核验处置、应急责任人对信息进行监督的三级处置流程。

(邓会)

【网格员安全生产和消防知识培训】 2023年,扬中市安委办、消委办、社会治理现代化指挥中心举办全市基层网格员安全生产和消防知识培训,推进全市安全生产和消防网格化管理建设,全面提升网格员发现处置安全和消防问题隐患的意识和能力。按照“先培训后上岗”的原则,围绕安全生产与消防网格化管理知识、安全生产与消防工作业务要求、安全生产风险辨识分级与危险源管理、网格员的工作规范、安全生产协查以及消防安全协查6个方面。 (邓会)

【重大事故隐患排查整治】 2023年5月至年底,扬中市组织开展重大事故隐患专项排查整治行动。严格落实安全生产十五条硬措施,突出危险化学品、交通运输、建筑施工、消防等11项整治重点,聚焦可能导致群死群伤的重大事故隐患，分24项重点任务治理。建立重大事故隐患台账清单，严格履行电气焊等动火作业审批手续、强化安全警示教育。开展行政指导、入企服务200余次，执法检查150家，开展各类应急救援演练40余场，巡回宣讲和各类专题讲座20余次，覆盖人员5000余人。 （邓会）

民族宗教事务

【民族概况】 2023年，扬中市有土家族、回族、壮族、满族、侗族、蒙古族等27个少数民族，少数民族户籍人口603人。市域内有少数民族社团组织1个（扬中市民族团结促进会），有会员50人，民族特需商品定点生产企业1家（金海新源电气江苏有限公司），江苏省民族团结进步示范社区1家（三茅街道文化新村社区），江苏省民族团结进步示范单位1家（江苏省扬中中等专业学校），江苏省“红石榴家园”精品单位1家（三跃中心小学），江苏省“红石榴家园”2家（江苏省扬中中等专业学校、新坝镇五一村）。少数民族流动人口2700余人。“三同三更”（坚持政治引领筑同心，构建更为完善的治理体系；坚持规范提标聚同力，打造更为坚实的基层阵地；坚持暖心服务促同行，建设更为和谐的幸福家园）民族工作模式在省委统战部《挚友》2023年第2期推广。 （施鑫）

【宗教概况】 2023年，扬中市主要有佛教、伊斯兰教、基督教等宗教，宗教团体2个，分别为佛教协会、基督教三自爱国运动委员会。依法登记的宗教活动场所和临时活动地点18处，其中佛教场所4处，分别是扬中市太平寺、福海禅寺（原新坝镇老甸庙）、龙源寺（原新坝镇联合念佛堂）、观音禅院；伊斯兰教礼拜点（临时活动地点）1处；基督教活动点13处，分别是新坝镇2处，油坊镇6处，八桥镇1处，三茅街道1处，经开区3处。有宗教教职人员16人，其中佛教11人、伊斯兰教1人、基督教4人；另有基督教传道人员12人。全市有信众4170余人，其中佛教信众3200余人，伊斯兰教信众100余人，基督教信众870余人。 （施鑫）

表14 2023年扬中市宗教活动场所一览表

场所名称	负责人	地点
扬中市太平寺	心和	经开区双跃社区
扬中市福海禅寺	心和	新坝镇新宁村中8组
扬中市龙源寺	心明	新坝镇红联村3组
扬中市观音禅院	仁智	国土公园内
扬中市基督教中心教堂	徐和娣	经开区德云社区北侧
新坝镇新坝基督教堂	匡燕	新坝镇新坝村9组
新坝镇公信村基督教活动点	田成生	新坝镇公信社区6组
三茅街道康福弄基督教活动点	潘恩慧	三茅街道春柳南路
开发区新星村基督教活动点	张纪珍	经开区新星村12组207号
开发区双跃村基督教活动点	丁兰凤	经开区双跃社区长征小区
油坊镇同乐村基督教活动点	倪小兰	油坊镇同乐村8组
油坊镇太平村基督教活动点	李明兰	油坊镇太平村2组
油坊镇老桥村基督教活动点	王桂英	油坊镇老桥村5组
油坊镇油坊村基督教活动点	朱霞芳	油坊镇油坊村436号
油坊镇鸣凤村基督教活动点	董秀芬	油坊镇鸣凤村10组
油坊镇老郎村基督教活动点	侯纪娣	油坊镇老郎村17组127号
八桥镇利民村基督教活动点	钱克龙	八桥镇幸福村1028号
伊斯兰教礼拜点（临时活动地点）	马牙古白	三茅街道扬中大道530号

（施鑫）

【市委民族宗教工作领导小组会议暨全市民族宗教工作会议】 2023年5月11日,扬中市召开市委民族宗教工作领导小组会议暨全市民族宗教工作会议。会议强调,2023年是全面贯彻落实中共二十大精神的开局之年,也是开启中国式现代化扬中新实践起步之年,全市上下要以习近平新时代中国特色社会主义思想为指导,深入学习中共二十大精神,全面贯彻习近平总书记关于加强和改进民族工作的重要思想、关于宗教工作的重要论述精神,以铸牢中华民族共同体意识为主线,着力培育"江洲同心·石榴情"民族工作品牌,坚持宗教中国化方向,实施基层宗教事务治理能力提升行动,着力解决民族宗教领域重点难点问题,提高民族宗教事务治理法治化水平,持续巩固扬中市民族和睦、宗教和顺、社会和谐的良好局面。 (施鑫)

【民族团结进步宣传系列活动启动仪式】 2023年7月8日,扬中市委统战部、宣传部、民宗局、教育局在中央商场举行民族团结进步宣传系列活动启动仪式。活动以"石榴花开耀江洲 同心筑梦向未来"为主题。启动仪式上,与会领导共同推动启动杆启动宣传系列活动,发布"江洲同心·石榴情"民族工作品牌和民族团结进步宣传系列活动内容,为"江洲同心·石榴情"志愿服务队授旗,向"童绘同心圆 共育石榴情"民族团结进步主题少儿书画作品征集活动获奖作者代表及优秀指导教师代表颁奖,开展铸牢中华民族共同体意识主题宣讲。活动从5月持续到11月底,从思想引领、宣传教育、民族团结进步创建、为民办实事等方面开展10余场活动。 (施鑫)

【"一清一禁两安全"行动】 2023年,扬中市开展"一清一禁两安全"行动。民宗局以摸清非法宗教活动场所数量、禁止非法宗教活动,确保宗教活动场所总体安全和宗教领域安全为目标,紧抓宗教活动场所安全工作,联合民族宗教工作领导小组成员单位集中开展宗教领域安全大检查4批次,现场研究解决隐患问题4件次,按月印发《阶段安全工作提示》,各镇(街、区)开展常态化检查,全年整改消防、燃气、建筑等领域安全隐患60余处。紧盯民宗领域工作,通过上门普法、说服教育、运用综合执法等方式维护宗教领域总体保持和谐稳定。 (施鑫)

【基层宗教事务治理提升行动】 2023年,扬中市民宗局开展基层宗教事务治理提升行动。印发《基层宗教事务规范化管理工作须知》,举办《宗教活动场所管理办法》专题学习座谈会、宗教领域安全工作专项培训、全市宗教政策法规专题培训会等4场次,培训各级民宗干部、宗教界代表人士1000余人次。在新坝社区新时代文明实践站、三茅街道广宁社区、经开区港湾新城小区、德云村反邪教普法园地、中央商场等地开展《宗教事务条例》、《互联网宗教信息服务管理办法》、反宗教极端思想等宗教政策法规宣传活动10余场次,通过"扬中统战"微信公众号转载相关法律法规9次,结合宗教领域安全检查、专项督查等开展普法宣传60余次,发放《宗教工作应知应会》、反宗教极端思想宣传单等3000余份,引导广大群众增强法治意识、践行法治理念,营造崇尚科学、文明向上的社会环境。 (施鑫)

【市委理论学习中心组专题学习习近平总书记在中央政治局第九次集体学习时的重要讲话精神】 2023年12月8日,扬中市委理论学习中心组举行学习研讨(扩大)会。会议强调,各层各级要提高思想政治认识,把铸牢中华民族共同体意识摆在重要位置,坚持和加强党对民族工作的领导,切实强化市委民族宗教工作领导小组职能作用,构建民族工作新格局。要讲好中华民族故事,持续开展民族团结进步宣传系列活动,大力宣传中华民族历史、中华民族共同体理论,用共同的理想信念凝心铸魂,推动各民族群众牢固树立正确的国家观、民族观、历史观、文化观、宗教观,开创民族工作新局面。要坚持服务管理并重,加快推进民族宗教事务治理体系和治理能力现代化,推进城市民族工作制度化、规范化,同时加大对口支援的协作合作力度,展现民族工作新作为。 (施鑫)

民政事务

【概况】 2023年,扬中市以深化为民服务为主线,持续完善未保体系,打造专业服务品牌;统筹推进婚姻登记、殡葬管理服务、福利彩票等工作,开创社会事务高质量发展新局面。年内收到人大代表建议和政协委员提案23件,办结率、满意率100%。 (周轶群)

【未成年人保护工作】 2023年,扬中市落实困境儿童探访制度,实施动态管理和精准保障,全年登记保障困境儿童397名,发放基本生活补贴247.9万元。依托各镇(街道)未成年人保护工作站开展困境儿童入户走访。组织"寒冬送温暖""夏季送清凉"困境儿童慰问活动,为120名困境儿童送去慰问金和生活物资,帮助

10名困境儿童完成“童享·助梦”微心愿。举办未保工作者业务培训班，为170余名未保工作者“充电蓄能”。完成新坝镇和西来桥镇2家未保工作站建设，在镇江范围内率先实现镇（街道）未成年人保护工作站全覆盖，开展活动216场次，服务未成年人2500余人次。作为省“苏童成长”协同关爱机制试点地区，聚力打造“护童方舟”协同关爱服务品牌，持续完善1个机制、2个中心、6个站点、N所基地为基础的“1+2+6+N”岛城特色儿童保障体系，着力构建司法、政府、家庭、学习、网络、社会保护有机融合的关爱保护新格局。发布践习项目10个，开发课程30个，编制《儿童服务手册》《儿童成长手册》和践习基地友好地图。在全省“苏童成长”协同关爱机制建设试点推进会上，作为先进试点地区代表作交流发言。

（周轶群）

【社会组织】 2023年，扬中市推进社会组织年检、等级评估等工作，完成社会组织成立登记5家、注销登记20家、年度检查222家。全市在册社会组织376家，等级社会组织占比50.67%，参检率57.22%。强化社会组织党建引领，市社会组织发展中心评得2023年度全省社会组织党建工作示范点。麦田义工服务社的“志愿服务小爱心，赋能基层大治理”项目、市牵手公益俱乐部的“快乐星期天”项目分别评得江苏省社区社会组织高质量发展案例、江苏省社区社会组织优秀项目案例。

（周轶群）

【婚姻登记】 2023年，扬中市打造“民政同行见证爱”特色浪漫爱情步道，在“5·20”“七夕”等特殊节日，通过集体颁证等形式，倡导新人节俭办婚礼，弘扬文明新风尚。办理结婚登记1278对、离婚申请659对、离婚登记发证463对；补领结婚证221件、补领离婚证44件；证件准确率及登记合格率均100%。 （周轶群）

【殡葬改革】 2023年，扬中市推进文明殡葬，殡葬惠民减免金额642万元。三茅街道在清明、中元节期间开展“一束鲜花念故人 移风易俗倡新风”集中追思活动，引导广大群众移风易俗、低碳祭扫。 （周轶群）

【福利工作】 2023年，扬中销售福利彩票5380万元，比上年增长20.7%。其中，网点即开票销售1810万元，增长162%。筹集公益金546万元。在全省福彩系统市场管理员擂台赛和第二届“江苏福彩销售员技能比武大赛”中，扬中市有3名人员获得三等奖。 （周轶群）

养老服务

【概况】 2023年，扬中市完善养老服务体系，创成首批省级示范性居家社区养老服务网络地区，获省补资金600余万元。建立市养老服务联席会议制度，强化对养老服务工作的统一领导和协调。出台《关于进一步完善我市养老服务评估制度的通知》《扬中市养老机构积分制管理考评办法（试行）》，规范养老服务评估，加强对养老服务机构日常监管。持续开展特殊困难老年人探访关爱服务，电话探访2.92万人次，上门探访9645人次，解决问题675个，打通为老服务“最后一公里”。

（周轶群）

【“养老+N”服务组合】 2023年，扬中市完成107户老年人家庭居家适老化改造和2家城市社区助餐点（城市长者食堂）、4家示范性乡村互助养老睦邻点改造提升。投入资金612.6万元，为1.36万名老年人提供政府购买居家上门服务，推动尊老金“免申即享”主动发放机制，发放资金1092.9万元，发放养老机构一次性纾困补贴146.3万元。完善养老服务互助实践项目，招募各类志愿者958名，开展专业团队志愿活动213次、个人志愿活动1385次，惠及老人2100余名。为全市60岁以上城乡低保家庭、失独家庭的老年人每周提供1次免费午餐服务，累计惠及对象1563人，送餐10.73万人次，总补助115万元。组织全市29家养老机构与对口医疗机构集中签约，推进医养结合。举办“颐养江洲 金融赋能”合作签约仪式，探索“养老+金融”深度融合新模式。设置家庭养老床位42张，累计服务50人次，提供家政、社工、医疗等各项服务4683小时，助推“养老+慈善”发展。 （周轶群）

【智慧养老平台升级】 2023年，扬中市民政局智慧养老服务中心“三步走”升级智慧养老平台，保障养老信息安全。民政局智慧养老服务中心将智慧养老信息平台数据整体部署至电信天翼云，天翼云即集成云服务的所有优势，即开即用，弹性扩容。项目使用苏州天翼云资源池通过三级等保，先天性安全性高，确保老年人数据的安全性、可靠性。升级民政局智慧养老平台，通过VPN（虚拟专用网络）方式，将原来外网自由访问系统，限制为通过VPN认证账号访问。通过构建VPC（虚拟子网），阻断应用服务器直接暴露在互联网上，提升安全性。9月份，智慧养老服务平台对全市民政工作人员及涉老服务组织开展“网络安全暨智慧养老平台VPN使用培训”活动,向养老相关工作人员宣讲网络安全的重要性及如何使用新系统,通过培训提升助老员的网络安全意识,避免由于不当操作等因素导致老人信息泄露,确保服务对象的个人信息安全。

(融媒体中心)

【“颐养江洲 金融赋能”合作签约仪式暨养老服务地图发布会】 2023年9月11日,扬中市召开“颐养江洲 金融赋能”合作签约仪式暨养老服务地图发布会。会上,市地方金融监管局集中发布一批养老金融产品,并与民政局签署合作框架协议;3家金融机构与养老机构签订授信协议。全市推进养老服务数字化转型,市民政局推出并发布“扬中市养老服务地图”,分“线上版”和“线下版”,汇集市老年活动中心、29家养老机构、79家标准化及以上居家养老服务中心和16家老年人助餐点等相关信息,实现“一图在手,养老不愁”。帮助老年人及家属直观、有针对性地选择合适的养老服务,足不出户就能了解、联系并享受到距离最近、最优的养老服务,满足扬中老年人多样化、多层次养老服务需求。

(周轶群)

【养老机构微型消防站】 2023年,扬中市为29家养老机构配备微型消防站。根据消防相关规定,床位数在50张及以上的养老机构即为消防安全重点单位,必须建立微型消防站。新坝养护院的微型消防站建驻在中控室里,形成中控室、监控室、微型消防站三位一体管理模式,微型消防站内有消防服、灭火毯、腰斧、安全绳等20余种消防物品,4~6名安全员每天24小时轮流值班在岗,发挥“第一到场”优势,一旦发生火灾,微型消防站力量能够立即赶到现场,快速处置或者控制火势蔓延,并组织人员疏散,最大限度保障人民群众生命安全。高质量完成15家养老机构消防安全标准化建设达标审验。

(周轶群)

基层自治

【概况】 2023年,扬中市健全共建共治共享基层治理新模式,稳步推进社区治理、激发社会组织活力、深化社工站建设、壮大社工人才队伍,推动基层治理体系和治理能力现代化建设再上新台阶。

(周轶群)

【社区治理】 2023年,扬中市推进城乡社区减负增效工作,梳理依法履职事项12项、协助政府部门工作事项68项,指导完成政社互动协议签订。推进城乡社区民主协商议事制度化、规范化、程序化,八桥镇利民村完成“全国村级议事协商创新实验试点”。推进城乡社区基础服务设施提升工程,完成油坊镇同德村、长旺街社区综合服务中心新建、改造项目。

(周轶群)

【社工服务】 2023年,扬中加大社工人才队伍建设,持证社工248人。在镇江市首届社会工作师职业技能竞赛上,取得团体和个人双第一的好成绩。完成社工总站建设并投入运营,组织全市社工站开展“520荧光夜跑”筹款活动,募集善款40余万元。各社工站的“情暖侨家”“社区矫正”“关怀特扶家庭”“守护儿童”“爱心敲门暖夕阳”等项目,在为老为小、服务侨胞、特殊对象矫正等领域发挥作用。

(周轶群)

【党建引领为基层治理“聚势赋能”】 2023年,扬中市持续完善以832个党小组为基础单元的微治理方式,各个乡镇、街道创新党建工作方法,打造坚强战斗堡垒。三茅街道结合“线上定期问+线下集中访+组团协商议”的形式,提升党建引领社会综合治理水平;油坊镇启动“擎旗亮徽”行动,抓好“关键力量”,解锁新时代乡村治理密码;经开区持续深化“六强六好”党小组建设,打造“三长”融合网格议事阵地,探索港湾新城“微治理”,基层治理合力不断提升;西来桥镇大力实施“头雁领航”书记项目、“锋领振兴2.0”行动,党员、基层“三长”投身环境整治、创文攻坚、环保督察等各项工作中。

(融媒体中心)

社会救助

【概况】 2023年,扬中市在坚持分类施保,实现“应保尽保、应养尽养”,开展数据比对、摸底排查和监测预警为着力点,抓好动态核查,抽查各类低收入人口276户,核查比例23.87%。按照低保每人200元、特困人员400元标准,为全市1069名困难群众发放“两节”节日补助金25.9万元。做好60年代精减下放职工调标工作,城镇户口每人每月调整至1805元,农村户口每人每月调整至1477元。与慈善总会合作,启动第二轮“安居乐”困难家庭危房修缮项目,实施温情救助。全市有低保对象655户、835人,特困供养对象233人。享受困难残疾人生活补贴2934人,享受重度残疾人护理补贴3469人。

(周轶群)

【兜底保障推进】 2023年，扬中市落实社会救助标准动态调整机制。自2023年7月1日起，将城乡低保标准提高至每人每月840元，农村特困供养人员基本生活标准提高至每人每月1100元，全年向1068名低保和特困人员发放保障金848.24万元。建立“临时救助+”的“急诊救助”模式，开展临时救助504人次，发放救助金48.38万元。持续推进社会救助扩围增效，排查困难群众3396人，及时将143名符合条件的困难对象纳入救助范围，超额完成省高质量发展考核目标任务。 (周轶群)

【残疾人福利】 2023年，扬中市落实困难残疾人生活补贴调标工作，发放残疾人两项补贴3054.8万元。采用“数据比对+铁脚板”模式，开展残疾人两项补贴集中复核6379人次，完成3725份残疾人两项补贴电子档案信息录入。完成西来桥镇“省级精神障碍社区康复服务点”示范创建，并投入运营。为10名在册对象建档并开展医疗康复服务120人次、就业指导服务80人次、社区支持服务60人次。 (周轶群)

【慈善救助】 2023年，扬中市加强政府救助与慈善救助有效衔接，“慈善光伏”项目获省民政厅、省慈善总会全省推广。投入22万元，帮助10户困难家庭改善居住条件。为全市低保家庭、散居特困和困境儿童发放1000元/人“慈善超市爱心卡”，价值97万元。(周轶群)

【“博爱送万家”活动】 2023年1月，扬中市红十字会在全市范围内开展“博爱送万家”活动。活动救助对象为各镇(街、区)排查公示的患病及生活困难群众、纳入医保“一网联盟”的困难群众、市级机关各部门在职患大病困难职工。救助标准为患大病困难群众1000元/人；家庭困难群众500元/人。红十字会下拨5镇1区救助款18万元，救助困难家庭289个；发放大米300袋，色拉油180瓶，棉被90床，温暖包60个，受益群众400余人。市级机关各部门在职患大病困难职工救助8人，发放救助金0.68万元。下拨6个“博爱家园”人道事业发展经费3.6万元，用于开展人道工作。

(融媒体中心)

【“江洲雏鹰 圆梦行动”启动】 2023年1月10日，“江洲雏鹰圆梦行动”启动仪式举行。“江洲雏鹰　圆梦行动”旨在帮助困境儿童放飞理想、圆梦人生，具有精准性、公平性、系统性特点。援助对象包括纳入民政部门救助范围的困难家庭、外来务工家庭在校中小学生。对确定的受援学生或家庭，将采取“4+1”帮扶模式，由一名市(镇、街、区)领导、一名爱心人士和两名志愿者挂钩联系。行动作为扬中乡村振兴和校园慈善文化建设的主题活动和品牌项目，在结对帮扶的过程中针对孩子和家庭实际，制定长期助力计划，持之以恒地引导和帮助结对学生追寻人生梦想。 (融媒体中心)

社会公益

【“520”荧光夜跑】 2023年5月20日，扬中市举办第八届“520”荧光夜跑活动，36支队伍，数百名公益爱好者筹得善款48.9万元。夜跑全程5.2千米，路线沿途设置盛唐密盒、民国秘史、浪漫满屋3个游戏挑战点，参与者参加古诗接龙、中国传统文化知识大问答等趣味游戏，与身穿汉服、旗袍、民国中山装的NPC合影打卡留念。活动集公益性、参与性、科普性于一身，此次“520”荧光夜跑自启动报名至夜跑当天，吸引2192人参与捐款，线上累计募集善款45.2万元，线下募集3.7万元。36支夜跑队伍中，单支队伍最高筹款达6.85万元，所筹善款帮助13名困境青少年，改善居住环境，筑成“梦想小屋”。 (融媒体中心)

【第五届公益文化节暨“一双球鞋的暴走”活动】 2023年10月6日，扬中市第五届公益文化节暨第十二届“一双球鞋的暴走”活动启动。文化节主场设置第五届公益文化节公益项目展示区、“榜样的力量”——扬中市各级道德模范和身边好人、新时代好少年先进事迹展示区、“文明扬中12条2.0”、“我和国旗同框” 打卡区。文化节时间跨度一个半月，通过开展扬中市第五届公益文化节开幕式、“一分钟公益短视频” 创意大赛、“岛城公益汇”公益项目集中发布、“让爱传扬”志愿培训、“烟头不落地 扬中更美丽” 烟头兑换礼品活动、扬中市第六届道德模范评选表彰暨第五届公益文化节闭幕式等系列子活动，弘扬“奉献、友爱、互助、进步”的志愿服务精神。第十二届“一双球鞋的暴走”有3378名队员报名参与，157名志愿者参与志愿服务，通过徒步挑战18千米的方式筹款，筹集善款50.35万元，购买爱心球鞋800余双，自10月中旬从扬中寄往全国8个省78所偏远山区农村学校。各镇(街、区)、各部门募集资金定向为白水县困境学生添置1000双球鞋，持续开展“苏陕协作 白扬合作”，引导社会组织、社会资源参与到与白水县的扶贫挂钩工作中，擦亮“小城大爱 志愿扬中”的城市品牌。 (融媒体中心)

镇·街道·开发区

新坝镇

【概况】 新坝镇位于扬中市西北部，下辖12个行政村、3个社区居委会，总面积49.2平方千米，总人口5.5万人，为江苏省扬中高新技术产业开发区核心区，综合发展实力一直位居扬中首位，先后获评中国乡镇之星、全国文明镇、国家卫生镇、全国环境优美乡镇、全国先进基层党组织等称号，是国家级特色小镇和“长三角最佳文旅融合旅游小镇”。

产业发展步伐稳健。举办“迎老乡、回故乡、建家乡”新年发展大会、南京乡贤恳谈会等系列活动，招引优质产业项目18个，总投资超30亿元，其中亿元以上项目9个。推进“百亿领航、十亿跟进、亿元支撑”发展战略，新增“四上”企业65家、亿元企业4家、10亿元企业1家，创成国家级中低压电气中小企业特色产业集群、省工程电气服务贸易基地。完成一般公共预算收入9.03亿元，工业申报销售454亿元。大全集团名列“中国电气工业100强”榜首；凯帆开关获全市唯一国家级5G工厂；2家企业获评国家级专精特新“小巨人”企业；7家企业获评省级专精特新企业、省级智能制造示范工厂。

科技创新实力彰显。认定高新技术企业35家、科技型中小企业109家、省级研发平台2家、“瞪羚”企业3家，企业研发投入突破10亿元。锋芒集团“FM”获评中国驰名商标。入选国家级、省市人才项目22个，数量全市第一，其中西安交通大学李飞团队为镇江唯一入选的省双创团队。深化与江苏大学、镇江高专等周边高校实用技术成果合作、技工人才培养，签订产学研项目23个。

城乡环境切实改善。坚持“全域推进、全面发动、全员参与”，创新开展“万众参与、万户净美”活动，深入推进村庄垃圾清理“百日攻坚”行动，联盟村“262工作法”在全市推广。坚持制度推动，实施“积分制”“红黑榜”，设立“集中劳动日”，开展“半月相互评”，建立检查督查“3+1”、收储地块托管制度，推动环境整治常态长效。坚持示范带动，扎实推进“一村一品”建设，有效实现环境美、发展美、风尚美。扎实开展文明城市“组团式创建”，开展三轮“千人入户大走访、共话文明拉家常”活动，吾悦广场、新坝集镇等重点片区环境显著提升。

民生保障坚实可靠。全年为低保户、困境儿童、特困老人等困难群体发放补贴近2300万元。举办宜禾直播带岗、春风行动等多场次线上线下招聘会，提供岗位近2000个。全面建立居民电子健康档案，面向老弱病残群体2000余人开展重点健康管理工作。率先试点省民生实事“乡村公益医疗互助项目”，为群众提供互助式补充保障，社会救助体系进一步完善。

文化生活丰富多彩。打造“15分钟文体活动圈”，新建13处健身场地。举办“三江花月夜 四海故乡情”中秋晚会及送文艺下乡等各类活动143场。大型原创锡剧《郭克生》获评省紫金文化艺术节剧目奖。《新坝镇志》获评全省一等镇村志。陈履生博物馆群获评全国“最美乡村公共文化空间”“网络人气项目”。新坝幼儿园学前教育成果获基础教育国家级教学成果奖。

治理效能不断提升。丰富新时代“枫桥经验”内涵，“一二三四”工作法获国家级杂志推广，工作成效获镇江市委主要领导批示。联合村入选第三批全国乡村治理示范村。全年智慧综合管理平台办理事项2.4万件，办结率99.8%，满意率100%。落实应急管理末端治理改革“五个到位”要求，整合安全生产、消防、应急处置等部门职能，有效激活基层安全预警“神经末梢”。强化居民建房管理，严格落实“八到场”，坚持违法建设“零容忍”，居住环境进一步优化。 （朱慧）

【就业惠民“春风行动”宜禾专场】 2023年2月10日，新坝镇“春风行动”推动“双向奔赴”兔年首场线上招聘会(宜禾专场)举行。活动由新坝镇人民政府、宜禾股份有限公司主办，人力资源和社会保障局、退役军人事务局、融媒体中心联合举办，通过“线上+线下+直播”的方式同步开展。市融媒体中心主播沉浸式直播，走进宜禾职业装博览馆、展示厅以及车间内，帮助求职者直观了解企业历史文化、岗位需求、工作和生活环境等情况。现场,宜禾相关负责人与求职者以及线上网友互动,实时答疑解惑。活动提供近300个岗位,涉及缝纫机工、包装工、仓库管理员、服装设计师、企划专员等多个领域职位,吸引退役军人、大中专毕业生、农村适龄妇女、就业困难家庭成员等人群前来应聘，近万人同时在线观看,点赞量3万余次。 (朱慧)

【“巾帼创业 逐梦同行”女性围聊会】 2023年3月6日,新坝镇举办“巾帼创业 逐梦同行”女性围聊会。围聊会上,女性代表们分享创业经历,提问互动。现场,成立“Women,一起创”新坝镇女创业者联盟,聘请宜禾股份有限公司董事长马金芳作为创业顾问，联盟旨在提升新坝女性创业能力,讲好新坝女性创业故事,传递温度、掀起热度,为新坝高质量发展始终走在前列,注入更多“她力量”,为产业强镇撑起属于铿锵玫瑰的“半边天”;揭牌成立新坝镇“巾帼共创驿站”。活动设置10个展位，集中展示女性小微经商者创业创新成果。开设“春·Live”——音乐会、围炉煮茶等环节。扬中市各战线的妇女代表及群众代表,扬中归国留学女企业家、新坝镇女企业家代表、村企妇联主席、扬中各银行女性代表等113人参加活动。 (朱慧)

【篆刻艺术体验馆成立】 2023年3月28日，扬中市篆刻协会举行成立十周年庆暨篆刻艺术体验馆揭牌仪式。篆刻艺术体验馆是篆刻艺术推广协会和新坝镇联合村共同打造的集篆刻艺术体验、培训、实践、展览等于一体的多功能艺术基地,通过篆刻艺术视角来展示篆刻艺术的部分成果。篆刻艺术体验馆开馆以后,篆刻协会将联合村“两委”、文化旅游公司,定期邀请专业老师开展培训,让更多人参与其中,感受中华传统文化的魅力。 (朱慧)

【绿色公益骑行活动】 2023年4月29日，新坝镇举行“有‘模’有‘young’ ‘益骑’向未来”绿色公益骑行活动,500余名骑行爱好者参加活动。骑行路线自吾悦广场起,途经全国劳动模范郭克生事迹陈列馆、联合村老影剧院、联合村胜境盆景园等五个特色打卡点,全程5千米,集齐5色手环即完成骑行。全国劳动模范郭克生事迹陈列馆打卡点设有书籍义卖，参赛选手可通过展示牌、现场讲解的方式,了解全国劳动模范郭克生的事迹;联合村老影剧院打卡点设特色节目表演;终点处,设置游戏互动环节:垃圾分类大灌篮、中共二十大知识有奖竞答等。在运动骑行中弘扬劳模精神、展现青春活力、倡导低碳生活,赓续传承劳动精神、青年精神、环保精神。利用特色乡村资源，探索创新乡村绿色发展模式、健康生活方式,助力乡村振兴提质加速。 (朱慧)

4月29日,新坝镇举行“有‘模’有‘young’ ‘益骑’向未来”启动仪式 (新坝镇供图)

【年轻干部情景党课】 2023年6月30日,新坝镇(高新区)举办以“薪火传承守初心 奋楫笃行建新功”为主题的“七·一”专题党课,回顾党的光辉历程、讴歌党的丰功伟绩。活动围绕“擦亮奉献底色,弘扬奋斗精神,做一名新时代的合格共产党员”主题,开展一堂生动且走心的党课,激励全镇各级党组织和广大党员干部,坚定理想信念、砥砺初心使命、矢志拼搏奋斗,用坚实的臂膀扛起新时代的光荣使命，以骄人的业绩书写新坝高质量发展的崭新篇章。 (朱慧)

【乡镇长江禁渔专职巡防队成立】 2023年7月25日,新坝镇成立扬中市首个乡镇长江禁渔专职巡防队。新坝镇设立4处禁渔联合执巡点，长江禁渔专职巡防队按照每2千米配备一名专职巡防员的标准，在沿江环岛公路路段配备10名专职人员,每个执巡点同时配备1名公安水警和1名农业综合执法人员。持续加大对辖区内重点水域的巡查执法频次，扩大巡查执法覆盖面,快速、精准、严厉打击涉渔违法行为,更高效地处置辖区长江水域内的非法捕捞行为。7月1日起,新坝镇长江禁渔专职巡防队试运营情况良好。通过无人机、移动监控、巡防电动车等设备设施,提升长江禁渔巡防能力;采取全天候不间断以及“零点”突击行动等巡防工作方法,确保日间、夜间长江禁渔效果显著。截至7月底,新坝镇发现并上报违法垂钓人员40人,违法捕捞行为6起,收缴、拆除地笼72条、丝网3条,打击并遏制非法垂钓及非法捕捞行为。 (朱慧)

【第二届枇杷文旅节】 2023年5月24日，新坝镇举办“三江潮涌枇杷甜 乡约新坝创未来”——新坝镇第二届枇杷文旅节活动。文旅节以枇杷为“媒”,开展美食品鉴、非遗展演、直播带货等一系列活动。新坝镇以此为契机,持续打磨精品线路、做优产业生态,丰富“寻味新坝”品质内涵;以赵亚夫、陈履生为首的专家关心、支持扬中乡村建设,给政策、送技术、投资源、拓市场,共享机遇、共创未来。活动现场,与会市领导分别见证新坝镇与高校、银行以及合伙人项目签约,为新坝镇枇杷协会揭牌,为扬中市三江湾旅游集聚区农文旅顾问颁发聘书;国家博物馆原副馆长陈履生上台发表讲话;扬中农商银行分别向新坝镇新治村、立新村、联合村整村以及新坝镇枇杷种植户个人授信;举行农商行公益项目专项资金20万元发放、国际人才“感知中国”教育基地授牌仪式;视频发布推介新坝文博研学游线路、新坝12味及美食地图、新坝特色美食套餐及新坝乡土美食名店。活动设置体验区,现场展销特色农创、文创产品以及新坝镇特色美食,融媒体中心全程现场直播并线上带货,提升新坝枇杷知名度,拓展销售渠道,促进农户创富增收,打响“最美江岛岸线”特色游品牌。(朱慧)

5月24日,2023年新坝镇第二届枇杷文旅节启动

(新坝镇供图)

【“三江花月夜 四海故乡情”中秋晚会】 2023年9月26日,新坝镇举办“三江花月夜 四海故乡情”主题庆祝活动。活动现场,立新、新治、联合三村共同成立“扬中市新坝镇乡村旅游产业联盟”,成立镇江首家强村公司,聚焦“美丽三江湾”建设,将三村资源集聚整合,全面推动乡村振兴高质量发展。(朱慧)

【重阳敬老文化艺术节】 2023年10月20日,新坝镇新坝社区主办、公信社区和市老年协会新坝镇分会协办的“让岁月永远年轻”重阳敬老文化艺术节举行。活动以歌舞表演、颁奖表彰的形式,弘扬孝老美德,传递文明家风,助力乡村振兴走深走实。活动分为岁月流金、人和景美、霞光万丈三个篇章,舞蹈《醉春风》、小品《拐角的小房子》、木偶戏曲串烧、情景剧《小小网格员》等节目接连上演,精彩纷呈。现场表彰公信社区“好媳妇”、公信社区“好父母”、新坝社区“文明家庭”、新坝社区“最美庭院”、敬老模范家庭、老年志愿者先进个人、优秀基层老龄协会会长以及老年友好型社区创建先进集体、互助养老服务站建设先进集体等。(朱慧)

【立新村“一米菜园”】 2023年,立新村结合农村人居环境综合整治工作,利用村闲置土地,打造“一米菜园”。“一米菜园”总面积15亩(1公顷),由“一中心四区域”组成,“一中心”以菜园的中心位置打造微景观;“四区域”分为萌宝菜园、初心菜园、共享菜园、农夫菜园4个部分,每个区域面积分别为3亩(0.2公顷)。“一米菜园”可供游客观赏、耕种、采收等,体验农耕文化,享受农事乐趣,是江苏高校耕读教育基地。菜园采用认领模式,有自种自收、半托管、全托管3种模式可选。一米菜园在种植作物的选择上,根据群众需求种菜种水果。根据认领对象所选菜园类型的面积及托管方式收费,预计“一米菜园”每年认领费收入超10万元,以“一米菜园”为纽带,周边有立新产业园、纪福葡萄园、云标果园、肖家农场、梓阳植物园等农旅休闲场所,串联采摘、休闲、旅游等产业,增加村集体的收入,实现“一米菜园”颜值、产值、价值三提升。菜园打理由村低收入农户负责,解决闲置劳动力问题。(朱慧)

表15 2023年新坝镇村(社区)情况一览表

建制村(社区)名称	书记	主任	总人口(人)	工业产值(万元)	人均年纯收入(元)
丰乐桥村	施国平	施国平	1689	4210	34300
五一村	戴海旺	戴海旺	1780	12500	22000
立新村	肖　胜	肖　胜	3241	6400	62000
永平村	朱家明	朱家明	4120	226420	36000
红联村	郭兰彪	郭兰彪	4680	192000	39500
向阳村	朱　伟	朱　伟	2830	17800	43800

续表 15

建制村(社区)名称	书记	主任	总人口(人)	工业产值(万元)	人均年纯收入(元)
新坝社区	奚一培	奚一培	8498(集镇户籍 3112,农村户籍 5386)	208686	52000
联合村	陆建军	陆建军	3542	200000	45000
公信社区	郭荣根	郭荣根	2478	20000	33000
新宁村	陈国生	陈国生	2886	69100	46000
联盟村	周其勇	周其勇	2158	110000	30000
新治村	马　军	马　军	4856	400000	38000
新安村	陶　杰	陶　杰	3545	50500	41000
双新村	徐吉华	徐吉华	3964	173600	39200
新城社区	郭连华	郭连华	3260	0	45000

(朱慧)

表 16　2023 年新坝镇主要经济社会指标一览表

项目	数额	项目	数额
地区生产总值(万元)	2373378	私营企业数(家)	2809
工业总产值(万元)	4503121	实际利用外资(万美元)	676
产品销售收入(万元)	4298759	进出口总额(万美元)	12400
农业总产值(万元)	55756	第三产业增加值(万元)	803160
粮食总产量(吨)	18012	三产从业人员(人)	7441
水果产量(吨)	1477	个体工商户(户)	4443
水产品产量(吨)	1540	中小学校(所)	3
工业投入(亿元)	21.06	医院、卫生院(所)	2
工业用电(万千瓦小时)	14042	卫生室(个)	9
工业企业总数(家)	967	职工年人均工资(元)	69500
三资企业数(家)	28	农民年人均纯收入(元)	42819

(朱慧)

表 17　2023 年新坝镇骨干企业情况一览表

企业名称	法定代表人	工业总产值(万元)	销售收入(万元)	利税总额(万元)
镇江西门子母线有限公司	STEPHANMAY	467961	390031	73612
扬中凯悦铜材有限公司	陈和平	313790	309539	16155
江苏大全长江电器股份有限公司	徐　翔	250275	222339	23534
镇江默勒电器有限公司	徐广福	199443	161434	23492

续表 17

企业名称	法定代表人	工业总产值(万元)	销售收入(万元)	利税总额(万元)
江苏威腾新材料科技有限公司	蒋文功	126370	115451	8187
威腾电气集团股份有限公司	蒋文功	112145	113852	10100
江苏火蓝电气有限公司	乔东风	89477	106502	12199
江苏大全凯帆开关股份有限公司	徐广福	88969	79212	17724
江苏宏强电气集团有限公司	吴玉林	79284	79225	11996
江苏士林电气集团有限公司	马　芸	69022	68452	10091
大航有能电气有限公司	孙　伟	61270	67229	5347
现代重工(中国)电气有限公司	洪誴宛	58306	58306	-3336
江苏华强电力设备有限公司	陈廷国	49644	50041	8602
江苏中环电气集团有限公司	王永贵	45462	45462	5813
江苏锋芒复合材料科技集团有限公司	王荣生	41289	41425	4122
镇江大全智能电气有限公司	葛　飞	41171	42128	5803
江苏大航高华电气有限公司	孙　伟	36811	39566	4559
江苏大全箱变科技有限公司	徐　翔	34288	38355	3883
江苏海航电气科技有限公司	阮立恒	34223	34483	3119
镇江市电器设备厂有限公司	徐广福	33104	33613	4234
扬中长捷电气有限公司	王美兰	31720	31720	5988
宜禾股份有限公司	马金芳	30570	30257	1387
镇江大全金属表面处理有限公司	徐　翔	29467	30479	4658
江苏同力金属制品有限公司	黄　华	21188	32030	3556
江苏圣大中远电气有限公司	徐忠堂	20834	20834	2014
江苏新坝电气集团有限公司	陈　春	20410	19236	1971
江苏超宇电气有限公司	周怡琴	20194	19390	1658
镇江大全赛雪龙牵引电气有限公司	徐　翔	20020	20869	3584
江苏明珠硅橡胶材料有限公司	施纪洪	18830	19045	-101
江苏大浪电气有限公司	赵利梅	16477	16477	1933
江苏华雄电气有限公司	李　青	16413	16422	1791
镇江飞达制衣有限公司	李　超	16236	16229	326
江苏福泰电力设备有限公司	黄喜福	14818	16260	1369
江苏威腾配电有限公司	蒋文功	13610	13268	500
江苏精鑫达电气有限公司	荣凯彬	13133	13133	219
纳图(镇江)母线有限公司	唐秋英	12791	13688	1821
江苏科源铝业有限公司	王　勇	12642	12641	531
江苏赫敦电气集团有限公司	杜夫华	12393	12393	1884

续表 17

企业名称	法定代表人	工业总产值(万元)	销售收入(万元)	利税总额(万元)
江苏华强新能源科技有限公司	陈 欣	12048	12013	2982
浩翔电气集团有限公司	朱毓春	12001	12001	261
江苏圣大中远电力科技有限公司	徐忠堂	10866	10843	1421
江苏创大电气有限公司	嵇庆宏	10800	10800	975
江苏睿正华鹏成套电气股份有限公司	刘子涵	10700	10722	988
镇江东丰特殊合金有限公司	入交建太	10218	10298	445
江苏开达电气有限公司	陆纪才	10145	10145	764
江苏昌耐能源科技有限公司	季 斌	9898	9898	931
镇江市美盛母线有限公司	张金荣	9850	10078	860
镇江天一合金材料有限公司	张海飞	9291	9291	479
江苏华鹏电力设备股份有限公司	陈国峰	9257	9257	431
江苏环网电气有限公司	王 华	9220	9220	511
江苏弘历电气有限公司	何红芳	9018	9061	–306
开美数字技术(江苏)有限公司	张素平	7952	7952	154
江苏汇成电气有限公司	蔡纪龙	7829	7829	596
江苏必拓电气有限公司	徐茂松	7634	7634	617
江苏大全封闭母线有限公司	徐广福	7617	8468	462
倍德力能源装备(江苏)有限公司	陈 榕	7574	7574	665
向荣集团有限公司	张真明	7562	7562	873
江苏大力城电气有限公司	仇玉林	7355	7355	758
江苏华鹏桥架有限公司	吴 斌	7199	7275	1101
江苏银庆电气有限公司	周 莉	7156	7135	583
江苏万威电气有限公司	袁春香	7002	6961	495
江苏天源华威电气设备有限公司	陶 欣	6883	6889	1181
江苏云企智造有限公司	胡明亚	6847	6847	94
江苏乐仕电气科技有限公司	袁 静	6553	6553	711
镇江市飞航电气有限公司	左治萍	6000	6000	596
江苏帅天电气有限公司	郭 磊	5961	5961	451
江苏正旺电气有限公司	王如旦	5757	5757	369
镇江江岛轨道设备有限公司	夏 杰	5732	5732	–573
江苏汇友电气有限公司	陆 军	5650	5650	340
江苏亿创电气有限公司	薛爱军	5638	5477	258
镇江浩宇电气有限公司	朱茂英	5499	5499	227
镇江大全包装制品有限公司	徐 翔	5405	5451	905

续表 17

企业名称	法定代表人	工业总产值(万元)	销售收入(万元)	利税总额(万元)
江苏康尔臭氧有限公司	乐　飞	5357	5357	405
江苏富友电力机械设备有限公司	陶国香	5348	5348	518
江苏大航泓城电力电子有限公司	杨　旸	5336	2378	85
镇江市长江电力设备有限公司	王顺娣	5237	5237	272
江苏国茂电器有限公司	季正林	5201	5201	349
扬中市新天电器制造有限公司	朱九洲	5180	5180	302
江苏元新防腐科技有限公司	殷学玉	5163	5164	441
江苏新浪花电气集团有限公司	吴月兰	5109	5259	758
继亿母线(江苏)有限公司	王玉梅	5074	5074	401
江苏坤全特种设备有限公司	杨　洋	4908	4909	402
镇江市中南电力设备有限公司	裴　斐	4848	4848	337
江苏华都电气有限公司	肖会琼	4835	4834	316
江苏扬中印刷有限公司	印农春	4800	4637	403
镇江市新源硅材料有限公司	谢　俊	4800	5158	94
江苏江城电气有限公司	解良洪	4752	3138	-247
江苏顺鑫电气有限公司	吴小琴	4706	4706	376
镇江诚昊硅业有限公司	祝　群	4704	4704	215
扬中市新江镀业有限公司	奚新兰	4476	4476	490
江苏柏亚电气有限公司	郭艳梅	4460	4036	119
江苏江岛电气设备有限公司	葛恒翔	4453	4453	349
江苏蓝盛电力设备有限公司	蔡明维	4423	4423	128
西屋开关设备(江苏)有限公司	柴继涛	4423	4434	781
江苏华彤电气股份有限公司	赵　青	4341	4343	496
江苏福恩电气设备有限公司	杨　磊	4286	4286	151
江苏亮盛铝业有限公司	唐　亮	4267	4270	146
江苏金明电气有限公司	罗秋云	4260	4261	365
江苏铀力电气有限公司	陈伟民	4258	4258	483
扬中市长江电器设备厂有限公司	陈纪明	4213	4213	216
江苏培城电气有限公司	王　梅	4064	4064	276
江苏康宏电气科技有限公司	周怀凤	4045	3848	274
镇江市飞龙电纺设备有限公司	陈定贵	4013	4017	354
江苏成城电气有限公司	阚小海	4013	4013	-51
镇江向荣电气科技有限公司	唐崇国	4004	4004	-138
江苏宇达电气集团有限公司	冷国平	4000	4000	16

续表 17

企业名称	法定代表人	工业总产值(万元)	销售收入(万元)	利税总额(万元)
江苏明珠电气有限公司	朱文霞	4000	3509	136
镇江华扬机车车辆附件有限公司	马福兰	3922	3922	213
镇江华扬乳胶制品有限公司	王学斌	3817	4962	–123
帝森克罗德母线(镇江)有限公司	陈　梁	3600	3600	–51
镇江苏惠乳胶制品有限公司	王学斌	3531	3952	–821
镇江市旭能电力设备有限公司	顾彩云	3498	3072	189
镇江市飞利达焊料机电厂	胡金福	3489	3438	319
江苏华一电气有限公司	王定华	3456	3259	164
江苏迅驰电气有限公司	杨秀梅	3417	3417	127
江苏丰环电气有限公司	冷祥兰	3401	3401	189
江苏大浪电气集团有限公司	王　超	3369	3369	380
邦电电气(江苏)有限公司	王庆余	3256	3256	269
苏正智能电气有限公司	刘荣余	3203	3203	–5
江苏勇立电气有限公司	王成兰	3165	3165	278
凯德重工有限公司	王实贵	3143	3143	256
江苏东方电热器制造有限公司	陶美华	3104	3104	166
江苏白马电气有限公司	朱秀梅	3099	3099	254
江苏兆广电气有限公司	孙　慧	3097	3097	154
扬中市红洲磨具有限公司	马　琳	3090	3090	282
江苏国明浩辰科技有限公司	卞海霞	3074	3074	838
扬中势坤新材料有限公司	郭小平	3036	3327	183
西屋母线(江苏)有限公司	蒋政达	2997	2997	120
江苏亚捷电气有限公司	赵碧玉	2994	2994	342
江苏明腾电气科技有限公司	周雅平	2984	2984	333
镇江市万泓电气有限公司	常加旭	2944	2944	136
江苏乾元飞达电力设备有限公司	戚学林	2939	2939	87
江苏国华电力器材有限公司	张加凤	2899	2899	178
镇江市亚柯电气有限公司	孙智建	2862	2532	224
江苏华中防腐管阀件有限公司	郭祥华	2848	2848	415
扬中申扬换热设备有限公司	周昌法	2835	2491	–94
镇江群盛硅材料有限公司	毛秋香	2777	2777	92
江苏欣浪电气有限公司	刘珍美	2753	2753	191
江苏云锦电气有限公司	杨小云	2646	2646	214
镇江贝加尔电气有限公司	朱夕荣	2623	2623	162

续表 17

企业名称	法定代表人	工业总产值(万元)	销售收入(万元)	利税总额(万元)
镇江金阳机电有限公司	张有鹏	2588	2588	255
江苏佳鑫环保工程有限公司	黄　震	2510	2488	80
江苏鸿承机电设备有限公司	孙传祥	2500	2501	153
江苏鑫连城电气有限公司	黄清文	2496	2496	165
江苏省中原通用机电有限公司	朱陈根	2493	2493	227
江苏江岛电器股份有限公司	朱俊花	2356	2356	163
镇江中光阻燃电器有限公司	黄庆华	2350	2225	151
扬中市华日密封件有限公司	陆茂生	2317	2317	457
江苏瑞利隆电气设备有限公司	夏元中	2254	2254	224
江苏省华力电力设备有限公司	庞中林	2093	2093	126
江苏太阳鸟照明电器有限公司	张东升	1985	1983	172
镇江亘古电力科技有限公司	王纪华	1957	2118	66
江苏盈聚电气有限公司	任　庆	1797	1797	195
江苏中新钧达电气科技有限公司	杨彩平	1609	1521	22
扬中金祥乳胶制品有限公司	薛国荣	1520	1520	-172
江苏尚成电气有限公司	陈　云	1511	1553	79
镇江市华峰成套设备有限公司	朱华斌	1455	1455	-38
江苏德顺祥电气有限公司	陆万玉	1365	1146	-46
江苏力亿电力设备有限公司	周　芬	855	855	10
江苏省华能电气有限公司	蓝厚勤	751	748	46

（朱慧）

油坊镇

【概况】 油坊镇镇域面积52.06平方千米，常住人口3.1万人，下辖行政村10个、社区2个，现有基层党委10个，党总支1个，党支部98个，党小组115个、党员2705人。2023年，油坊镇实现应税销售总额134.61亿元，比上年增长3.58%，完成一般公共预算收入2.53亿元，增长4.5%。发展质效持续攀升。经济指标稳中有进，实现工业应税销售105.48亿元，73家规模以上工业企业实现工业总产值71.6亿元。强化规模以上企业培育，新增规模以上工业企业13家、规模以上服务业企业1家、批发零售企业8家。签约重点产业项目5个，总投资7.53亿元。实际利用外资1300万美元，连续三年提前超额完成任务。览锐光电智能电致变色薄膜项目、华易环保节能新材料项目等一批高质量项目落地；正能电子、海纬电气获评国家级专精特新“小巨人”企业。乡村振兴步履坚实。完成同德村、长旺村等8个村的村庄规划编制，鸣凤村方家埭创成镇江市级特色田园。统筹推进危房解危，完成既有建筑危房解危13户，农房解危8户，工业企业厂房解危14栋。完成农房改善工程240余户，争取上级补助资金320万元。强化居民建房管理，做好安全生产监管，组织开展建筑领域安全检查9次，拆除违建20余处，拆除建筑面积1089平方米，下发隐患整改通知书80份，整改率100%。耕地保护工作取得良好成效，整改基本农田

23.08 亩(1.54 公顷),被评为“省级耕地保护受激励单位”,获奖励 200 万元。生态治理坚决有力。全面完成第二轮中央环保督察反馈交办问题整改工作。开展重点园区、重点行业企业的日常巡查和扬尘管控，确保大气、水质、扬尘等问题得到有效治理,完成大气治理项目 13 个,入河排口排查 443 个,空气优良率 82.5%,增长 18%,位列全市前茅。配合开展喷涂行业、玻璃钢行业整治工作,加大巡查监管力度,确保停产转产有序实施。社会保障日益完善。切实做好就业服务保障工作,开展“春风送岗”网络招聘会,新增城镇就业人数 1136 人。精准落实残疾人救助政策,发放临时救助金 2.9 万元,救助 46 户困难残疾人家庭。开展社会救助工作,在“慈善助医、春蕾助学、雏鹰圆梦、慈善超市”等活动中救助 678 人,总计 66.74 万元。拓宽募捐渠道,扩大善款规模,健全完善救助工作衔接机制,实现社会救助提质增效。落实困境儿童分类保障制度,扩大困境儿童救助范围,对全镇 31 户困境儿童实施个性化帮扶。社会事业稳步提升。高标准通过国家卫生镇复审。卫生院新址建设推进顺利,完成主体框架结构。家庭医生签约服务成效明显,“放心家医” 品牌获家医技能竞赛镇江市第一名、江苏省第十名。开展浪漫长旺樱花荟文旅活动、端午国潮游园会、“月满油坊 德润江洲”中秋国风沉浸式演出、“家门口舞台”巡演等各类文艺演出 20 余场, 文化知识巡展 113 场, 公益文化艺术培训 600 课时。长旺中心小学在金钥匙科技竞赛中获青少年科技活动特别贡献奖,少年科技项目“不会滑落的肥皂”获得国家专利。社会治理全面增强。践行和发展新时代“枫桥经验”,坚持防范在先、发现在早、处置在小,实行常态化排查,高分建成镇江市社会治理现代化先进镇。开展“八五”普法、反恐、反诈、反邪教、禁毒、平安创建等各项工作,全面提升群众法律素养;妥善化解新增矛盾纠纷,调处成功率 100%。开展五一、国庆等重要时间节点安全大检查,整改问题隐患 1456 条,整改率 100%;指导 9 个类别的企业创建安全示范企业，申报危化品示范库 1 家。 (祝静娴)

【产业强镇暨优化营商环境大会】 2023 年 1 月 30 日，油坊镇召开产业强镇暨优化营商环境大会。表彰 2022 年度基层满意单位 (10 家)、基层满意个人(10 名)、党建行政工作优胜奖(4 家)、优质教育奖(2 家)、突出贡献奖(7 家)、二十强工业企业、经济贡献奖、发展速度奖等。围绕产业强镇、优化营商环境,五家单位作表态发言。 (祝静娴)

【首届浪漫长旺樱花荟】 2023 年 3 月 25 日，油坊镇举办首届浪漫长旺樱花荟。浪漫长旺樱花荟开展“樱”才沙龙、“樱”为有你、“樱”韵集市等系列活动,借助集体婚礼倡树文明新风、运用樱花元素开发文创产品、举办主题大赛推介特色美食。现场设美食品尝区、文创展示区、非物质文化遗产区。美食品尝区展示菜粥、菜饭、水糕、烧卖等扬中特色小吃以及各类茶饮、时令水果、精美糕点;文创展示区展示以樱花为创意的文创产品;非物质文化遗产区展示非遗传承人孙永青剪纸作品、耿月新竹编工艺品。现场举办“‘寻味’油坊 ‘烹’然心动”春季乡土美食大赛,以美食“小切口”推动文旅融合“大发展”。各村、社区选送 11 支队伍参加,参赛选手以本地特色食材为原料,从烹饪技艺、成品装盘、造型款式等展示绝活。现场专家评审团、乡贤和观众评委按照色、香、味、形等标准对参赛菜肴评价打分,评选出 3 道特金奖菜品、4 道金奖菜品、4 道银奖菜品。 (祝静娴)

3 月 25 日,长旺村举办首届浪漫长旺樱花荟

(油坊镇供图)

【“15 分钟医保服务圈”省级示范点】 2023 年 4 月,油坊镇获评江苏省“15 分钟医保服务圈”省级示范点,实现全镇居民医保经办服务“就近办”“家门办”。油坊镇医保服务窗口遵循 “一次性告知”“首问负责”“限时办结”等政务服务基本制度,承接医疗保险参保和变更登记、基本医疗保险缴费基数申报、医疗保险参保信息查询等 34 项日常业务。开辟绿色通道,完善“适老化”服务，为老年人和困难群体提供一对一陪同指导服务。掌握辖区内各类对象基础信息,针对高龄、出行不便群体,上门提供帮办代办服务。依托江苏政务服务网、江苏医保云,推动政务数据共享,业务全程可查可追溯,群众办事更加方便快捷。油坊镇持续规范并优化提升基层医保公共服务质量和行为，让更多参保群众在

家门口享受到更优质高效、便捷安全的医保公共服务。

(祝静娴)

【“擎旗亮徽”行动】 2023 年 6 月 27 日,油坊镇开展“擎旗亮徽”行动。通过党建引领、党支部结对党员带头、群众参与,高举“共建共治”“奋斗‘油’我”“微光星火”旗帜,推动力量下沉,打造基层治理“共同体”。调优治理组织架构,打造“1+3”联盟矩阵,探索打造村(社区)、机关、企业“三位一体”党建联盟矩阵。将辖区 12 个村(社区)、22 个机关事业、15 个企业党组织联动融合,以 1 个村(社区)+3 个机关企事业党组织为基本联盟单位,发挥不同类型党组织的特点和优势。通过创新组织形式、工作机制、活动内容,达到凝聚力量、优势互补、互促共进、全面进步的目标。构建组织建设互促、党员干部互动、党建载体互用、三方帮扶互助的党建工作新格局,实现“联”动聚力、“盟”融共赢。提升“三长”服务水平,吸纳“两代表一委员”、“五老”成员、农村党员、企业家、新业态等各类群体为“擎旗亮徽”行动融入多方资源力量。深化专项行动,实施“紫藤微光”“看、走、访、话”“微网精治”“‘油’美兴农”四大专项行动,凝聚党群力量,促进乡村治理效能和服务质量大提升,为“活力油坊”高质量发展注入动能。 (祝静娴)

【见义勇为勇士榜市民李培武】 2023 年 7 月 3 日,中央政法委在京发布 2023 年第二季度见义勇为勇士榜,50 位勇士光荣上榜,扬中市油坊会龙村村民李培武上榜。4 月 10 日,油坊镇会龙村的村民李培武在下班回家的途中,发现有人正在实施盗窃。面对手持匕首的嫌疑人,在被 20 厘米长的匕首刺伤后的李培武没有退缩,紧追弃车而逃的小偷,一边报警一边大声呼喊。扬中警方迅速出击,将两名盗窃嫌疑人抓捕归案。

(融媒体中心)

【文明家庭表彰暨中秋国风沉浸式专场演出】 2023 年 9 月 29 日,“月满油坊 德润江洲”第二届扬中市文明家庭表彰礼暨中秋国风沉浸式专场演出在油坊镇中心公园举办。晚会于公园湖中搭建水下、水上双层舞台,舞台上方一轮巨月构建“月圆”意象。空中运用少量威亚,赋予舞台多变特质。节目以歌舞为主,分为“织秋”“洗秋”“晒秋”“月圆”4 个篇章,展现江南、秋意、采莲、伞韵等国风元素,取材部分家喻户晓的古典爱情故事再创作,寄予“月圆人圆”的美好祈愿。晚会邀请 12 户第二届文明家庭代表出席,会上表彰市级文明家庭、市级文明家庭代表朗诵宣言、发布家庭文明新时代文明实践项目。 (祝静娴)

【“守护儿童 托起希望”社工服务项目启动】 2023 年 11 月 11 日,油坊镇社工站联合扬中市麦田义工服务社运营执行“守护儿童 托起希望”社工服务项目。项目以扬中市油坊镇困境儿童、留守儿童为服务对象,运用社会工作专业方法和技巧,为其提供支持性、保护性、发展性等社工专业服务,为困难儿童及其家庭提供相应的社会支持,回应多元化发展需求。 (祝静娴)

【华易环保节能新材料项目签约仪式】 2023 年 10 月 16 日,油坊镇举办环保节能新材料项目签约仪式。项目由江苏华易新型建材有限公司投资建设,项目计划总投资 1.2 亿元,改造现有厂房 6000 平方米,新上环保节能新材料设备生产线 2 条,生产钙镁基功能性装饰装修复合新材料。项目投产后预计可新增年销售 1.8 亿元,税收 900 万元,项目完成环评手续办理,进入设备安装阶段。

(祝静娴)

【道德讲堂暨振华村文明家庭表彰大会】 2023 年 12 月 8 日,油坊镇新时代文明实践所联合振华村举办好人如灯·道德事迹巡讲——“讲述好人故事 凝聚道德力量”第四季度道德讲堂暨振华村文明家庭表彰大会。通过多种途径放大道德典型的感召力、感染力。现场宣读《让榜样的声音传播 让道德的力量传递》倡议书,颁发油坊镇“坊前燕声”宣讲团成员聘书,“坊前燕声”宣讲团成员讲述振华村见义勇为好人朱永善的事迹,开展创文有奖知识竞答。大会开展“振华村文明家庭”表彰,现场表彰 8 户文明家庭代表,其中胡建国家庭获评“镇江市最美家庭”称号,韦恩广家庭获评“扬中市文明家庭”称号。 (祝静娴)

【残疾人辅助性就业培训活动】 2023 年 12 月,“送教上门 筑梦飞翔”残疾人辅助性就业培训活动在油坊镇残疾人之家开展。现场 20 余位残障人士在工作人员的辅导下学习简单的产品组装。残联以残疾人之家为载体,以日间照料与辅助性就业相结合的方式,安置部分没有正常就业能力的人,在减轻残疾人家庭监护人照料负担的同时,实现增加家庭收入的目的。

(融媒体中心)

表 18 2023 年油坊镇村(社区)情况一览表

建制村(社区)名称	书记	主任	总人口(人)	工业产值(万元)
振华村	王笃平	王笃平	2150	31850
油坊村	耿成斌	耿成斌	4910	136900
太平村	唐建军	唐建军	3441	43800
同德村	解　鹏	解　鹏	5063	161200
鸣凤村	钱克清	钱克清	3107	37500
振兴村	祝　庆	祝　庆	1728	64960
会龙村	姚文龙	姚文龙	4068	192200
邻丰村	王笃才	王笃才	3002	98300
老郎村	匡　勇	匡　勇	3960	46500
长旺村	丁德勇	丁德勇	2140	149300

(祝静娴)

表 19 2023 年油坊镇主要经济社会指标一览表

项目	数额	项目	数额
地区生产总值(万元)	54.04	私营企业数(家)	1395
财政收入(万元)	26722	实际利用外资(万美元)	1300
工业总产值(万元)	1104873	进出口总额(万美元)	5348
产品销售收入(万元)	1095712	第三产业增加值(万元)	189100
农业总产值(万元)	67513	第三产业从业人员(人)	1236
粮食总产量(吨)	24957	中小学校(所)	3
水产品产量(吨)	1968	医院、卫生院(所)	2
工业投入(亿元)	14.03	卫生室(个)	6
工业用电(万千瓦小时)	32690	工业企业总数(家)	1395

(祝静娴)

表 20 2023 年油坊镇骨干企业情况一览表

企业名称	法定代表人	工业总产值(万元)	销售收入(万元)	利税总额(万元)
江苏吉星新材料有限公司	李琦琪	2332	2266	288
江苏沪运制版有限公司	赵国平	8783	8783	1919
镇江远东电讯电机有限公司	陆宝富	11252	11248	1051
江苏长江盖业有限公司	黄　磊	3278	3193	265
镇江嘉弘海绵有限公司	许红林	1491	1468	33

续表 20

企业名称	法定代表人	工业总产值(万元)	销售收入(万元)	利税总额(万元)
镇江金茂伟业工艺品有限公司	董菊萍	11256	11256	499
扬中市鸿运制盖厂	陈正香	3220	3219	93
江苏天晟新材料科技有限公司	朱　杰	1114	1114	22
扬中格拉斯添加剂有限公司	埃得哈派纳	5225	5136	432
江苏海纳机电集团有限公司	李兰根	14250	14244	1453
江苏凯益动力科技有限公司	陆　凯	2954	2954	239
江苏隆鑫电气设备有限公司	方道宏	4135	4064	330
扬中磊金建材有限公司	史爱芳	11987	11648	487
和昌电缆材料科技(江苏)有限公司	袁　敏	5676	5591	404
扬中市中驰电气有限公司	张胜君	3673	3673	342
镇江市铭福电气有限公司	杨卫萍	5668	5662	669
镇江市跃进电仪设备有限公司	杨卫萍	2661	2662	517
江苏欣安新材料技术有限公司	张　望	3922	3912	150
镇江市化剂厂	薛恒芝	7829	7811	1012
江苏荣安电仪设备有限公司	黄良荣	7937	7937	530
扬中市宏辉橡胶制品有限公司	陆纪才	5340	5320	509
镇江飞天纺织科技有限公司	秦安清	4882	4878	319
江苏宏明电气有限公司	陈宏明	17985	17985	2148
镇江昌达电气有限公司	郭力嘉	6887	6850	644
扬中市华龙橡塑电器有限公司	冷柏平	15786	15771	1907
江苏龙创新材料科技有限公司	徐君伟	10141	10281	528
镇江市德利克真空设备科技有限公司	匡正余	10668	10669	1596
镇江弘通电气有限公司	陆　颖	5938	5939	921
镇江泓德新材料科技有限公司	凌建国	4366	4366	472
镇江昌庭成套电气设备科技有限公司	陆红梅	3186	3185	413
镇江明德新材料科技有限公司	蔡德华	3152	3136	487
江苏虹亿电气有限公司	陆　颖	7785	7777	902
镇江润驰新材料科技有限公司	刘明权	9546	9434	508
扬中市利航新材料有限公司	何世荣	4087	4088	708
扬中市宏达针织漂染厂	杨宏根	2056	1936	167
江苏欧普电器有限公司	马　翔	2545	2546	318
江苏海纬集团有限公司	潘志娟	45248	45227	5358
江苏海纬电气有限公司	陈永明	17362	16194	1649
镇江化工仪表电器有限公司	黄乔年	3050	3045	342

续表 20

企业名称	法定代表人	工业总产值(万元)	销售收入(万元)	利税总额(万元)
江苏祥能电站设备有限公司	陆贤祥	3807	3842	488
扬中市太平洋仪表电器有限公司	董志强	6716	6649	779
扬中市大地水泥有限公司	刘双龙	44984	44905	4684
扬中市金大地混凝土有限公司	刘双龙	7621	7601	381
江苏天旺新能源科技有限公司	何爱群	58176	58153	3753
江苏万稼盛肥料有限公司	黄　勇	1105	1112	149
江苏上晨电气有限公司	姚纪华	2137	2122	271
镇江亚辰新材料有限公司	韦　伟	23422	22321	1436
江苏利奥新材料科技有限公司	何霞文	30013	30013	1912
扬中市旭晨精密模锻有限公司	夏政龙	2856	2856	346
江苏颖尚密封件有限公司	王　颖	4675	4675	363
江苏通俠电气有限公司	顾卫星	3239	3235	614
镇江裕太防爆电加热器有限公司	王太峰	8080	7943	1327
扬中市东风皮鞋厂	顾红波	1389	1305	127
镇江朝阳机电科技有限公司	朱朝平	7751	7372	486
扬中市华是塑胶有限公司	丁永明	3561	3561	267
江苏科海生物工程设备有限公司	陈永琪	2836	2836	367
江苏永拓电气有限公司	何宇龙	7708	7708	378
镇江市星翌交通设备配件有限公司	黄银平	1970	1867	199
上迈(镇江)新能源科技有限公司	练成荣	67719	63874	3031
江苏航雅金属材料有限公司	杨　莉	2993	2980	−2
江苏迈新新材料有限公司	严伟兵	1542	1542	−46
江苏江洲汽车部件有限公司	蒋丰根	20818	21492	3315
江苏帅雅服饰有限公司	解丰铭	9448	9312	542
江苏美凯电气有限公司	张晨华	1822	1822	190
江苏永丰电器仪表有限公司	解恒明	12898	12606	729
江苏全友电气有限公司	董　平	5898	5902	452
江苏正能电子科技有限公司	张　群	45510	45006	4265
江苏绿能电力科技有限公司	蔡会风	34757	34757	4458
江苏太阳科技股份有限公司	冷青松	35885	35070	3845
扬中市橡胶塑料厂有限公司	蔡德扬	2346	2339	392
江苏希尔达新材料有限公司	鄂洪章	21696	21696	1216
扬中蓝天电器有限公司	姚建宏	3583	3584	380

(祝静娴)

八桥镇

【概况】 八桥镇位于扬中市东南部，镇域总面积55.6平方千米，其中陆地面积34.58平方千米，下辖9个行政村、2个社区，常住人口3万人。2023年，全镇完成地区生产总值52.94亿元，比上年增长7.99%，一般公共预算收入2.69亿元，增长35.86%，工业销售106.1亿元，农村居民人均可支配收入3.95万元，增长6.01%。规模以上工业申报销售86.34亿元；新韩通完成销售25.32亿元，税收1.5亿元；天舜集团完成销售12.38亿元、税收4621万元。华太电仪、海天微电子、金利电气3家市“60强”企业销售保持稳步增长。新培育5亿元企业1家、亿元企业3家，培扶规模企业18家，全镇规模企业梯队逐步扩大、层次更加健全。

经济发展稳健有力。61家规模以上工业企业实现“智改数转”诊断全覆盖，完成制造业增加值22亿元，增长10.8%，位居全市前列，新培育5亿元企业1家，亿元企业3家，新增规模以上工业企业18家。坚持项目为王，开展产业招商、园区招商和以商引商，组织海工装备、汽车配件等专题招商20余次，举办“区园联动”、商会交流等主题活动4场，签约艾蒙斯智能集成化储能系统制造等6个项目，总投资超10亿元。实施市级以上重点产业项目11个，厚成春环、同庆汽车、德罡电力等5个项目竣工投产，累计完成固定资产投资15.5亿元。协助项目建设企业优化资源利用，格睿汽车项目建设容积率3.16，成为全市高效用地样板。建立完善“惠帮办”党小组工作机制，将党建触角延伸到生产一线、车间班组，提供有效意见参考78件次。承办扬中市“全国科普日”专场活动，加大企业科技创新帮扶力度，新增国家高新技术企业3家，省级专精特新企业7家，省级工程技术中心1家，实现社会研发性投入2.85亿元。针对专业人才需求，引进国家级人才1人，入选国家级重大人才工程1个、省“双创计划”1个、镇江“金山英才计划”1个、扬中“江雁计划”2个，首次实现国家、省、镇江、扬中人才项目四级“大满贯”；围绕企业手续办理，打响“360惠帮办”服务品牌，“好差评”评价覆盖率、办结率、满意率100%。

农业农村质效提升。推进耕地保护，粮食全年总产1.65吨。高效农业规模拓展，新建高标准农田900亩(60公顷)，创成全省特粮特经(秧草)特色产业小镇。特色产业品牌打响，利民“鑫惠农”、永胜“盛缘香”、长胜“绿水江畔”等一批村级品牌知名度不断提升，红旗村菊花茶领取全市首张特色农产品《食品许可证》，把“云牵农”品牌从乡间摊点带进大型商超，带动灵芝盆景、血糯米等系列特色产品实现热销。增收渠道不断拓展，八桥村建成集伴手礼包装、国内知名特产销售等于一体的乡村振兴服务点；红光村依托区位优势，尝试快递物流、物业管理、二手市场等新兴领域，“馨语向阳驿站”物流点收发快递突破40万件次，带动增收近20万元。乡村文旅深度融合。利民村入选江苏省乡村振兴示范村创建单位，“永远跟党走” 青年学习社线路获评省级荣誉，获得镇江市十佳美丽村落称号，创成镇江市夜间文化和旅游消费集聚区。永胜村道士庙埭创成省级特色田园乡村，九狮图入选省级非遗，展示馆创成镇江市首批“非遗守望空间”。永兴村依托榻耙渲风光带，打造集垂钓、露营、茶艺等功能于一体的假日休闲基地。举办“醒春”文化美食节、“春遇豚岛·飨跑利民”、千人河豚宴、红菱文化旅游(采摘)节、首届菊花文化节等活动，创新推出研学、团建、亲子游等定制套餐，全年接待游客超12万人次，实现旅游综合收入310万元，带动餐饮、住宿等服务产业快速发展。

加快完善配套功能。完成利民村、永胜村等5个村实用性村庄规划编制及报批工作，镇村布局规划动态维护获市政府批复。启动团结四期主干道路建设报批，实施长胜二期、团结五期、幸福三期等居民点道路管网建设，提档升级农村公路2.6千米，加固长胜段堤防3.7千米，建成生态河道3条，疏浚农村河道20条计6.6千米，完成团结港闸立项、设计、审批等前期工作。改造永胜集镇200吨污水处理设施，新增日处理能力50吨，新建二桥富民工业园污水设施，完成红光污水泵站扩容，提升集镇污水收集治理水平。投入近200万元实施新韩通综合服务区建设。坚持党建引领人居环境整治，以“乡村惠美 善在其中”“双美”评选活动为抓手，通过政府引导，形成“三长吹哨、全员报道、户户参与、人人动手”的整治热潮。推出“积分式”“红黑榜”“契约式”管理制度，定期开展以物换物、“家在八桥 拾光留影”全家福拍摄等活动，优选示范典型41个。组织扬中大道八桥段公共空间治理，通过新设出入口标识、设计墙体彩绘、打造景观小品等，形成“点连线、线带面”的环境整治新格局。各村组以“八位一体”管理考核评比为契机，结合村庄垃圾清理专项行动，整治提升重点区域36个。长胜村建成西江河片区，讲好“水上交通站”红色故事；幸福村依托自然资源禀赋，低成本打造梳子圩特色老埭；永胜村创成省级绿美村庄，利民村被评为镇江市美丽庭院示范村。实施集镇管理精细化、长效化建设，集中攻坚振兴路停车场、农贸市场等重点区域整治，打造华生路、心安路等节点景观16个，修整出新集镇道路3条。推进“十大提升行动”，完成广善公园、新时代文明实践所等重点点位改造升级，集中整治背街小巷、弱电线缆200余处。实施“风尚培育”行动，建成镇江市首家扫黄打非主题公园、省级护苗工作站，发布“善沐八桥 惠聚温暖”品牌项目，选树身边典型43个，开展志愿服务400余场，利民村创成江苏省五星级示范农家书屋，万福村创成江苏省“扫黄打非”进基层示范标兵。

大力发展社会事业。开展就业创业帮扶，组织各类专场招聘活动，提供岗位信息900余条，全年累计新增城镇就业1000余人，永兴村创业孵化基地获评“A级省级创业示范基地”，利民村获镇江市第七届农村创业大赛三等奖，万福村创成镇江市标准化“家门口”就业服务站，华银仪表创成镇江市女大学生创业就业实践基地。加强特殊群体援助服务，开展维护残疾人合法权益专项行动，累计发放低保金、五保金、重残生活补助金等600余万元。镇、村两级慈善组织共发放慈善救助资金101万元，救助801人次。启动尊老金“免申即享”主动发放机制，累计发放尊老金150余万元。投入100余万元提档升级镇敬老院，创成三星敬老院。健全退役军人保障制度，幸福村、万福村创成镇江市五星级退役军人服务站。总投资6600万元的八桥中心卫生院建成使用，医疗服务水平明显提升。启动健康惠民全民应急救护技能培训，组建八桥镇家庭医生村社区健康管理团队，设置9个家医团队和22个家医网格，提升糖尿病、高血压等慢性病管理服务水平。素质教育成效显著，新增市级教育研学基地3家，八桥中学获江苏省少工委优秀少年军校称号，八桥中心小学参加全国跳绳联赛再创佳绩。打造八桥校园慈善文化特色品牌，永胜中心小学创成镇江市校园慈善文化教育基地。长胜村季杰在世界大学生运动会竞走团体比赛中获金牌，海天微电子职工林思彤获杭州亚残运会女子标枪赛冠军，利民村陈熙文获全国小学生象棋锦标赛冠军，八桥村方昊成为镇江市首位男足国家队队员。 (钱振鹏)

【八桥镇项目攻坚暨产业强镇大会】 2023年1月，八桥镇召开项目攻坚暨产业强镇大会，动员全镇围绕“项目攻坚 产业强镇”主线，建立全力以赴干事业、全神贯注忙发展、全始全终招项目的“三全”机制，在现代化建设的新征程上争先领先。八桥助力企业抢抓产业重构期，扩大投资、创新转型，加快向产业链上下游延伸拓展，发展战略性新兴产业，提升价值链，鼓励支持民营经济和民营企业发展壮大，走高端化、智能化、绿色化发展之路。推进“惠民惠企温暖行”等活动，确保续建项目2月全部开工，新拿地项目3—4月全部开工。围绕新能源、新材料、汽车配件等新兴产业发展方向，实行精准招商。依托“互促惠”产业联盟、“链聚红心”活动，围绕海工装备、先进制造业强链、延链、补链，开展定向招商。重点推进好扬中海工装备和高技术船舶产业园建设，提升园区利用效率和产出效益，挖潜高创园、二桥工业园空间，通过以亩均投入、亩均产出、亩均贡献为项目招引的主攻方向，招引附加值高的优质项目。激发村级发展活力，实现一、二、三产融合发展，围绕六大项目经济(物业经济、服务经济、项目经济、融合经济、飞地经济、资源经济)，聚焦农文旅融合发展，依托现有农业载体，放大南部乡村旅游集聚区的吸引力。

(钱振鹏)

【“醒春”文化美食节】 2023年3月11日，八桥镇“醒春”文化美食节在利民村举行。活动旨在提升八桥美食知名度和美誉度，构建“以食促旅、食旅融合”的发展新格局。永胜小学九狮图团队现场演绎非遗九狮图，10位厨师和10位厨艺爱好者开展厨艺表演。厨艺比赛邀请5位专家评审、15位大众评审组成美食品鉴团，经综合评价，评选出一等奖2名、二等奖3名、三等奖5名，根据大众评审投票数评出“最佳味觉奖”1名、厨艺展示最佳人气奖1名和厨艺展示参与奖。文化美食节设置展品区、体验区，展品区展销灵芝孢子粉、血糯米、菜籽油等特色农产品，体验区设美照打卡点、围炉煮茶、草编趣味体验、垂钓体验等。 (钱振鹏)

【八桥镇居家养老服务中心开业】 2023年3月26日，八桥镇居家养老服务中心举行开业典礼。八桥镇通过政府采购服务方式，引进专业化服务团队，建成并运营镇居家养老服务中心。八桥镇居家养老服务中心按照“文化养老、健康养老、快乐养老”的服务理念，从老年人需求出发，设立老年日间照料室、老年助餐点、阅览室、棋牌室、康复训练室、心理咨询室等为老服务功能室，为八桥镇域范围内60周岁以上老年人提供一站式居家养老服务，满足老年人的多元化服务需求。

(钱振鹏)

【“春遇豚岛·飨跑利民” 春日情境跑活动】 2023年4月9日，八桥镇利民村举办“春遇豚岛·飨跑利民”春日情境跑活动，300余名跑步爱好者参加。利民“飨跑”沿环岛公路出发，全程8.8千米。活动沿途设桃源摘诗、油菜花田照相馆、非遗竹编技艺等打卡体验点5个，沿线补给站供给桂花糕、沾肉、甜瓜脆等利民特色美食。

活动当晚举办“村宴+村晚”，展陈利民八大碗、地道特色小吃、民俗表演等，让参与者享受运动魅力，领略花香四溢、春光旖旎的江岛田园风貌。(钱振鹏)

4月9日，利民村举办“春遇豚岛·飨跑利民”春日情境跑活动 (八桥镇供图)

【“惠旅游”乡村振兴文旅融合共建合作签约仪式】2023年7月11日，八桥镇举行“惠旅游”乡村振兴文旅融合共建合作签约仪式。八桥镇突出“全景八桥、全域旅游”新格局；打造“全时活动、全季旅游”新体验；探索“全员参与、全民旅游”新模式。现场举行乡村旅游推荐官聘任仪式，向扬中市旅行社社长常洁、扬中市今天旅行社有限公司总经理姚毅等8人颁发聘书；与电子商务公共服务中心签署文旅融合共建合作意向书，与旅游协会签署文旅融合共建合作协议书。与会人员一行先后实地参观永胜村九狮图非遗展示馆、红菱文化基地、红旗村润裕种植养殖基地、利民村党群能量站等点位，就乡村产业发展规划、基础设施配套、文旅品牌打造等方面开展交流。(钱振鹏)

【第六届红菱文化旅游节】2023年8月25日，“菱动金秋 鱼你同乐”八桥镇第六届红菱文化旅游(采摘)节开幕。红菱文化旅游节为期1个月，设置下水采菱、入田捉鱼、果园采摘、美食品尝、乐队演出、文创展示等子活动。活动现场，南京审计大学公共管理学院创新创业课程思政实践基地、江苏大学管理学院乡村振兴社会实践基地揭牌，扬中农商银行为永胜村商会授信贰亿元。开幕式发布“童学永胜”研学品牌，设置1条线路，6大场景，12个体验，3项课程，1张地图，以农载道，以文促旅。永胜村与镇江狮乡生态旅游达成研学、旅游业务合作，与镇江九狮文化传媒达成电商业务合作，优势资源互补，做深做实农文旅项目。(钱振鹏)

【村(社区)干部“三比三看”擂台比武赛】2023年9月14日，八桥镇举行镇村(社区)干部“三比三看”擂台比武赛决赛，全面检验各村(社区)干部的理论水平、业务能力和工作质效，形成良好的比学赶超氛围和人才选拔机制。乡村振兴比武擂台，9支参赛队伍以独特的角度和表达方式演讲展示对乡村未来的创新思考和期待；业务理论知识环节，每支队伍2分钟快问快答，考查中共二十大精神、基础党务知识、农业农村工作等内容的熟练掌握和快速反应能力；现场出题环节，评委和大众评审团代表围绕基层治理中的难点问题现场提问，参赛队伍结合自身实践经验、相关案例以及理论知识提出解决方案。经过评委现场打分和大众评审团的投票，决赛评选出最佳队伍和最佳擂手。(钱振鹏)

【利民村互助养老服务小组成立】2023年10月，八桥镇利民村西14小组互助养老服务小组挂牌成立。利民村西14小组老年人较多，包括空巢、患有慢性疾病以及残障的老年人。利民村村“两委”和老年协会探索养老助老新模式，在西14组建立该村首个互助养老服务小组，活动地点选择在该组退休老干部黄万寿家中，并由其担任组长。互助养老服务小组将依据老人的不同需求，提供上门探访、生活照料、精神慰藉等服务，并根据各自的兴趣爱好组织小组成员开展学习阅读、书画棋牌、参观旅游、文体娱乐、养生保健、谈心聊天等活动。互助养老服务小组特别吸收低龄老人参与活动，鼓励其照顾陪伴高龄孤寡老人、独居、空巢和困难老人，加强老年人之间的养老互助，通过低龄老人照顾高龄老人的方式，为老年人提供一个相互学习、联络感情、融洽合理关系的平台。(融媒体中心)

8月25日，八桥镇举办第六届红菱文化旅游(采摘)节 (八桥镇供图)

【红旗村菊花文化节晚会】 2023年10月，红旗村第四届“我的红旗我的家”文艺会演暨首届菊花文化节晚会在红旗大舞台举行。活动分为红色红旗、善美红旗、生态红旗三个篇章，演出舞蹈《红旗颂》、诗朗诵《心中的红旗》、歌曲《如愿》、小品《不变的是初心》等节目。红旗村坚持以产业振兴推动乡村振兴，深耕特色农业，形成白玉枇杷、血糯米、灵芝、杭白菊为主导的特色产业；串联红旗公园、“灵善芝美”风光带、渡江精神陈列馆、润裕种植养殖专业合作社，打造红色研学路线，让农耕“牵手”乡村旅游。晚会集中表彰优秀“三长一代表”、美丽庭院户、美丽自然埭、最美红旗人等，为红旗村“乡村振兴推介官”颁发聘书，助力红旗村乡村振兴高质量发展。 （融媒体中心）

【永胜村道士庙埭入选省级特色田园乡村】 2023年12月6日，江苏省农村住房条件改善和特色田园乡村建设工作联席会议公布第十二批次江苏省特色田园乡村名单，全省87个村庄被命名为江苏省特色田园乡村，扬中市八桥镇永胜村道士庙埭名列其中，成为扬中第8个省级特色田园乡村。永胜村特色田园村庄的创建工作围绕“乡土、自然、生态”的发展理念，对道士庙埭积极开展旧宅基地复垦、水环境整治、水利桥梁建设、前后道路改造等活动，新建办公大楼完善各类便民服务设施，提升村庄形象。永胜村以乡村振兴战略为契机，通过塑造特色风貌、彰显特色文化、培育乡风文明等手段，把道士庙埭建成“永义崇学胜菱其境”的田园乡村景观，人民群众的幸福感和获得感明显提升。（融媒体中心）

表21 2023年八桥镇村(社区)情况一览表

建制村(社区)名称	书记	总人口(人)	工业产值(万元)	人均纯收入(元)
长胜村	王成华	3212	54279	39530
利民村	刘乔荣	2887	58361	
八桥村(社区)	祝启国	4411	77796	
幸福村	朱志银	5164	68115	
永胜村(社区)	李卫东	3860	66980	
红旗村	刘美红	1951	24835	
永兴村	施大年	2442	33375	
万福村	范永华	3064	31899	
红光村	吴月萍	2190	35089	

（王存霞）

表22 2023年八桥镇主要经济社会指标一览表

项目	数额	项目	数额
地区生产总值(亿元)	52.94	实际利用外资(万美元)	66.3
财政收入(万元)	47800	自营出口额(万美元)	—
工农业总产值(亿元)	122.04	第三产业增加值(万元)	139250
产品销售收入(亿元)	117.49	第三产业从业人员(人)	4580
粮食总产量(吨)	16492	个体工商户(户)	3234
粮经种植比例	75:25	有线电视开通数(户)	11703
水果产量(吨)	2120	有线电视普及率(%)	98.5
水产品产量(吨)	22293	工业投入(万元)	147831

（王存霞）

表 23　2023 年八桥镇骨干企业情况一览表

企业名称	法定代表人	工业总产值(万元)	销售收入(万元)	工业增加值(万元)	利税总额(万元)
江苏新韩通船舶重工有限公司	孟成君	304658.8	283192.2	114403.4	16371.6
江苏天舜金属材料集团有限公司	姚兰美	39749.1	39749.1	4702.3	1623.2
江苏森林建筑新材料股份有限公司	姚圣法	65221.8	65221.8	7217.7	5127.9
江苏恒昌新材料科技有限公司	朱　琳	13257.5	13257.4	724.3	478.6
扬中市盛大实业有限公司	姚巧娣	188.4	188.4	140.1	-46.7
镇江市华银仪表电器有限公司	季忠银	19777.9	19092.4	6240.2	1464.9
镇江中佳电器有限公司	季　娟	5837.3	5809.5	2727	349.7
江苏大方金属粉末有限公司	方义强	17097.3	17440.4	2524.2	1200.5
江苏海天微电子股份有限公司	匡习龙	43976.7	42966.8	10550.9	5972
江苏华太电力仪表有限公司	陈道金	23602.2	23602.3	5237.5	2999.8
江苏利民纸品包装股份有限公司	周志辉	15288.2	12903.4	3509	452.9
江苏利民纸业有限公司	刘平其	32098.4	24237.8	3485.2	2156.9
江苏金利电气有限公司	顾纪阳	33062.8	32987.4	4127.5	3012.8
江苏吉庆管材集团有限公司	朱加祥	11231	11309.7	2778.5	1009.8
镇江维纳特气门有限公司	金　龙	4219.5	4214.2	2139.8	1560.1
镇江维纳特气门科技有限公司	贾学川	11891.1	11527.4	4709.5	1830.1
扬中飞达纸制品有限公司	陈廷保	9130.8	9138.3	2183.3	692.1
江苏巨信纸制品科技有限公司	陈星夷	3133.1	3133.2	465.2	163
扬中市丰华塑电有限公司	张跃风	6151.8	5866.8	1967.1	592
镇江龙成绝缘材料有限公司	丁兆龙	3224.3	3182.7	1098.1	424.4
有能集团江苏威同电气设备有限公司	杨怀龙	39618.5	37767.9	10854.3	2882
扬中市扬子铝加工有限公司	张荣华	19949	19949.1	2320.5	1087.7
镇江春环密封件集团有限公司	刘　剑	20281.4	20332.2	3809.4	1820
镇江绿环机电成套有限公司	顾洪林	4864.3	4872.6	1007.1	322.2
江苏省绿岛管阀件有限公司	许长友	4867.1	4867.1	1004.8	353.8
江苏同庆车辆配件有限公司	陆廷宝	5314.2	4809	1267.6	314.8
镇江市华成电子器材有限公司	孟明华	1835.5	1710.1	542.9	73.2
镇江宏宇厨具有限公司	匡习风	3574.5	3557.1	1230.2	268.8
镇江苏海电力科技有限公司	韩高建	6419.8	6419.8	1226.7	668
扬中普荣电器有限公司	张加文	2293	2293	197.3	9
扬中鸿运医药包装有限公司	陈正香	4541.4	4540.9	1115.4	365.9
江苏建豪建材有限公司	缪志贵	7918.5	6806.8	807.4	-22.9
江苏永旗电气集团有限公司	朱恩荣	3318.6	3318.6	573.7	315.6

续表 23

企业名称	法定代表人	工业总产值（万元）	销售收入（万元）	工业增加值（万元）	利税总额（万元）
扬中市永工密封件有限公司	耿惠珍	2563.7	2563.8	786.2	248.1
江苏凌通电气有限公司	姜士春	1675.8	1592	361	98.9
扬中市旭升电器配件有限公司	梅仁平	5926	5725.4	1105	299.4
江苏河豚岛铝业科技有限公司	于永红	25708.3	23406.2	2489.5	1701.9
江苏航鑫铝业有限公司	陈道美	13339.2	13339.2	559.8	45.7
江苏锦禾服饰有限公司	孔　静	2605.5	2594.1	632.5	18.2
镇江美杰超硬材料有限公司	于德怀	2798.3	2798.6	585.3	319.2
镇江丰成特种工具有限公司	陈启国	1734.7	1765.8	999.9	454.5
江苏远真包装制品有限公司	潘志平	2315.2	2150.1	321.6	–22.4
江苏晨峰铝业科技有限公司	羊伟嘉	3819.6	3380.2	305.3	126.3
江苏米斯仪表科技有限公司	陆正冈	2096.7	2086.7	404	126
江苏明荣电气科技有限公司	马贞美	11686.5	11180.2	1495.6	860.5
江苏骅通船舶工程设备有限公司	谷丽丽	4610.8	4535	1389.9	216.9
江苏金波新材料科技有限公司	陈　霞	674.3	530.8	850.4	59.7
镇江市速达气动管缆有限公司	刘贤松	1560	1560	692.1	175.3
扬中市苏腾电器有限公司	王祖林	2675.9	2675.9	648.5	271.5
镇江市清安电器有限公司	陈世清	2849.6	2475.9	565.8	220.2
镇江领誉工程材料有限公司	周　恒	1941.3	1950.4	706	207.3
扬中市红光金属制品有限公司	王忠祥	1895.3	1896.8	481	–76
镇江圣诺电气有限公司	徐心超	4008.8	4008.7	357.3	178.9
江苏迪创新材料有限公司	徐文俊	4923.6	4923.6	549.7	230.1
江苏领誉纤维科技有限公司	胡　霞	5629.9	5643.4	6076.1	650.3
江苏永金新材料有限公司	仲明春	5206.2	5521.9	523.7	389.7
江苏科航州电气有限公司	顾晓健	1725.3	1725.1	425.8	124.8
江苏扬宇新材料科技有限公司	马桂华	537.6	549.6	149.8	–9.7
扬中市昌宇安全玻璃有限公司	江　文	3985.6	3985.6	468.7	9.7
江苏宏达塑料有限公司	唐银龙	2163.4	2163.4	398.7	139.1
江苏欧尔特气门有限公司	徐冬英	4236	4236	115.8	–13.9

（王存霞）

西来桥镇

【概况】 西来桥镇位于扬中的东南角,1985年11月撤乡建镇,镇域总面积16.1平方千米,辖5个建制村、1个社区,总人口1.8万人。2023年,完成一般公共预算收入1.22亿元,超额完成全年任务目标;完成固定资产投资12.04亿元,比上年增长60.53%,位列全市第一。限上贸易额、限上零售额、限上批发业销售额等经济指标增幅均位列全市第一。

重大项目产业稳步运行。12个重点产业项目开工建设,10个项目竣工达产,新签约项目6个,总投资约13.6亿元,其中亿元以上项目4个,5亿元以上项目1个,外资项目1个。海工装备、仓储物流、新技术制造三个特色产业链加快壮大成势,大津重工跻身扬中三十强工业企业第八名,中海粮油、亿阀股份、苏洋船舶获评扬中市"最具发展潜力"工业企业。

创新驱动引领发展。大津重工、汇森生物、沣胜生物等公司与南工大等多所高校开展产学研技术交流活动,签订技术合作项目6个,完成技术合同登记3.5亿元,完成研发支出1.4亿元。汇森公司班明飞教授入选扬中市"江雁计划"项目,大津重工冯浩亮入选镇江市"169"工程增补计划。完成国家高新技术企业申报8家,通过认定6家,通过率创历史新高。完成省科技型中小企业认定26家。汇森生物入选省级"瞪羚"企业。佳美海洋、新达能、神力电源3家企业通过镇江市级工程技术研究中心认定,佳美海洋通过镇江市级企业技术中心认定。江苏亿阀人才公寓完成开工手续办理,"津创汇"众创空间完成省级众创空间申报。

镇域建设进程提速。加快推进《西来桥镇港产城融合区控制性详细规划》编制报批。科学编制西来桥镇国土空间规划和各村实用性村庄规划,切实优化乡镇空间布局。加速推动幸福花苑一期加固维修,完成剩余17栋楼招标,9栋楼加固维修工程稳步推进。幸福花苑三期三标建设完成交付分房,141户拆迁户乔迁新居。西来桥专职消防站揭牌投勤,农贸市场提升改造全面完成。完成42户危房解危,切实改善群众居住条件和生活环境。

强村富民成色更足。坚持以富民强村帮促行动为抓手,发挥扶持资金撬动作用,实打实拓宽村集体经济增收渠道。北胜村与大津重工村企联建,提供劳务派遣及设备租赁等,每年增收79万元。三新村与中海粮油联建润华物流服务驿站,每年增收60万元。创成省级绿色优质水稻基地,促进农业增效、农民增收。举办新程村第一届"香约新程"翠冠梨采摘节,提升"豚岛蜜梨"的品牌影响力。东来村、新程村开办农产品营销公司,将全镇农产品以公司化运营模式对外销售,两村增收50万元以上。幸福社区推进胜利电镀厂改制。西来村推动低效用地再开发,实现新增村级稳定性收入30万元以上。居民点获评"镇江市特色田园乡村"称号,施为民获评省第三批"百名示范"村(社区)书记。

环境质量持续改善。坚持重拳出击,铁腕整治突出生态环境问题,高质高效完成江堤外企业搬迁、江滩养殖项目清理整治,全力做好中央环保督察整改"后半篇文章",获"镇江市深入打好污染防治攻坚战先进集体"称号。严格实行港口码头扬尘管控措施,完成涉镇铸造行业超低排放改造项目、VOCs清洁能源替代项目、VOCs综合治理项目。完成光明电站涵洞翻建工程和团结河生态河道建设等9项水利工程,高效完成农村生活污水治理、入河排污口整治以及富民工业园景观河、前进渠等重点河道整治工作,集镇水环境实现再提质。完成扬中市合成化工厂土壤修复,实施镇域内涉危险废物处置排查专项行动,整改率100%。全年$PM_{2.5}$浓度和空气质量优良天数等重点大气管控指标综合排名位于全市前列。抓紧抓实创卫工作,通过国家卫生镇复审。

民生福祉持续优化。创成省级标准化未成年人保护站和省级精神障碍社区康复服务示范点。实施敬老院提标改造工程,创成省级"三级"养老机构。在全市率先开展困难残疾人家庭无障碍改造试点,实施慈善助残"健行行动"。开展全镇企业欠薪排查,解决劳资纠纷维护稳定,处理劳资纠纷91起。"严德铨经方工作室"揭牌成立、常态运行。完成消化道肿瘤早诊早治项目、农村适龄妇女"两癌"筛查及妇女病普查工作,探索"互联网+"慢性病智慧管理,切实提升群众健康水平。通过2022年度医保公共服务"15分钟医保服务圈"省级示范点验收。

法治建设稳步推进。全面推进社会治理现代化先进镇创建工作。年内,受理并调处各类社会矛盾纠纷608起,完成率100%。坚持和发展新时代"枫桥经验"和"浦江经验",信访事项及时受理率、按期办结率、群众满意率100%。建立"12345"政务热线工作事件上报、指挥调度、分流督办、督查考核、信息采集一体化社会治理综合平台,实现对接服务管理"一口受理、一体派单、一台运行"。全年接收工单626条,群众满意度

95%,办结率100%。 （冯凯乐）

【青年干部培养"青蓝工程"】 2023年,西来桥镇高度重视青年干部培养,以"全链条谋划+多维度培育"为主线,实施青年干部培养"青蓝工程"。"青蓝工程"培养对象主要是西来镇35周岁以下的镇村干部、部分优秀社会青年、创业新农人、工匠达人、巾帼标兵、青年企业家等。"青蓝工程"通过党建引领最前沿、乡村振兴第一线、产业强镇主战场、文明创建主阵地、急难险重关键处5种渠道培养青年干部。在具体工作中,注重压紧压实党委培养责任,全面推行导师加顾问帮带制度,通过三比三赛量化考核激励等抓手,引导年轻干部拓宽视野,经受历练,增长才干。西来桥镇加强青年干部培养周期内长效管理,建立个人成长档案以及日常考察;实行"1+5+N"管理联系制度,成立"青蓝工程"领导小组,根据青年干部工作岗位、培养渠道,将镇村青年干部划分为5个"青蓝特训班",实行自主管理,跟踪管理青年干部成长。在培养青年干部过程中推行全员积分管理制度,注重考核激励关爱。 （冯凯乐）

【西来桥镇项目集中签约】 2023年2月2日,西来桥镇"新年新征程 '西'心服务您"项目集中签约仪式举行,8个产业项目集中签约。西来桥镇响应市委、市政府"'犯其至难'强攻一号战略、'图其至远'奋进城市荣光"号召,树牢"项目为王、环境是金"工作导向,突出项目攻坚"主抓手",全力助推全镇经济发展跨越赶超。现场签约临港产业园合作项目、粮食码头及深加工项目、合成生物生产项目等8个项目,涵盖重大基础设施、粮油食品加工和先进制造业、战略性新兴产业等领域。集中签约仪式上,西来桥镇发布"'西'心办"服务品牌,多位客商代表作交流发言。 （冯凯乐）

【"春风行动"线下招聘会】 2023年2月15日,西来桥镇举行"春风行动"线下招聘会。26家企业为招聘会提供200多岗位,现场求职咨询人数400余人,现场登记108人。招聘会现场镇残联专门安排志愿者跟踪服务,助力残疾人就业。 （冯凯乐）

【西来桥镇乡土美食文化旅游节】 2023年3月23日,西来桥镇乡土美食文化旅游节暨"扬中农商银行杯"西来桥镇第六届舞龙比赛举行。乡土美食文化旅游节以"飨味西来美食 畅游乡土风情"为主题,将党群服务阵地、乡村振兴示范点、产业园区和企业串点成线,打造乡村旅游精品线路,全方位彰显西来桥乡村振兴的魅力。以乡土美食文化旅游节为契机,立足本土资源,抓住岛园优势,以产业为核心、文化为灵魂、旅游为主线,持续完善服务体系,打造农文旅融合发展新名片,为乡村振兴发展注入新活力。3月,西来桥镇举办"食纷精彩 烹然心动"首届乡土美食选拔赛。经过评选,"西来十香"特色卤味等11道菜品获得特金奖,砂锅老豆腐等12道菜品获得金奖。活动为获奖者颁发西来桥美食形象标志,发布《舌尖上的旅行——西来桥镇美食地图》;启动西来桥镇特色农产品上架E路有我"家乡馆"直播平台,为10名乡村振兴"星推官"授旗。西来桥镇与市农商银行签订党建共建战略协议,互聘金融顾问及金融联络员,设立"温情农商,情系西来"公益项目专项扶持基金。活动现场,西来桥镇各村、社区搭建农副产品展销柜台,柳编制品、生态大米、大豆油、桥头鸡等特色农副产品吸引不少市民品尝选购。来自西来桥镇各村、社区的6支舞龙参赛队参加第六届舞龙比赛。 （冯凯乐）

3月23日,西来桥镇举行乡土美食文化旅游节暨第六届舞龙大赛 （西来桥镇供图）

【西来桥镇与南京工业大学签订战略合作协议】 2023年3月24日,西来桥镇召开科技·人才对接会,为专家教授与企业家搭建沟通合作、充分交流、深度洽谈的平台。西来桥镇、南京工业大学生物与制药工程学院签订战略合作协议,汇森生物、江苏沣胜与南京工业大学签订大学生就业实习实践基地并授牌,江苏沣胜与南京工业大学签订产学研意向协议。 （冯凯乐）

【"奔跑吧·少年"儿童青少年主题健身活动】 2023年6月3日,全国"奔跑吧·少年"儿童青少年主题健身活动(镇江会场)——"保护母亲河 共创生态岛"镇江·扬中公益跑在西来桥镇举行。活动通过亲子趣味跑步+公益的形式,汇聚爱心、传递能量,推动儿童青少年参与健身活动、提高健康水平,促进儿童青少年在体育锻炼中享受乐趣、增强体质、锤炼意志,倡导青少年从小树立“保护母亲河 共创生态岛”的绿色环保意识。2000余名师生及家长参加公益跑。开幕式上,与会领导为公益跑代表授旗;奥运击剑冠军骆晓娟领读《保护母亲河 共创生态岛》倡议书。公益跑沿途设置拍照打卡点、景观小品及钓龙虾、插秧等体验活动,将趣味元素、健康生活方式与公益宣传活动相融合。(冯凯乐)

【“严德铨经方工作室”揭牌成立】 2023年7月6日,“严德铨经方工作室”在西来桥镇卫生院揭牌成立。严德铨是扬中市首位中医妇科学研究生,师从著名经方大师黄煌,现任扬中市人民医院中医科主任,凭借其过硬的中医水平和“对症开方”技术得到患者认可,2019年被聘请到西来桥镇卫生院中医工作室坐诊。工作室发挥区域医共体效能及辐射带动作用,让优质的医疗资源下沉到基层,解决西来桥镇百姓就医多元化的需求,架起二级医院与基层卫生院沟通合作的桥梁,为西来桥镇卫生院培养年轻中医师发挥“传帮带”作用,传承发展中医药事业。(冯凯乐)

【首届翠冠梨采摘节】 2023年7月25日至8月10日,西来桥镇新程村举办“寻味新程 香约梨园”暨2023年首届翠冠梨采摘节活动。商务、文体旅、农业农村等单位以及乡贤代表、客商代表和各界人士参加活动。翠冠梨采摘节设置文创产品展示、梨王争霸、签约仪式和有奖竞答环节,旨在推进农旅深度融合,打响新程村农产品品牌。开幕式举行豚岛蜜梨认购仪式、消费助农签约仪式。扬中市春满源大酒店有限公司与扬中市好庄时绿色生态农业有限公司签订长期供货协议,汇森生物设备镇江有限公司、扬中市兴鸿车辆配件有限公司与西来桥镇新程村签订村企共建协议,扬中市餐饮协会与西来桥镇签订长期合作协议。江苏理工学院团委副书记韩洁、西来桥镇新程村党委书记顾大辉为大学生社会实践基地揭牌。(冯凯乐)

表24 2023年西来桥镇村(社区)情况一览表

建制村(社区)名称	书记	主任	总人口(人)	人均年纯收入(元)
东来村	沈大庆	沈大庆	1936	31000
三新村	陆红卫	陆红卫	3145	30000
新程村	顾大辉	顾大辉	3231	33000
西来村	施为民	施为民	4864	35000
北胜村	郭 凯	郭 凯	4562	34500
幸福社区	吴纪挽	吴纪挽	2584	32500

(冯凯乐)

表25 2023年西来桥镇主要经济社会指标一览表

项目	数额	项目	数额
地区生产总值(万元)	321001	三资企业数(家)	8
财政收入(万元)	21160	私营企业数(家)	744
工业总产值(万元)	1076752	当年新办三资企业(家)	2
农业总产值(万元)	53751	第三产业增加值(万元)	73892
粮食总产量(吨)	6266	个体工商户(户)	1901
水产品产量(吨)	503	中小学校(所)	2
工业投入(亿元)	8.67	医院、卫生院(所)	1
工业企业总数(家)	367	卫生室(个)	2

(冯凯乐)

表 26 2023 年西来桥镇骨干企业情况一览表

企业名称	法定代表人	工业总产值（万元）	销售收入（万元）	工业增加值（万元）	利税总额（万元）
江苏中海粮油工业有限公司	陈志文	634379	588114	129698	39563
江苏亿阀股份有限公司	钱存根	67365	63451	10390	7592
江苏大津重工有限公司	占金锋	234304	216905	58971	21167
江苏新达能汽车部件有限公司	陈金虎	5388	5174	1466	564
江苏海晟涂料有限公司	陈廷生	11274	10782	1981	978
江苏神力电源科技有限公司	白纪林	4118	4093	1158	447

（冯凯乐）

三茅街道

【概况】 三茅街道是扬中市委、市政府驻地，西部毗邻新坝镇，东南与开发区接壤，北隔长江主航道与泰州市高港区相望。行政区域面积 77.16 平方千米，下辖 16 个行政村和 17 个社区，252 个小区，户籍人口约 12 万人。2023 年，完成一般公共预算收入 9.7 亿元，新增固定资产投资 37.33 亿元，销售总额 406.29 亿元，其中工业销售总额 164.52 亿元。农村居民人均可支配收入 40743 万元，城镇居民人均可支配收入 71302 万元。

工业支撑更加强劲。深化“智改数转”三年行动，为 67 家规模以上企业提供诊断服务，万奇集团获评国家级专精特新“小巨人”企业，荣威电气等 10 家企业创成省级专精特新中小企业。推动企业“上云上网”，鼎圣集团建成省级绿色工厂，培育星级上云企业 5 家，瑞克健身实现四星级上云，街道高技术产业投资占比超 25%，全年实现规模以上工业总产值 103.3 亿元，新增规模以上工业企业 24 家。

重点项目攻坚有力。突出“项目为王”理念，打出“线上+线下”招商引资组合拳，签约盛荣智慧物联等 5000 万元以上项目 12 个，总投资 20.9 亿元，链主型项目兴跃洋新材料实现当年签约、当年开工。实施市级重点产业项目 20 个，完成年度投资 12.6 亿元，荣安智能交通、坤洋水循环发电等 10 个项目竣工投产，海腾氟塑、大鹏智能电气等项目序时推进。

文明创建成效显著。扎实推进“三重点三结合”及“新五项普惠”行动，综合整治背街小巷 14 条，实施 25 个老旧小区提标改造和“文明安居”工程，出新楼道 464 处、建设智能充电桩（棚）100 组、增设微型消防站 260 个，创成省级垃圾分类达标小区 5 个。完成城区危房改造出新 8 栋。开展“看、走、访”行动，走访城市居民 3.48 万户次，解决群众反馈诉求近 2000 件。全面拓展新时代文明实践站（所）建设，推广宣传“文明扬中 2.0”市民公约。

乡村振兴纵深推进。坚决遏制耕地“非农化”，防止“非粮化”，整改违法用地 4 宗，粮食生产总量获 19 连增。开展村庄垃圾清理专项行动，清理生活垃圾 1.8 万吨，“八位一体”长效管护机制全域化、全时段高效运行。完成农房改善 135 户、农房解危 6 栋，切实保障安居宜居。坚决遏制新增违法建设，拆除各类违建 109 处，牢牢守住“零增长”红线。全域推进美丽乡村建设，获评镇江市乡村振兴示范街道，营房村创成省乡村振兴示范点、省生态宜居美丽示范乡村。

生态底色更加靓丽。坚定落实长江大保护战略，拆除取缔科佳水产养殖及两处渔港等违法占用。全面完成中央环保督察件整改销号。深化大气污染防治，严格落实网格巡查机制，强化秸秆垃圾禁烧，完成企业废气治理设施安装 75 家、清洁能源替代 11 家。强化涉水监管，排查整治三茅大港、联丰港等主要河港排污口 515 处，完成 8 个自然村（组）农村生活污水治理，省考断面水质稳定达标，兴阳村建成省级绿美村庄。

社会保障持续健全。新增城镇就业 4600 人，发放创业贷款 900 余万元，办理灵活就业人员社保补贴 388 人，建成省级创业孵化基地 1 家，城镇登记失业率控制在 2%以内。提升特殊群体服务品质，打造“122 上门服务”“健康向阳”暖心助残品牌，发放各类帮扶资金 984 万元，如期完成医保扩围增效，建成省级文艺残疾人之家。28 家标准化居家养老服务中心高效运营，居家上门服务惠及群众近 5000 人。

民生事业蓬勃发展。开展民俗传承、文化下乡等“城乡结对、文化共建”活动200余场,获评镇江市创建国家公共文化服务体系示范区先进集体。扩大优质医疗资源供给,建成“15分钟医保服务圈”省级示范点,城乡居民基本养老和医疗保险实现“应保尽保”,新扬社区创成省级老年友好型社区,三茅敬老院通过三级养老机构验收认定。持续完善审批服务事项清单,探索“不见面服务”模式,办理各类事项3.2万件次,平均办理时限较法定时限缩短30%。 (姚境)

【“大众评审团文明助力”志愿服务项目发布会】 2023年3月4日,三茅街道举行“争做文明人 共创文明城”“大众评审团文明助力”志愿服务项目发布会,在全社会营造人人参与志愿服务、争做文明带头人的浓厚氛围。大众评审员均为各行优秀代表,包括党小组长、楼道长、物业人、业委主任、网格长等。“大众评审团文明助力”志愿服务项目主要服务内容包括文明创建提出合理化建议、主动参与小区的日常管理、积极参与街道组织的各类活动、带头践行文明新风尚等。评审团设团长1名,片区长4名,常态化开展文明助力活动。街道对大众评审采取双积分管理制度,表彰表现优秀的大众评审。发布会现场三茅街道为4个片区长授旗。

(姚境)

【新联社区第二届文化艺术节】 2023年3月25日,三茅街道新联社区举行第二届文化艺术节开幕式。开幕式晚会,展演音诗画《强国有我 盛世中华》、小品《贴广告》、舞蹈《领航》、歌曲《好人就在身边》等节目。晚会现场表彰最美社区志愿者、志愿服务组织、新联好居民和新联社区文明家庭标兵户。社区文化艺术节围绕“与文明相约 幸福出发”主题,分“广场展演”“群众文艺”“文明行动”3大板块,组织开展多种形式、不同层次的系列文化活动。现场,新联社区开展第三期“公益银行”党群积分集中兑换活动。 (融媒体中心)

【王步高文苑揭牌】 2023年3月18日,“王步高文苑”揭牌仪式在三茅街道滨江新村王步高老宅中举行。清华大学、东南大学等高校的专家学者和王步高教授的亲朋好友到场。王步高教授是著名古典文学研究专家、大学通识教育专家,曾任东南大学文学院教授,清华大学特聘教授,是《东南大学校歌》《清华大学赋》的作者。王步高教授是“大先生”的杰出代表,他逝世之后,清华大学、东南大学举行各种形式的纪念活动。经学界同仁倡议,王步高教授的亲属将扬中的住宅改造成“王步高文苑”。活动现场,王步高教授的外孙王子航介绍“王步高文苑”的建设过程。清华大学教授李树勤、东南大学教授陈怡、东南大学博士生许德旺作为师生代表发言。“王步高文苑”正式成为清华大学国家大学生文化素质教育基地、东南大学文化素质教育实践基地。 (姚境)

【第五届乡村旅游文化节】 2023年3月31日,“悦游三茅 乡约兴阳”第五届乡村旅游文化节启动仪式在三茅街道兴阳村开幕。乡村旅游文化节为期3天,开展电商直播节、烟花秀、亲子行、美食宴等系列活动,涵盖美食品鉴、农产品体验、非遗民俗等体验式、互动式活动。三茅街道利用现有农业资源禀赋,推进农旅产业融合,推出“食外桃源”精品旅游路线,自2018年首届乡村旅游文化节启动以来,活动成为推动三茅乡村旅游快速发展的重要平台,成为加强对外交流、展示三茅形象的亮丽名片,促进乡村振兴、助推扬中乡村旅游事业发展,打造美丽乡村、休闲乡村,展示旅游资源以及三茅街道特色田园乡村旅游资源。 (姚境)

3月31日,扬中市“天禾杯”第五届乡村旅游文化节举办 (三茅街道供图)

【“家香味道”美食品鉴大会】 2023年4月,三茅街道首届“家香味道”美食品鉴大会在兴阳村举行,近20家餐饮单位厨师参加活动。大赛立足本土,以菜品评选作为主要内容,挖掘当地美食文化,评委根据每道参赛菜品的食材、烹饪方法、口味、摆盘设计和展现出的文化内涵等方面现场打分排名。展示吴氏寿肠、老母鸡汤、竹笋烧肉、丝瓜菱米汤等本土菜肴。三茅街道秉持“农文食旅商”互促共兴理念,借家“香”味道“小切口”,撬动乡村文旅“大变化”。 (融媒体中心)

【“看、走、访”活动】 2023年5月9日,三茅街道开展“看、走、访”活动,把脉问诊基层治理的堵点痛点。街道全体分工定村领导(干部)、相关村(社区)负责同志及工作人员通过点对点沟通、结对共商、座谈交流、现场观摩等形式,看物业、走“两委”、访“三长”。实地查看小区治理的真实情况,倾听居民群众对小区治理的感受、建议,询问业委会(物管会)治理的方法路径、困难建议,把脉问诊小区治理中的堵点痛点,提出合理化建议,合力推进问题解决。(姚境)

【村庄垃圾清理专项行动】 2023年4月,三茅街道实施村庄垃圾清理专项行动,坚持问题导向,重点聚焦城乡接合部等重点区域,用近半年时间开展垃圾专项整治集中攻坚。坚持每日对垃圾中转站、垃圾清运设施冲洗、消毒,及时收运垃圾,做到垃圾日产日清。落实垃圾清运制度,加强对垃圾运输途中防洒漏管理,防止在收运中因污水滴漏、泼洒造成二次污染。中转站处理垃圾4000余吨、垃圾渗滤液150余吨,更换脚踏式垃圾桶30个。(姚境)

【“六芯汇”社区党建联盟成立】 2023年5月30日,三茅街道“六芯汇”社区党建联盟成立仪式暨“我为文明做表率”行动在城北公园启动,深化区域党建品牌建设,推动社区基层治理由“单一运行”到“相融共进”的转变。现场,新联社区、新扬社区、建设社区、广宁社区、长江花城社区、扬子新村社区签订共建协议书,向市公安局、市消防救援大队等6家单位颁发党建联盟共建单位聘书。各联盟单位通过“六芯汇”社区党建联盟,强化党建引领、互融共建,定期借助“三长”队伍汇聚辖区民情民意,结合走访内容个性化定制社区党建主题活动;在相关工作开展上,严守党建联盟轮值制度,通过“线上+线下”相结合的方式,搭建高效灵活的议事平台;强化社区党建品牌创建,依托多样的活动载体,扎实推进党建引领乡村振兴、文明创建、基层治理等重点工作,形成各有特色、百花齐放的社会治理新局面。启动仪式后,举办文明有奖竞猜、社会主义核心价值观连连看等趣味小活动,开展以“我是文明宣传员、我是文明实践员、我是文明观察员”为主题的党建联盟首场主题活动。(姚境)

【普济村创成省级乡村旅游重点村】 2023年8月,三茅街道普济村列入2023年江苏省乡村旅游重点村(培育单位)名录。该村傍长江、望圌山、邻大桥,长江沿岸风景旖旎。普济村借助天然优势,拥有长江岸线2.4千米和0.8平方千米江滩湿地,建设1.8千米沿江步道,打造国家AAA级景区园博园、省四星级乡村旅游区南湖农场等旅游网红打卡点,建成石磨坊、染布坊、蜜蜂馆、南湖小火车、欢乐大蹦床、拓展训练营、趣味小课堂、霍比特小屋、沙乐园等科普教育基础设施,红色乡村旅游、现代观光农业、休闲观光旅游、教育实践研学四大旅游板块发展快速。(徐晶)

【中国农民丰收节镇江·扬中开幕式暨旅游高质量发展现场会】 2023年9月24日,中国农民丰收节镇江·扬中开幕式暨旅游高质量发展现场会在三茅街道普济村南湖江岛龙园举行,扬中各地的致富带头人、种养能手、种粮大户和干部群众300余人参加活动。开幕式上,出席活动领导共同启动2023扬中市农民丰收节。市领导为三茅街道北部滨江乡村振兴党建联盟、扬中旅行社扬中一日游首发团代表授旗;扬中农商银行为三茅街道授信;文体广电和旅游局发布推介乡村旅游精品路线、特色农产品品牌。(姚境)

【兴跃洋新能源产业精密制造项目开工】 2023年9月27日,三茅街道举行兴跃洋新能源产业精密制造项目开工仪式。兴跃洋新能源产业精密加工制造项目是扬中招引的重点外来投资项目之一。2022年10月,驻外招商分局、三茅街道开展项目洽谈,2023年实现当年签约、当年拿地、当年开工建设。兴跃洋主要从事各类医用合金新材料、高温合金钢汽车配件、钛合金汽车配件的生产加工。新能源产业精密制造项目计划总投资约5亿元,包含电机轴加工制造、高端精密金属加工、氢能源制氢集流网。项目全部投产后,预计年销售约10亿元,税收约3000万元。(姚境)

【“头雁领航”书记论坛】 2023年10月21日,三茅街道召开第二期“头雁领航”村(社区)书记论坛。街道全体党政领导、各村(社区)书记及分管“八位一体”人员、街道各部门负责人参加。论坛采取现场观摩和交流研讨相结合的方式,全体与会人员先后观摩普济村、兴阳村、营房村三个点位,开展人居环境整治“回头看”。通过“赛马比拼”亮成绩、找差距,通报人居环境整治工作进展、存在问题,梳理痛点难点、交流工作特色,总结提炼党建引领“三长”、群众参与人居环境整治的经验做法,谈体会、讲认识、举案例、教方法、授经验、谋发展,探讨谋划常态长效工作机制。(姚境)

表 27 2023 年三茅街道村(社区)情况一览表

建制村(社区)名称	书记姓名	主任姓名	总人口(人)	工业产值(万元)
民主村	郭宏军	郭宏军	3865	6.96
指南村	田　青	田　青	2126	3.29
兴华村	黄长军	丁基彬	2108	3.23
大众村	张建国	张建国	3014	1.88
三桥村	王成余	王成余	2838	3.04
锦程村	季　斌	季　斌	2471	1.78
永勤村	顾大军	顾大军	2400	4.19
企东村	张怀根	张怀根	4223	1.42
滨江村	刘建忠	刘建忠	4550	0.83
普济村	梅　欣	梅　欣	3666	2.37
中华村	严荣斌	严荣斌	3410	5.51
友好村	郭茂祥	郭茂祥	3310	5.42
兴阳村	陆廷余	陆廷余	2818	5.36
永和村	吴　斌	丁　鹏	3291	2.56
明华村	印洪生	印洪生	2808	2.17
营房村	冯义永	冯义永	1571	1.68
新扬社区	王笃成	王笃成	7687	5.2
新胜社区	卢建国	卢建国	4158	2.04
港联社区	唐　庆	唐　庆	9408	0.49
新民社区	田　楠	金红旗	3611	4.49
丰裕社区	陈高健	陈高健	2673	11.45
英雄社区	秦安荣	秦安荣	4152	3.12
金星社区	郭道元	田勇平	2213	6.89
中桥社区	朱照明	王　旭	3760	1.84
广宁社区	王成美	谢祥洪	5118	3.98
建设社区	郭俊峰	朱应声	9032	7.26
同心社区	朱美玲	徐　明	5932	1.25
扬子新村社区	陆廷军	蒋　勇	2057	—
文化新村社区	赵　敏	赵　敏	7331	—
江洲路社区	林先权	范　稳	10149	—
长江花城社区	马　云	左　麟	3382	—
新联社区	季成辰	季成辰	4325	—
中扬社区	张怀根	张怀根	33	—
集镇人口(含水上人口)	—	—	373	—

(姚境)

表 28　2023 年三茅街道主要经济社会指标一览表

项目	数额	项目	数额
地区生产总值(万元)	2052800	私营企业数(家)	7493
财政收入(万元)	91071	实际利用外资(万美元)	300
工业总产值(万元)	1033426	进出口总额(万美元)	14648
农业总产值(万元)	73809	第三产业增加值(万元)	55900
粮食总产量(吨)	12354	第三产业从业人员(人)	45790
水产品产量(吨)	2427	个体工商户(户)	19522
工业投入(亿元)	13.27	中小学校(所)	9
工业企业总数(家)	2408	医院、卫生院(所)	6
农村人均可支配收入(元)	40743	卫生室(个)	19

(姚境)

表 29　2023 年三茅街道骨干企业情况一览表

企业名称	法定代表人	工业总产值(万元)	销售收入(万元)	工业增加值(万元)	利税总额(万元)
江苏百乐电器有限公司	孙　宏	4510	4072	1240	391
江苏宝丰电气有限公司	高金保	2215	2215	609	350
镇江市长江机电设备厂	丁恒井	4736	4736	1302	535
江苏扬子江制衣有限公司	童中连	6501	6458	1788	1139
江苏省福达特种钢有限公司	顾炳福	21411	21411	5888	943
万宝电气集团有限公司	陈建军	31530	22073	8671	2586
扬中金州水务有限公司	严　肃	5207	5205	1432	1111
镇江华翔机电制造有限公司	栾建华	6747	5972	1855	535
江苏双联集团公司(华东化工)	冯锦辉	1817	1817	500	317
扬中市永新镀业有限公司	杜庆新	17892	17903	4920	738
江苏东升电器集团公司(亚东)	陈志斌	5654	5018	1555	307
江苏荣威电气有限公司	戴　震	20614	20449	5669	1463
江苏永兴电能设备科技有限公司	张　伟	5167	4440	1421	510
鼎圣集团有限公司	张开银	64568	49795	17756	6526
江苏恒隆电气智能科技有限公司	严维祥	4478	4478	1231	654
扬中市弘宇机械制造有限公司	董祯祥	4003	4003	1101	421
江苏泰德环保设备有限公司	石冬林	2922	2922	804	302
江苏雷朋电气有限公司	钟　星	84318	65407	23187	5399
江苏浩威新材料有限公司	刘惠香	11756	11755	3233	740
江苏中顺电气有限公司	杨　燕	14714	14714	4046	1171
江苏康盛电气集团有限责任公司	倪建华	8816	8833	2424	566
江苏勇进电力设备有限公司	冷祥生	6514	5819	1791	702

续表 29

企业名称	法定代表人	工业总产值(万元)	销售收入(万元)	工业增加值(万元)	利税总额(万元)
镇江港龙机电有限公司	高金保	5726	5726	1575	540
镇江德利纺织制品有限公司	郭克元	24491	24491	6735	1800
江苏瑞克健康科技股份有限公司	朱庆豹	17898	16809	4922	5387
镇江市华阳机电制造有限公司	陈雨民	9262	9262	2547	680
镇江市惠普车辆配件有限公司	戴道圣	9488	9488	2609	1252
江苏奇佩建筑装配科技有限公司	张茂先	1965	2219	540	102
江苏中天电气有限公司	苏　文	12069	12070	3319	1507
镇江施耐德电器有限公司	陈跃宏	4786	4786	1316	418
扬中市宏飞镀业有限公司	张秋红	7575	7576	2083	722
江苏中能电力设备有限公司	丁为平	3445	3445	947	505
江苏三星科技有限公司	刘建春	37582	36605	10335	7211
扬中市海腾氟塑制品厂	季　明	8664	8825	2383	521
江苏华中电器有限公司	印洪学	17992	17676	4948	1122
镇江市耐尔特钻石有限公司	方国祥	4229	4229	1163	99
镇江市扬子化塑制品有限公司	叶　祥	3098	3098	852	486
江苏万奇电器集团有限公司	马松涛	13797	13797	3794	718
润圣集团有限公司	蔡拥军	3144	3144	865	124
扬中市锦程金属表面处理中心	朱孝阳	7684	7621	2113	177
镇江市云鹏电器有限公司	仲章云	4615	4615	1269	308
扬中市南方矿用电器有限公司	陈广英	9895	9895	2721	15714
江苏欣亚科技有限公司	张　欣	3757	3549	1033	294
镇江市兴生电器有限公司	孔宪祥	4943	4943	1359	8370
扬中市神华电仪设备有限公司	蔡文华	5006	4957	1377	3664
江苏通华机电成套有限公司	钱巧林	4078	4078	1121	4697
扬中中燃城市燃气发展有限公司	吴爱梅	24843	24843	6832	14583
镇江市建成电器有限公司	郭建明	6696	6696	1841	5949
江苏大唐电器制造有限公司	唐瑞仙	3903	3903	1073	982
扬中市三利石化机械有限公司	邱昌海	3708	3709	1020	3637
江苏长凯机械设备有限公司	胡永波	3697	3697	1017	4338
香江科技股份有限公司	王志远	134573	106652	37008	146796
扬中市荣昌汽配有限公司	常月兰	826	1203	227	1179
扬中市美达电力器材配件有限公司	陈志美	3933	3634	1082	2628
镇江皆通承龙纺织制品有限公司	郭克元	22767	22767	6261	12672

（姚境）

江苏扬中经济开发区

【概况】 江苏扬中经济开发区位于江苏省扬中市中部，下辖8个村（社区），总人口约3.3万人，总面积27.4平方千米，拥有深水岸线7.2千米。2023年，扬中经开区实现工业应税销售410亿元，比上年增长21%，一般公共预算收入超7亿元，增长107%。全区制造业投资31.18亿元，占全市比重三成以上，连续多年位列全市第一。蜂巢、美科销售超百亿元，占全市百亿企业2/3；税收超亿元企业3家，占全市3/5；新增规模以上工业企业20家、总数突破100家。

经开区排定重点项目28个，列入镇江市重点项目14个。其中，威腾列入省重大项目，通灵列入省重大储备项目。创新实施“铁堡垒”服务专班机制，把“铁堡垒”临时党支部建在项目一线，提前跟进、并联服务，推动中畅二期4.8万平方米厂房开工70天实现厂房封顶，美科10吉瓦切片项目116天实现试生产，与乐科技项目签约60天即实现“五证齐发”，刷新经开区项目建设的新速度。深入推进管理体制改革创新，先行探索“一区三园”联动招商，并取得3亿元以上新兴产业项目招引落地的实质性突破。创新出台“双招双引”八项机制，精准化开展产业链招商，常态化实施驻点先锋队招商，长效化推进商会乡贤招商，形成项目招引“众人拾柴火焰高”的火热局面。全年签约项目16个，投资总额约58亿元，其中15亿元项目2个，亿元以上项目12个，为园区高质量发展积蓄强劲动能。

经开区全年科技研发投入、省级创新平台、技术合同登记备案等名列全市第一。55家企业完成“智改数转”诊断，美科获得省5G工厂认证、连续3年入选中国“独角兽”企业，亿能获评国家级专精特新“小巨人”，爱士惟获省科学技术奖一等奖、获批全市唯一省重大成果转化项目，蜂巢传动、中电电气获评省工程技术研究中心，景宇管道、扬碟钻石获评省研究生工作站。全年新增发明专利授权54件，增长186%。夯实人才储备，入选国家级人才1个，新增镇江169培养工程1人，引进全职博士2人。

经开区积极探索富民强村新路径，着力破解村级集体经济增收瓶颈。建立由5名正科职干部组成的工作专班，每周例会推进、每月督查指导，高位统筹，多维联动，务求攻坚实效。发挥园区优势，动态更新服务供需清单，推动村（社区）与美科、蜂巢等企业一一结对，实现“30强”企业全覆盖。采用“多村联盟、同业协作、跨村联营”模式，推动全区乡村产业发展串点成线。先后建成“趣野森活”团建基地、森羽农场农文旅研学实践基地、蓝领公寓、菜鸟驿站、人力资源服务部等37个共建项目，村级集体经济增收超500万元。

经开区有序实施疏港大道、尾水提升生态缓冲区等园区工程，勠力开展扬中大道沿线整治，完成兴隆港景观提升、兴隆农贸市场升级改造，兴隆卫生院整体搬迁等民生工程。加大对“一老一小”、特殊困难群体的关心关爱力度，实施文化惠民工程，更好满足人民群众物质精神需求。高度重视安全生产，深化重大事故隐患专项整治行动，全面加强安全防范能力建设，全区安全生产形势总体稳定。严格落实党政领导接访工作制度，常态化召集相关职能部门会商推进，形成上下联动、齐抓共管、合力攻坚的良好氛围，维护好全区和谐稳定发展环境。

经开区全面推动主题教育走深走实，党工委专题研学6次，开展主题党日、专题党课、大讨论等活动10余次，组织基层党组织开展理论学习200余次。聚焦产业发展和民生关切，党政领导班子率先垂范、领办难题31个，赢得群众和企业家的认可。健全“三长”管理激励办法，优化“365”党建引领基层治理工作机制，常态化以林下会议、板凳会议等形式召开现场观摩会，推动“三长”在人居环境整治中比学赶超，激发基层治理新活力。推行“三亮一争”争创活动，以418个党员中心户联系4000余户家庭，发挥农村党员模范带头作用；创新推行党建引领人居环境整治“户户评”工作机制，以积分兑换鼓励激励广大群众积极参与，凝聚党群共治新合力。

（郭厶源）

【经开区项目集中签约仪式】 2023年2月6日，经开区举行“勇立潮头开门红 勇攀高峰启新程”项目集中签约仪式，签约项目投资总额超38亿元，全部投达产后预计新增销售超110亿元、税收4.6亿元。现场集中签约项目18个，涉及新能源、汽车零部件、智能电气、精密机械等领域。其中，制造业项目16个、人才项目2个；2个10亿元以上项目，5个亿元以上项目，1个5000万元以上项目，入驻标龙、万洋两大产业园项目8个。经开区出台双招双引“八项机制”，成立驻外项目招引先锋队3个，举行招商顾问及双招双引大使聘任仪式、“铁堡垒”服务专班授牌仪式、招商先锋队授旗仪式；客商代表作交流发言。

（郭厶源）

【经开区数字经济产业链妇联成立】 2023年3月，经开区成立全市首家数字经济产业链妇联，发布“益企秀”项目。产业链妇联的成立，建立起链上产业女员工的娘家，汇聚起企业妇女为产业赋能的强大合力。妇联组织链条和工作触角向“两新”领域延伸。妇联成立大会结束后，经开区妇工委发布“益企秀”项目，将在“气质琢秀、芳华绽秀、幸福蕴秀”三大行动中为女性人才建功立业创造良好的环境，打造有凝聚力的“温暖之家”。 (融媒体中心)

【“共建共赢 强村富民”乡村振兴签约仪式】 2023年4月19日，经开区举办“共建共赢 强村富民”乡村振兴签约仪式。经开区与镇江农科院、扬中农商行签订合作共建协议，交通运输局分别与双跃村、兴城村、恒跃村、新星村签订电子商务进农村服务站建设协议。扬中农商行向经开区捐赠“温情农商 情系经开区”公益资金20万元，扬中农商行向经开区新型农业主体预授信5000万元，向福源村游园亲子项目预授信500万元。商务局为恒跃村“市电子商务区域公共服务中心”授牌，时代楷模赵亚夫为福源村“亚夫科技服务示范基地”授牌。聘请时代楷模赵亚夫为“经开区乡村振兴顾问”，聘请扬中农商行兴隆支行行长顾娟、三跃支行行长蔡鹏为“经开区乡村振兴金融顾问”。 (郭厶源)

【“菁锐训练营”培养工程】 2023年，经开区党工委推进年轻干部“菁锐训练营”培养工程，创新打造“正午学堂”项目，激励和引领年轻干部勇挑重担、勇创新业。5月16日，经开区举办“正午学堂”开学典礼暨“贯彻二十大、学习新思想、奋进新征程”理论宣讲比赛。现场向“菁锐训练营”各组发放《永远的初心》等红色经典书籍，开启“正午学堂”第一课——“学经典”之“传读红色经典，分享心得感悟”。6月27日，经开区举办菁锐训练营“菁阅经典 读书漂流”分享会活动，现场评选出读书漂流笔记本和读书分享会一、二、三等奖。(郭厶源)

【“金色夕阳”健康关爱升级工程】 2023年，经开区开展“金色夕阳”健康关爱升级工程，为辖区65岁以上老年人量身定制各类关爱活动。经开区成立以区卫健办、兴隆卫生院、派出所和基层联络员为主的“情暖夕阳”专业服务队伍，以基层党员、网格长、志愿者为主体的志愿服务队。重点打造“三心工程”，即健康保障“安心”工程、健康服务“暖心”工程、健康应急“贴心”工程，优化老年人健康生活标准，提升家庭健康幸福指数。5月26日，经开区开展“心系桑榆 情暖夕阳”暨纪念中国计生协会成立43周年主题活动，现场展板展示和介绍项目进展情况，向符合条件的老年人发放慢性病免费服药卡，向群众免费发放“国优卡”，享受购药折扣；各医院专家现场义诊并设立免费体检项目；开展应急救护示范、健康知识有奖竞猜等活动。 (郭厶源)

【港湾新城居家养老服务点启动】 2023年6月，经开区福安居家养老服务中心港湾新城服务点启动。港湾新城是经开区最大的拆迁安置小区，60岁以上老年人有258个，区管委会委托第三方幸福之家养老服务中心建设打造港湾新城居家养老服务点，让老年人享受个性化养老服务。港湾新城居家养老服务点设总服务台、阅览区、理发区、助餐区、休闲娱乐区、康复训练区、心理咨询及法律援助工作室等功能区域。为辖区老年人提供助餐低偿服务，及其他无偿服务项目。服务点将定期举办特色学习培训和文化艺术交流，开展娱乐活动，组织智慧助老、健康养身及防诈防骗等知识讲座，提升区域内老年长者的文化和艺术素养，丰富长者的业余生活，实现“老有所养、老有所依、老有所乐”。

(郭厶源)

【庆“八一”双拥颁奖晚会】 2023年8月1日，经开区举办“党旗红·橄榄绿”庆“八一”双拥颁奖晚会，庆祝建军96周年。部分退役军人代表、现役军人家属代表、双拥商户代表和重点优抚对象代表受邀参加活动。晚会分为英雄、家国、和平3个篇章，展演舞蹈、情景剧、诗歌朗诵、说唱快板、戏曲等节目，评选出最美退役军人、最美现役军人，举行拥军商户授牌仪式。 (郭厶源)

【“湾娃学艺”入选江苏省级社区教育特色品牌建设项目】 2023年10月，江苏省教育厅发布2023年省级社区教育特色品牌建设项目遴选结果公示，扬中市“湾娃学艺”项目入选。2019年起，经开区社区教育中心联合兴隆中心小学以及恒跃村启动“湾娃学艺”项目，持续开展暑期少儿艺术公益培训活动，缓解社区未成年子女暑期照护难的问题，减轻社区双职工和特殊困难家庭的儿童暑期课业无人辅导和兴趣培养渠道有限的负担。“湾娃学艺”项目建设之初，通过举办“暑期少儿艺术公益培训班”，开设书法、素描、诵读等特色艺术课程，聘请专业老师集中培训学员，为孩子们艺术素养的提升提供学习平台。为进一步落实国家“双减”政策，在原有项目基础上创设“校园艺术社团”，利用学校课后服务时段，为孩子们提供合唱、象棋、口才、少儿狮舞等更多特色课程，提升学生艺术特长、综合素养。

(融媒体中心)

【福源村长寿文化旅游节】 2023年10月21日，经开区福源村长寿文化旅游节开幕。福源村以“趣野森活”项目实施为引领，走好“农业+休闲旅游”发展模式，将“趣野森活”营地与长寿园、桃花岛、渔乐园连接，形成完整的闭环旅游路线，为游客提供垂钓、采摘、农业观光、亲子活动等一体化场所。开幕式现场，经开区发布研学路线。福源村分别与森羽农场、美科、蜂巢、实小签订研学路线及课程开发合作协议，与市电商中心、扬中旅行社签订旅游推荐协议，与经开区商会、市青商会签订共建团建基地协议。全村199位80岁以上的老人观看木偶剧、锡剧、黄梅戏等精彩纷呈的文艺节目，共享“福寿八大碗”，最年长的107岁。 （融媒体中心）

10月21日，经开区福源村长寿文化旅游节举办，图为颁发聘书现场 （经开区供图）

【慈善文化园开园】 2023年11月，经开区福源村慈善文化园揭牌开园。福源村慈善文化园是在福源村孝文化园的基础上调整优化、改造升级而成的慈善文化主题公园。总体采用“三二一一”布局，三横，习语墙、孝善墙、造景墙；二纵，孝主题、善主题；一，广善路；一，百善广场。慈善文化园内“善”文化随处可见。

（融媒体中心）

【“一村一品”优秀节目展演】 2023年11月17日，经开区举办“共成长 正芳华 再出发”“一村一品”优秀节目展演。经开区围绕“城乡文艺播种”计划，创作一批优秀的文艺节目，融合乡土文化、乡村振兴等元素，扎根于乡土，承载着乡音，为热爱表演的基层群众提供展示风采的舞台。晚会现场设置有奖知识问答，涵盖中共二十大精神、文明城市创建、网格化管理内容、反诈小技巧等内容。专业评委现场评选优秀节目，兴隆社区舞蹈《醉乡》、新星村小品《邻里新曲》获得一等奖；三跃社区腰鼓《鼓动天地》，兴城村歌伴舞《万疆》，恒跃村大鼓《欢聚一堂》获得二等奖，福源村《福狮起舞》，双跃村诗朗诵《经开区礼赞》，德云村舞蹈《花开的地方》获得三等奖。

（郭厶源）

【精神病防治院暨兴隆街道社区卫生服务中心启用仪式】 2023年12月9日，经开区举行市精神病防治院暨兴隆街道社区卫生服务中心新院启用仪式。扬中市兴隆街道社区卫生服务中心与精神病防治院合署运行，项目占地面积30亩（2公顷），总建筑面积1.5万平方米，新建成的医院按照二级医院标准设计，其中社区卫生服务中心门诊综合楼五层楼、精神病防治院住院楼五层楼。重点承担全市严重精神障碍患者的治疗管理，以及社区卫生服务工作，为基层群众享受优质医疗服务。

（郭厶源）

【反诈教育基地启动仪式】 2023年12月27日，经开区举行反诈教育基地启动仪式。经开区反诈教育基地，坐落于兴城村村民委员会。针对企业职工诈骗受害案多发高发的情况，经开区选取园区企业聚集区域，利用现有超市、书吧、食堂等场地，围绕党旗飘扬、法律法规、警示教育、互动体验和实战成效五大模块内容，以“传统+现代”“静态+动态”“线上+线下”相结合的方式，打造集宣传、警示、教育、防范于一体的开放式反诈主题教育基地。现场向五一村、永勤村、新星村、邻丰村、永兴村、红旗村2023年零发案村授牌，经开区、教育局、永勤村作交流发言。（郭厶源）

表30 2023年扬中经济开发区村（社区）情况一览表

建制村（社区）名称	书记	主任	总人口（人）
兴隆社区	—	张　峰	4958
三跃社区	王正法	夏太君	5236
双跃村	张立华	张立华	3165
恒跃村	王世海	王世海	2810
新星村	鄂道林	鄂道林	583
德云村	陆昌鹏	陆昌鹏	3633
兴城村	姚月萍	姚月萍	2854
福源村	徐纪荣	徐纪荣	2810

（黄振杰）

表 31　2023 年扬中经济开发区主要经济社会指标一览表

指标	数额	指标	数额
地区生产总值(万元)	989135	私营企业数(家)	1998
财政收入(万元)	70675	当年新办三资企业(家)	3
工业总产值(万元)	3769094	实际利用外资(万美元)	1010
产品销售收入(万元)	4095400	进出口总额(万美元)	29000
农业总产值(万元)	18713	第三产业增加值(万元)	194937
粮食总产量(吨)	6920	第三产业从业人员(人)	3127
水果产量(吨)	276	个体工商户(户)	2871
水产品产量(吨)	843	中小学校(所)	3
工业投入(亿元)	31.29	医院、卫生院(所)	1
规上工业用电(万千瓦小时)	45797.91	卫生室(个)	5
工业企业总数(家)	975	职工年人均工资(元)	59618.3
三资企业数(个)	31	农民年人均纯收入(元)	40743

(黄振杰)

表 32　2023 年扬中经济开发区骨干企业情况一览表

企业名称	法定代表人	工业总产值(万元)	销售收入(万元)	工业增加值(万元)	利税总额(万元)
江苏美科太阳能科技股份有限公司	王禄宝	1092778	1078368	170702	78187
蜂巢易创(动力、传动、智能转向、精工、隆诚、宝捷)	陈晓亮	1280868	1287321	178949	124126
江苏亿能电气有限公司	周桂根	119284	126024	15682	8670
江苏通灵电器股份有限公司	严荣飞	167589	166358	34080	20787
江苏天辰新材料股份有限公司	王栋葆	68907	65027	11402	8244
金海新源电气江苏有限公司	朱冬宏	118292	106753	10646	3082
中电电气(江苏)变压器制造有限公司	陆　瀚	155984	121322	15593	4852
爱士惟新能源技术(扬中)有限公司	张　勇	142879	138110	20599	7601
江苏星河集团公司	匡锡和	16887	15289	4390	681
镇江安华电气集团有限公司	韦成歌	27123	24334	4998	944
江苏亚奥精密机械有限公司	方国祥	13579	13579	3697	153
镇江市神龙电器管件有限公司	郭宏富	20693	19960	4007	1995
江苏航天惠利特环保科技有限公司	张炳权	21299	19398	5587	4976
江苏苏电电气科技有限公司	何　飞	28584	28584	2957	830
江苏荣胜集团	黄良胜	9468	9465	6835	496
江苏中畅精密科技有限公司	冷青松	25239	21606	10148	6048
江苏兴盟包装材料有限公司	陈　华	19836	19363	2252	730
江苏蔚佳达新能源科技有限公司	陈　洁	10105	10105	521	–168
江苏荣马集团	马安明	42161	44624	6258	821

(黄振杰)

附 录

组织机构及负责人

中共扬中市委员会

书　记 张德军
副书记 贾　晟
蔡　萍(女)
陈顺志(挂职)
常　委 孙　健
巫晓辉
王汉英
潘　杰
孙丽君
骆　俊
陈祝平(6月免)
孙冬梅(女)
吴玉青
王大鹏(6月任)

市委办公室

主　任 郭建中
副主任 陈　薇(女)
领导班子成员　林　帅(3月免)
副主任 唐　健(挂职)
沈　韵
俞锦平
王秀德(3月免)
姚　婷(女)
石　伟(3月任)

机要局

局　长 陈　薇(女,3月免)
副局长 王　康

研究室

主　任 沈　韵
副主任 冯太升

合作交流中心

副主任　施薇晨

市委组织部

部　长 孙丽君
常务副部长 薛　兵
副部长 耿晓晴(女,6月任)
陈　钧
吴昌松
贾子彬
领导班子成员 韩雪华

市委"两新"工委

书　记 贾子彬
副书记 丁　超

党建办

主　任 吴昌松

考核办

副主任 刘良忠

市委宣传部

部　长 孙冬梅(女)
常务副部长 徐子平
副部长 王晓东
邹东平
钱道兵(3月任)

市委网信办

主　任 邹东平
副主任 陈　露(女)

精神文明建设指导委员会办公室

主　任 钱道兵(3月任)

精神文明建设指导中心

主　任 田明慧

融媒体中心

主　任 王晓东
总编辑 蔡小俊
副主任 徐彦玲(女)
袁红军
郭又菁(女)
孙　静(女,3月任)
网络中心主任 左元俊

市委政法委

书　记 王汉英
副书记 周　勇(3月免)
朱燕勇(3月任)
常务副书记 殷　晗(3月免)
左　杰(3月任)
副书记 钱学友(挂职,9月任)
戴振东(3月免)
何桂根(3月任)
缪　剑
政治处主任 朱江虹(女)
法学会副会长 冷萍萍(女,3月任)

市域社会治理现代化指挥中心

主　任 范选华(3月任)
副主任 凌　杨(女,3月任)
陈　伟(3月任)
高晓峰(3月任)

市委统一战线工作部

部　长　孙　健
常务副部长　司晓玲(女)
副部长　郭　波
　　　　朱家生

民族宗教事务局

局　长　司晓玲(女)
副局长　方莹莹(女)

台湾工作办公室

主　任　郭　波

侨务办公室

主　任　杨全贵

市委机构编制委员会办公室

主　任　耿晓晴(女,3月任)
副主任　蔡　勇
　　　　黄　娟(女)
　　　　王　磊

市事业单位登记管理局

副局长　吴艳燕(女)

市委市级机关工委

书　记　陈　兵
副书记　陆　庆
　　　　朱孝卫(3月任)
纪工委书记　孔红梅(女,3月任)

市委老干部局

局　长　陈　钧
副局长　马侦杰
　　　　于云霞(女)

市委党校

校　长　孙丽君
常务副校长　郭　渝(女)
副校长　陈定春
　　　　郭伟英(女)
　　　　钱吕军

机关事务管理中心

主　任　王乔林
副主任　倪明霞(女)
　　　　封　光
　　　　杨曜霞(女)
纪检组长　徐丹丹(女)

档案馆

馆　长　唐　健
副馆长　孙烨婷(女)
　　　　包艳梅(女)
　　　　杨　阳(女)

信访局

局　长　姚　星
党组副书记、副局长　吴江霞(女)
副局长　李卫国

史志办

主　任　张　俊
副主任　顾大志
　　　　陈　健

扬中市人民代表大会常务委员会

主　任　马家胜
副主任　蒋相根
　　　　黄成刚
　　　　文层耕
　　　　周春燕(女)
党组成员、副处职干部　祝寒冰
党组成员　施正裕

人大办公室

主　任　施正裕
副主任　张　慧(女)
　　　　李　敏

财政经济工委

主　任　丁　燕(女)
副主任　王　凤

监察和司法工委

主　任　朱　伟
副主任　王国平

环境资源城乡建设委

主　任　郭伟国
副主任　陈廷明

科教文卫工委

主　任　黄海燕(女)
副主任　施建明

人事代表联络工委

主　任　刘国斌
副主任　何　敏(女)

农业和农村经济工委

主　任　胡敏生
副主任　顾启伟

扬中市人民政府

市　长　贾　晟
市委副书记、副市长　陈顺志(挂职)
市委常委、常务副市长　巫晓辉
市委常委、副市长　潘　杰(6月任)
副市长　林成春
　　　　周　勇(3月免)
　　　　刘永利
　　　　姚建华
　　　　孙小华(女)
　　　　朱燕勇(3月任)
　　　　汪少华(9月免)
党组成员　陶建国
　　　　　郭　荣(9月任)

政府办公室

主　任　张　钰(11月任)
　　　　瞿惠辉(11月免)
党组成员　王乔林
副主任　姚　星
　　　　郭泰莱
　　　　丁正凤(女)
　　　　蒋　敏(女)
　　　　张　剑
　　　　赵　剑
　　　　方　舟

大数据管理局

副局长 许方芳

外事办

副主任 陈 刚

经济发展局

局 长 孙 斌
党委副书记、副局长 何 勇
党委副书记 杨富森(3月任)
王 华(3月免)
党委副书记(挂职)
王 华(3月任,9月免)
党委委员、副局长
方 敏(3月任)
吴 燕(女,3月任)
郭振中
党委委员 潘大伟

粮食和物资储备局

局 长 孙 斌
副局长 潘大伟

人防办

主 任 杨富森
副主任 贾 燕(女)

人社局

局 长 童 峰
党委副书记 施朝阳
副局长 施朝阳(3月免)
蒋长春
施晓晖(女)
李荣林
刘 巍(3月任)
党委委员 戴伟柱
蓝厚国

就业管理中心

主 任 戴伟柱(3月免)

就业人才中心

主 任 蓝厚国(12月任)
副主任 陈 群(女,12月任)

社保中心

主 任 姚 森

人才服务中心

主 任 蔡亦男(女,3月任)

劳动监察大队

大队长 黄芳鹏(3月任)

行政审批局

局 长 陈泽坤
副局长 朱 波
朱耀宇
党组成员 孔红梅(女,3月免)
丁晓峰
高 翔

政务服务中心

主 任 孔红梅(女,3月免)
丁晓峰(6月任)
副主任 丁晓峰(6月免)

公共资源交易中心

主 任 高 翔

统计局

党组书记 吴培枫(12月任)
局 长 吴培峰(12月免)
孙 旭(女,12月任)
党组副书记 王丰硕
副局长 郭马莉(女)
王小燕(女)
徐 飞

应急管理局

局 长 王耀辉
副局长 黄贤华
陈太全
张泽民
施周泉(挂职,6月免)
孙 军(6月任)
党委委员 徐 良
陆九如

安委办

主 任 王耀辉
副主任 徐 良

应急管理综合行政执法大队

大队长 陆九如(女)

市场监督管理局

局 长 高 琴(女)
党委副书记、副局长 王 成
副局长 吴振军(9月免)
姚 俊
陶书斌
陈佩银
盛 艳(女,12月任)
党委委员 孙晓湘
陆学龙(6月免)
城区分局局长 盛 艳(女,12月免)
马长峰(12月任)
新坝分局局长 陆学龙(6月免)
兴隆分局局长 方 军
油坊分局局长 陈小军
八桥分局局长 陈永祥
西来桥分局局长 范晓俊
检验检测中心主任 陈红霞(女)
执法大队大队长 马长峰(12月免)

知识产权局

局 长 高 琴(女)
副局长 孙晓湘

商务局

局 长 黄 勇
副局长 顾小春
王 琪
黄 成
党组成员 杨 凡(女)
招商中心主任 陆赵华(3月免)
姚正慧(3月任)

粮食集团有限公司

董事长、总经理 王 华(9月任)
纪检组长 潘照瑾(女,9月任)
副总经理 秦 鸿(9月任)
曹 霞(女,9月任)
姚正慧(3月免)
印锦兵(9月任)
王 峰(9月任)

工业(集团)总公司

总经理 刘良福
副总经理 郭纪俊
郭 霞(女)
纪检组长 付 蓉(女)
副总经理 刘彩萍(女)

供销合作总社

主 任 刘 平(3月免)
林 帅(3月任)
党委副书记、副主任 陆 俊(3月免)
副主任 王存峰
贾美红
祝 晋(女)
季茂华(3月任)

商业集团有限公司

董事长、总经理 金 红(女,3月免)
董事长 丁照霞(女,3月任)
总经理 郭玉生(3月任)
副总经理 陈国梅(女)
郭玉生(3月免)
王 剑
李鹏超
纪委书记 朱 枫(女,12月免)

住房与城乡建设局

局 长 张 钰(11月免)
党委副书记 杨富森(3月免)
耿海铭
徐万军
翟 骏
副局长 杨富森(3月免)
耿海铭(6月免)
陈学兵
张开华
蒋陈超(6月任)
薛 丽(女,3月任)
党委委员 黄彩峰(女,6月任)
杨晨辉
张惠萍(女)

房屋征收服务中心

主 任 杨晨辉(3月免)
王 鑫(3月任)

地震局

局 长 陈学兵

市政园林工程处

党组书记 张 钰(11月免)
党组副书记、主任 翟 骏
副主任 朱 炜(4月援疆)
纪检组长 周 萍(女)
副主任 严玉梅(女)
陆 军
陆纪祥(3月任)
章 娟(女,11月任)

城管局

局 长 梅稳山
副局长 赵启生
朱中宏
王 唯
陆 静(12月任)
孔 勇(挂职,9月任)
耿武军(挂职,9月免)

城市管理综合执法大队

党支部书记 黄 刚(7月免)
大队长 陆 静(12月免)

环境卫生管理服务中心

主 任 朱 敏

交通运输局

局 长 郭连志
党委副书记 孙 军(6月免)
黄 峰(6月任)
副局长 顾红俊
何柏进
张跃峰
党委委员 王 俊
朱 云(女)

综合交通事业发展中心

主 任 王 俊

公路事业发展中心

主 任 张跃峰

交通运输综合执法大队

大队长 徐福根

财政局

局 长 吴跃峰
党委委员 陆红艳(女)
党委副书记 姚红梅(女,3月免)
高 飞(3月任)
副局长 高 飞
印邦宁
刘效兵
郭殿中
党委委员 朱长治
秦 云(女)
田春雷
新坝财政分局局长 王海燕(女)
油坊财政分局局长 顾 震
八桥财政分局局长 缪小琴(女)
三茅财政分局局长 施 稳
经开区资产管理与财务部部长
杨全华
西来桥财政分局局长
韩文红(女,11月任)

会计服务中心

主 任 陆红艳
副主任 张耀宸(4月援疆)
黄 凌(女)
张 颖(女)
蓝 图(6月任)

住房公积金管理中心

主 任 秦 云(女)

国有资产管理委员会办公室

主 任 吴跃峰
副主任 田春雷

审计局

局 长 周春林
副局长 沈 健(女)
党组副书记、副局长 蒋晓梅(女)
副局长 杨卫群
黄 勇(3月免)
唐涌涛(8月任)

经济责任审计中心主任 缪玉峰

地方金融监督管理局

局　长 马意俊

副局长 汤小丰(3月免)

朱秀平

戴　俊(3月任)

农业农村局

局　长 印永洪

党委副书记、副局长 唐　立

党委副书记、市委农办副主任

白玉卿

副局长 彭　君

周亚东

顾春健

党委委员 顾　彬(6月免)

许鸿鸽

左晓勇

农业技术推广中心

主　任 左晓勇

书　记 杨长兴

农业综合执法大队

大队长 许鸿鸽

教导员 陈　翚

良种繁育场

场　长 顾　彬(6月免)

何　伟

水利局

局　长 黄声亮

党总支副书记、副局长 郭　峰

副局长 马万红

杨　波

党总支委员 施周泉(6月任)

党总支委员、防汛防旱指挥部办公室主任 黄健芳

党总支委员 高正法(3月任)

水利综合执法大队

大队长 高正法

科技局

局　长 杨立维

副局长 鞠　勇

左志鹏

党组副书记、副局长

吴　燕(女,3月免)

科技创业服务中心

主　任 倪顺帆(12月任)

教育局

局　长 方学建

党委委员 王成杰

党委副书记、副局长

冯义成(3月任)

副局长 冯丽娟(女,6月免)

副局长 蔡华新

唐　玲(女)

蔡　君(3月任)

教育督导室主任 蔡　君(3月免)

文体广电和旅游局

局　长 管拥军

副局长 赵　阳

左菁华(女)

季　翔

文化旅游综合执法大队

大队长 祝赠荣

卫健委

主　任 蔡巧珍(女)

党委委员 朱进华

党委副书记、副主任 潘菊梅(女)

副主任 朱戊申

潘　洁(女)

王秋平

党委委员 张开祥

疾控中心

主　任 张开祥

党支部书记 李佩馨(女)

卫生监督所

所　长 郭　炜(女)

医疗保障局

局　长 陆纪云(女)

副局长 施荣祥

吴永忠

党组成员 冷新星

蔡　刚(12月免)

医疗保险基金管理中心

主　任 冷新星(女)

副主任 蔡　刚(12月免)

公安局

局　长 周　勇(3月免)

朱燕勇(3月任)

党委副书记、政委 张　静

党委副书记、常务副局长

钱学友(9月免)

副局长 刘　磊

童国际(9月免)

孔　勇(9月免)

张元龙

蔡文彬(9月任)

党委委员 陆学文(9月免)

徐　剑(3月免)

徐友明(3月任)

何　龙(9月免)

陈　鹏

朱巧生

情报指挥中心

主　任 左昌宇

教导员 奚松波(12月免)

薛　晨(12月任)

政治处

主　任 陈　鹏

政治安全保卫大队

大队长 秦恒祥

教导员 杨全兵

治安警察大队

大队长 张瑞松

教导员 朱嵘臻

食品药品和环境犯罪侦查大队
大队长 耿昌宏(9月任)
教导员 魏 伟

交通警察大队
大队长 何 龙(9月免)
童国际(9月任)
教导员 杨全风

刑事警察大队
大队长 聂朝军
教导员 李元国

经济犯罪侦查大队
大队长 刘修全(9月免)
马华军(9月任)
教导员 吴 夏

巡特警大队
大队长 王 峰
教导员 王宏兵

网络安全保卫大队
大队长 马万军(9月免)
教导员 王顺祥(9月免)
刘 静(12月任)

法制大队
大队长 马华军(9月免)
姜 文(9月任)
教导员 王小中(9月免)
钱 进(12月任)

警务督察大队
大队长 施周群
教导员 姚祥富(9月免)
王顺祥(9月任)

新坝派出所
所 长 姜 文(9月免)
于 炼(9月任)
教导员 于 炼(9月免)
奚松波(12月任)

城西派出所
所 长 蔡文彬(9月免)
陆浩然(9月任)
教导员 司马信言(9月免)
施 颖(12月任)

城东派出所
所 长 杨侃淳(9月免)
刘修全(9月任)
教导员 王 成

开发区派出所
所 长 王 平(9月免)
陆明强(9月任)
教导员 蒋 勇

油坊派出所
所 长 陆明强(9月免)
王 平(9月任)
教导员 艾 青

八桥派出所
所 长 陆浩然(9月免)
司马信言(9月任)
教导员 施 颖(12月免)
傅 勇(12月任)

西来桥派出所
所 长 方礼贵
教导员 龚 晶

大桥派出所
所 长 陈九全
教导员 吴 国

二桥派出所
所 长 马万军(9月任)
教导员 刘 静(12月免)
虞京熔(12月任)

三桥派出所
所 长 耿昌宏(9月免)
杨侃淳(9月任)
教导员 宗 静(12月任)

二墩港派出所
所 长 戴道文
教导员 钱 进(12月免)
王黎明(12月任)

泰州大桥派出所
所 长 刘志祥(3月任)
教导员 缪士扬

直属派出所
所 长 耿武军(9月免)
孔 勇(9月任)
教导员 耿 强

水上派出所
所 长 刘志祥(3月免)
教导员 张加根(9月免)
祝启贵(12月任)

看守所
所 长 张孝文
教导员 许正平

司法局
局 长 蔡国庆
党组副书记 杨怀康
党组成员 蒋丰华
副局长 蔡 艳(女)
何光林
冯丽娟(女,3月任)
赵文浩(12月免)
包拥琴(女,12月任)
党组成员 黄贤勇

全面依法治市委员会办公室
副主任 蒋丰华

社会矛盾纠纷调处服务中心
主 任 黄贤勇

民政局
局 长 吴昌连(3月免)
殷 晗(3月任)
副局长 祝志平(女)
朱红芸(女)
郭如彬

退役军人事务局

局　长　赵　斌
副局长　钱吉凤
党组副书记、副局长　常扣岚

政协扬中市委员会

主　席　于德祥
党组副书记　孙　健
　　陆国平
副主席　陆国平
　　宫金生
　　兰云林
　　倪　军
　　仲　泉
党组成员、秘书长　方日新

政协办公室

主　任　方日新
副主任　季　雍(女)
　　顾超锋

经济科技委员会

主　任　陆文龙
副主任　王小冬

城乡建设委员会

主　任　张雨东(女)
副主任　朱秀亭

教卫文史委员会

主　任　冯煜蘋(女)
副主任　刘　霞(女)

提案和委员联络委员会

主　任　孙　可(女)
副主任　徐　剑(3月任)

社会法制和海外联络委员会

主　任　张正荣
副主任　王秀萍(女)

中共扬中市纪律检查委员会

书　记　骆　俊
副书记　王东升
　　丁建东
常　委　姚恒志
　　黄　峰(6月免)
　　石　力
　　章　静(女)
办公室主任　唐祥军
纪检监察干部管理监督室主任
　　辛　焕
党风政风监督室主任　曹　磊(女)
信访室主任　黄　祥
案件监督管理室　刘家旺
第一审查调查室主任　李　康
第二审查调查室主任　施吉伟
第三审查调查室主任　冷佳勇
第四审查调查室主任　陆海鹏
第五监督检查室主任
　　郭慧慧(女,6月免)
第六监督检查室主任
　　施正荣(3月免)
　　陈志宇(3月任)
第七监督检查室主任　郭严志
案件审理室主任　仲伟艺(女)

市监察委员会

主　任　骆　俊(1月任)
副主任　王东升
　　丁建东
委　员　黄　峰(8月免)
　　石　力
　　裴春会
　　韦庆春

市委巡察机构

主　任　姚恒志
副主任　刘　俊
　　郑世红(女,3月免)
　　任小宇(6月任)
巡察组组长　丁照霞(女,3月免)
　　周　斌
　　鄂彩华(女)
　　王　震(12月任)
巡察组副组长
　　王　梅(女,3月免)
　　孙春艳(女,3月任)
　　张　武
　　祝　玲(女)
　　何云峰
　　盛　峰
　　陈志宇(3月免)
　　唐　晨(3月任)

市纪委、市监委派驻纪检监察组

第一派驻纪检监察组组长
　　马晓梅(女)
第二派驻纪检监察组组长
　　章　琴(女,3月免)
　　黄　刚(6月任)
第三派驻纪检监察组组长
　　韩雪华(女)
第四派驻纪检监察组组长
　　徐友明(3月免)
　　施正荣(3月任)
第五派驻纪检监察组组长
　　蒋　勇(6月免)
　　郭慧慧(女,6月任)
第六派驻纪检监察组组长
　　朱霞萍(女,3月免)
　　祝　丹(女,6月任)
第七派驻纪检监察组组长　马万喜
第八派驻纪检监察组组长
　　蒋陈超(6月免)
　　黄彩峰(女,6月任)
第九派驻纪检监察组组长　朱长治
第十派驻纪检监察组组长　杨国泉
第十一派驻纪检监察组组长
　　徐　剑(3月免)
　　徐友明(3月任)

检察 审判机构

人民检察院

检察长　康　珺
副检察长　徐彩凤(女)
党组副书记　周　荣
副检察长　姚　俊
检委会专委　蒋春富
　　包信东
政治部主任　丁云丰

人民法院

院　长　朱晓军(11月免)

邱　勇(12月任)
党组副书记、副院长　陆丽华
党组副书记　李　厦(3月任)
副院长　张正祥
王　彤(9月免)
王祥远
杨　云(4月任)
政治部主任　张德峰
审判委员会专职委员　丁剑锋

司法综合服务中心

主　任　王　波

社会团体

总工会

主　席　祝寒冰
党组书记　祝启彤(3月任)
副主席　方文忠
孙春艳(女,3月免)
方　勇
赵　洁(女)

团市委

书　记　陈　健(6月免)
赵文浩(11月任)
副书记　徐嘉莲(女)
徐一苇(女,11月任)

妇女联合会

主　席　耿晓晴(女,3月免)
朱　阳(女,3月任)
副主席　胡　婕(女)
奚　彩(女)

妇儿工委办公室

主　任　耿　慧(女)

科学技术协会

主　席　张　伟(6月免)
匡越石(6月任)
副主席　李成明
朱　莉(女)

归侨侨眷联合会

主　席　朱秋敏(女)
副主席　陈　薇(女)

工商业联合会

主　席　张孝明
党组书记　郭　波
副主席　温　剑

文学艺术界联合会

主　席　方泽华
副主席　马　健

残疾人联合会

理事长　田广权
副理事长　于梅华
何　颖

红十字会

会　长　刘永利
常务副会长　祝元元(女)
副会长　张　慧(女)

学校　医院

江苏省扬中高级中学

党委书记、校长　王成杰
副校长　陈世明
李　强
纪委书记　顾大成
副校长　张　祥

第二高级中学

校　长　宫建红(女)
副校长　徐兴鹤
方立新(6月任)
袁　康(6月任)

江苏省扬中中等专业学校

党总支书记　杜国兵(援陕)
校　长　杨德洪
副校长　蔡　刚(12月任)
郭爱军(12月任)
李文韬(12月任)
周　剑(12月任)

教师发展和管理中心

主　任　杨乐勤(6月任)

人民医院

院　长　朱进华
党委副书记　杨　彬
副院长　蒋纪祥
张　军
戴　春
纪委书记　祝小燕(女)

中医院

院　长　顾宏春

镇、街道、开发区

新坝镇

党委书记　蔡爱国
党委副书记、镇长　黄红兰(女)
党委副书记　周春林(挂职)
人大主席　季广华(12月免)
彭全胜(12月任)
党委副书记　张芙蓉(女)
何耀武(挂职)
施　超(女)
党委委员、纪委书记　蒋丰庆
党委委员、常务副镇长
周　红(女)
党委组织委员　张　俊
党委委员、人武部长
施　勇(3月免)
陆　军(3月任)
党委统战委员　施　勇
党委政法委员　徐金生(3月任)
党委宣传委员
吴尚志(11月免)
于　婧(女,12月任)
人大副主席　范选华(3月免)
顾　彬(6月任)
副镇长　顾永生
王　凯
杜　梦(女)
庄业钏
杨全福(3月任)
集成管理指挥中心主任　陆　军

行政审批局局长　董　青(女)
综合行政执法局局长
杨全福(3月免)
孙　乐(3月任)

江苏省高新技术开发区

党工委书记　蔡爱国
党工委副书记　周春林
管委会主任　杨友军(援陕)
管委会常务副主任　何耀武
高新区副主任
朱　阳(女,3月免)
孙国庆

油坊镇

党委书记　杨友军(3月免)
陈小锋(3月任)
党委副书记、镇长
陈小锋(3月免)
刘　平(3月任)
人大主席　方正和
党委副书记　包熙鹏
党委政法委员　何桂根(3月免)
王笃兵(3月任)
党委统战委员、人武部长　施光宏
党委委员、副镇长　孟志强
党委委员、纪委书记
黄彩峰(女,6月免)
蒋　勇(6月任)
党委组织委员　朱　玮(女)
党委宣传委员　钱柯璇(女)
副镇长　黄克勇
徐　莺(女)
陆梦泽

八桥镇

党委书记　张皓玮
党委副书记、镇长　王义波
人大主席　刘乔荣
党委副书记　夏　璟(女)
党委委员、副镇长
钱道兵(3月免)
魏　奇(6月任)
党委政法委员　严理达(4月援疆)
陆学龙(6月任)
党委组织委员　田易加(女)
党委委员、纪委书记　薛玉萍(女)
党委统战委员、人武部长　张　乾
党委宣传委员　黄　洁(女)
副镇长　黄高伟
印和平(女)
方　敏(4月免)
陆赵华(7月任)
为民服务中心主任
陆春文(3月任)
综合行政执法局局长
戴　捷(6月任)

西来桥镇

党委书记　王　丹(女)
党委副书记、镇长　陆学兵
人大主席　朱天森
党委副书记　陈金海
党委委员、副镇长　张咏梅(女)
党委政法委员　汤仁文
党委统战委员、人武部长
施　昊(3月任)
陈雪华(3月免)
党委委员、纪委书记　殷学鹏
党委组织委员　姚　瑶(女)
党委宣传委员　倪德贤
副镇长　袁　进
陈雪华
薛　丽(女,3月免)
杨正祥

三茅街道

党工委书记　童　涛
党工委副书记、办事处主任
姚文笋
党工委副书记(挂职)、科创产业园区管委会常务副主任
左　杰(3月免)
瞿靖承(3月任)
党工委副书记　杨淑静(女)
瞿靖承(3月免)
王秀德(3月任)
人大工委主任　李　波(女)
党工委委员、办事处副主任
李培志
纪工委书记　杨　娟(女)
组织委员、统战委员　刘　俊
宣传委员　陆昌海
政法委员　林　峰
人武部长　左绍阳(12月免)
周　军(12月任)
办事处副主任　施　薇(女)
王　震(11月免)
李茂福
段欢欢(女)
左绍阳(12月任)
蔡　华
副科职干部　奚松平
科创产业园区管委会副主任
周艳阳(女)
黄伟良
为民服务中心主任　翟延伟
集成管理指挥中心主任　曹　剑
综合行政执法局局长　黄永华

江苏扬中经济开发区

党工委书记　吴玉青
党工委副书记、管委会主任
仲　斌
党工委副书记　张　豫(11月免)
瞿惠辉(11月任)
党工委委员　陈　健(6月任)
人大工委主任　朱建兰(女)
党工委副书记　郎　墨(6月任)
党工委委员、管委会副主任
奚松峰
汪永新
管委会副主任
孙　旭(女,12月免)
党工委委员、管委会副主任
王俊杰(12月任)
朱　剑(12月任)
党工委委员　高绍海
党工委委员、纪工委书记　祝　华
党工委委员、人武部长　蔡　文
党工委委员　薛　为
徐秋霞(女)
李　厦(女,3月免)
赵　唯(3月任)
马　旭(女)

丁慧卿(女)
园区服务部部长
王　波(女,8 月免)
党政办公室主任　贺洪旗
经济发展部部长　孙　青(女)
科创中心主任　祝启刚(12 月免)
招商部部长　朱　猛(3 月任)
党建办主任　施慧香(女,8 月任)

兴隆街道

党工委书记　张　豫(11 月免)
瞿惠辉(11 月任)
党工委副书记　陈　健(6 月任)
办事处主任　陈　健(8 月任)
人大工委主任　朱建兰(女)
党工委副书记
郎　墨(女,6 月免)
党工委委员、办事处副主任
高绍海
党工委委员、纪工委书记　祝　华
党工委委员、办事处副主任
薛　为
统战委员　蔡　文(12 月免)
党工委委员　蔡　文(12 月任)
党工委委员、办事处副主任
徐秋霞(女)
党工委委员、办事处副主任
朱　剑(12 月免)
党工委组织委员
李　厦(女,3 月免)
赵　唯(3 月任)
党工委宣传委员　马　旭(女)
党工委政法委员　丁慧卿(女)

条线管理部门

国家税务总局扬中市税务局

党委书记、局长　刘建荣
党委委员、副局长　孙　玉
何文革(3 月免)
朱未彦
陈韶军(8 月任)
党委委员、纪检组长　李新钢

自然资源和规划局

局长、党委副书记兼林业局局长
祝晓东
党委书记、副局长　何跃兵
党委副书记、副局长　王文生
严华万
党委委员、副局长　郭荣庆
张红兵
毛艳阳
张恒平
党委委员　陶华平
王建中
程　勇

生态环境局

局　长　匡越石(7 月免)
韩志成(7 月任)
副局长　范　彬
肖勇泉
朱发平

气象局

局　长　马俊峰
副局长　缪士荣
副局长　巫丽君

中国电信扬中分公司

总经理　朱　鹏
副总经理　孙　彤(1 月免)
方广春(1 月任)
孙华斌

中国移动扬中分公司

总经理　张伟平(11 月免)
副总经理　汪　杰(6 月免)
戴永祥(6 月任)
林　建

中国联通扬中分公司

总经理　解苏晓

中国邮政扬中分公司

总经理　李　贺(9 月免)
吕春明(9 月任)
副总经理　李　杰
袁　飞
兰　俊

供电公司

总经理　佟鹏飞
党委书记　辛志斌
副总经理　沈　源
张钰金
朱文韬
纪委书记　薛　文
五级职员　张　毅
协理员　王慧生

长江扬中航道处

处　长　王晶晶(女)
副处长　陈　亮

石油公司

经　理　刘绪华

烟草专卖局

局长、经理　周克玮(12 月免)
陆　军(12 月任)
副经理　戴　秋
副局长　刘　炜(12 月免)
陈霆岳(12 月任)

统计资料

扬中市国民经济与社会发展主要指标一览表

表 33

指　　　　标	单位	2023 年	2022 年
一、行政概况			
镇政府	个	4	4
街道办事处	个	2	2
经济开发区	个	1	1
村民委员会	个	68	68
村民小组	个	2254	2258
二、土地面积	平方公里	327	327
年末耕地面积	千公顷	7.84	7.80
三、人口			
总户数	户	108615	108224
总人口(户籍)	人	276414	278213
男	人	134788	135827
女	人	141626	142386
年平均人口(户籍)	人	277314	278927
全年出生人数	人	1071	1149
出生率	‰	3.87	4.13
全年死亡人数	人	2870	2552
死亡率	‰	10.38	9.17
人口自然增长率	‰	-6.51	-5.04
常住人口	万人	31.65	31.61
四、人口密度	人/平方公里	968	967
城镇化率	%	71.50	70.93

续表 33

指　　标	单位	2023 年	2022 年
五、地区生产总值	亿元	630.45	585.99
第一产业增加值	亿元	18.76	18.47
第二产业增加值	亿元	339.53	317.99
# 工业增加值	亿元	316.33	296.93
第三产业增加值	亿元	272.17	249.53
人均地区生产总值	元	199320	185441
六、农业总产值	万元	340000	335275
七、规模工业总产值	万元	10631047	8790461
八、财政总收入	亿元	147.88	112.68
# 公共财政预算收入	亿元	40.03	36.15
财政支出	亿元	133.92	135.69
# 地方一般预算支出	亿元	57.91	61.22
九、进出口总额	亿元	49.4	45.7
# 出口总额	亿元	45.8	41.8
进口总额	亿元	3.5	3.9
实际利用外资	万美元	3844	4545
十、社会消费品零售总额	亿元	173.95	158.76
十一、全社会固定资产投资额	万元	1410688	1228543
# 全社会工业性投资额	万元	1046098	860266
十二、粮食总产量	万吨	7.60	7.40
十三、全年用电量	万度	216074	190174
# 工业用电量	万度	138067	113366
城乡居民生活用电量	万度	40248	43052
十四、邮电业务总量	万元	59129	57629

续表 33

指　　标	单位	2023 年	2022 年
十五、保费收入	亿元	18.07	17.11
财产险	亿元	3.32	3.31
人身险	亿元	14.76	13.8
赔款和给付	亿元	4.86	4
财产险	亿元	2.16	1.81
人身险	亿元	2.70	2.19
十六、人民生活			
城镇居民人均可支配收入	元	71302	67927
城镇居民人均生活消费支出	元	37185	34558
农村居民人均可支配收入	元	40743	37936
农村居民人均生活消费支出	元	30027	26882
十七、年末金融机构存款余额	亿元	1021.50	879.10
#城乡居民储蓄存款余额	亿元	594.60	509.08
年末金融机构贷款余额	亿元	1054.73	878.80
城乡居民人均储蓄款余额	元	187986	161101
十八、教育、卫生			
普通中学在校学生数	人	11371	11268
小学在校学生数	人	17682	17184
幼儿园在园幼儿数	人	6574	7164
卫生机构数	个	133	132
医院、卫生院技术人员数	人	2330	2177
十九、年末从业人员	万人	19.75	19.58
#第一产业	万人	1.56	1.58
第二产业	万人	10.71	10.61
第三产业	万人	7.48	7.39

扬中市各镇(区)社会经济指标一览表

表 34

	单位	新坝镇	三茅街道	油坊镇	八桥镇	西来桥镇	经开区
户籍人口	人	42707	126167	36980	29181	16032	25347
地区生产总值	亿元	226.64	188.28	54.06	50.48	27.87	83.12
# 第一产业增加值	亿元	3.17	5.59	3.83	2.81	1.37	1.98
第二产业增加值	亿元	144.10	51.30	31.32	31.84	19.42	61.55
第三产业增加值	亿元	79.37	131.39	18.91	15.83	7.08	19.59
规模工业总产值	亿元	302.95	103.34	80.89	91.34	107.68	376.91
农业总产值	亿元	63946	73809	67513	46446	24724	33849
行政区域面积	公顷	7411	7812	5027	5692	3097	3696
年末常用耕地面积	公顷	1539	1412	1981	1363	704	841

扬中市规模以上工业基本情况一览表(一)

表 35

项　　目	单位数	现价产值	职工人数
总　　计	494	10631047	57586
其中:2000 万元以下工业	69	70716	1678
2000~3000 万元	62	154309	2458
3000~4000 万元	49	167869	2503
4000~6000 万元	111	541961	5983
6000~8000 万元	41	293564	2629
8000~10000 万元	18	164716	1812
10000 万元以上	144	9237912	40523

扬中市规模以上工业基本情况一览表(二)

表 36

镇区	单位数	职工人数	工业总产值
合　计	494	57586	10631047
新　坝	138	16001	3029513
三　茅	113	8525	1033426
油　坊	75	5704	808895
八　桥	61	9035	913367
西来桥	26	3574	1076753
经开区	81	14747	3769094

扬中市规模以上工业基本情况一览表(三)

表 37　　单位:万元

镇区	产品销售收入	利税总额	其中:利润总额
合　计	10228136	983170	680873
新　坝	2908296	316075	195240
三　茅	954597	91508	57959
油　坊	799804	73858	55420
八　桥	872372	72651	42654
西来桥	1008245	48728	36172
经开区	3684823	380351	293429

扬中市规模工业分行业情况一览表

表 38

单位:个、万元

行业名称	单位数	工业总产值	销售收入
工程电气	293	4910376	4655548
新能源产业	16	1833630	1796987
装备制造业	61	2209452	2158862
其中:船舶制造	6	608175	567452
其中:汽车零部件	18	1301720	1300534
农副食品加工制造业	2	636506	590259
纺织、服装及鞋帽制造业	14	134716	135312
化工及医药制品制造业	14	130706	126437
木、纸制品及文体用品制造业	16	153285	140469
四氟、塑料制品制造业	43	209081	215331
砂布、焊料等非金属制造业	19	190117	187931
金属冶炼和压延加工制造业	4	132901	132901
仪器仪表及其他制造业	9	53174	50998
水、电及燃气的生产供应业	3	37104	37102

扬中市规模以上工业企业主要经济指标一览表

表 39

单位:万元

镇(区)	资产总计	负债总计	流动资产	所有者权益	税金及附加	应交增值税
合　计	12120910	6958223	8121941	5162687	36927	265371
新　坝	2755362	1385065	2038207	1370297	12446	108389
三　茅	1575008	841495	1063171	733513	5846	27703
油　坊	1127712	577669	631787	550043	2117	16321
八　桥	887978	472560	583341	415418	4293	25704
西来桥	1350391	1127880	1003834	222511	1871	10686
经开区	4424459	2553554	2801600	1870905	10354	76568

扬中市农林牧渔业总产值一览表(一)

表 40

单位:万元

	总计			种植业			林业		
	2023 年	2022 年	%	2023 年	2022 年	%	2023 年	2022 年	%
合计	340000	335275	1.41	200000	181686	10.08	14000	17938	–21.95
新坝	63946	63840	0.17	39352	34496	14.08	3679	4536	–18.89
三茅	73809	71569	3.13	39711	35830	10.83	2625	3364	–21.97
油坊	67513	67485	0.04	39500	35730	10.55	3124	3904	–19.98
八桥	46446	45606	1.84	29979	27336	9.67	1297	1663	–22.01
西来桥	24724	23744	4.13	12918	11372	13.59	1071	1373	–22.00
经开区	33849	32086	5.49	20988	18044	16.32	1329	1703	–21.96
场圃	29713	30945	–3.98	17552	18878	–7.02	875	1395	–37.28

扬中市农林牧渔业总产值一览表(二)

表 41

单位:万元

	畜牧业			渔业			农业服务业		
	2023 年	2022 年	%	2023 年	2022 年	%	2023 年	2022 年	%
合计	24000	38190	–37.16	58000	57812	0.33	44000	39649	10.97
新坝	4078	8226	–50.43	10690	11259	–5.05	6147	5323	15.48
三茅	6495	8642	–24.84	18787	18314	2.58	6191	5419	14.25
油坊	6514	9951	–34.54	12041	12334	–2.38	6334	5566	13.80
八桥	3095	5453	–43.24	7059	6633	6.42	5016	4521	10.95
西来桥	2119	2714	–21.92	4357	4446	–2.00	4259	3839	10.94
经开区	1699	3204	–46.97	4976	4756	4.63	4857	4379	10.92
场圃	—	0	—	90	70	28.57	11196	10602	5.60

扬中市农林牧渔业增加值一览表(一)

表 42　　单位:万元

	总计			种植业			林业		
	2023 年	2022 年	%	2023 年	2022 年	%	2023 年	2022 年	%
合计	223002	216825	2.85	128667	116198	10.73	8418	10766	-21.81
新坝	41473	40813	1.62	25297	22078	14.58	2201	2723	-19.17
三茅	47778	45667	4.62	25691	22931	12.04	1578	2019	-21.84
油坊	43713	43071	1.49	25559	22867	11.77	1867	2343	-20.32
八桥	30370	29395	3.32	19311	17495	10.38	781	999	-21.82
西来桥	16402	15527	5.64	8348	7278	14.70	644	824	-21.84
经开区	22386	20917	7.02	13517	11548	17.05	800	1023	-21.80
场圃	20880	21435	-2.59	10944	12001	-8.81	547	835	-34.49

扬中市农林牧渔业增加值一览表(二)

表 43　　单位:万元

	畜牧业			渔业			农业服务业		
	2023 年	2022 年	%	2023 年	2022 年	%	2023 年	2022 年	%
合计	13062	21813	-40.12	36855	35953	2.51	36000	32095	12.17
新坝	2209	4696	-52.96	6759	7004	-3.50	5007	4312	16.12
三茅	3547	4934	-28.11	12042	11394	5.69	4920	4389	12.10
油坊	3539	5680	-37.69	7592	7673	-1.06	5156	4508	14.37
八桥	1684	3113	-45.90	4487	4126	8.75	4107	3662	12.15
西来桥	1153	1549	-25.56	2770	2766	0.14	3487	3110	12.12
经开区	930	1841	-49.48	3164	2959	6.93	3975	3546	12.10
场圃	—	—	—	41	31	32.26	9348	8568	9.10

扬中市农村住户人均收支情况一览表

表 44

指标名称	单位	2023 年	2022 年	增幅
常住人口	人	256.5	271.0	-5.4
农村常住居民可支配收入	元	40743	37935.7	7.4
(一)工资性收入	元	26139	24295.8	7.6
(二)经营净收入	元	8313.2	7770.8	7.0
(三)财产净收入	元	2282.3	2155.1	5.9
(四)转移净收入	元	4008.5	3714.0	7.9
生活消费支出	元	30027.0	26882.0	11.7
1、食品烟酒	元	8902.6	8017.2	11.0
2、衣着	元	3384.0	3066.6	10.4
3、居住	元	4709.5	4240.6	11.1
4、生活用品及服务	元	1412.8	1266.2	11.6
5、交通通信	元	3435.1	3066.1	12.0
6、教育文化娱乐	元	5602.7	5015.6	11.7
7、医疗保健	元	1681.5	1449.1	16.0
8、其它用品和服务	元	898.8	760.6	18.2
恩格尔系数	%	29.6	29.8	-0.7
文教娱乐系数	%	18.6	18.7	-0.5
期末耐用消费品情况				
1.家用汽车	辆	54	50	8.0
2.摩托车	辆	16	16	0
3.助力车	台	129	129	0
4.洗衣机	台	94	94	0
5.电冰箱(柜)	台	96	96	0
6.微波炉	台	78	78	0
7.彩色电视机	台	156	156	0
8.空调	台	228	228	0
9.热水器	台	88	88	0

续表 44

指标名称	单位	2023 年	2022 年	增幅
10.吸尘器	台	6	6	0
11.洗碗机	台	0	0	0
12.排油烟机	台	53	53	0
13.固定电话	线	36	36	0
14.移动电话	部	209	209	0
其中:接入互联网	台	149	149	0
15.计算机	台	53	53	0
其中:接入互联网	台	53	53	0
16.照相机	台	1	1	0
17.中高档乐器	架	1	1	0
18.健身器材	台	2	2	0
19.空气净化器(含新风系统)	台	2	1	100.0
20.居民人均住房建筑面积	平方米	63.3	63.3	0

扬中市城镇住户人均收支情况一览表

表 45

指标名称	单位	2023 年	2022 年	增幅
常住人口	人	479	448.3	6.9
城镇常住居民可支配收入	元	71302.4	67926.5	5.0
(一)工资性收入	元	45909.6	43649.1	5.2
(二)经营净收入	元	12946.8	12386.5	4.5
(三)财产净收入	元	3387.6	3247.0	4.3
(四)转移净收入	元	9058.4	8643.9	4.8
生活消费支出	元	37185.0	34558.0	7.6
1、食品烟酒	元	11017.6	10253.7	7.4
2、衣着	元	4614.7	4292.9	7.5
3、居住	元	4449.3	4172.2	6.6
4、生活用品及服务	元	1700.7	1587.9	7.1

续表 45

指标名称	单位	2023 年	2022 年	增幅
5、交通通信	元	4090.7	3789.3	8.0
6、教育文化娱乐	元	6961.1	6464.1	7.7
7、医疗保健	元	3096.4	2858.1	8.3
8、其它用品和服务	元	1254.5	1139.8	10.1
恩格尔系数	%	29.6	29.7	0.3
文教娱乐系数	%	18.7	18.7	0
期末耐用消费品情况				
1.家用汽车	辆	83	83	0
2.摩托车	辆	11	11	0
3.助力车	台	164	164	0
4.洗衣机	台	127	127	0
5.电冰箱(柜)	台	130	130	0
6.微波炉	台	122	122	0
7.彩色电视机	台	291	291	0
8.空调	台	409	409	0
9.热水器	台	149	149	0
10.吸尘器	台	1	1	0
11.洗碗机	台	2	2	0
12.排油烟机	台	118	104	13.5
13.固定电话	线	51	51	0
14.移动电话	部	344	344	0
其中:接入互联网	台	330	330	0
15.计算机	台	100	100	0
其中:接入互联网	台	100	100	0
16.照相机	台	7	15	-53.3
17.中高档乐器	架	10	10	0.0
18.健身器材	台	20	16	25.0
19.空气净化器(含新风系统)	台	10	10	0
20.居民人均住房建筑面积	平方米	56.4	56.4	0

扬中市全社会固定资产投资完成情况一览表

表 46 单位:万元

项 目	2023 年	2022 年
固定资产投资	1410688	1228543
一产投资	10194	8148
二产投资	1046098	860266
三产投资	354396	360129
投资总额中:产业投资	1073314	929639
工业投资	1046098	860266
工业技改投资	287818	248339
房地产投资	261299	238081

扬中市财政收入一览表

表 47 单位:万元

预算科目	2023 年	2022 年
财政收入	1478819	1126800
中央财政收入	284351	193415
增值税(50%)	194583	122432
消费税	153	151
企业所得税(60%)	57495	40339
个人所得税(60%)	32120	30492
地方财政收入	1194468	893850
# 公共财政预算收入	400343	361516
# 各项税收	325029	269127
# 增值税(50%)	194583	122432
企业所得税(40%)	38330	26893
个人所得税(40%)	21413	20328

重要会议报告

激流勇进 激情奋斗 推动中国式现代化扬中新实践走在前做示范

——在中共扬中市委十三届六次全会上的报告(摘要)

(2023年12月29日)

一、关于今年的工作

2023年,面对内外部环境的深刻变化、经济恢复进程中的矛盾问题,全市上下坚决扛起“四个走在前”“四个新”重大任务,抢抓发展机遇、科学应对挑战、统筹发展与安全,全力推动经济运行率先整体好转,持续增创高质量发展走在前列的更大优势,中国式现代化扬中新实践实现良好开局。全年预计(下同)实现地区生产总值630亿元,可比增长8%以上;完成一般公共预算收入40亿元,比上年增长10.62%;完成工业应税销售1345亿元,增长20%;完成规上工业总产值1064亿元,增长15.8%;规模以上工业增加值增幅14%;固定资产投资增长10%。

1.*实体经济稳中快进*。项目引建成效显著。实施“项目攻坚突破年”行动,依托发促会平台,设立苏州、常州、上海、大湾区投资促进联络处,系统开展“长三角投资促进季”招商、河豚文化节签约等活动,全年签约亿元以上项目39个、总投资110亿元,其中10亿元以上项目4个。项目建设“五率”提升,高效推进威腾储能系统集成、通灵智能调控中枢等重大项目,大全智能输配电核心设备、中畅金刚线制造等优质项目当年签约建设。产业质效同步提升。四大主导产业实现规模以上产值856亿元,约占规模以上工业总产值的80%。工程电气产业增势强劲,大全集团全年销售236亿元,中低压智能电气产业集群入选国家级中小企业特色产业集群;新能源产业稳健发展,美科股份35吉瓦大尺寸超薄单晶硅片项目全面达产;船舶制造业订单充足,新韩通重工与上海外高桥达成战略合作;汽车零部件产业链群发展,蜂巢易创全年销售120.8亿元。民营经济生机勃发。入选全省首批民营经济高质量发展示范市培育名单。全市百亿级企业达到3家。徐翔、王禄宝获评江苏省优秀企业家。净增“四上”单位236家,其中规模以上工业企业98家。香江科技荣获行业首批“数据中心电力模块预制化产品认证”。锋芒集团“FM”获评中国驰名商标。美科股份IPO取得阶段性进展,长江能科、天辰新材在新三板挂牌,19家企业在江苏股交中心挂牌。

2.*发展动能更加充沛*。科技创新活力迸发。“智改数转”工作获省政府督查激励。大全凯帆入选国家级5G工厂,美科股份入选中国“独角兽”企业,爱士惟新能源获省科学技术奖一等奖。公示认定高新技术企业121家,新增国家级专精特新“小巨人”企业6家、省级专精特新中小企业35家,2家企业获评省级智能工厂。全年新增发明专利授权412件,同比增长72.7%。招才引智成果丰硕。举办“才聚江洲”系列活动,入选国家重点人才工程8个,培养引进大专及以上学历4580人,产业工人5523人。深化校地战略合作,签订产学研合作协议60余项。园区改革取得突破。有序推进经开区去行政化改革,创新“六个统一”运行模式,经开区“一区三园”、高新区“一区一园”联动发展格局基本构建,高新区入选省级服务贸易基地。要素保障有力有效。推行“容缺办理+并联审批”“拿地即开工”等服务模式,标龙蓝色智谷、苏电电气等项目实现“五证齐发”。处置批而未供及闲置、低效土地166.67公顷,获评省自然资源节约集约利用模范市。

3.*城乡融合品质提升*。强化生态治理攻坚。全面完成第二轮中央生态环保督察交办问题整改和长江干流岸线违法违规利用项目清理整治。完成VOCs清洁能源替代等93个重点治理项目,空气优良天数比率改善幅度位居全省前列。省考断面水质达到或优于Ⅲ类比例持续保持100%。党群共创文明城市。构建全国文明城市创建“一二三四五”工作体系,经验成效在国家级创文座谈会上交流。有序推进“十大提升行动”,实施一批背街小巷治理、老旧小区改造、空中线缆整治民生实事工程,群众参与度、认可度持续提升。深入推广“文明扬中12条”2.0版,选树道德典型360余人。持续推进乡村振兴。实施村庄垃圾清理专项行动,制度化开展“月度观摩”活动,示范推广“户户评”“积分制”等创新做法,农村人居环境整治工作连续4年位列全省第一等次。实施“快递进村”工程,建成乡村振兴服务点40个。统筹研学、团建、观光,特色化发展乡村旅游,陈履生博物馆群获全国最美乡村公共文化空间设计奖和人气奖。

4.民生福祉稳步增进。务实开展增收帮促。创新“联合党委”“强村公司”“村企共建”等村集体联盟式发展路径。加大就业帮扶力度,落实各类稳岗就业补贴政策,运营创业孵化基地40余家,全市新增城镇就业6500人。全力优化公共服务。高质量通过全国义务教育优质均衡发展市评估认定,创成省高质量平安校园建设市,学前教育成果获评基础教育国家级教学成果奖二等奖。竣工交付市第一幼儿园、文化新村幼儿园。全国健康促进县、4个国家卫生镇、省级慢性病综合防控示范区建设通过复审。市精神病防治院、八桥区域医疗卫生中心建成使用。繁荣发展文体事业,原创锡剧《太平洲上》入选全省基层文艺院团优秀剧目展演,《郭克生》获省紫金文化艺术节剧目奖。着力强化社会保障。在镇江率先开展长期护理保险全民试点,获评首批省级示范性居家社区养老服务网络地区。残疾人体育和康复融合训练基地投入使用。

5.社会大局和谐稳定。风险矛盾化解有方。稳妥有序推动债务管控和平台公司压降工作,一体推进“削峰”“破冰”“降色”三大计划,超额完成年度化债任务,债务风险等级脱红。健全“四位一体”金融风险监测预警体系,全市未发生有较大影响的非法集资案件。公共安全筑牢底板。系统开展重大事故隐患、城镇燃气安全、房屋建筑等行业领域专项整治。严格落实粮食安全党政同责,实现粮食面积、单产、总产“三增”。完成全市147千米水下地形监测,强化突发性强降雨预警防御和水利工程科学调度,建成六圩港闸站,防洪排涝能力稳步提升。平安建设不断深化。夯实市域社会治理现代化综合指挥体系基础,“12345”热线工单及时办结率、回访满意率98%以上。推进扫黑除恶斗争常态化,依法严厉打击各类违法犯罪行为,电信网络诈骗案件数明显下降。开展“‘枫’采飞‘扬’·守护平安”系列活动,深入推进“精网微格”工程,群众安全感保持全省前列。

6.党的建设全面加强。抓实主题教育。聚焦“学思想”首要任务,读书班、大讨论等学习研讨活动走深走实。高质量开展调查研究,正反典型案例剖析取得实效。围绕“五个紧盯”,全面梳排问题,推动整改销号。强化思想引领。建强用好“新思飞扬”理论宣讲联盟,推动习近平总书记对江苏、镇江工作重要讲话重要指示精神、党的创新理论深入基层,牢牢守住意识形态主阵地。组织“四千四万”精神溯源,举办扬中发展论坛,为高质量发展凝心聚力。筑牢党建堡垒。健全“五责联抓”工作体系。实施“链上先锋”2.0工程,成立重点产业链行业党委。推进“根系堡垒”工程,优化基层治理。“干部一线建功”“百名年轻干部破百题”等行动氛围热烈。严明纪律规矩。动真碰硬开展巡视巡察反馈问题整改,抓好具体人具体事,健全长效监管机制,整改整治成效不断提升。推进环保、融资、政法等重点领域专项整治,严肃查处粮食购销、营商环境、惠农惠民等方面腐败问题。创新“镇村一体巡”“码上巡”等举措,巩固风清气正的政治生态。

各镇街区比学赶超、竞相发展,新坝镇龙头企业支撑强劲,工业申报销售创历史新高;油坊镇积极稳外资、扩投资,在新材料领域取得新突破;八桥镇一般公共预算收入超额完成全年目标,镇、村经济质效持续提升;西来桥镇率先超额完成全年列统投资,临港产业园承载力吸引力竞争力显著提升;三茅街道“四上”单位数再攀新高,党群同心、文明创建的胜势更加巩固;经开区项目招引建设质量和数量领跑全市,产业集群持续壮大,村企共建成果喜人。全市上下聚焦现代化建设赛道,干部敢为、地方敢闯、企业敢干、群众敢首创的激情更加澎湃,推动扬中高质量发展持续爬坡过坎、蓄势攀升,展现出稳中向好、稳中快进的崭新气象!

二、2024年的形势和任务

2024年全市工作的指导思想是:坚持以习近平新时代中国特色社会主义思想为指导,全面贯彻落实党的二十大精神和习近平总书记对江苏重要讲话重要指示精神,坚决落实省委十四届五次全会、镇江市委八届六次全会部署要求,坚持稳中求进、以进促稳、先立后破,完整、准确、全面贯彻新发展理念,全面落实“四个走在前”“四个新”重大任务,从严抓好“五个统筹”,在激流勇进、激情奋斗中巩固拓展高质量发展走在前列的良好态势,推动中国式现代化扬中新实践走在前做示范。力争GDP增长6.5%以上,工业应税销售增长10%以上,一般公共预算收入增长6%以上,规模以上工业总产值、制造业投资增长10%以上。新的一年,重点做到“八个聚力”:

1.聚力深化产业强市战略。深入践行习近平总书记“把发展经济的着力点放在实体经济上”的重大要求,逐步构建现代化产业体系。壮大“4+X”主导产业。系统谋划推进四大主导产业强链补链延链。以中低压智能电气入选国家级中小企业特色产业集群为契机,发挥大全等工程电气龙头企业引领带动作用,实施新型电力(新能源)装备产业质效提升工程,有的放矢补齐核心元器件等链条短板。聚焦光伏、新能源汽车核心零部件转型布局,主动承接先进地区产业梯度转移,挖潜更多上下游配套项目落户。用好岸线资源优势,深耕大型海工装备、特种船舶等高附加值领域，做强临港产业集群。有针对性地开展战略性新兴产业、未来产业研究，大力发展新型储能、大数据等新兴产业以及高质量生产性服务业，加快培育形成新质生产力。分类开展企业培扶。深化制造强市行动，力争百亿级企业有新突破，全年新增规模以上工业企业 80 家以上，省级以上专精特新企业 15 家。支持更多本土企业技改提升、增资扩能，推进上市后备企业扩容升级，力争全年新增上市企业 2 家，上市后备企业保持 50 家左右。持续实施“智改数转网联”，打好“智改数转”三年行动收官战，实现规上工业企业诊断服务需诊尽诊。加速企业“上云用数赋智”，培育省星级上云企业 10 家。逐步打造龙头企业顶天立地、专精特新企业铺天盖地的高质量企业集群。扎实优化营商环境。严格落实“两个毫不动摇”，深入抓好“民营经济 31 条”在扬中落地见效，务实推进省民营经济高质量发展示范市培育，确保高标准通过验收。不折不扣落实各项惠企助企政策，更加注重一线企业的微观感受，严厉打击各类侵害民营企业合法权益的违法犯罪，做好失信企业专项治理，推动营商环境便利度水平持续保持镇江前列。关心关爱青年企业家成长，引导民营企业重信誉、讲诚信，打造平等、公正、透明的法治营商环境。

2. 聚力开展项目攻坚突破。突出“一切围绕项目干”的鲜明导向，浓厚项目工作火热氛围。提升项目招引质量。推动招商体制改革，探索行政化招商为主体、市场化招商为补充的双轨并行机制，组建市、镇、园区一体的规模化招商队伍。聚焦上海、苏锡常、大湾区等重点区域，综合运用乡贤招商、以商引商、产业链招商、驻点招商，集中发力行业龙头、链主和核心配套企业，确保全年签约亿元以上项目 40 个以上，计划总投资超 100 亿元。严把项目准入关，完善“乡镇初评+小组预审+市级评估”三级评估机制，突出“用地亩均”“岸线米均”投入产出论英雄，提高项目成熟度贡献度。加快项目建设节奏。优化市领导挂钩联系、部门服务、党组织帮办等推进模式，高效运营重大项目服务专班，加快构建实时跟踪、动态闭环、完整高效的重大项目全生命周期管理体系。实施“容缺办理+并联审批”“五会”等工作机制，推动“百日开工”。继续推进大全智能输配电核心设备、威腾储能系统集成、通灵智能调控中枢等重大项目，培植一批新增长点。优化要素保障服务。全面梳理摸排低效用地、闲置厂房，鼓励优先使用存量土地资源，全力保障重大产业项目用地需求。选优建强“帮办代办”服务队伍，用好“项目管家”服务阵地，打通服务堵点。统筹推进首批省级绿色金融创新改革试验区建设，深化金融赋能镇街区行活动，推动各类金融机构加大制造业等重点领域信贷投放，为更多企业注入“金融活水”。

3. 聚力实施科技创新转型。全面贯彻落实习近平总书记“在科技创新上取得新突破”重大要求，既谋当前、更谋长远，以科技创新带动转型提升。培育创新主体。深化“科技强企 365”品牌建设，协同推进科技创新攻坚突破三项服务行动，完善科技型企业梯次培育体系，抓好高企、瞪羚企业培育。扎实开展小微企业质量提升行动，实施品牌战略、标准引领、知识产权驱动等提质增效措施，力争新增国家知识产权优势示范企业 3 家。做强载体平台。发挥高新区科创主阵地作用，加快国家智慧电气高新技术产业化基地建设。实施企业研发机构高质量提升计划，争创省级以上企业研发平台 8 家。积极布局建设镇江市级重点实验室，加快建成卓越工程师发展中心，推动组建新能源产业技术研究院。实施科技孵化载体“扩容强体”行动，务实开展政产学研合作，巩固扩大与西安交大、华东理工等院校合作成果。集聚创新人才。放大“才聚江洲”品牌效应，优化完善大学生“荟扬”计划和产业工人“聚扬”计划，举办创新创业大赛等各类活动。实施人才安居工程，建好江洲人才之家、技能人才之家。

4. 聚力扩大改革开发开放。坚持把全面深化改革作为推进现代化建设的根本动力，作为稳大局、应变局、开新局的重要抓手。深化园区管理体制改革。扎实推进“园区建设提升年”，按照“两区四园”管理总体架构，对照“六个统一”目标要求，完善精简高效的管理体制，明晰主体园区及各功能园区产业定位，加快赋予经开区规划、审批、招引、考核等方面权限，推动项目向园区集中、产业向园区集中。务实推进高新区“一区一园”管理体制改革，加快完善基础设施、提高承载能力。统筹推进重点领域改革。发挥经济体制改革牵引作用，深化科技体制机制改革三年攻坚行动，持续抓好科技及人才发展体制机制改革“一号工程”，优化调整扬中市科技创新委员会，加快破除创新体系建设等方面的体制机制障碍。全面落实国有企业优化整合实施方案，加快实体转型步伐，增强自我造血功能。按照上级统一部署，稳健推进新一轮机构改革，把党的领导全面、系统、整体地落到实处。加快提升开发开放层次。深入推进兴隆港产城融合发展，带动创新资源、开放资源、人口资源加速集聚，稳步提升园区承载能级，打造适应未来发展的产业生态、城市空间。强化重点外贸企业跟踪服务，培育壮大跨境电商等外贸新业态，加快培育外贸新增长点。

5. 聚力推进美丽扬中建设。牢记习近平总书记“绿水青山就是金山银山”的谆谆告诫。持续强化生态治理修复。严格落实长江大保护战略要求，深入开展中央环保督察交办事项整改“回头看”，久久为功抓好长江禁捕、工业“散乱污”企业整治，巩固岸线综合治理、生态修复成果。系统推进 $PM_{2.5}$、空气优良率“双达标”。深化省考断面沿线涵闸泵站、支流支浜和各类排口综合整治，确保省考断面水质优Ⅲ比例保持 100%。加快提升城市功能活力。坚持“多规合一”，刚性落实国土空间规划，编制完成老城区、西城区、滨江新城控制性详细规划以及开发边界外所有村村庄规划。大力发展城市经济，举办第二届城市发展大会。开展“香惠河豚岛”四季促消费活动，丰富吾悦金街、新天地等商业载体功能业态，打造多元化消费新场景。保持违法用地高压整治打击态势，集中攻坚城区征收拆迁项目扫尾。全面推进乡村振兴。树立大农业观、大食物观，扎实推进 3000 亩高标准农田建设任务，严守耕地保护红线。加快推进省级现代农业产业示范园建设，争创国家级水产健康养殖和生态养殖示范区。以农村厕所、污水、垃圾“三大革命”为重点，实施农村人居环境整治“696”工程，组团式推进集中连片整治提升，争创省级宜居宜业和美乡村。坚持“农文旅”融合，聚焦研学、团建、康养等功能，打造更多旅游线路。深化国家电子商务进农村综合示范创建。

6. 聚力提高社会文明程度。深入贯彻习近平文化思想，坚持以文兴业、以文化人，全面提升城市文明内涵和气韵。高水平创成全国文明城市。坚持为民、惠民、利民、靠民，健全完善全国文明城市创建“一二三四五”工作体系，更好地发挥党建引领功能，团结广大市民群众共创文明。常态长效加强精细化管理，拓展提升居民小区五项普惠行动，全方位补短、提质、创特，精心打造一批精品小区、便民驿站、“口袋”公园，高标准通过全国文明城市创建测评。繁荣文化事业和文化产业。开展社区(农民)文化艺术节、江洲读书节、“乡村文艺播种”计划等群众性文化活动，高质量创作一批书画、戏剧、小品等文艺作品，提升公共文化服务适配度和利用率。以文化数字化为方向，大力发展文化产业，优化文旅产品供给，持续打响独具扬中特色的河豚文化 IP。扎实推进精神文明建设。贯彻落实爱国主义教育法，培育和践行社会主义核心价值观。实施“行四礼、修四德”做新时代文明有礼扬中人行动，大力宣传展示、礼遇表彰各类道德模范、身边好人。传承弘扬城市文化精神。紧扣大桥通车 30 周年时代锚点，策划“勇闯新路，潮涌江洲”等系列行动，深入挖掘扬中红色文化、创业文化等精神内涵，大力弘扬“四千四万”“众志成桥”等精神富矿，积极传承具有家国情怀、事业基因、创新精神的企业家文化，为扬中现代化建设汇聚精神动能。

7. 聚力提升民生服务温度。把人民幸福安康作为推动高质量发展的最终目的。促进富民增收。精准落实失业保险稳岗返还、灵活就业社保补贴等惠企惠民政策，创成 1 家省级创业示范基地。强化“村企共建”“村村抱团”等发展模式，加快构建“一镇一品、一村多策”农村集体经济发展新格局。严格落实“四个不摘”，实施低收入人口动态监测，健全完善防范脱贫人口和困难人员因病致贫返贫机制。优化公共服务。强化优质教育资源供给，大力推行全市域幼儿园托育服务，在全省率先实施初高衔接的学生综合素质评价机制，建成投运城西学校。优化均衡医疗资源配置，完善市人民医院总体规划，力争完成三级医院转设。完成三茅街道社区卫生服务中心、油坊镇卫生院异地新建项目。推进省级“全民健身强基工程”试点，推动体育服务质量提档升级。提升社会保障。规范运营省级精神障碍社区康复服务点。建成市养老服务指导中心，健全示范性养老服务网络。发挥公益慈善积极作用，高质量运营“残疾人之家”。实施“全民参保计划”，实现低保人员等困难群体应保尽保。

8. 聚力筑牢安全发展基石。加快推进安全体系和能力现代化，以新安全格局保障新发展格局。树牢总体国家安全观。全面加强国家安全教育，增强全民国家安全意识和素养。强化风险全领域全链条防控，推动重点领域协调机制常态化、规范化运作，坚决守住不发生系统性风险的底线。加强党管武装，深化双拥共建，巩固军政军民团结良好局面。有效防范化解重大风险。深入实施“削峰”计划，强化经营性债务管控，推动政府性债务余额、政府性债务率实现“双下降”，全年压降平台子公司 10 家，推动绿洲新城争创 AA+主体信用评级。推进安全生产治本攻坚三年行动，强化企业分级分类监管。加强团结港闸站等工程建设，实施长江扬中河段二期整治项目、丰乐至向阳段江堤除险加固工程，筑牢水利安全防线。提升现代化治理水平。坚持和发展新时代“枫桥经验”，健全完善平安建设工作体系和制度机制，优化网格事项基本、准入、负面“三张清单”，强化网格联动共治，筑牢基层平安建设防线。全面建成覆盖市、镇、村三级的社会治理平台。争创全国信访工作示范市。纵深推进常态化扫黑除恶斗争，确保社会大局和谐稳定。

三、为“走在前、做示范”提供坚强政治保障

激流勇进、激情奋斗，各级党组织和党员干部是主体。要深入学习贯彻习近平新时代中国特色社会主义

思想，坚持不懈把全面从严治党推向纵深，保持奋进姿态，勇担时代重任。

1.涵养“不畏浮云遮望眼”的定力，沿着总书记指引的方向勇毅前行。把政治建设摆在首位，坚定拥护“两个确立”、坚决做到“两个维护”。总书记的话语，句句铭记在心。巩固主题教育成果，深化“新思飞扬”理论宣讲联盟建设，因地制宜、分层分类组织理论学习，教育引导全市上下深刻领悟“两个确立”的决定性意义、始终胸怀“国之大者”，把总书记重要讲话重要指示精神作为行动指南和根本遵循。党中央的部署，条条落实到位。紧扣上级部署要求、市委工作谋划，围绕产业强市、乡村振兴、债务化解、安全生产等重点工作，狠抓推进、确保实效。认真做好巡视整改“后半篇文章”，常态化压紧压实管党治党责任。坚决扛起意识形态工作政治责任，不断提升用网管网治网水平。老百姓的冷暖，时时放心不下。持续开展向郭克生同志学习等活动，树牢造福人民的政绩观，从思想深处解决好“为谁干、干什么、怎么干”的问题。坚持“四下基层”，聚焦群众急难愁盼，带着感情、带着责任，问需于民、问计于民、问效于民。

2.昂扬“船到中流当奋楫”的斗志，锚定高质量发展的目标激情奔跑。坚持党建与中心工作深度融合、双轮驱动。党建引领强根基。鲜明大抓基层导向，结合“书记项目”，统筹推进“链上先锋”工程、“三联”工作法、“微光炬火”先锋行动等特色党建品牌建设，把支部建在车间里、工地上，让服务走进微网格、群众中，放大“党小组+”“三长共治”等典型示范效应，推动党组织堡垒作用在一线充分彰显、党员模范形象在一线牢固树立。锤炼队伍促发展。系统把握干部队伍建设“高素质”与“专业化”要求，依托“一线练兵”培养计划、党支部书记能力素质提升行动等载体，持续锤炼广大党员干部的机遇意识、拼抢意识、担当意识、斗争意识，在现代化建设的火热实践中练就硬本领、真功夫。实干笃行显担当。以发展论英雄、凭实绩用干部，把群众得实惠、共享改革发展成果作为检验工作的重要标准，既看“显绩”也看“潜绩”，加强信访举报查核、经济责任审计、“一报告两评议”、选人用人专项检查的结果运用，树好选人用人“风向标”、注入敢为善为“新动能”。

3.铆足“咬定青山不放松”的韧劲，坚持严管和厚爱相结合激励担当。从制度、思想、作风等方面协同发力，更好保护和激发党员干部激情奋斗的主动性、创造性。精准问责、大胆容错。聚焦少数党员干部担当不硬、执行不力等问题，依规依纪依法严肃查处。深入实施“暖心向阳”工程，认真落实镇江激励干部敢为善为“十条举措”，以及我市容错纠错、澄清正名等系列政策。把握好纪法和政策界限，提高问责量纪处理精准度，旗帜鲜明为担当者担当、为干事者撑腰。严惩腐败、系统治理。保持零容忍震慑不变，一体推进“三不腐”，加大对“一把手”和领导班子的监督力度。深化国企、医疗、生态环保等重点领域腐败问题治理，完善行贿人联合惩戒机制，精准打击行贿人员和不法企业。深入推进“勤廉扬中”建设，擦亮“江洲清风”廉政宣教品牌，持续营造“以清为美、以廉为荣”的社会氛围。减负降压、提质增效。持续纠治形式主义、官僚主义、加重基层负担等不正之风，切实规范各类督查检查考核，让基层干部有更多时间和精力抓落实，汇聚起奋进新征程、建功新时代的蓬勃力量。

扬中市人民政府工作报告(摘要)

——在扬中市第十八届人民代表大会第三次会议上

(2024 年 1 月 10 日)

2023 年工作回顾

2023 年是全面学习贯彻党的二十大精神的开局之年，也是扬中步入高质量发展新赛道的提速之年。我们始终坚持以习近平新时代中国特色社会主义思想为指导，深入学习贯彻习近平总书记对江苏工作重要讲话精神，在中共扬中市委的坚强领导下，在市人大、市政协的监督支持下，坚决落实推动经济运行率先整体好转的重大要求，高效统筹发展和安全，稳中求进、难中求成，较好地完成了市十八届人大二次会议确定的各项目标任务。全年预计(以下均为预计)地区生产总值可比增长 8%，完成一般公共预算收入 40 亿元、比上年增长 10.6%，固定资产投资 135 亿元、增长 10%，居民人均可支配收入 7.1 万元、增长 5%。

一年来，我们克难奋进，拼出经济发展的强劲势头

“稳”的基础不断巩固。千方百计稳市场主体，一揽子落实助企纾困措施，为企业办理“减、退”税 28 亿元，兑付产业扶持资金 785 万元，支持扩大普惠小微企业融资 252 亿元，存贷款余额首次超千亿元，粮食保供、电力供应稳定。规上工业总产值突破千亿大关,170家规上工业企业产值增长超20%;实现工业应税销售1345亿元、增长20%,产业链抗冲击能力明显提升。外资外贸消费稳中向好,上迈新能源、图牛新能源等8个外资项目加速落地,进出口总额49.5亿元、增长8.3%,举办首届江岛音乐节、"香惠河豚岛"等活动,实现社会消费品零售总额171.5亿元、增长8%,入选首批全国县域商业"领跑县"。积极防范债务风险,政府性债务规模、债务成本、债务率连续5年"三下降",债务风险等级逐步下降。稳妥推进国企"瘦身减负",压降子公司21家,城投集团通过AA+主体信用评级。

"转"的步伐不断加快。绘制"产业+创新+人才+供应+服务"五链图谱,四大主导产业实现规上工业总产值856亿元,中低压智能电气产业集群入选国家级中小企业特色产业集群。推动企业"上云上网",新增省级以上5G工厂2家、智能工厂2家、工业互联网标杆工厂1家,培育星级上云企业22家,数字经济核心产业增加值占地区生产总值比重9.8%,"智改数转"、质量提升获省政府督查激励,香江科技荣获行业首批"数据中心电力模块预制化产品认证"。净增"四上"企业236家,大全集团荣登中国电气工业百强榜首、全年销售236亿元,美科股份获评中国"独角兽"企业,蜂巢易创成为第3家百亿级企业,通灵电器获评光伏行业"最具影响力零部件企业",亿能电气、默勒电器等6家企业获评国家级专精特新"小巨人"企业,徐翔、王禄宝获评江苏省优秀企业家。开展工业用地提质增效行动,保障工业项目用地106.67公顷,处置批而未供土地166.67公顷,完成工业企业资源集约综合利用评价1427家,获评省自然资源节约集约利用模范市。

"好"的态势不断扩大。深入推进"项目攻坚突破年"行动,开展节庆招商、乡贤招商、以商引商,设立4个驻外投资促进联络处,签约重点产业项目66个、总投资125.6亿元。项目建设"五率"稳步提升,新开工建设项目69个、竣工投产60个,美科10吉瓦大尺寸单晶硅项目116天实现试生产,不断刷新项目建设速度。省市重大产业项目实现投资63.2亿元、完成率105%。推进经开区"去行政化"改革,形成"一区三园"联动发展框架。谋划高新区管理体制改革,入选省服务贸易基地。

"新"的动能不断集聚。加大企业科技创新扶持力度,认定高新技术企业121家,企业科技研发投入超33亿元,战略性新兴产业产值增长14.2%,占规上工业总产值比重超50%。锋芒集团"FM"获批中国驰名商标,万奇电器荣获中国专利优秀奖,爱士惟新能源获省科学技术奖一等奖。放大"才聚江洲"人才品牌效应,引育高技能人才548人、产业工人5523人,入选国家重点人才工程8个。

"优"的环境不断改善。政务服务"三化"水平显著提升,公布264项行政许可事项清单,26个高频"一件事"一次办成,256个服务事项跨省通办、省内通办。行政许可事项办理时限压减96.4%,企业开办2小时办结常态化。完善重点项目审批服务绿色通道,打造"百日开工"品牌,全流程审批时长控制在51个工作日内。真心为企业服务,走访企业363家,解决问题诉求452个,入选全省首批民营经济高质量发展示范市培育名单。

一年来,我们精益求精,呈现城乡建设的崭新面貌

基础设施日益完善。高质量完成生态保护和修复专项规划编制,国土空间总体规划获省政府批复。优化城乡路网,建成祁家路、夏家港东侧道路,完成翠竹南路、江洲西路、三栏路改造,提档升级农村公路18千米,实施江堤提标改造10.7千米,打造南江段沿江风景线4.2千米。更新供电配网线路39千米、自来水管网195千米、燃气管网29千米。加强水利设施建设,完成积水点改造26处,新建二墩港引水泵站,建成运行六圩港闸站。西来桥镇消防站建成使用。

文明创建成效显著。实施文明城市"十大提升行动""新五项普惠行动",完善"全警管交通""组团式创建"等机制。攻坚四大片区整治,改造农贸市场1个,提升公共广场2个,治理背街小巷14条,新增停车泊位522个。高效实施住宅小区提档工程,改造出新老旧小区26个、惠及居民5886户,整治43个点位(小区)弱电线缆。推进物业服务"五有五整治"行动,实现规模小区基本服务全覆盖,创成省级示范物业管理服务项目1个。五大"一二三"行动有序开展,社会文明程度持续提升。

乡村振兴全面提速。守好粮食安全底线,组建粮食集团,新建高标准农田246.67公顷,实现面积、单产、总产"三增"。启动现代农产品(水产品)批发市场建设,完成水产养殖池塘标准化改造41.33公顷,工厂化养殖面积18.8万平方米。推进富民强村帮促和农民收入十年倍增行动,培训高素质农民1110人,全面消除经济相对薄弱村。布局农村物流末端节点40个,“交邮融合+共同配送”服务入选交通运输部农村物流服务品牌。开展村庄垃圾清理专项行动,着重解决一批“两部”“四沿”“五旁”“六地块”难点问题,农村人居环境整治连续4年获评全省第一等次,创成省级生态宜居美丽示范村7个、特色田园乡村1个。陈履生博物馆群获全国最美乡村公共文化空间设计奖和人气奖。

一年来,我们聚力攻坚,筑牢美丽扬中的生态屏障

*污染防治更精准。*全面完成第二轮中央生态环保督察交办问题整改。开展大气“首季争优”、臭氧帮扶攻坚等专项行动,完成清洁原料替代、加油站三次油气回收等93个大气治理项目,空气质量优良天数比率提升至78.4%,改善幅度位居全省前列。加快城镇生活污水集中收集处理率提升,完成兴隆污水处理厂回购和改造升级,长江入河排污口溯源整治率100%,省考断面优Ⅲ比例保持100%。

*长江岸线更美丽。*坚定落实长江大保护,143个长江干流岸线利用项目清理整治任务全部销号,深入推进“十年禁渔”,设置标准化禁渔执巡点22个,基本实现长江岸线视频监控系统全覆盖。优化调整省级生态空间管控区,加快沿江生态长廊建设,建成兴隆污水处理厂尾水提升生态安全缓冲区,江堤外工业企业、江滩养殖全面退出。建立生态环境损害赔偿金统筹使用机制,主张公益损害赔偿600万元。完成绿化造林、森林抚育186.67公顷,新增湿地保护小区2个,建成省绿美村庄2个。

*绿色动能更集聚。*以“双碳”行动驱动产业变革,承办镇江市低碳产业供应链大会,新增光伏并网容量36兆瓦,单位GDP能耗水平镇江最优。严守“两高”底线,实施绿色化改造、重点减排项目7个,创成国家级绿色工厂1家、省级绿色工厂4家,建成“绿岛”喷涂中心3家。加速新旧能源转化替代,淘汰国三及以下排放标准柴油货车318辆,新设新能源充电桩1700个,清洁能源公交车占比增长8个百分点。

一年来,我们用心用情,办好群众关心的要事实事

*社会事业均衡发展。*如期完成十件民生实事,民生支出超48亿元,占一般公共预算支出80%。办好人民满意教育,改造提升6所学校特色场馆,竣工交付市第一幼儿园、文化新村幼儿园,创成省高质量平安校园建设市,学前教育成果获评基础教育国家级教学成果奖二等奖,高质量通过全国义务教育优质均衡发展市评估认定。持续提升医疗健康服务水平,完成人民医院华康院区、急诊区改造,创成“国家心血管病中心、生活方式医学联盟”示范中心;三茅街道社区卫生服务中心、油坊镇卫生院有序推进,中医院综合楼基本竣工,精神病防治院暨兴隆街道社区卫生服务中心、八桥区域医疗卫生中心投入使用,全国健康促进县、4个国家卫生镇通过复审。繁荣文化体育事业,举办公共文化、体育服务活动2600场次,新改建全民健身路径60套、体育公园3个,原创锡剧《太平洲上》入选全省基层文艺院团优秀剧目展演,《郭克生》获省紫金文化艺术节剧目奖,《扬中九狮图》入选省非物质文化遗产代表作名录。社会保障坚实有力。劳动争议调解委员会获国家级“金牌劳动人事争议调解组织”。深化全民参保计划,社保扩面2580人,医保户籍参保率100%,城乡居民基础养老金实现“十七连增”。建成残疾人体育和康复融合训练基地,获亚残运会金牌3枚。始终把“一老一小”放在心上,完成105户老年人家庭适老化改造,获评省首批示范性居家社区养老服务网络地区;新增省示范性未成年人保护工作站2家,创成省级示范托育机构1家。

*社会大局和谐稳定。*高效运行市域社会治理现代化指挥中心,归集14个部门27.7亿条电子数据,夯实“一网统管”基础。办理“12345”热线工单5.97万件,办结率、回访满意率98%以上。深入推进安全生产“两个年”专项行动,开展12个重点行业领域整治,获评省安全发展城市创建工作先进地区。顺利完成问题楼盘1172套房屋交付任务。重拳打击各类违法犯罪,电诈发案数、损失金额分别下降23%、15%,群众安全感在全省名列前茅。

一年来,我们刀刃向内,提升政府工作的新风正气

*主题教育走深走实。*牢牢把握“学思想、强党性、重实践、建新功”的总要求,把理论学习、调查研究、推动发展、检视整改等贯通起来,切实做到以学铸魂、以学增智、以学正风、以学促干,推动主题教育取得实实在在的成效。市政府系统开展“四下基层”活动850次,形成调研报告48份,解决问题385个。

*依法履职有力有序。*常态化开展市政府常务会集中学法,严格执行重大行政决策法定程序,完善政府部门法律顾问制度。推行包容审慎监管执法“三清单”,不予或减轻涉企处罚100件。政务公开标准化规范化建设持续深化。高质量办理人大代表建议198件、政协委员提案165件,办复率、满意率100%。

作风建设见行见效。加强对政府目标任务、民生实事、决策决议督查问效,下发交办单、提醒函48件,各类专报、通报15期。严格落实中央八项规定及其实施细则精神,严控一般性支出,“三公”经费只减不增。从严抓好省委巡视反馈问题整改,推动整改成果常态化长效化。

2024年工作安排

今年政府工作的总体思路是:坚持以习近平新时代中国特色社会主义思想为指导,全面贯彻落实党的二十大精神和习近平总书记对江苏重要讲话重要指示精神,坚决落实省委十四届五次全会、镇江市委八届六次全会、扬中市委十三届六次全会部署要求,坚持稳中求进、以进促稳、先立后破,完整、准确、全面贯彻新发展理念,全面落实“四个走在前”“四个新”重大任务,从严抓好“五个统筹”,在激流勇进、激情奋斗中巩固拓展高质量发展走在前列的良好态势,推动中国式现代化扬中新实践走在前做示范。

全市经济社会发展的主要预期目标是:地区生产总值增长6.2%;一般公共预算收入增长4%;固定资产投资增长10%;工业应税销售增长10%;社会消费品零售总额增长6.5%;居民人均可支配收入增幅与经济增长保持同步;生态环境质量稳步改善;安全稳定形势持续向好。

一、坚持投资、消费、外贸协同发力,让发展步伐更加稳健

全面落实稳增长、扩内需、促开放各项政策,进一步激发经济增长活力,增强高质量发展内生动力。

抓投资充分释放潜力。树牢“招商第一、项目为王”鲜明导向,精心办好长三角投资促进“早春行动”、链式招商图谱“索骥行动”等专题招商活动,签约重点产业项目70个、总投资140亿元。优化“五会”机制,更加突出产出效益、投资强度和集约节约等关键指标,从严把控项目质量。发挥项目建设主阵地作用,加快建设大全输配电、海纬核级电气等项目,推进与乐科技、乐仕电气等项目竣工投产,以优质项目集聚带动有效投资扩大。

抓消费加快恢复增长。把握消费升级新趋势,吾悦广场商圈积极发展首店经济、夜间经济、假日经济,新增消费载体1万平方米,策划推出10场有集中度、显示度的主题活动,培育更多“网红打卡点”。中心城区着力提升品质、焕新升级,鼓励商贸企业打通线上销售渠道、拓展线下消费场景,积极布局一批品牌餐饮、娱乐、健身等新业态,重燃“老字号”时尚烟火气。启动际华目的地中心项目,全力打造高品质消费旅游首选地。

抓开放拓宽合作领域。坚定不移地把接轨上海、融入长三角一体化作为首位发展战略,主动承接产业项目、科教资源等溢出效应。深入实施外资扩量提质、外贸培优扶强行动,支持企业“走出去”争订单,进出口超500万美元企业25家。加快发展跨境电商、市采通等新业态,建成电商服务站点40个,提升“岛品汇”品牌影响力,高水平完成国家级电子商务进农村综合示范县创建项目。

二、坚持强链、补链、延链精准发力,让产业优势更加凸显

产业强则城市强,要加速产业规模壮大、层次提升、速度争先,努力走出具有扬中特色的新型工业化道路。

推动主导产业转型升级。实施产业链高质量发展行动,四大主导产业产值突破1000亿元。智能电气产业发挥产业联盟“链主”聚合带动作用,扎实推进电气产品品牌高端化建设,打造国内领先、国际知名的中低压智能电气产业集群。新能源产业抢抓发展机遇,布局智能逆变器、新型硅片等高附加值产品,加速爱士惟逆变器、中畅金刚线二期等项目建设投产。临港产业统筹沿江岸线与后方腹地衔接支撑,高标准提升兴隆港务、大津产业园二期等港口能级,加速海工重装、物流贸易等产业集聚,实现“1个码头+N个后方产业项目”港产深度融合。汽车零部件产业强化蜂巢产业园优势带动,引进精密模具、磁性元器件等项目10个,形成“配套跟进、整链融合”的产业链条。

推动新兴产业崛起成势。主攻新型储能产业风口,积极布局系统集成、储能核心零部件等新赛道,加快威腾储能项目建设,打造新的产业增长点。加速新材料产业升级迭代,大力发展智能调光薄膜、特种钢材等高端新材料,加快览锐光电、上飞工具钢等项目竣工达产步伐。竞速数字经济高地,推动数字技术与实体经济深度融合,探索建立数字化转型促进中心,培育壮大香江科技等骨干企业,发展软件和信息服务业、大数据云计算应用,数字经济产值增长6%。

推动现代农业提质增效。大力实施“藏粮于地、藏粮于技”战略,新增高标准农田200公顷,粮食稳产7.4

吨，创建省农业生产全程全面机械化示范县。放大省级现代渔业园区引领集聚作用，积极发展河豚、刀鱼等预制菜加工，特色水产养殖面积达933.33公顷，争创国家级水产健康养殖和生态养殖示范区。精心打造"扬中特产"，因地制宜发展"一镇一特"，推广优质精品果蔬80公顷，新增"两品一标"农产品6个，不断提高农业产业市场竞争力。

*推动文旅产业蓬勃发展。*深入整合长江岸线优势资源，有机串联园博园、西沙湾公园、滨江公园等，实施南江段江堤改造延伸工程，展示"以水润城、城水共生"的滨江生态景观线。充分发掘乡村旅游"一村一品"，推出研学游、团建游等精品旅游线路5条，完善"口袋扬中美食地图"，配套发展特色民宿、江岛豚湾、房车露营基地等项目，创成省乡村旅游重点村1个。推动文体旅深度融合，实施"乡村文艺播种"计划，开展省全民健身强基工程试点，修缮保护文昌宫，举办第二十届河豚文化节、社区(农民)文化艺术节等活动，打造更多扬中文化名片。

三、坚持科技、人才、环境靶向发力，让民营经济更加繁荣

切实落实"两个毫不动摇"，提振民营企业信心、激发市场主体活力，在破难解难中实现"有效市场"与"有为政府"双向奔赴。

*增强科技创新"驱动力"。*建立"高成长"企业动态培育库，打造更多主营业务强、发展潜力大的隐形冠军、配套专家，认定高新技术企业80家，新增国家知识产权优势示范企业3家、省级以上专精特新"小巨人"企业15家、瞪羚企业2家。全面促进校地合作，放大科技镇长团资源，不断强化企业创新主体作用，支持企业成立创新联合体、制造业创新中心，组建扬中新能源产业技术研究院，实施"揭榜挂帅"项目15个，助推企业需求和创新资源精准匹配。树牢"人才+项目"理念，聚焦智能电气、储能等特色产业领域，举办招才引智、双创大赛等品牌活动50场，新引进高层次人才(团队)70个。构建现代化职业教育体系，鼓励开展"嵌入式""订单式"培养，培育本地产业工人1000人。

*打好园区升级"组合拳"。*强化"两集中""三剥离""六统一"，以体制机制的硬改革推动开发园区的大发展。经开区立足打造产业高质量发展"关键引擎"，发挥现有产业优势，集中攻坚新能源、新能源汽车产业链，深化与海工装备园、新材料产业园、临港产业园辐射联动，组建"双轨制"招商队伍，成立联动招商联盟，引进项目个数、投资额占全市比重超60%，坚定扛起扬中"半壁江山"。高新区启动机制改革，与科创产业园深度融合，争创国家级高新区，构建先进制造业、科技创新高地。

*优化营商环境"生态圈"。*精心打造"并联审、容缺办"、中介"网上选"等利企便民服务，成立从项目立项到投产全链式专业化帮办代办队伍，让重大项目"拿地即开工"成为常态。推动加大制造业、普惠金融等重点领域信贷投放，推广税易贷、小微E贷等税银互动产品，新增各类贷款100亿元，制造业贷款增长20%。大力推动企业上市，新增上市企业2家，上市后备企业保持50家左右。强化土地供应，处置批而未供土地133.33公顷，再开发低效用地66.67公顷。畅通政企沟通渠道，常态化组织"企业家沙龙""入户暖企"等对接活动，切实以政府的热情真情换来企业的暖心舒心。

四、坚持规划、更新、管理持续发力，让城乡面貌更加靓丽

聚焦精致建设、精细管理、精明增长，统筹推进城市建设、改善环境品质，把实力做强、内涵做深、形象做优。

*提升城市宜居度。*以高水平规划引领城市发展，完成油坊镇、八桥镇、西来桥镇国土空间规划编制，有序实施老城区、西城区、滨江新城控制性详细规划修编，实现村庄规划编制全覆盖。加快完善市政基础设施，畅通城西学校周边路网，建设文昌路、创业路、纬八路，完成国省干道破损路面维修，新增停车泊位450个。聚力"四好"建设，扎实推进危房解危，改造老旧小区6个，完成幸福花苑一期加固维修。精心组织第二届城市发展大会，探索安置房"房票交易"等创新政策，引导高端型、改善型住房建设，促进房地产市场健康发展。

*提升管理精细度。*致力"颜值""内涵"双提升，围绕高水平创成全国文明城市，持续完善创建"一二三四五"工作体系，广泛开展"文明有礼、德润江洲"系列活动，让面子更靓、里子更实。扎实推进城市环境由干净整齐向精致精美提升，新建公厕1座，改造农贸市场2个、公共广场3个，打造一批精品小区、楼道会客厅、城市驿站。实施居民小区"户户访"活动，不断提升居民获得感。强化垃圾分类设施质效提升，开工建设生活废弃物综合处置中心，建成四分类小区25个。开展物业纠纷源头化解行动，厘清物业管理权责边界，完善物业服

务企业招投标和退出机制，小区自治组织覆盖率不低于70%。加快智慧城市“1+5”中心信息体系建设，营造数据资源开发利用多场景，让城市运行更智能、管理更高效。

提升城乡融合度。扎实开展乡村建设行动，整合乡镇自来水厂资源，提档升级农村公路9.5千米，整改提升农厕622户，改善农房450户。加快城乡公交物流一体化步伐，建成运营市域快递分拨中心，新辟、优化公交线路3条，不断提高镇村公交实载率。运用“千万工程”经验，深化农村人居环境整治提升和乡村公共空间治理，创建省宜居宜业和美乡村6个，争创省级农村人居环境整治提升示范县。

五、坚持治污、保护、低碳综合发力，让生态环境更加绿美

积极践行“两山”理念，围绕“双碳”目标，推进绿色转型，加快美丽扬中建设，实现生态、生产、生活融合共赢。

厚植生态之绿。抓好各级环保督察交办、长江干流岸线利用项目整改“回头看”，加大环境执法、信访处置力度，确保问题动态清零。聚焦“蓝天常驻”，完善空气质量微站、走航监测等溯源体系，实施63个大气治理项目，建成VOCs管控平台，确保$PM_{2.5}$平均浓度、优良天数比率“双达标”。聚焦“清水入江”，开工建设工业废水处理厂，启动乡镇污水处理厂整合提升，排查检测雨污水管网42千米，保持省考断面水质稳定。聚焦“净土永护”，推进“无废城市”建设，完成重点地块、行业、企业土壤状况调查。

厚植生产之绿。强化减污降碳增绿协同增效，加大节能降碳技改力度，实施绿色化改造项目3个，新增绿色工厂2家。发挥市场主导作用，加快分布式光伏规模化开发，新增装机容量10兆瓦，新能源发电量达3亿千瓦时。积极申报生态环境导向开发模式项目。统筹推进首批省级绿色金融创新改革试验区建设，鼓励金融机构创新绿色金融产品和服务，探索绿色信贷、绿色直融、绿色保险，满足更多主体的绿色融资需求，实现绿色资源变资产、资产变资本、资本变资金。

厚植生活之绿。深化林地、绿地、湿地“三地”共建，完成沿江造林16.67公顷，新增口袋公园2个、人均公园绿地面积13.7平方米，修复湿地6.67公顷。开展生物多样性本底调查，提高生态保护水平。增强全民生态意识，推广绿色出行、绿色居住、绿色消费，优化充换电网络布局，促进低碳建筑推广示范，新增新能源充电桩1800个、绿色建筑11万平方米，创建国家级节水型社会达标县。

六、坚持补短、调优、普惠系统发力，让民生福祉更加厚实

民之所盼、政之所向。市政府聚焦群众急难愁盼，遴选出12件民生实事候选项目，提请各位代表审议票决。

高水平促进富民增收。增强村集体“造血”功能，探索强村公司发展新模式，盘活利用农村闲置、低效资源，健全入股联营、保底收购等农企利益联结机制，力争村集体经营性总收入超200万元。加快集体资产资源公开交易流转，村级产权线上交易实现全覆盖，成交额超1亿元。加大援企稳岗力度，建成家门口就业服务站2个，组织补贴性职业技能培训4000人次，发放创业贷款1200万元，城乡零就业家庭保持动态清零。

多层次健全社会保障。纵深推进全民参保计划，聚焦农民工、灵活就业人员、新业态从业人员等群体精准扩面，综合保险覆盖率保持在98%以上。全面深化长期护理保险，推行“刷脸+先诊疗后付费”改革，提升群众就医体验感。统一薪酬体系，严格准入审核，在全省率先实现编外人员规范化管理。实施低保扩围增效行动，发挥慈善基金、阳光救助等政策补位作用，建成残疾人之家“慈善工坊”13家，推动社会救助向相对贫困家庭延伸。加快医疗卫生与医养服务有效衔接，新设立养老机构家庭医生工作室10个，新增护理型床位200张。发展居家医疗服务，高标准建成养老服务指导中心，推进“互联网+医疗健康”，为行动不便、确有困难的老年人提供家庭病床、上门巡诊服务。积极发展老年助餐服务，力争助餐超20万人次。

全方位优化公共服务。以优质、均衡为目标，稳步提升服务供给能力。实施“教育强市”战略，大力开展新一轮教育质量提升工作“六大行动”，优化城乡教育资源布局，建成投运城西学校，在全省率先实施初高衔接学生综合素质评价机制；深化“名校、名校长、名师”工程，加大优秀教师、优秀校长奖励，引培高层次拔尖人才2名、骨干教师10名；健全普惠托育服务体系，大力推行全市域幼儿园托育服务，创成国家学前教育普及普惠县。推进“健康扬中”建设，完善市镇村三级医疗服务体系，优化市人民医院布局，东院区新病房综合楼基本竣工，启动西院区功能布局改造，力争三级医院转设成功，争创江苏大学附属医院；加快乡镇卫生院、村卫生室标准化建设，搬迁启用三茅街道社区卫生服务中心、油坊镇卫生院，改造村卫生室 10 家，提高基层医疗卫生机构就诊率，优化家庭医生签约服务，真正实现“小病就近看、大病不出市”。

七、坚持预防、除险、保安多元发力，让本质安全更加牢固

强化“底线思维”“风险意识”，健全公共安全体系，以高效能治理、高水平安全保障高质量发展。

守牢安全防线。完善基层应急管理机制，推动安全治理模式向事前预防转型。聚焦建筑施工、船舶修造、食品药品、校园安全等重点领域，开展安全生产治本攻坚三年行动，持续压降事故风险。依托应急管理信息化平台，做好极端天气灾害风险评估，加强城市风险源动态监管，提升预警预判、协同处置能力。坚持防抗救一体化，充实应急救援专家库，建强专业救援队伍，科学有效应对各类突发事件。完善防汛防涝工程体系，实施长江扬中河段二期整治项目、丰乐至向阳段江堤除险加固工程，新建团结港闸站，提升防洪保安能力。

防范金融风险。稳妥有序化解政府隐性债务，强化经营性债务增幅管控，严格执行新增高成本融资分级管控，持续压降政府性债务率，保持债务规模、结构处于合理区间。启动金融系统机构改革，进一步加强金融领域监管。市属国有企业聚焦主责主业，积极布局核心产业赛道，以市场化方式推进整合重组，提升国有资本配置效率，推动国有企业产业结构更优、功能作用更强、经营机制更活。密切关注新业态金融风险，严厉打击非法集资，坚决守牢不发生区域性、系统性风险底线。

提升治理效能。践行新时代“枫桥经验”，织密“精网微格”，建成覆盖市镇村三级的社会治理平台，全面提升信访法治化水平，争创全国信访工作示范市。深化“八五”普法，建成启用智慧矫正中心，调优配强 80 人“一村(社区)一法律顾问”队伍，满足群众多元化法律服务需求。开展分级分类监管执法试点，提升行政执法效能和水平。深化平安扬中建设，升级社会治安防控体系，建立“情指行”运行机制，新建改造基层警务站所 5 个，切实增强人民群众安全感。

全面加强政府自身建设

始终把绝对忠诚作为首要品格。将旗帜鲜明讲政治贯穿到政府工作全过程，坚定不移学习贯彻习近平新时代中国特色社会主义思想，持续巩固主题教育成果，坚定捍卫“两个确立”，坚决做到“两个维护”，始终心系“国之大者”。严守政治纪律和政治规矩，紧扣上级部署要求、市委工作谋划、巡视反馈问题，步调一致、狠抓落实，确保党的领导全面、系统、整体落实到政府工作各领域各方面。

始终把为民造福作为最大政绩。人民永远是我们最坚实的依托、最强大的底气。面对面倾听民意，大兴调查研究之风，少在机关开会，多到一线会办，做到不唯上、不唯书、只唯实。实打实为民办事，把千家万户的点滴“小事”当作担当尽责的“大事”来抓，带着使命、饱含感情一桩桩干到底、干出成效。心连心解决诉求，充分发挥“12345”热线、市长信箱等平台作用，对群众反映的难题，少讲不行的理由，多想能行的办法，让人民群众切身感受到“政府就在身边、就是靠山”。

始终把真抓实干作为鲜明导向。为者常成，行者常至，历史不会辜负实干者。敢于解放思想，破除“固步自封”“因循守旧”“等待观望”的工作惯性，只要是发展有需要、基层有呼吁、群众有要求的，就要大胆去闯、放手去试。勇于争先进位，以“人一之我十之、人十之我百之”的劲头挑重担、敢担当，争取常规工作出经验、业务工作出亮点、单项工作夺冠军。善于创新突破，蓄积“事不畏难、责不避险”的奋斗热情，集中解决一批历史遗留问题，以理清旧账、卸下包袱推动民生改善、发展跃升。

始终把依法行政作为基本准则。坚持把政府工作全面纳入法治轨道，严格依照法定权限行使权力、履行职责，做到“法无授权不可为，法定职责必须为”。依法接受人大法律监督，自觉接受政协民主监督，全面强化审计监督，主动接受纪检监察监督、司法监督、群众监督，努力打造阳光政府。全方位推进政府信息公开，及时回应社会关切，推动政务公开从“保障知情权”向“提高服务力”转变。

始终把廉洁从政作为工作底线。不知敬畏者必有祸，不守规矩者必有虞。驰而不息纠治“四风”，推进基层减负，不搞流于形式的调研、不发内容空洞的文、不开应景造势的会。精打细算“过紧日子”，强化预算绩效管理，抓好节约型机关建设，严控“三公”经费和一般性支出。深入推进政府系统党风廉政建设，坚决破除特权思想和特权行为，严肃查处侵害群众利益的腐败问题，大力营造干部清正、政府清廉、政治清明的良好生态。

索 引

说 明

一、索引采用主题分析法编制,大部分选用关键词。

二、索引设有条目索引、表格索引两个分目,按标引词首字的汉语拼音音序排列,首字相同按第二字音序排列,以此类推。

三、由类目、分目提取的索引用黑体字标明。标引词后的阿拉伯数字表示内容所在的页码,数字后面的 a、b 表示从左至右第一、二栏。标引词后第二个页码起,表示该索引参见内容所在位置。

四、为便于读者检索,扬中市的企业事业单位及扬中市发生的事件名称,除易产生歧义者外,省略"扬中市"或"扬中"。

条目索引

A

B

C

D

E

F

K

L

M

T

W

X

Y

Z

表格索引